LOGIN
HTML5
웹프로그래밍

HTML5 · CSS3 · JavaScript · jQuery

고경희 지음

LOGIN
HTML5
웹프로그래밍

실전 테마로 배우는
웹 표준 HTML5, CSS3, JavaScript, jQuery

머리말

최근 기술의 발달로 인해 포털 사이트에서 주요 뉴스를 보거나 웹 사이트에서 메일을 주고받고, 또한 소셜 네트워크 사이트에서 친구들과 소식을 나누는 일이 보편화되고 있습니다. 그리고 어느 순간부터 데스크톱 PC나 노트북을 통해서만 가능했던 일들이 손바닥만한 스마트폰이나 들고 다니기 편한 태블릿 PC에서도 모두 가능해지고 있습니다. 지하철에서 스마트폰을 꺼내어 메일을 확인할 수 있고 수업 시간에 발표할 자료도 언제든 클라우드 서버에서 꺼내 사용할 수 있습니다. 이 모든 편리한 생활의 중심에는 인터넷, 즉 "웹(web)"이 있습니다. 웹은 처음에는 일방적으로 사용자에게 정보를 보여주기만 하던 공간이었지만 이제는 사용자들과 쌍방향으로 정보를 주고받고, 데스크톱 PC를 비롯해 스마트폰, 태블릿 PC, 스마트 TV 등 어떤 기기에서나 접속할 수 있으며 우리 주변 곳곳의 '스마트'한 기기 속으로 이미 들어와 있습니다. 그래서 이제는 '웹'을 모든 서비스의 기반이 되는 곳이라는 의미로 '웹 플랫폼'이라고 부릅니다.

웹 플랫폼의 기본은 HTML과 CSS

언제든 어느 곳에서든 다양한 기기에서 웹에 접속할 수 있도록 사이트를 구성하기 위해서는 미래의 웹 표준 기술로 대두되고 있는 HTML5와 CSS3가 필요합니다. 이 책에서는 웹 표준이 무엇인지, 왜 필요한지 뿐만 아니라 HTML5와 CSS3에 대한 기본 정보를 알려주고 이 기술을 이용하여 웹 사이트를 구성하는 방법까지 꼼꼼하게 설명하고 있습니다. 누구보다 빠르게 인터넷 신기술을 익혀보세요.

어떤 기기에서도 실행되는 자바스크립트

하루에도 몇 번씩 접속하게 되는 현대 웹 사이트들은 단순히 정보를 전달하는 곳이 아닙니다. 주식 정보를 실시간으로 표시하기도 하고 화면을 터치하면 사용자 동작에 따라 다양한 모습으로 바뀌기도 합니다. 사용자들의 행동에 따라 여러 결과를 보여주기 위해서는 자바스크립트가 필수입니다. 웹 개발자뿐만 아니라 웹 디자이너나 웹 퍼블리셔 같은 웹 관련 직종에서는 자바스크립트는 꼭 공부해야 할 언어입니다. 이 책에서는 꼭 알아두어야 할 자바스크립트 기본 문법을 체계적으로 설명하고 있기 때문에 누구나 쉽게 배울 수 있습니다.

jQuery만 있으면 척척

자바스크립트라는 말보다 jQuery라는 말이 더 익숙한 분도 있을 것입니다. 자바스크립트 문법을 몰라도 자바스크립트의 뛰어난 기능들을 다 가져다 사용할 수 있다니 얼마나 멋진가요. jQuery를 처음 배우더라도 걱정하지 마십시오. 이 책에서 jQuery 기초부터 차근차근 설명하고 있으니까요. 그리고 jQuery를 사용해 웹 문서에 접근하고 웹 문서를 수정하는 내용까지 함께 다루고 있습니다.

감사의 글

웹 기술이 하루가 다르게 발전하기 때문에 항상 손에서 공부를 놓을 수 없었습니다. 강의 때문에 자주 집을 비우고 새벽에 일어나 온라인 세미나를 듣는 엄마 때문에 많이 불편했을 남편과 아이들에게 감사를 전합니다. 그리고 언제나 좋은 기회를 주시는 채희만 대표님과 안성일 이사님, 그리고 끝까지 원고를 꼼꼼히 살펴주신 우지연 대리님께도 감사드립니다. 참, 책에서 사용할 좋은 사진들을 선뜻 내주신 정연옥님께도 뒤늦은 감사드립니다.

2013년 12월 제주섬에서 고경희

이 책의 구성

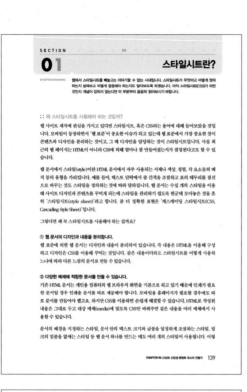

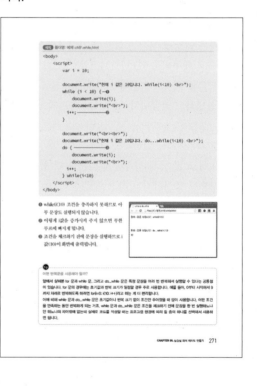

◉ 개요

각 장을 시작하기 전에 각 장에서 어떤 내용을 살펴볼 것인지 미리 알 수 있습니다.

◉ 팁

본문에 다 다루지 못한 추가 내용을 보여주거나 실무에서 놓치기 쉽고 주의해야 할 사항들을 알려줍니다.

◉ 예제

이론을 더욱 이해하기 쉽도록 완성된 예제를 제공합니다. 책에는 예제의 주요 소스만 표시되고 전체 예제 파일을 다운로드하면 전체 소스를 볼 수 있습니다.

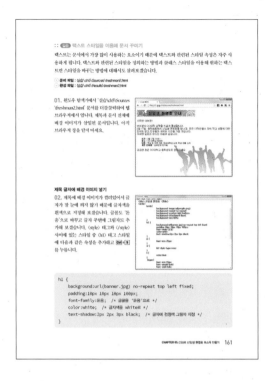

실습

앞에서 배운 내용을 기초로 직접 실습해 보는 과정입니다. 누구나 쉽게 따라할 수 있도록 실습에 필요한 파일들을 제공하고 단계별로 차근차근 설명하고 있습니다.

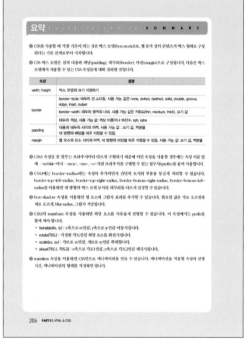

요약

각 장에서 배운 내용들을 일목요연하게 정리합니다.

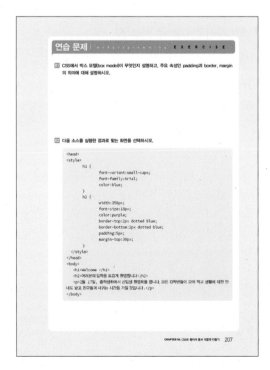

연습 문제

이론과 예제, 실습 등을 충실히 따라한 후 스스로 자신의 실력을 검증해 보는 부분입니다.

강의 계획

이 책을 이용해 대학이나 학원에서 강의할 경우 다음과 같은 순서로 진행하면 편리합니다.

주	장	주제
1	1장	HTML 문서의 기본 구조를 알아봅니다.
2	2장	HTML 시맨틱 태그와 텍스트 관련 태그를 살펴봅니다.
3	3장	웹 문서에 멀티미디어 요소를 삽입하는 방법을 알아봅니다.
4	4장	새로운 HTML의 주요 특징 중 하나인 웹 폼을 살펴봅니다.
5	5장	CSS의 정의와 주요 특징들을 알아봅니다.
6		텍스트와 색상, 링크와 관련된 스타일 속성을 공부합니다.
7	6장	CSS의 주요 개념인 박스 모델 관련 속성을 알아봅니다.
8	중간고사	중간 평가
9	7장	자바스크립트 기본 문법을 공부합니다.
10	8장	조건문과 반복문 등 기본적인 프로그래밍 방법을 살펴봅니다.
11	9장	HTML DOM 구조를 알아보고 조작하는 방법도 함께 살펴봅니다.
12	10장	jQuery 기초와 셀렉터에 대해 알아봅니다.
13	11장	jQuery를 이용해 웹 문서를 수정하는 방법을 공부합니다.
14	12장	jQuery에서 사용자와 상호작용하는 방법을 알아봅니다.
15	13장	HTML과 CSS, jQuery를 이용해 사이트를 제작해봅니다.
16	기말고사	기말 평가

목차

PART 01 HTML & CSS   3

CHAPTER 01

HTML 기초

SECTION 01 HTML이란?   5

01-1 HTML의 개요   5
　HyperText와 Markup   5
　간략한 HTML의 역사   6

01-2 HTML 편집 프로그램   7
　HTML 문서는 텍스트 문서   7
　텍스트 편집기   7
　HTML 전용 편집기   7
　위지위그 편집기   8

01-3 HTML과 웹 브라우저   8

01-4 브라우저는 어떻게 HTML을 읽는 것일까?   10

01-5 웹 주소, URL   11

01-6 웹과 관련된 다양한 언어들   11
　자바스크립트   12
　jQuery   12
　서버 프로그래밍 언어   12

01-7 웹 서버에 업로드하기   12
　웹 서버는 어떻게 준비하나?   13
　FTP 프로그램 준비하기   14

SECTION 02 HTML 문서의 기본 구조   15

02-1 실습해 보기   15
　실습 첫 문서 만들기   15
　실습 웹 서버에 업로드하고 브라우저로 확인하기   19

02-2 모바일 브라우저에서 웹 문서 확인하기   21
　일단 확인해 봅시다   21

02-3 문서의 기본 구조   22
　문서 유형을 선언하는 doctype   23
　〈html〉 태그와 〈/html〉 태그   24
　〈head〉 태그와 〈/head〉 태그   24
　〈meta〉 태그   24
　〈title〉 태그   26
　주석   26

02-4 HTML 태그의 특징   27

요약   30

연습 문제   31

CHAPTER 02

**축제 일정
페이지 만들기**

SECTION 01 문서의 구조를 설명하는 시맨틱 태그   35

01-1 시맨틱 태그란?   35

01-2 문서 구조를 만드는 시맨틱 태그   36

01-3 시맨틱 태그 살펴보기   38
    문서 구조를 만드는 시맨틱 태그   38
    그 외의 시맨틱 태그들   39

01-4 HTML5를 지원하지 않는 IE 브라우저   39

SECTION 02 다양하게 글자 표시하기   41
    제목을 나타내는 〈h*n*〉 태그   41
    줄 바꿈을 위한 〈br〉 태그   42
    텍스트 단락을 만드는 〈p〉 태그   42
    〈hr〉 태그   43
    소스를 그대로 표시하려면 〈pre〉 태그   44
    다른 곳의 내용을 인용한다면 〈blockquote〉 태그   46
    기타 텍스트 관련 태그들   47

SECTION 03 목록을 만드는 태그들   49
    순서 목록을 만드는 〈ol〉, 〈li〉 태그   49
    순서 목록의 번호를 알파벳으로 붙이려면   51
    번호를 중간부터 시작하려면   51
    순서 없는 목록을 만드는 〈ul〉, 〈li〉 태그   52
    정의 목록을 만드는 〈dl〉, 〈dt〉, 〈dd〉 태그   54

SECTION 04 표를 이용해 일목요연하게 정리하기   56

04-1 표 만들기   56
    행과 열, 셀   56
    〈table〉 태그   56
    〈caption〉 태그   57
    〈tr〉, 〈td〉, 〈th〉 태그   57
    열 합치기 – colspan 속성   61
    행 합치기 – rowspan 속성   62

요약   64

연습 문제   65

CHAPTER 03

**힐링을 위한
음악 감상
페이지 만들기**

SECTION 01 이미지 삽입하기   69

01-1 이미지 삽입하기   69
    웹 문서와 이미지   69
    이미지를 삽입하는 〈img〉 태그   70

이미지와 경로 70

01-2 alt 텍스트와 웹 접근성 72
내용이 포함된 이미지 72

01-3 이미지에 캡션 붙이기 73

SECTION 02 ⟨object⟩ 태그와 ⟨embed⟩ 태그 사용하기 76

02-1 ⟨object⟩ 태그 76

02-2 ⟨embed⟩ 태그 77
웹 브라우저와 플러그인 78

SECTION 03 HTML5와 비디오 81

03-1 왜 HTML5 비디오인가? 81
비디오 파일 형식 81
오디오 코덱 82
내 브라우저는 어떤 비디오 코덱을 지원할까? 82

03-2 오디오 파일, 비디오 파일 인코딩하기 83
다음팟 인코더를 이용해 mp4로 인코딩하기 83
파이어폭스의 firefogg 확장 기능을 이용해 ogv와 webm으로
인코딩하기 84

03-3 ⟨audio⟩ 태그와 ⟨video⟩ 태그 86
⟨video⟩ 태그 86
⟨source⟩ 태그 87
실습 ⟨video⟩ 태그를 이용해 비디오 삽입하기 87
⟨audio⟩ 태그 90
오디오 파일 변환하기 90
실습 간단한 음악 감상 페이지 만들기 91

요약 94

연습 문제 95

CHAPTER **04**

**세미나 접수를
위한 폼 만들기**

SECTION 01 폼(form)이란? 97
웹과 폼 97

SECTION 02 폼을 삽입하기 위한 기본 태그들 100
폼을 삽입하는 ⟨form⟩ 태그 100
⟨label⟩ 태그 101
⟨fieldset⟩ 태그와 ⟨legend⟩ 태그 103

SECTION 03 ⟨input⟩ 태그의 유형들 105
텍스트 필드 삽입하기 – type="text" 105
패스워드 필드 삽입하기 – type="password" 105
실습 텍스트 필드와 패스워드 필드 삽입하기 106
라디오 버튼 삽입하기 – type="radio" 109
체크 박스 삽입하기 – type="checkbox" 109
실습 라디오 버튼과 체크 박스 삽입하기 110

히든 필드 삽입하기 – type="hidden"   114
파일 첨부하기 – type="file"   114
버튼 삽입하기 – type="submit", type="reset", type="button"   116

SECTION 04   HTML5에 새로 추가된 〈input〉 태그 유형들   118
내 브라우저는 HTML5 폼을 얼마나 지원하고 있을까?   118
이메일 주소 필드 – type="email"   118
사이트 주소 필드 – type="url"   119
검색 필드 – type="search"   120
색상 선택 필드 – type="color"   121
숫자를 표시하는 스핀 박스 필드와 슬라이드 막대 – type="number", type="range"   121
날짜를 표시하는 다양한 방법 – type="date", type="datetime"   122

SECTION 05   기타 폼 요소들   124
선택 목록 만들기 – 〈select〉 태그와 〈option〉 태그   124
텍스트 영역 만들기 – 〈textarea〉 태그   125
실습 선택 목록과 텍스트 상자, 버튼 추가하기   126

SECTION 06   HTML5에 새로 추가된 〈input〉 태그의 속성들   129
자동 완성 제어 – autocomplete   129
입력 필드에 커서 표시하기 – autofocus   129
사용 가능한 값 제시하기 – list 속성과 〈datalist〉 태그   130
힌트 표시하기 – placeholder   131
필수 입력 필드 체크: required   132

요약   134

연습 문제   136

CHAPTER 05

**CSS로
신입생 환영회
포스터 만들기**

SECTION 01   스타일시트란?   139
왜 스타일시트를 사용해야 하는 것일까?   139
〈style〉 태그   140
외부 스타일시트   140
스타일의 종류   141
스타일 적용 규칙   146

SECTION 02   색상과 배경 관련 속성   147
웹과 색상   147
글자색 바꾸기 – color 속성   148
문서 배경색 바꾸기 – background–color 속성   149
문서에서 배경 이미지 다루기   149
실습 문서 배경 이미지 지정하고 글자색 바꾸기   151

SECTION 03   텍스트 관련 속성들   154
글꼴과 관련된 속성들   154
텍스트 관련 속성들   156

SECTION **04** 링크 관련 속성　　　　　　　　　　　　　　　159

밑줄 없애기　　　　　　　　　　　　　　　　　159

a:active 스타일과 a:visited 스타일　　　　　160

링크 관련 스타일에는 순서가 있어요.　　　160

실습 텍스트 스타일을 이용해 문서 꾸미기　161

요약　　　　　　　　　　　　　　　　　　165

연습 문제　　　　　　　　　　　　　　　　167

CHAPTER **06**

**CSS로
동아리 홍보
리플렛 만들기**

SECTION **01** 박스 모델　　　　　　　　　　　　　　　171

박스 모델이란?　　　　　　　　　　　　　171

크기 지정하기 : width, height　　　　　　172

테두리 그리기: border, border-style, border-width, border-color　173

실습 텍스트 단락에 테두리 그리기　　　　176

패딩 추가하기: padding　　　　　　　　　178

마진 추가하기 : margin　　　　　　　　　179

마진을 이용해 문서 중앙에 배치하기　　　180

실습 패딩과 마진을 이용해 보기 좋게 정리하기　182

SECTION **02** CSS3에 추가된 박스 모델 속성　　　　190

CSS3와 브라우저 prefix　　　　　　　　　190

모서리가 둥근 테두리 그리기: border-radius　190

그림자 추가하기 : box-shadow　　　　　　192

SECTION **03** 변형(transform)과 트랜지션　　　　　194

이리저리 변형하기 : 2D-transform　　　　194

애니메이션 만들기 : transition　　　　　　198

실습 그림자 효과 넣고 살짝 회전시키기　　199

요약　　　　　　　　　　　　　　　　　　206

연습 문제　　　　　　　　　　　　　　　　207

PART **02**　JavaScript　　　　　　　　　　211

CHAPTER **07**

**JavaScript
기초**

SECTION **01** 자바스크립트란?　　　　　　　　　　213

HTML과 자바스크립트　　　　　　　　　　213

자바스크립트와 HTML5　　　　　　　　　214

자바스크립트는 어떻게 동작하나?　　　　215

실습 첫 번째 스크립트 작성하기　　　　　216

자바스크립트 작성 요령　　　　　　　　　219

자바스크립트 선언 방법　　　　　　　　　221

자바스크립트와 변수　　　　　　　　　　224

SECTION 02 데이터 유형   228

데이터 유형   228
숫자형   228
논리형   231
문자열   232
null   234

SECTION 03 연산자   236

연산자의 종류   236
산술 연산자   236
연결 연산자   238
대입 연산자   239
비교 연산자   240
논리 연산자   241
조건 연산자   242
typeof 연산자   243
연산자 우선순위   244
실습 학과 이벤트에서 당첨자 뽑기   244
요약   248
연습 문제   249

CHAPTER 08
**실습실 좌석
배치도 만들기**

SECTION 01 대화 상자   253

알림 창   253
확인 창   254
프롬프트 창   255

SECTION 02 조건문   258

if 문   258
else 문   259
실습 학년 체크해서 실습실 배정하기   261
switch 문   264

SECTION 03 반복문   267

for 문   267
for 문의 중첩   269
while 문   270
do-while 문   270
break 문   272
continue 문   273

SECTION 04 함수   274

함수 정의하기   274
스크립트 소스의 위치는?   276
결과값 반환하기 – return 문   276
이벤트와 이벤트 핸들러   278
실습 실습실 좌석 배치도 만들기   280

요약　　286

연습 문제　　288

CHAPTER **09**

**나타났다
사라지는
서브 메뉴 만들기**

SECTION **01** HTML DOM　　291
　　DOM이란?　　291
　　프로퍼티와 메서드　　293
　　객체의 인스턴스 만들기　　294

SECTION **02** DOM 요소에 접근하는 방법　　296
　　DOM 요소에 접근하기　　296

SECTION **03** HTML DOM 노드 리스트　　300
　　HTML DOM 노드 리스트　　300

SECTION **04** DOM 요소 수정하기　　303
　　HTML 내용 가져오기 및 수정하기　　303
　　HTML 속성 수정하기　　304
　　CSS 스타일 수정하기　　305
　　실습 웹 요소에 접근하여 속성 바꾸기　　306

SECTION **05** DOM에서 새로운 요소 추가하기　　309
　　HTML DOM 다시 보기　　309
　　text 노드를 사용하는 새로운 요소 추가하기　　310
　　속성값이 필요한 새로운 요소 추가하기　　312
　　실습 나타났다 사라지는 서브 메뉴 만들기　　315

　　요약　　318

　　연습 문제　　319

PART **03**　　jQuery　　**323**

CHAPTER **10**

jQuery 기초

SECTION **01** jQuery란?　　325
　　jQuery란 무엇인가?　　325
　　jQuery로 무엇을 할 수 있을까요?　　326
　　jQuery 다운로드하고 사용하기　　327
　　실습 jQuery 소스 파일 다운로드하기　　328

SECTION **02** jQuery 기본 구문　　331
　　문서가 준비되었다면 실행　　331
　　자바스크립트에서 웹 요소를 가져오는 방법　　332
　　jQuery에서 웹 요소를 가져오는 방법　　333
　　실습 첫 번째 jQuery 문서 작성하기　　335

SECTION **03** jQuery 기본 셀렉터 알아보기   339

기본 셀렉터   339

고급 셀렉터   343

SECTION **04** 기타 셀렉터   351

attribute 셀렉터   351

위치에 따른 셀렉터   354

요약   355

연습 문제   356

CHAPTER **11**
**jQuery로
웹 문서 수정하기**

SECTION **01** HTML 콘텐츠 수정 및 추가하기   359

text() 메서드 – 텍스트 콘텐츠 가져오기 및 수정하기   359

html() 메서드 – 태그와 함께 텍스트 콘텐츠 가져오기 및 수정하기   361

val() 메서드 – 폼의 값 가져오기   363

SECTION **02** attr() 메서드로 문서 속성 편집하기   365

attr() 메서드   365

태그의 속성값 가져오기   366

속성값 수정하기   367

필요할 때만 링크를 새 창으로 열기   368

SECTION **03** Class 속성 편집하기   372

addClass() 메서드 – 새로운 스타일 속성 추가하기   372

removeClass() 메서드 – 클래스 스타일 제거하기   375

실습 toggleClass() 메서드를 이용해 문서 스타일 토글하기   377

SECTION **04** css() 메서드로 문서 스타일 제어하기   380

CSS 속성값 가져오기 – css() 메서드   380

스타일 속성값 수정하기   381

실습 학년에 따라 다른 배경색으로 표시해 보자   383

SECTION **05** HTML DOM을 이용해 웹 요소 편집하기   388

요소의 끝이나 시작 부분에 새로운 내용 추가하기
– append(), prepend() 메서드   388

요소의 앞이나 뒤에 새로운 내용 추가하기
– before(), after(), insertBefore(), insertAfter () 메서드   392

웹 문서에서 특정 요소 삭제하기   394

웹 요소에서 속성이나 class 스타일 제거하기   397

요약   401

연습 문제   402

CHAPTER **12**
**다양한 효과를
이용해 포토
앨범 만들기**

SECTION **01** 선택한 요소를 보여주거나 감추기   405

hide()와 show() – 화면에서 감추기 및 화면에 표시하기   405

fadeIn(), fadeOut() – 점차 밝게 표시하거나 점차 어둡게 표시하기   409

메서드 연결해서 사용하기 410

실습 간단한 포토 앨범 만들기 411

SECTION 02 슬라이드 효과 419

slideUp(), slideDown() – 위나 아래로 슬라이드 419

slideToggle() – slideUp()과 slideDown()을 번갈아 적용하기 421

SECTION 03 애니메이션 423

animate() – 애니메이션 정의하기 423

속성값을 다양하게 바꾸기 425

애니메이션과 큐(queue) 427

실습 애니메이션 중간에 CSS 속성 바꾸기 433

요약 437

연습 문제 438

PART 04 실전 프로젝트 443

CHAPTER 13

실전 웹 사이트 만들기

SECTION 01 CSS를 이용한 메뉴 만들기 445

만들어 볼 페이지는 445

HTML로 콘텐츠 작성하기 445

CSS로 레이아웃 만들기 448

CSS로 원하는 형태의 메뉴 만들기 450

배경 이미지와 배경색 처리하기 452

외부 스타일 시트 파일로 만든 후 연결하기 453

페이지마다 따로 사용된 요소는 내부 스타일 시트로 454

SECTION 02 jQuery 플러그인을 이용한 이미지 슬라이드 쇼 만들기 456

만들어 볼 페이지는 456

jQuery 플러그인이란? 456

필요한 플러그인 다운로드하기 457

전체 레이아웃 만들기 458

coin-slider 플러그인 사용하기 461

Index 464

P A R T

01

HTML & CSS

웹 프로그래밍의 가장 기본은 HTML과 CSS를 사용한 웹 문서 제작입니다. 특히 웹 표준 기술인 HTML5와 CSS3가 등장하면서 이두 가지 기술에 대한 관심이 부쩍 커지고 있습니다. HTML4와 HTML5, CSS2와 CSS3를 함께 공부해 보고 최신 웹 디자인에서는 어떤 식으로 웹 문서를 제작하는지 알아보겠습니다.

CHAPTER 01 HTML 기초
SECTION 01 HTML이란?
SECTION 02 HTML 문서의 기본 구조

CHAPTER 02 축제 일정 페이지 만들기
SECTION 01 문서의 구조를 설명하는 시맨틱 태그
SECTION 02 다양하게 글자 표시하기
SECTION 03 목록을 만드는 태그들
SECTION 04 표를 이용해 일목요연하게 정리하기

CHAPTER 03 힐링을 위한 음악 감상 페이지 만들기
SECTION 01 이미지 삽입하기
SECTION 02 〈object〉 태그와 〈embed〉 태그 사용하기
SECTION 03 HTML5와 비디오

CHAPTER 04 세미나 접수를 위한 폼 만들기
SECTION 01 폼(form)이란?
SECTION 02 폼을 삽입하기 위한 기본 태그들
SECTION 03 〈input〉 태그의 유형들
SECTION 04 HTML5에 새로 추가된 〈input〉 태그 유형들
SECTION 05 기타 폼 요소들
SECTION 06 HTML5에 새로 추가된 〈input〉 태그의 속성들

CHAPTER 05 CSS로 신입생 환영회 포스터 만들기
SECTION 01 스타일시트란?
SECTION 02 색상과 배경 관련 속성
SECTION 03 텍스트 관련 속성들
SECTION 04 링크 관련 속성

CHAPTER 06 CSS로 동아리 홍보 리플렛 만들기
SECTION 01 박스 모델
SECTION 02 CSS3에 추가된 박스 모델 속성
SECTION 03 변형(transform)과 트랜지션

01
HTML 기초

HTML은 웹 디자이너나 웹 개발자들이 배우는 것이라고 생각했던 때가 있었습니다. 하지만 이제 인터넷이 일반화되었듯이 HTML은 인터넷 전반에 걸쳐 광범위하게 사용되고 있습니다. 블로그 사용에서부터 앱과 전자책 등을 개발하기 위해 기본이 되는 HTML에 대해 알아봅니다.

| 이 장에서 배울 내용 |

- **HTML이란?** : HTML이 무엇인지, 어떻게 발전해 왔는지 HTML에 대한 기본 지식을 살펴보고 HTML을 공부하기 위해 필요한 웹 브라우저와 웹 편집기에 대해 알아봅니다.

- **HTML 문서의 기본 구조** : 최근 웹 표준으로 각광받는 HTML5에 맞게 웹 문서를 만드는 방법을 배워본 후 가장 쉬운 웹 문서를 만들어 보겠습니다. 데스크탑뿐만 아니라 모바일에 있는 브라우저에서도 웹 문서를 볼 수 있게 하는 방법도 알려드립니다.

01

HTML이란?

웹을 이루는 기술을 크게 HTML과 CSS, JavaScript로 나눌 수 있는데 그 중 가장 중심이 되는 뼈대는 HTML입니다. 아직 HTML에 대해 공부해 본 적이 없다면 이 부분을 꼼꼼히 이해하고 넘어가기 바랍니다.

01-1 HTML의 개요

HTML은 HyperText Markup Language의 약자로, 마크업 언어(Markup Language)라고 줄여 말하기도 합니다. 여기에서 두 가지 낯선 용어가 나오는데요, HyperText와 Markup이라는 용어부터 알아봐야겠군요. 우선 HyperText란 단어부터 살펴보겠습니다.

: : HyperText와 Markup

HTML에서 클릭해서 다른 곳으로 이동할 수 있게 되어 있는 텍스트를 하이퍼링크(hyperlink)라고 합니다. 이런 하이퍼링크 덕분에 복잡한 웹 사이트 주소를 일일이 입력하지 않고도 여러 사이트를 쉽게 이동하면서 웹 서핑이 가능하게 되었고 그로 인해 웹이 지금처럼 발전하게 되었습니다. 단순히 텍스트를 클릭해서 다른 페이지로 연결하던 하이퍼링크 기능을 웹으로 옮겨와서 다른 사이트로 연결하거나 자신의 사이트, 혹은 다른 사이트에 있는 음악, 동영상과 같은 멀티미디어까지 링크하는 웹 문서 형식을 하이퍼텍스트(HyperText)라고 합니다.

그렇다면 Markup(마크업)이란 무엇일까요? 마크업이란 문서에다 무언가를 표시해 놓았단 뜻이겠지요? 단순히 텍스트만 기록한 것이 아니라 그 텍스트에 간단한 명령을 함께 표시한 것입니다. '이 부분은 진하게' 표시하고, '이 부분은 이미지로' 표시하라고 명령(마크업)하면 그것을 브라우저가 처리한 후 그 결과를 브라우저 화면에 보여주게 됩니다.

예를 들어,

```
<h1>유적지</h1>
```

이라고 〈h1〉이라는 마크업을 붙이면 브라우저 화면에는 '유적지'라는 텍스트가 굵고 진하면서 커다란 제목으로 표시되고, 〈img〉라는 마크업을 붙이면 이미지로 표시됩니다.

이런 마크업들은 미리 약속되어 있고 우리는 이런 약속된 마크업들을 공부해서 사용하면 되는데 마크업을 흔히 '태그(tag)'라고 부릅니다.

:: 간략한 HTML의 역사

최초의 마크업 언어는 SGML(Standard Generalized Markup Language)입니다. 그런데 SGML은 사용이 어려웠기 때문에 사용하기 쉬운 HTML(Hyper Text Markup Language)이 개발되었고 SGML에서 HTML로 넘어오면서 지금과 같은 웹 문서 형태가 만들어졌죠.

하지만 HTML 역시 제한된 태그를 사용한다는 단점이 있기 때문에 사용자가 원하는 만큼 확장해서 사용할 수 있는 XML(eXtensible Markup Language)이 개발되었고 XML 언어를 모든 문서의 표준으로 사용했습니다. 하지만 XML은 웹 문서의 표준으로 사용하기에는 어려움이 많았습니다.

웹 사용자가 점점 많아지면 웹 기술은 날로 발전해 갔고 웹에서 지원해야 하는 기술이 점차 확대되어 갔습니다. 단순히 정보를 표현하는 웹에서 사용자와의 상호 작용(interaction)이 필요한 공간으로 바뀌어갔고 ActiveX나 플래시, 플렉스, 실버라이트 같은 플러그인이 필요하게 되었습니다.

하지만 모바일 기기가 대중화되고 있는 요즘, 플러그인들로 도배된 웹 문서는 모바일 기기의 접근을 차단할 수밖에 없습니다. 따라서 플러그인 없이도 웹 문서의 모든 것을 구현할 수 있는 HTML이 필요하게 되었고 그렇게 해서 등장한 것이 HTML5입니다. 현재 HTML의 표준을 정하는 기관인 W3C(http://www.w3c.org)에서 현재 HTML5에 대한 표준이 논의 중이며 HTML5는 차세대 웹 기술의 표준이 될 것으로 주목 받고 있습니다.

현재 W3C에서는 HTML5를 완전히 새로운 표준으로 인정하고 "5"라는 숫자를 빼고 "HTML"이라고 부르고 있습니다.

01-2 HTML 편집 프로그램

HTML을 배우기 위해 특별한 프로그램이 필요한 것은 아닙니다. 여러분의 컴퓨터에 기본으로 깔려 있는 메모장과 웹 브라우저만 있다면 언제든지 시작할 수 있으니까요. 하지만 일반 문서를 만들기 위해 워드나 한글 프로그램을 사용하듯이 HTML 문서를 만들기 위한 HTML 편집 프로그램도 있습니다. 지금은 HTML 태그를 익히기 위해 메모장을 사용하지만 필요에 의해 언제든지 다른 프로그램으로 바꿔 사용할 수 있습니다.

:: HTML 문서는 텍스트 문서

HTML은 마크업 언어이고, HTML 태그들로 작성된 문서는 HTML 문서, 또는 웹 문서라고 합니다. HTML 문서는 텍스트 문서이기 때문에 텍스트 문서를 열어볼 수 있는 프로그램이라면 아래아한글 프로그램이든, MS 워드이든 어떤 프로그램에서든 열어볼 수 있고 편집할 수 있습니다. 하지만 실제로 HTML 문서 편집에 맞는 프로그램과 HTML 문서 결과 화면을 보기에 알맞은 프로그램은 따로 있습니다.

HTML 문서를 편집할 때는 지금부터 설명하는 텍스트 편집기나 HTML 전용 편집기, 위지위그 편집기 중에서 선택하고, HTML 문서를 볼 때는 웹 브라우저를 사용합니다.

:: 텍스트 편집기

텍스트 편집기를 이용해 직접 태그를 입력하는 것은 HTML 태그에 익숙할 경우 주로 사용하는 방법입니다. HTML 태그와 관련 속성들에 대해 모두 알고 있어야 하기 때문이죠. 대신 사용자가 직접 태그를 제어하기 때문에 소스가 깔끔하고 그만큼 나중에 소스를 다시 알아보기도 쉬워집니다. 많이 사용하는 텍스트 편집기로는 메모장이나 Notepad++ 등이 있습니다.

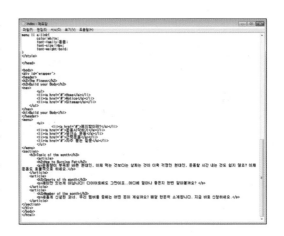

:: HTML 전용 편집기

HTML 태그에는 익숙하지만 일일이 태그를 입력하기 번거롭다면 HTML 전용 편집기를 이용할 수도 있습니다. 주요 태그들을 자동 삽입해 주고 태그 안의 속성도 쉽게 선택해서 사용할 수 있기 때문에 오타에 의한 입력 오류를 줄일 수 있습니다. 물론 HTML 전용 편집기를 이용한다 하더라도 HTML 태그와 속성에 대해서는 알고 있어야 합니다. HTML 전용 편집기로는 EditPlus나 UltraEdit 같은 프로그램이 있습니다.

위지위그(WYSIWYG) 편집기를 이용하면 일
반 문서를 작성하듯 글자와 이미지, 표 등을
삽입하면 자동으로 HTML 태그를 삽입해 주
기 때문에 HTML 태그를 잘 모르더라도 웹 문
서를 만들 수 있습니다. 하지만 자동으로 삽입
된 태그 중에는 불필요한 태그가 많이 포함되
기 때문에 파일 크기가 커질 수 있습니다. 자
주 사용하는 위지윅 편집기로는 어도비 드림
위버가 있습니다.

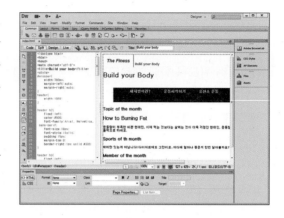

01-3 HTML과 웹 브라우저

HTML로 작성된 웹 문서를 보기 위해서는 별도의 프로그램이 필요한데 이러한 프로그램을 웹 브
라우저라고 합니다. 오늘날 가장 대표적인 웹 브라우저로는 인터넷 익스플로러(Internet
Explorer), 크롬(Chrome), 파이어폭스(Firefox) 외에도 여러 프로그램들이 있습니다. 주요 브라
우저들의 특징에 대해 살펴봅니다.

① 인터넷 익스플로러(Internet Explorer) :
　Microsoft에서 운영체제인 Windows에 함
　께 무료로 설치되었고 경쟁할 만한 다른 웹
　브라우저가 없었기 때문에 국내에서는 한
　때 90% 이상의 사용자를 확보하고 있던 웹
　브라우저입니다. 하지만 최근 들어 다른 웹
　브라우저가 등장하고 있고, 국내의 경우 지
　나친 인터넷 익스플로러 ActiveX 기술 의존
　으로 인해 다른 기기와 호환되지 않는 문제
　가 발생하여 익스플로러 의존률은 점차 낮
　아지고 있습니다.

② 파이어폭스(Firefox) : 인터넷 초기에 인터넷
　익스플로러와 양대 산맥을 이루었던 넷스
　케이프 내비게이터 브라우저의 개발엔진
　을 이어받아 개발된 공개 소스형 브라우저
　입니다. 철저히 웹 표준을 준수했기 때문에

웹 개발자들 사이에 많은 인기를 끌었으며 부가 기능을 추가해서 사용할 수 있다는 특징을 지니고 있습니다.

③ 크롬(Chrome) : 인터넷 익스플로러나 파이어폭스에 비해 후발 주자이면서도 짧은 기간에 많은 사용자를 확보하고 있는 웹 브라우저입니다. 웹 표준을 준수하면서 빠른 속도와 간단한 사용자 인터페이스를 가지고 있으며 파이어폭스가 가지고 있던 부가 기능을 추가할 수 있다는 특징 또한 가지고 있습니다.

④ 사파리(Safari) : 일반 PC용 웹 브라우저로서는 그다지 많이 알려지지 않았지만 매킨토시를 비롯해, 아이폰과 아이패드 등의 애플 제품 전용 웹 브라우저로 많이 사용되고 있습니다.

⑤ 오페라(Opera) : 인터넷 초창기에는 지금은 사라진 넷스케이프 내비게이터라는 브라우저와 인터넷 익스플로러가 주요 브라우저였는데 이 두 가지 브라우저보다 파일 크기가 작으면서 실행 속도가 빠른 브라우저가 오페라였습니다. 이후 넷스케이프 내비게이터가 브라우저 시장에서 사라지고 오페라는 특별하게 두각을 나타내고 있지는 못하지만 계속해서 그 이름을 이어오고 있습니다.

01-4 브라우저는 어떻게 HTML을 읽는 것일까?

HTML로 작성한 웹 문서는 웹 브라우저만 있다면 언제 어디서든 열어볼 수 있습니다. 하지만 명심해야 할 것은 이런 HTML 문서를 혼자만이 아니라 인터넷에 접속하는 모든 사람이 볼 수 있게 하려면 인터넷에 직접 연결된 컴퓨터(서버 컴퓨터)에 HTML 문서를 옮겨 놓아야 한다는 점입니다.

많은 사람들이 인터넷을 사용하지만 이것은 초고속 통신망을 통해 인터넷 서비스를 이용하는 것일 뿐 사용자 컴퓨터가 서버 컴퓨터에 직접 연결되어 있는 것은 아닙니다. 그러므로 HTML로 웹 사이트를 만들었다면 그 내용을 다른 사람들이 볼 수 있도록 하기 위해서는 사이트의 웹 문서들을 서버 컴퓨터로 모두 옮겨놓아야 합니다.

 tip
사용자 컴퓨터에서 서버 컴퓨터로 파일을 옮겨 저장하는 것을 업로드(upload)라고 합니다.

이런 서버 컴퓨터는 24시간 내내 켜져 있고 인터넷에 직접 연결되어 있기 때문에 인터넷 사용자라면 누구나 서버 컴퓨터에 있는 HTML 문서를 볼 수 있습니다. 그렇다면 서버 컴퓨터의 HTML 문서를 우리가 어떻게 볼 수 있는 걸까요?

HTML 문서는 단순히 텍스트로만 이루어진 것이 아니라 많은 이미지와 사운드, 동영상 등이 포함되어 있기 때문에 서버 컴퓨터에는 이와 관련된 파일들도 함께 저장되어 있습니다. 예를 들어, 관광지 이름이 적힌 링크를 클릭했을 때 관광지에 대한 자세한 설명이 있는 페이지(detail.html)를 보여주는 메뉴가 있다고 가정해 보겠습니다. A라는 사용자가 링크를 클릭하면 웹 브라우저에서는 서버 컴퓨터에게 자세한 설명이 있는 detail.html 문서를 보여달라고 요청합니다. 서버 컴퓨터에서는 자신이 저장하고 있는 파일을 뒤져서 detail.html이 있는지 확인합니다. detail.html 문서가 있다면, 그 문서 안에서 어떤 아이콘 이미지가 사용되는지, 어떤 사운드나 동영상 파일이 사용되는지 등 관련된 파일들을 모두 찾아내어 하나씩 A사용자의 컴퓨터로 보냅니다. 이 과정들을 로딩(loading)이라고 합니다. 이런 로딩 과정이 끝나면 서버에서 가져온 파일들을 원래대로 조립해서 A사용자의 웹 브라우저 화면에 보여줍니다. B사용자가 같은 링크를 클릭하게 되면 똑같은 과정을 거쳐서 B사용자의 웹 브라우저 화면에도 똑같은 detail.html 문서를 보여줄 수 있습니다.

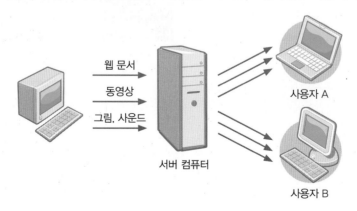

01-5 웹 주소, URL

URL(Uniform Resource Locator)은 인터넷에 연결된 어떤 정보에 접근하기 위해 사용하는 주소 형식을 가리키는 말입니다. 인터넷에 접근하는 방법이란 웹 브라우저 화면에 그 내용을 표시해 주는 http:// 프로토콜 방식이나 인터넷상의 파일을 다운로드할 때 사용하는 ftp:// 프로토콜 방식 등을 모두 일컫는 것입니다.

> http://www.infinitybooks.co.kr
> ftp://ftp.microsoft.com

웹 브라우저 화면에 사이트를 표시하기 위해 사용하는 URL은 아래와 같은 특정한 형식을 지니고 있습니다.

❶ http:// : 프로토콜 이름. 즉 웹에 있는 파일을 사용자 시스템으로 가져오는 방식
❷ www : 웹 사이트임을 표시하는 부분. 서버에 따라 생략할 수도 있습니다.
❸ infinitybooks.co.kr : 서버 컴퓨터. 도메인이라고 하는데 이 도메인을 보고 어떤 서버 컴퓨터에 접속해야 하는지 찾아갈 수 있습니다.
❹ bbs : 서버 컴퓨터의 폴더 이름입니다.
❺ board.php : 서버 컴퓨터의 폴더에 있는 파일 이름입니다. 즉 현재 브라우저 화면에 표시되는 파일입니다.

www는 월드와이드웹(World Wide Web)의 약자로 처음에는 인터넷에서 텍스트와 그래픽, 동영상 등 풍부한 컨텐츠를 제공하는 서비스의 이름으로 시작했지만 최근에는 인터넷에서 만나는 웹 사이트 공간을 통틀어 가리키는 말로 사용되고 있습니다.

tip
www를 간단히 줄여서 웹(web)이라고 부르기도 합니다.

01-6 웹과 관련된 다양한 언어들

HTML은 웹 문서를 만드는 가장 기본적인 언어이긴 하지만 HTML만으로 완성되는 것은 아닙니다. 현대 웹 문서를 만드는 데 필요한 다양한 언어들을 알아봅니다.

:: 자바스크립트

HTML로 작성된 웹 문서는 이미지나 텍스트를 통해 내용을 보여주는 것 외에 별다른 기능은 없습니다. 좀 더 역동적인 무엇인가가 없는 것이죠. 웹 문서에 동적인 효과를 추가하려고 할 때 가장 먼저 사용하는 것이 '자바스크립트(JavaScript)'입니다. 자바스크립트를 사용하면 웹 브라우저 창이나 웹 문서 등을 자유롭게 조절할 수 있고 사용자의 마우스 동작 등에도 반응하도록 할 수 있습니다.

Java와 JavaScript는 다른 언어입니다.

:: jQuery

자바스크립트가 일반 프로그래밍 언어에 비해 배우기 쉽다 하더라도 HTML처럼 단순히 태그만 외워서 되는 것이 아니라 스크립트 프로그래밍을 공부해야 합니다. 자바스크립트 중에서도 사용자가 자주 사용하는 기능만을 묶어 쉽게 사용할 수 있도록 패키지화한 것이 jQuery입니다. 예를 들어, 웹 문서 중앙에 이미지 슬라이드 쇼가 나타나는 배너를 넣으려고 할 때 복잡한 스크립트 소스를 직접 작성하지 않고도 이미 만들어져 있는 여러 가지 이미지 슬라이드 쇼 jQuery 소스 중에서 마음에 드는 것을 가져다 약간만 수정해서 사용할 수 있습니다.

jQuery를 모바일에 맞게 정의한 언어가 jQuery Mobile입니다.

:: 서버 프로그래밍 언어

인터넷에 하루 종일 연결되어 있으면서 홈페이지 파일들이 모두 저장되어 있는 컴퓨터를 '서버(server) 컴퓨터'라고 하고, 그것과 비교해 사용자가 사용하는 개인용 컴퓨터를 '클라이언트(client) 컴퓨터'라고 합니다. 예를 들어, 회원제로 운영되는 사이트라면 데이터베이스 형태로 회원 정보를 서버 컴퓨터에 저장하거나 검색, 수정하기 위해 사용하는 프로그래밍 언어를 서버 프로그래밍 언어라고 합니다. 주로 ASP나 PHP, JSP 같은 언어입니다.

서버 프로그래밍 언어는 클라이언트 컴퓨터에서는 실행되지 않고 서버 컴퓨터에서만 실행할 수 있습니다. 서버 프로그래밍 언어로 작성된 웹 문서는 그 확장자가 .asp나 .php, .jsp로 끝납니다.

01-7 웹 서버에 업로드하기

앞에서 설명한 것처럼 여러분이 만든 웹 문서는 웹 서버에 올려놓아야 누구나 인터넷으로 접속해서 웹 문서를 볼 수 있습니다. 웹 서버로 웹 문서를 올리기 위해서는 몇 가지 준비해야 할 것이 있습니다.

: : 웹 서버는 어떻게 준비하나?

가장 먼저 웹 문서를 올릴 공간, 즉 웹 서버를 준비해야 합니다.

① 자체 서버를 사용합니다.

서버용 컴퓨터를 따로 마련해서 직접 인터넷에 연결하는 방법입니다. 이 경우 서버용 컴퓨터와 서버를 운용하기 위한 기타 장비를 구입해야 합니다. 인터넷에 연결하기 위한 전용선도 임대해야 하고 서버를 운영하기 위한 서버 관리자도 있어야 합니다. 자체 서버를 사용하면 비용이 많이 들어가는 대신 안전하고 자신들이 원하는 방식으로 관리할 수 있다는 장점이 있습니다.

② 웹 호스팅 서비스 업체를 이용합니다.

자체 서버를 구입하지 않고 서버를 임대해 주는 업체의 공간을 일부 이용하는 방법입니다. 고가의 전용선 임대 비용이 들지 않고 서버와 관련된 기술적인 문제에 신경 쓰지 않아도 됩니다. 서버 공간 사용료만 내면 자체 서버를 이용하는 것처럼 사용할 수 있습니다. 중소기업이나 사이트를 전문적으로 운영하려는 개인들이 주로 사용합니다.

③ 무료 호스팅 서비스를 이용합니다.

일반 서버 호스팅 서비스를 이용하더라도 월 사용료가 크게 비싸지 않기 때문에 최근에는 무료 호스팅 서비스는 많지 않습니다. 하지만 아직 서버에 익숙하지 않거나 학습용으로 서버를 사용한다면 무료 호스팅 서비스도 괜찮습니다. 무료라서 중요한 데이터를 백업(보관)해 주지 않기 때문에 중요한 자료는 직접 백업해 두어야 하지만 HTML과 자바스크립트를 테스트해 보기에는 부족하지 않을 것입니다. 무료 웹 호스팅의 경우 일정 기간마다 무료 서비스 기간을 연장해야 합니다.

> **tip**
>
> 오랫동안 안정적으로 무료 웹 호스팅을 제공하는 사이트로는 나야나(http://www.nayana.com)나, 미리내(http://www.mireene.com), 닷홈(http://www.dothome.co.kr) 등이 있습니다. 하지만 여러분이 이 책을 읽을 때는 달라질 수도 있습니다.

다음은 '닷홈' 사이트에서 무료 호스팅을 신청하는 화면입니다.

웹 서버를 결정했다면 웹 서버에 접속하기 위
한 정보를 알아두어야 합니다. 자체 서버라면
서버 관리자에게서 접속할 계정 정보를 알 수
있고, 호스팅 업체를 통해 유료나 무료 서비스
를 사용한다면 호스팅 업체에 로그인해서, 또
는 서비스 신청 후 받은 메일에서 접속 정보를
알 수 있습니다. 그 정보 중에서 FTP 서버 주
소와 접속 아이디, 비밀번호를 꼭 메모해 두고
기억해야 합니다.

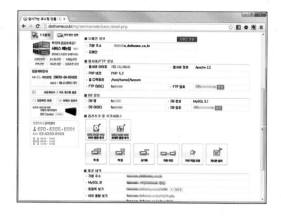

: : FTP 프로그램 준비하기

FTP란 파일 전송을 위한 규약인 File Transfer Protocol의 약자로, 여러분의 컴퓨터에 있는 웹 문서
파일을 웹 서버에 업로드하거나 반대로 웹 서버에 있는 파일을 컴퓨터로 다운로드하려면 FTP 프
로그램이 필요합니다.

알FTP나 윈FTP 등 인터넷을 검색해 보면 여러 FTP 프로그램이 있지만 이 책에서는 '파일질라
(Filezilla)'라는 프로그램을 사용할 것입니다. 파일질라는 윈도우 용과 맥 용, 리눅스 용을 각각 지
원하면서 무료이기 때문에 쉽게 구할 수 있고 사용법도 간단합니다.

파일질라는 http://filezilla-project.org 사이트
에 접속해서 'Download FileZilla Client'를 클
릭해서 다운로드할 수 있습니다.

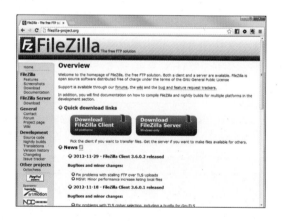

02   HTML 문서의 기본 구조

WEBPROGRAMMING   HTML 문서를 이루는 전체적인 구조를 살펴봅니다. 간단한 문서를 작성해서 웹 브라우저에서 확인해 보고, 웹 서버에 올리는 방법과 모바일에서도 정상적으로 볼 수 있도록 하기 위해 어떤 작업이 필요한지도 살펴봅니다.

02-1 실습해 보기

:: **실습** 첫 문서 만들기

가장 기본이 되는 문서 구조를 알아보기 위해 HTML 태그를 입력하면서 웹 문서가 어떻게 표시되는지 확인해 보도록 하겠습니다.

◎ **준비 파일** : 실습\ch1\Sources\mydoc.txt
◎ **완성 파일** : 실습\ch1\Results\mydoc.html

01. 메모장에서 '실습\ch1\Sources' 폴더에 있는 mydoc.txt 파일을 열고, 웹 문서 형태로 저장하기 위해 [파일]→[다른 이름으로 저장]을 선택합니다.

 tip

메모장을 실행하려면 윈도우 시작 버튼을 클릭한 후 [모든 프로그램]→[보조 프로그램]→[메모장]을 차례로 선택하거나 윈도우 시작 버튼을 클릭한 후 검색 창에 '메모장'이라고 입력하고 Enter 키를 누르면 됩니다.

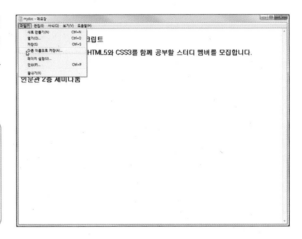

02. '다른 이름으로 저장' 창이 나타나면 가장 먼저 '인코딩'에서 'UTF-8'을 선택합니다.

03. 파일 이름은 'mydoc.html'이라고 확장자까지 입력한 후 〈저장〉을 클릭합니다.

04. 이제 '실습\ch1\Sources' 폴더에 가보면 방금 만든 mydoc.html 파일이 보일 것입니다. 파일을 더블클릭합니다.

tip

웹 문서 파일은 웹 브라우저로 봐야 하기 때문에 파일 아이콘은 여러분이 기본 브라우저로 지정한 프로그램의 아이콘으로 표시됩니다.

05. 모든 텍스트가 한 줄로 표시되어 보일 것입니다. 즉, 웹 문서에서는 아무리 여러 칸을 띄어 쓰거나 심지어는 줄 바꾸기를 하더라도 그 사실을 인식하지 못합니다. 모든 것을 태그로 지정해 주어야 합니다. 아직 브라우저 창을 닫지 마세요.

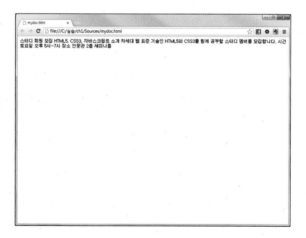

06. 메모장으로 돌아옵니다. 가장 먼저 제목을 붙여보겠습니다. '스터디 회원 모집'이라는 단어 앞뒤에 〈h1〉과 〈/h1〉을 입력합니다. 'HTML5, CSS3, 자바스크립트' 앞뒤에는 〈h2〉와 〈/h2〉를, '소개'와 '시간', '장소' 앞뒤에는 각각 〈h3〉와 〈/h3〉를 입력합니다. 그리고 키보드에서 Ctrl + S 키를 눌러 수정한 내용을 저장합니다.

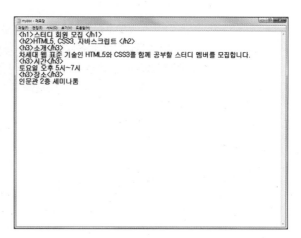

07. 아까 열어두었던 웹 브라우저 창으로 돌아와 F5 키를 누르거나 브라우저 창의 도구 모음에 있는 C 아이콘을 클릭합니다. 〈h1〉에서 〈h3〉까지 태그로 묶어주었던 부분이 좀 더 진하고 크게 표시되었습니다. 또한 아래로 내려갈수록 글자 크기가 점점 작아지는 것도 알 수 있습니다.

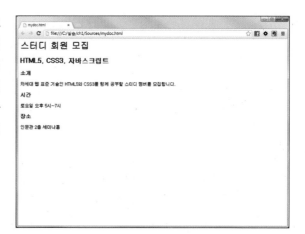

08. 다시 메모장으로 돌아와 나머지 텍스트에는 앞뒤에 〈p〉와 〈/p〉를 붙입니다.

```
<h3>소개</h3>
<p>차세대 웹 표준...</p>
<h3>시간</h3>
<p>토요일 오후...</p>
<h3>장소</h3>
<p>인문관 2층...</p>
```

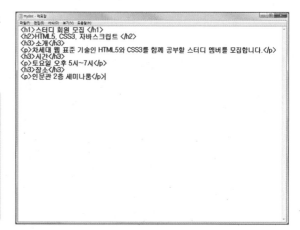

09. 메모장 맨 앞에 〈img src="html5.
png"〉를 입력한 후 `Ctrl`+`S` 키를 눌러 수
정 내용을 저장합니다.

10. 다시 한 번 브라우저 창으로 돌아가
`C` 아이콘을 클릭해 보세요. 이미지도 삽입
되고 텍스트도 정리되어 표시될 것입니다.

11. 하지만 아직 제대로 된 HTML 문서가
완성된 것은 아닙니다. 메모장의 기존 소
스 앞뒤에 다음과 같은 소스를 추가합니
다. `Ctrl`+`S` 키를 눌러 수정 사항을 저장합
니다.

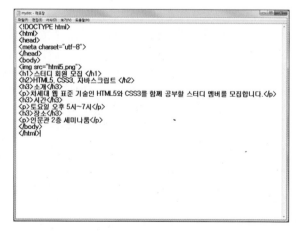

```
<!DOCTYPE html>
<html>
<head>
<meta charset="utf-8">
</head>
<body>
    ~ 기존의 소스 ~
</body>
</html>
```

12. 브라우저 창으로 돌아가 ⓒ 아이콘을 클릭합니다. 결과 화면은 이전과 다를 것이 없겠지만 이제 비로소 제대로 된 HTML 문서가 완성되었습니다.

: : (실습) 웹 서버에 업로드하고 브라우저로 확인하기

아무리 잘 만든 웹 문서라 하더라도 웹 서버에 업로드하지 않으면 다른 사람들이 볼 수 없습니다. 웹 서버가 마련됐고 접속할 수 있는 접속 정보를 알고 있다면 웹 서버로 업로드하고 웹 브라우저로 확인해 보겠습니다.

01. 파일질라를 실행한 후 맨 위의 '호스트' 부분에는 FTP 서버 주소나 기본 홈페이지 주소를, '사용자명'에는 FTP 접속 아이디를, '비밀번호'에는 접속 비밀번호를 입력한 후 〈빠른 연결〉을 클릭합니다.

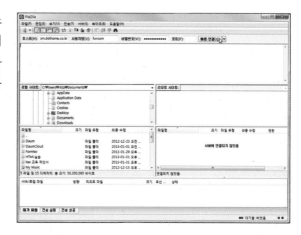

02. 파일질라는 창이 여러 개로 구분되어 있는데 '리모트 사이트'라고 되어 있는 부분은 서버의 파일 구조를 보여주는 창입니다. 서버 영역의 '/' 왼쪽에 있는 + 기호를 클릭한 후 아래쪽에 'html' 폴더를 클릭하세요. 모든 웹 문서는 이 폴더로 업로드해야 합니다.

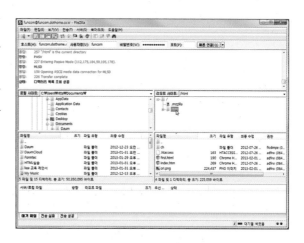

03. '로컬 사이트' 창은 여러분 컴퓨터 파일 구조를 보여주는 창입니다. 그 창에서 '실습\ch1\Sources'를 클릭하세요. 바로 아래 부분에 Sources 폴더에 있는 파일들이 나타날 것입니다. 'html5.png' 파일과 'mydoc.html' 파일을 선택한 후 서버의 'html' 폴더 영역으로 드래그하세요.

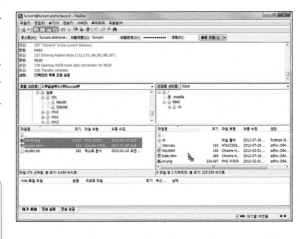

tip
서버의 html 폴더 영역으로 파일을 업로드할 때 'ch' 같은 서브 폴더 안으로 드래그하지 않도록 주의하세요.

04. 웹 서버의 html 폴더 안에 'html5. png'와 'mydoc.html' 파일이 업로드된 것을 직접 눈으로 확인할 수 있습니다.

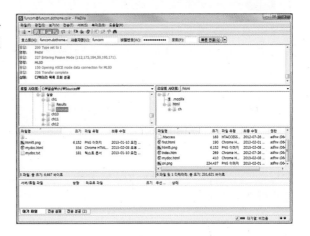

05. 이제 웹 브라우저 주소 표시줄에 '홈페이지 주소/mydoc.html'이라고 입력해 보세요. 우리가 만들었던 문서가 웹 브라우저에 나타날 것입니다. 이 주소만 알면 누구든지 여러분이 만든 웹 문서를 볼 수 있습니다.

tip
닷홈에 무료 호스팅을 신청했다면 '아이디.dothome.co.kr'가 홈페이지 주소가 됩니다.

02-2 모바일 브라우저에서 웹 문서 확인하기

요즘에는 웹 사이트를 데스크탑의 브라우저로만 접속하는 것이 아니라 모바일 기기에 있는 웹 브라우저로 접속하는 경우가 많습니다. 스마트폰이나 태블릿 등 브라우저 화면의 크기도 다양합니다. 내가 만든 웹 문서를 데스크탑 브라우저만이 아닌 모바일 기기의 웹 브라우저로도 볼 수 있게 하려면 어떻게 해야 할까요?

: : 일단 확인해 봅시다

앞에서 여러분이 만들고 업로드했던 mydoc.html 문서를 모바일 기기 브라우저로 확인해 보십시오.

내용이 모두 보이긴 하지만 글씨가 너무 작게 표시될 것입니다. 모바일 기기 브라우저 화면은 데스크톱 브라우저에 비해 작은데 글씨까지 작기 때문에 화면을 확대하지 않는 이상 제대로 볼 수 없습니다.

이런 문제를 해결하기 위해서는 웹 문서를 만들 때, 모바일 기기의 해상도를 자동으로 체크해서 그 크기에 맞춰 웹 문서를 보여줄 수 있도록 다음과 같이 뷰포트 소스를 추가해야 합니다.

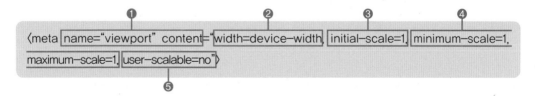

❶ name="viewport" content="...." : viewport를 설정할 것이며 그 설정값은 content="..."에 있습니다.

❷ width = device-width : 내용을 표시할 너비는 모바일 기기의 너비에 맞춥니다.

❸ initial-scale=1 : 초기 크기는 원래 크기인 1로 설정합니다.

❹ minimum-scale=1, maximum-scale=1 : 최소 크기와 최대 크기도 원래 크기 1로 설정합니다.

❺ user-scalable=no : 사용자가 확대 기능을 사용할 수 없게 합니다.

앞에서 만들었던 mydoc.html 문서의 앞부분에 다음과 같이 소스를 추가한 후 저장합니다.

수정한 mydoc.html 문서를 웹 서버에 업로드한 후 다시 모바일 기기 브라우저에서 웹 페이지에 접속하는 것입니다. 접속해 보면 모바일에 적당한 크기로 표시될 것입니다.

 tip
이미 mydoc.html이 서버에 업로드되어 있기 때문에 수정한 mydoc.html을 다시 업로드하면 같은 이름의 파일이 있다는 메시지 창이 나타납니다. 이럴 때는 '덮어쓰기'를 선택한 후 업로드합니다.

02-3 문서의 기본 구조

앞의 실습에서 살펴 본 것처럼 HTML 문서를 이루는 가장 기본적인 뼈대는 다음과 같습니다. 실습을 따라했을 때 나타났던 브라우저 화면을 보면서 소스를 살펴보면 이해가 쉬울 것입니다.

```html
<!DOCTYPE html>
<html>
    <head>
        <meta charset="utf-8">
    </head>
    <body>
        <img src="html5.png">
        <h1>스터디 회원 모집 </h1>
        <h2>HTML5, CSS3, 자바스크립트 </h2>
        <h3>소개</h3>
        <p>차세대 웹 표준 기술인 HTML5와 CSS3를 함께 공부할 스터디 멤버를 모집합니다.</p>
        <h3>시간</h3>
        <p>토요일 오후 5시~7시</p>
        <h3>장소</h3>
        <p>인문관 2층 세미나룸</p>
    </body>
</html>
```

: : 문서 유형을 선언하는 doctype

doctype은 현재 웹 문서가 어떤 HTML 버전에 맞게 작성되었는지를 알려주는 것입니다. HTML4 와 HTML5 문서에서 doctype을 사용하는 방법이 약간 다릅니다.

① HTML4 문법에 맞춰 작성한다면

HTML4 문서에서는 문서가 HTML이나 XHTML 표준안 중 어떤 것을 따르는지, 그리고 표준안 중에서도 권장 표준안(strict)과 완화된 표준안(transitional) 중 어떤 것을 지켜서 작성된 문서인지 명시해야 합니다. 이렇게 문서 유형을 문서 맨 앞에 명시하는 이유는 HTML 버전에 따라 어떤 태그는 사용할 수 있는 반면 어떤 태그는 사용할 수 없기 때문입니다.

HTML 4.01 Transitional 버전에서는 〈font〉 태그를 사용해도 문제가 되지 않지만 HTML 4.01 Strict 버전에서는 〈font〉 태그를 사용하지 않도록 하기 때문에 〈font〉 태그를 사용하면 오류로 처리하게 됩니다. 따라서, 문서 유형을 명시해 주는 것이 중요합니다.

기본적인 문서 유형은 다음과 같습니다.

• HTML 4.01 호환 모드 / XHTML 1.0 호환 모드 : 가장 최근의 CSS 규칙을 따르고 요소들을 자유롭게 배치할 수 있습니다. 프레임은 사용할 수 없습니다. 따로 문서 유형을 지정하지 않으면 이 형식으로 인식합니다.

```
<!DOCTYPE HTML PUBLIC "-//W3C//DTD HTML 4.01 Transitional//EN"
"http://www.w3c.org/TR/html4/loose.dtd">
<!DOCTYPE html PUBLIC "-//W3C//DTD XHTML 1.0 Transitional//EN"
"http://www.w3.org/TR/xhtml1/DTD/xhtml1-transitional.dtd">
```

• HTML 4.01 엄격 모드 / XHTML 1.0 엄격 모드 : 권장하지 않는 요소들은 절대 사용할 수 없고 요소를 배치할 때 규칙을 지켜야 합니다. HTML 문법에 맞는 가장 이상적인 문서를 만들 수 있습니다.

```
<!DOCTYPE HTML PUBLIC"-//W3C//DTD HTML 4.01 Strict//EN" "http://www.
w3c.org/TR/html4/strict.dtd">
<!DOCTYPE html PUBLIC "-//W3C//DTD XHTML 1.0 Strict//EN" "http://www.
w3.org/TR/xhtml1/DTD/xhtml1-strict.dtd">
```

② HTML5 문법에 맞춰 작성한다면

HTML5에서는 doctype 선언이 아주 쉬워졌습니다. strict인지 transitional인지 구별할 필요도 없고 다음과 같이 html 문서라는 점만 표기해 주면 됩니다.

```
<!DOCTYPE html>
```

소문자로 〈!doctype html〉이라고 입력해도 됩니다.

: : 〈html〉 태그와 〈/html〉 태그

현재 작성하는 문서가 HTML 문서임을 알려주기 위한 태그입니다. HTML 문서의 시작 부분에는
〈html〉 태그를, 그리고 문서 마지막에는 〈/html〉 태그를 사용합니다. 〈html〉과 〈/html〉 태그 사이
에는 문서의 정보를 지정하는 〈head〉~〈/head〉 부분과 실제 문서 내용이 들어가는 〈body〉~〈/
body〉 부분으로 나누어져 있습니다.

: : 〈head〉 태그와 〈/head〉 태그

〈head〉 태그에서 시작해서 〈/head〉 태그까지는 문서 제작자나 사용된 언어, 문서의 제목 등
HTML 문서의 여러 정보들이 들어갑니다. 앞의 예에서는 〈head〉와 〈/head〉 사이에 〈meta〉 태그
만 사용되었지만 이외에도 여러 가지 태그들이 있습니다.

〈body〉 태그에서 〈/body〉까지는 실제 웹 브라우저 창에 나타나는 여러 가지 내용들이 들어갑니
다. 파트 1에서 배우는 대부분의 내용들이 이 〈body〉 태그와 〈/body〉 태그 사이에 삽입될 태그들
입니다.

: : 〈meta〉 태그

〈meta〉 태그는 웹 브라우저에는 직접 표시되지 않지만 웹 사이트를 만들 때 필요한 정보들을 저
장해 놓는 태그입니다. 〈meta〉 태그를 사용해서 저장하는 정보들을 흔히 '메타 정보'라고 합니다.
대부분의 사이트의 경우 소스를 확인해 보면 〈meta〉 태그가 다양하게 사용된 것을 확인할 수 있
습니다.

한글로 된 사이트의 경우 가끔 한글이 깨져 나오는 경우가 있는데 이것은 〈meta〉 태그에서 문자셋을 정확하게 지정하지 않았기 때문입니다. 컴퓨터는 영어권 국가에서 만들어졌기 때문에 기본으로 한 번에 알파벳 한 글자를 표시하도록 설계되어 있습니다. 하지만 우리나라 글자를 비롯해 일부 국가의 글자들은 영어와 표기 방법이 다릅니다. 그래서 전 세계의 문자들을 함께 쓰더라도 충돌이 생기지 않도록 하는 문자셋이 만들어졌는데 그것이 바로 'utf-8'입니다. 웹 사이트를 제작할 때는 다음과 같이 문자셋을 utf-8로 지정해야 합니다.

HTML4까지는 문자셋을 지정할 때 다음과 같이 http-equiv 속성을 사용했기 때문에 소스가 길었습니다.

```
<meta http-equiv="content-type" content="text/html charset=utf-8">
```

하지만 HTML5에서는 간단하게 charset="utf-8"이라고만 지정하면 됩니다.

```
<meta chartset="utf-8">
```

참고로, charset을 맞게 지정했더라도 메모장에서 소스를 작성한 후 저장했다면 문서를 저장할 때 '인코딩'을 'utf-8'로 선택해야 한글이 깨지지 않습니다.

문자셋 외에도 메타 정보에는 사이트의 주요 키워드 및 요약 정보들이 있어서 검색 사이트가 사이트를 검색할 수 있도록 중요 정보를 제공합니다.

```
<meta http-equiv="keywords" content="browsers, web, html5 book">

<meta name="description" content="Things you always wanted to know
about the web but were afraid to ask.">

<meta name="author" content="Google, inc.">
```

: : ⟨title⟩ 태그

⟨title⟩ 태그는 웹 문서의 제목을 지정하는 태그로, ⟨title⟩ 태그와 ⟨/title⟩ 태그 사이에 웹 브라우저 제목 표시줄에 표시할 내용을 넣습니다. 최신 브라우저들은 모두 멀티 탭을 지원하기 때문에 ⟨title⟩ 태그에 지정한 내용들은 탭에 표시됩니다.

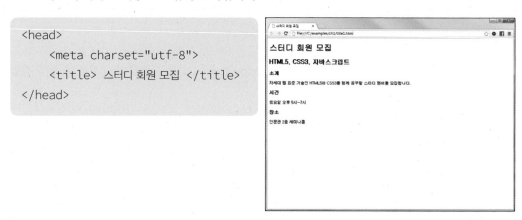

```
<head>
    <meta charset="utf-8">
    <title> 스터디 회원 모집 </title>
</head>
```

⟨title⟩ 태그를 지정하지 않을 경우 탭 자리에는 웹 문서 제목 대신 파일 이름이나 파일 경로가 표시됩니다.

```
<head>
    <meta charset=utf-8>
</head>
```

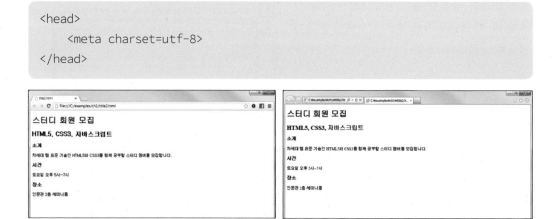

: : 주석

주석(comment)은 웹 브라우저 화면에는 표시되지 않는 요소입니다. 주석은 나중에 자신이 작성한 HTML 소스를 보거나 다른 사람이 HTML 소스를 열어보았을 때 페이지 내용을 쉽게 이해할 수 있도록 설명글을 붙이는 것입니다. 주석의 기본 형식은 다음과 같습니다. 주석은 한 줄에 쓸 수도 있고 여러 줄에 걸쳐서 사용할 수도 있습니다.

```
<!-- 주석 내용 -->
```

02-4 HTML 태그의 특징

HTML 태그의 모든 명령은 태그와, 태그로 둘러싼 내용들로 구성되어 있고 각 태그마다 각자의 속성을 가지고 있습니다. 앞에서 간단한 문서를 만들어 보았는데 가장 먼저 기억해 두어야 할 HTML 태그의 특징들은 다음과 같습니다.

① 태그는 여는 태그와 닫는 태그로 이루어집니다.

태그는 기본으로 여는 태그와 닫는 태그로 이루어져 있습니다. 〈h1〉스터디 회원 모집〈/h1〉처럼 태그가 적용되는 부분이 어디에서부터 어디까지인지를 명확히 알 수 있습니다. 하지만 〈img〉 태그처럼 닫는 태그가 없는 경우도 있습니다. 이럴 경우에는 그대로 여는 태그만 사용하면 됩니다.

② 대소문자를 구별하지 않습니다.

앞으로 배우게 될 CSS나 자바스크립트는 정확히 대소문자를 구별해서 사용해야 하지만 HTML 태그는 대소문자를 구별하지 않고 사용할 수 있습니다.

```
<IMG src="html5.png">
<H1>스터디 회원 모집 </H1>
<H2>HTML5, CSS3, 자바스크립트 </H2>
<H3>소개</H3>
<P>차세대 웹 표준 기술인 HTML5와 CSS3를 함께 공부할 스터디 멤버를 모집합니다.</P>
...
</BODY>
```

이렇게 태그를 대문자로 작성한 소스와 태그를 소문자로 작성한 소스의 결과 화면은 똑같습니다.

```
<img src="html5.png">
<h1>스터디 회원 모집 </h1>
<h2>HTML5, CSS3, 자바스크립트 </h2>
<h3>소개</h3>
<p>차세대 웹 표준 기술인 HTML5와 CSS3를 함께 공부할 스터디 멤버를 모집합니다.</p>
...
</body>
```

하지만 최근에는 태그와 속성을 모두 소문자로 쓰는 것이 일반적입니다.

③ 빈 공백은 한 칸만 인식합니다.

웹 문서에서는 아무리 많은 공백이 있더라도 한 칸만 인식하고 나머지 공백은 모두 무시해 버립니다. 앞의 16페이지에서 살펴본 것처럼 여러 줄로 텍스트를 입력하더라도 빈 공백을 인식하지 않기 때문에 모든 텍스트를 한 줄로 표시하는 것입니다. 그래서 HTML 전용 편집기를 사용할 경우에는 태그의 포함 관계를 알아보기 쉽도록 소스를 보기 좋게 들여써서 보여줍니다. 이렇게 하더라도 웹 브라우저에 표시되는 결과 화면은 달라지지 않습니다. 메모장에 소스를 작성할 때도 들여쓰면서 포함 관계를 알아보기 쉽게 입력해도 됩니다.

④ 태그 안에 다른 태그를 포함시킬 수 있습니다.

한 태그 안에 또 다른 태그를 중복 적용할 수 있습니다. 예를 들어, 글자를 굵게 표시하는 〈strong〉 태그와 이탤릭체로 표시하는 〈i〉 태그를 함께 사용하면 글자를 굵게 이탤릭체로 표시할 수 있습니다. 여러 개의 태그가 적용될 때는 안쪽의 태그가 먼저 적용되고 이어서 바깥의 태그가 적용됩니다. 따라서 중복되는 부분이 있을 경우에는 안쪽의 태그부터 적용됩니다.

이때 주의할 점은 열고 닫는 순서를 태그의 짝에 맞게 지켜야 한다는 것입니다.

- 맞는 사용법 : <strong><i> 굵게 이탤릭체로 표시되는 텍스트 </i></storng>
- 틀린 사용법 : <strong><i> 굵게 이탤릭체로 표시되는 텍스트 </strong></i>

⑤ 태그 안에 속성을 함께 사용합니다.

태그는 쓰임새에 따라 사용하는 태그가 정해져 있고, 태그마다 속성이 있어서 해당 태그를 좀 더 자세히 설정할 수 있습니다. 예를 들어, 웹 문서에 이미지를 삽입할 때 〈img〉 태그를 사용하는데 이 태그만 사용해서는 어떤 이미지를 삽입하는지 알 수 없습니다. 이럴 경우 src라는 속성을 사용해 house.jpg라는 이미지 파일을 삽입한다고 알려주게 됩니다.

```
<img src="house.jpg">
```

〈img〉 태그에는 src라는 속성 외에도 이미지의 너비와 높이를 지정하는 width와 height라는 속성이 있어서 이미지 크기를 지정할 수 있고, alt라는 속성이 있어서 이미지가 보이지 않을 때 설명글을 보여주거나 들려줄 수 있습니다.

각 태그마다 사용하는 속성이 다르고 사용할 수 있는 속성값도 달라지므로 필요에 따라 속성을 익혀야 합니다.

```
<img src="house.png" width="350"
height="300" alt="꿈속에 그리는 집">
```

❶ HTML은 HyperText Markup Language의 약자로, 마크업 언어(Markup Language)라고 줄여 말하기도 합니다.

❷ 마크업이란 텍스트에 간단한 명령을 함께 표시한 것으로, 이런 마크업들은 미리 약속되어 있고 이것을 흔히 태그(tag)라고 부릅니다.

❸ HTML 문서는 텍스트 문서이기 때문에 텍스트 문서를 열어볼 수 있는 프로그램이라면 어떤 프로그램에서든 열어볼 수 있고 편집할 수 있습니다.

❹ HTML을 편집할 때 사용하는 프로그램은 다음과 같습니다.
  • 텍스트 편집기 : 태그에 익숙할 경우에 직접 태그를 입력하면서 편집할 수 있습니다.
  • HTML 전용 편집기 : 일일이 태그를 입력하기 번거로울 경우 편리합니다. 단, 이 경우에도 태그는 알고 있어야 합니다.
  • 위지위그 편집 프로그램 : HTML 태그를 잘 모르지만 웹 문서를 만들어야 할 때는 편리합니다. 자동으로 생성되는 소스라서 파일 크기가 커질 수 있습니다.

❺ 웹 문서를 보기 위해서는 웹 브라우저 프로그램이 필요한데 대표적인 웹 브라우저로는 ①인터넷 익스플로러와 ②구글 크롬, ③파이어폭스, ④사파리 등이 있습니다.

❻ HTML로 작성한 웹 문서를 인터넷에 접속하는 모든 사람이 볼 수 있게 하려면 인터넷에 직접 연결된 컴퓨터(서버 컴퓨터)에 HTML 문서를 옮겨 놓아야 합니다.

❼ 문서의 doctype은 현재 웹 문서가 어떤 HTML 버전에 맞게 작성되었는지 알려줍니다. doctype을 문서 맨 앞에 명시해야 HTML 버전에 따라 어떤 태그를 사용할 수 있는지 알 수 있습니다.

❽ 〈meta〉 태그에서 charset를 utf-8로 지정하지 않으면 한글이 제대로 표시되지 않을 수 있습니다.

❾ 〈title〉 태그는 웹 문서의 제목을 지정하는 태그로 웹 브라우저 제목 표시줄에 표시할 내용을 넣습니다.

❿ 주석(comment)은 웹 브라우저 화면에는 표시되지 않지만 페이지 내용을 쉽게 이해할 수 있도록 설명글을 붙입니다.

⓫ HTML 태그의 특징은 다음과 같습니다.
  • 태그는 여는 태그와 닫는 태그로 이루어져 있는데 닫는 태그가 없는 태그도 있습니다.
  • 태그는 대소문자를 구별하지 않습니다.
  • 빈 공백은 한 칸만 인식하기 때문에 소스 상에서 아무리 많은 여백을 넣어도 브라우저 화면에는 한 칸만 표시됩니다. 그리고 편집기 상에서 소스를 보기 좋게 들여써도 브라우저 화면에는 영향을 주지 않습니다.
  • 태그 안에 다른 태그를 포함시킬 수 있습니다.
  • 태그 안에 속성을 함께 사용할 수 있는데 각 태그마다 사용하는 속성이 다르고 사용할 수 있는 속성값도 다르기 때문에 필요에 따라 속성을 익혀야 합니다.

01 ⟨!doctype⟩의 역할과 ⟨!doctype⟩을 설정하는 방법을 설명하시오.

02 다음과 같은 결과 화면을 만들기 위해 괄호 안에 들어갈 태그나 속성을 채워 넣으시오.

```
<!doctype ( ① )>
<html>
  <( ② )>
      <meta charset="utf-8">
      <( ③ )>모꼬지 갑니다</( ③ )>
  </( ② )>
  <( ④ )>
      <img src="spring2.jpg">
      <h1>모꼬지 일정 공고</h1>
      <p>신입생들과의 친목 도모를 위해 봄 모꼬지를 가려고 합니다</p>
  </( ④ )>
</html>
```

03 메모장에서 HTML 소스를 작성한 후 저장했을 때 그림처럼 한글이 제대로 표시되지 않는다면 무엇을 체크해야 할지 설명하시오.

04 웹 서버로 웹 문서를 업로드한 후 모바일 브라우저에서 확인했더니 웹 문서가 다음과 같이 작은 글씨로 표시됩니다. 해결 방법을 설명하시오.

MEMO

PART 01

CHAPTER
02
축제
일정 페이지
만들기

우선 HTML5의 새로운 시맨틱 태그에 대해 알아봅니다. 웹 문서의 중심을 이루는 글자와 목록, 그리고 표를 다루는 HTML 태그와 각 태그의 속성들을 살펴봅니다. 기본적인 태그들을 이용해 대학 축제 때 운영할 프리마켓 신청을 받는 페이지를 만들어 보겠습니다.

| 이 장에서 배울 내용 |

- **시맨틱 태그** : HTML4와 HTML5 문서의 차이를 살펴보고 시맨틱 태그가 왜 필요한지, HTML5를 지원하지 않는 IE 버전에서의 사용법 등을 살펴봅니다.

- **다양한 텍스트 태그** : 웹 문서의 대부분을 차지하는 텍스트를 표시하는 태그들을 알아봅니다. 텍스트 태그들은 어떻게 보이는가보다 용도에 맞춰 쓰는 것이 중요합니다.

- **목록을 만드는 태그** : 웹 문서에서 목록은 단순히 내용을 나열하는 것뿐만 아니라 여러 가지 용도로 사용됩니다. 주요 목록들과 그 목록을 만들기 위한 태그 및 속성들에 대해 살펴봅니다.

- **표** : 내용이 많을 경우 표로 정리하면 쉽게 알아볼 수 있습니다. 표를 만드는 방법과 표에서 사용하는 여러 태그들 및 속성들을 알아봅니다.

01 문서의 구조를 설명하는 시맨틱 태그

WEBPROGRAMMING   HTML5에는 새로운 태그들이 많이 소개되었지만 그 중에서 가장 눈에 띄는 것은 문서의 구조를 만드는 데 사용하는 시맨틱 태그들입니다. 시맨틱 태그가 무엇이고 어떤 태그들이 어떤 용도로 사용되는지 살펴보겠습니다.

01-1 시맨틱 태그란?

인터넷 상의 대부분 문서를 살펴보면 서로 다른 듯 보이면서도 그 구조는 크게 다르지 않습니다. 사이트의 제목과 로고, 검색 창 등이 있는 헤더 부분과 실제 내용이 표시되는 콘텐츠 부분, 사이드바, 그리고 푸터 부분이 대부분이며 사이트에 따라 한두 가지 영역이 추가되곤 합니다. 이런 점을 바탕으로 HTML5에서는 사이트를 구성할 때 구조를 결정짓는 요소들을 〈header〉와 〈nav〉, 〈section〉, 〈aside〉, 〈footer〉와 같은 태그로 지정할 수 있게 했습니다.

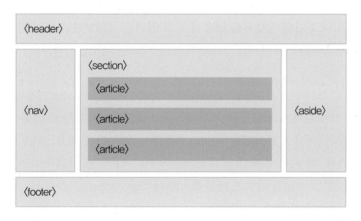

> **tip**
> 각 요소의 위치는 달라질 수 있습니다.

〈header〉나 〈nav〉, 〈aside〉 같은 태그들은 이름만 보고도 그 태그가 사용된 부분에 어떤 내용이 있을지 짐작할 수 있습니다. 이런 식으로 태그 이름 자체에 의미를 포함하고 있는 태그를 시맨틱(semantic) 태그라고 하며, HTML5의 가장 큰 특징 중 하나입니다.

그렇다면 시맨틱 태그를 사용했을 때 어떤 점이 좋을까요?

HTML5의 시맨틱 요소로 작성한 소스를 보면 태그만 보고 어느 부분이 제목이고 어느 부분이 메뉴인지, 그리고 어느 부분이 실제 내용인지를 쉽게 알 수 있습니다. 하지만 웹 개발자나 디자이너가 소스를 보기 쉽다는 이유가 전부는 아닐 것입니다.

시맨틱 태그를 사용하면 사이트를 검색할 때 필요한 내용을 정확하게 검색할 수 있습니다. 웹 사이트의 본문 내용 중에서 검색하라고 지정하면 검색 로봇은 〈section〉이나 〈article〉 부분만 찾아서 검색하면 될 것입니다.

또한 웹 사이트에 접속하는 기기가 하루가 다르게 다양해지고 있는데 시맨틱 태그를 사용하면 모든 기기에서 웹 사이트를 해석하는 방식에 표준을 만들 수가 있습니다. 웹 문서를 사용자에게 보여줄 때 A라는 기기와 B라는 기기에서 표현하는 방법이 다르더라도 문서에서 어느 부분이 제목이고 어느 부분이 메뉴인지를 구별할 수 있다면 적절하게 문서를 표현할 수 있습니다. 예를 들어, 시각 장애인이 사용하는 스크린 리더에서는 웹 문서에 들어있는 내용을 소리로 읽어주는데, 시맨틱 태그를 통해 어느 부분이 제목이고 어느 부분은 내용인지를 구별할 수 있기 때문에 사용자에게 그만큼 정확하게 사이트 내용을 전달할 수 있습니다.

01-2 문서 구조를 만드는 시맨틱 태그

HTML4까지는 문서를 만들 때 대부분 〈div〉 태그를 이용해 '이 부분은 메뉴', '이 부분은 사이드바'하는 식으로 사용했습니다. 〈div〉 태그 안에서 사용한 id에 따라 그 영역을 구분할 수 있었지만 실제로 〈div〉 영역 안에 어떤 내용이 들어있는지 브라우저가 알 수 있는 방법은 없었습니다.

다음 예제는 HTML4를 사용해 문서를 구성한 예입니다.

여러 개의 〈div〉 태그를 사용해서 메뉴와 내용, 푸터 부분을 나누고 있습니다. 우리는 id="navigation"이라는 이름을 보고 내비게이션이 들어있을 거라고 추측할 수 있지만 실제로는 내비게이션이 들어있을 수도 있고 다른 내용이 들어있을 수도 있습니다. 또한 웹 브라우저는 navigation이라는 단어를 해석할 수 있는 기계가 아니기 때문에 〈div id="navigation"〉이라는 태그만 보고서는 그 안에 어떤 내용이 들어있을지 알지 못합니다.

예제 폴더명: 예제\ch2\4layout.html

```
<div id="navigation">
    <h3> 내비게이션(메뉴) </h3>
</div>
<div id="content">
    <h1>스터디 회원 모집 </h1>
    <h2>HTML5, CSS3, 자바스크립트 </h2>
    <h3>소개</h3>
    <p>차세대 웹 표준 기술인 HTML5와 CSS3를 함께 공부할 스터디 멤버를 모집합니다. </p>
    <h3>시간</h3>
    <p>토요일 오후 5시~7시</p>
```

```
    <h3>장소</h3>
    <p>인문관  2층 세미나룸</p>
</div>
<div id="footer">
    <h5> 연락처 : 공대 학생회실 </h5>
</div>
```

그렇다면 이 문서를 HTML5로 작성한다면 어떻게 될까요?

예제 폴더명: 예제\ch2\5layout.html

```
<nav>
    <h3> 내비게이션(메뉴) </h3>
</nav>
<section>
    <h1>스터디 회원 모집 </h1>
    <h2>HTML5,  CSS3,  자바스크립트 </h2>
    <h3>소개</h3>
    <p>차세대 웹 표준 기술인  HTML5와  CSS3를 함께 공부할 스터디 멤버를 모집합니다.</p>
    <h3>시간</h3>
    <p>토요일 오후  5시~7시</p>
    <h3>장소</h3>
    <p>인문관  2층 세미나룸</p>
</section>
<footer>
    <h5> 연락처 : 공대 학생회실 </h5>
</footer>
```

일일이 id 속성을 사용해 이름을 붙여주어야 했던 〈div〉 태그 대신 〈nav〉와 〈section〉, 〈footer〉처럼 이름만 보고도 무슨 내용을 담고 있는지 알 수 있는 태그를 사용하고 있습니다. 이 태그들은 HTML5 규약 안에 정의되어 있는 태그들이기 때문에 HTML5를 지원하는 웹 브라우저라면 어디에서나 똑같이 해석할 수 있습니다.

HTML5에서 〈div〉 태그를 사용하지 않는 것은 아닙니다. 웹 요소들을 함께 묶어 스타일을 적용해야 할 경우에는 〈div〉 태그가 편리하게 사용됩니다.

01-3 시맨틱 태그 살펴보기

그렇다면 시맨틱 태그들에는 어떤 것이 있을까요? 시맨틱 태그는 그 이름만 보고도 대충 용도를 짐작할 수 있습니다. 그리고 각 태그마다 용도가 정해져 있기 때문에 그 용도에 맞게 태그를 사용해야 웹 문서가 어느 브라우저에서나 제대로 표시될 것입니다.

:: 문서 구조를 만드는 시맨틱 태그

앞에서 살펴본 것처럼 시맨틱 태그를 이용해 문서 구조를 만드는 것은 웹 개발자 입장에서도 편할 뿐 아니라 여러 다양한 기기에 있는 브라우저 입장에서도 문서를 정확하게 해석할 수 있다는 장점이 있습니다.

- 〈header〉 : 〈header〉 태그는 머리글(header)에 해당합니다. 사이트의 머리글이 될 수도 있고, 내용 중의 머리글이 될 수도 있고 바닥글(footer)에서의 머리글이 될 수도 있습니다. 사이트 시작 부분에 오는 머리글이라면 사이트를 대표하는 메인 메뉴나 사이트 로고 등을 포함하고 있는 경우가 많습니다.
- 〈nav〉 : 〈nav〉 태그는 문서 안에서 메뉴를 나타낼 때 사용합니다. 〈nav〉 태그는 〈header〉나 〈footer〉, 또는 〈aside〉 요소 안에 포함시킬 수도 있고 독립해서 사용할 수도 있습니다.

- 〈section〉, 〈article〉: 문서에서 콘텐츠는 〈section〉 태그와 〈article〉 태그를 이용해서 표시하는데, 주로 〈section〉 태그는 〈header〉 태그나 〈footer〉 태그와 비교해서 문서 안에서의 영역을 구분짓기 위해서 사용하고 실제 콘텐츠 내용은 〈article〉 태그를 이용합니다. 하지만 지금까지의 HTML5 규약에서는 이 두 가지 태그에 대한 구분이 명확하지 않아 개발자들 사이에도 사용 형태가 조금씩 다릅니다.
- 〈aside〉: 본문 내용 외에 왼쪽이나 오른쪽에 표시되는 사이드 바를 표시하는 태그입니다.
- 〈footer〉: 웹 사이트 하단에 표시하는 바닥글을 표시합니다. 여기에는 주로 저작권 정보나 사이트 제작자 정보, 연락처 정보 등이 들어있습니다.

:: 그 외의 시맨틱 태그들

이외에도 여러 가지 시맨틱 태그들이 있는데 간략히 태그 이름과 그 용도만 소개합니다. 여기에 있는 태그들은 앞으로 자세히 설명하게 될 것입니다.

- 〈figure〉, 〈figcaption〉: 그림이나 비디오 같은 멀티미디어 콘텐츠에 캡션을 붙입니다.
- 〈audio〉, 〈video〉: 오디오와 비디오 같은 멀티미디어 콘텐츠를 표시합니다.
- 〈mark〉: 텍스트 중에서 강조하고 싶은 부분을 표시합니다.
- 〈progress〉: 작업 과정의 진행 상황을 표시합니다.
- 〈meter〉: 측정값을 표시합니다.
- 〈time〉: 날짜나 시간을 표시합니다.
- 〈command〉: 사용자 실행 명령어를 표시합니다.
- 〈datalist〉: input에 대한 새 list와 함께 콤보박스를 만듭니다.
- 〈output〉: 출력 결과를 나타냅니다.

01-4 HTML5를 지원하지 않는 IE 브라우저

시맨틱 태그를 이용하면 편리하고 웹 표준에 맞는 문서를 만들 수 있는데 아쉽게도 모든 웹 브라우저에서 HTML5 태그를 지원하는 것은 아닙니다. HTML5를 지원하지 않는 브라우저를 어떻게 해야 할까요?

인터넷 익스플로러 브라우저의 경우 6.0~8.0 버전에서는 전혀 지원하지 않으며 파이어폭스 브라우저와 iOS 사파리 브라우저 3.2 버전과 오페라 미니 브라우저 5.0~6.0 버전, 오페라 모바일 브라우저 10.0 버전, 안드로이드 브라우저 2.1 버전의 경우 일부만 지원하고 있습니다.
특히 인터넷 익스플로러의 경우 기존의 6, 7, 8, 9 버전 사용자들이 많기 때문에 이 사용자들을 무시하고 HTML5 문서를 작성할 수는 없겠지요. 이 경우에는 자바스크립트를 이용해 웹 문서에서 사용할 시맨틱 태그들을 직접 새로 만들 수 있습니다.

```
<script>
    document.createElement('article');
    document.createElement('section');
    document.createElement('aside');
    document.createElement('hgroup');
    document.createElement('nav');
    document.createElement('header');
    document.createElement('footer');
</script>
```

이렇게 정의해 놓으면 마치 웹 브라우저에서 시맨틱 태그들이 지원하는 것처럼 태그들을 사용할
수 있습니다. 하지만 필요한 태그들을 빠뜨리지 않고 처음에 모두 정의하는 것도 말처럼 쉽지 않
고, 자바스크립트에 익숙하지 않을 경우 createElement 메서드를 자유롭게 사용하는 것도 쉽지
않습니다. 그래서 이런 과정을 간단하게 자바스크립트 파일로 만들어서 사용할 수 있게 만들어
놓은 것이 있습니다.

흔히 HTML5 Shiv라고 하는데 인터넷에서 html5shiv.js 파일을 다운로드한 후 다음과 같이 〈script〉
태크를 사용해 웹 문서에 연결해서 사용합니다. html5shiv.js 파일은 http://code.google.com/p/
html5shiv/에서 다운로드할 수 있습니다.

```
<!--[if lt IE 9]>
    <script src="script/html5.js"></script>
<![endif]-->
```

02

다양하게 글자 표시하기

WEBPROGRAMMING 웹 문서에서 가장 많이 사용하는 것이 텍스트일 것입니다. 여기에서는 텍스트를 입력하기 위해 사용하는 태그들을 살펴보겠습니다. 텍스트 크기나 색상 등의 스타일은 CSS에서 조절하게 되므로 여기에서는 텍스트 입력과 관련된 태그에 대해서만 배울 것입니다.

:: 제목을 나타내는 〈hn〉 태그

웹 문서에서 제목 부분은 대부분 다른 텍스트보다 크고 진하게 표시합니다. 이렇게 자주 사용하는 제목 스타일을 미리 태그 형태로 만들어 둔 것이 바로 제목 태그입니다. 〈hn〉 형식으로 사용합니다. H는 Heading을 줄인 말이고 n 자리에는 1에서부터 6까지의 숫자를 사용하여 제목 텍스트를 진하게, 크기별로 표시할 수 있습니다. 〈h1〉이 가장 큰 제목이고 〈h2〉, 〈h3〉, ... 순서대로 글자 크기가 작아집니다. 〈hn〉 태그는 닫는 태그 〈/hn〉을 반드시 사용해야 합니다.

예제 폴더명: 예제\ch2\heading.html

```
<!doctype html>
<html>
<head>
    <meta charset="utf-8">
</head>
<body>
    <h1>&lt;h1&gt; 태그를 사용한 1단계 제목입니다.</h1>
    <h2>&lt;h2&gt; 태그를 사용한 2단계 제목입니다.</h2>
    <h3>&lt;h3&gt; 태그를 사용한 3단계 제목입니다.</h3>
    <h4>&lt;h4&gt; 태그를 사용한 4단계 제목입니다.</h4>
    <h5>&lt;h5&gt; 태그를 사용한 5단계 제목입니다.</h5>
    <h6>&lt;h6&gt; 태그를 사용한 6단계 제목입니다.</h6>
</body>
</html>
```

〈h1〉 태그를 사용한 1단계 제목입니다.

〈h2〉 태그를 사용한 2단계 제목입니다.

〈h3〉 태그를 사용한 3단계 제목입니다.

〈h4〉 태그를 사용한 4단계 제목입니다.

〈h5〉 태그를 사용한 5단계 제목입니다.

〈h6〉 태그를 사용한 6단계 제목입니다.

tip

HTML 소스에서는 '〈'나 '〉' 기호를 태그 기호로 인식하기 때문에 '<'와 '>'로 입력해야 브라우저 화면에 '〈'와 '〉'로 표시됩니다.

:: 줄 바꿈을 위한 〈br〉 태그

HTML 소스에서는 아무리 줄 바꿈을 하더라도 브라우저 창에는 한 줄로 표시됩니다. 실제로 웹 브라우저 창에서 줄 바꿈이 되도록 하려면 〈br〉 태그를 사용하는데 〈br〉 태그가 삽입된 위치에서 바로 줄이 바뀌게 됩니다. 〈br〉 태그에는 닫는 태그가 없습니다.

:: 텍스트 단락을 만드는 〈p〉 태그

웹 문서에서 가장 많이 사용하는 태그 중 하나가 〈p〉 태그입니다. 〈p〉 태그와 〈/p〉 태그 사이에 텍스트를 입력하게 되면 텍스트 앞뒤로 빈 줄이 생기면서 텍스트 단락이 만들어집니다.

여기에서 주의해야 할 점이 있습니다. 〈p〉 태그를 사용하면 텍스트 단락 앞뒤에 빈 줄이 만들어져서 마치 〈br〉 태그를 두 번 적용한 것과 똑같은 결과가 만들어지지만, 〈p〉 태그를 〈br〉 태그 대신 사용하면 안 됩니다. 〈p〉 태그를 〈br〉 태그 대신 사용하게 되면 이런 스타일을 적용했을 때 뜻하지 않는 결과가 생길 수도 있습니다. 〈p〉 태그는 반드시 닫는 태그 〈/p〉를 사용해서 적용될 텍스트 범위를 지정해야 합니다.

예제 **폴더명: 예제\ch2\p.html**

```
<body>
    <h1>프리마켓 신청자 모집</h1>
    <h3>축제의 새로운 장</h3>
    <p>프리마켓 신청자를 모집합니다!!</p>
    <p>신청기간 : <br>
        1차 - 5.15(화) 자정까지, 2차 - 5.20(일) 자정까지
    </p>
    <p>심사기간 : <br>
        1차 - 5.16(수), 2차 - 5.21(월)
    </p>
    <p>선발대상 : <br>
        OO 대학교 학생이면 누구나!
    </p>
    <p>운영기간 : <br>
        5.23(수) ~ 5.25(금)
    </p>
</body>
</html>
```

:: ⟨hr⟩ 태그

HTML4에서는 단순히 웹 문서에 수평선을 삽입하기 위해 사용했던 태그지만, HTML5에서는 이전 내용과 문맥이 달라질 경우 삽입합니다. 닫는 태그는 없습니다.

> HTML5에서는 웹 문서에서 이전 내용과 다른 내용이 올 때 분위기 전환을 위해 수평선을 삽입하는 태그입니다. 결과 화면은 똑같이 수평선을 표시하는 것이지만 실제 지니는 의미는 '단순히 수평선이 삽입되었다'(HTML4)와 '이제부터 이전 내용과 다른 새로운 내용이 시작된다'(HTML5)로 약간 다릅니다.

예제 폴더명: 예제\ch2\hr.html

```
<body>
    <h1>프리마켓 신청자 모집</h1>
    <h3>축제의 새로운 장</h3>
    <p>프리마켓 신청자를 모집합니다!!</p>
    . . .
    <hr>
    <h4>주의사항</h4>
    <p>심사는 대동제 기획단 회의에서 이루어집니다.<br>
    사행성이 짙거나 종교관련 부스, 고가의 상품을 판매하는 부스는 금지합니다.<br>
    부스 설치시 환경부담금을 받아 뒷정리 검사가 끝나면 돌려드릴 예정입니다.</p>
</body>
```

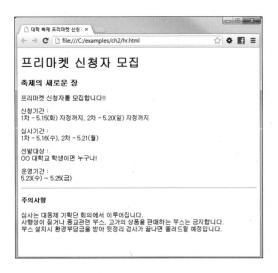

:: 소스를 그대로 표시하려면 〈pre〉 태그

HTML에서는 빈 칸을 아무리 많이 입력해도 한 칸밖에 인식하지 못하고, 아무리 〈Enter〉 키를 많이 눌러 줄 바꿈을 해도 〈br〉 태그를 사용하지 않는 이상 줄 바꿈이 되지 않습니다. 다음 예제는 일반적인 HTML 표시 방법입니다.

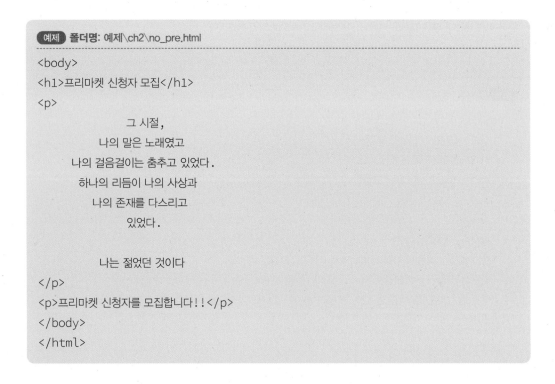

예제 **폴더명**: 예제\ch2\no_pre.html

```
<body>
<h1>프리마켓 신청자 모집</h1>
<p>
                그 시절,
            나의 말은 노래였고
        나의 걸음걸이는 춤추고 있었다.
          하나의 리듬이 나의 사상과
            나의 존재를 다스리고
                  있었다.


            나는 젊었던 것이다
</p>
<p>프리마켓 신청자를 모집합니다!!</p>
</body>
</html>
```

하지만 〈pre〉 태그를 이용하면 여백이나 〈Enter〉 키, 〈Tab〉 키 등 사용자가 입력하는 그대로 인식해서 브라우저에 표시해 줍니다. 글자 간격이 중요할 경우 〈pre〉 태그로 감싸주면 편리합니다. 단, 〈pre〉 태그를 사용할 때는 그 안에 〈p〉나 〈br〉처럼 텍스트 형식에 영향을 주는 태그를 사용하지 않는 것이 좋습니다.

이 태그는 주로 〈code〉나 〈samp〉, 〈kbd〉 같은 태그들과 함께 사용됩니다.

예제 폴더명: 예제\ch2\pre.html

```
<body>
<h1>프리마켓 신청자 모집</h1>
<pre>
                    그 시절,
              나의 말은 노래였고
        나의 걸음걸이는 춤추고 있었다.
          하나의 리듬이 나의 사상과
              나의 존재를 다스리고
                    있었다.

              나는 젊었던 것이다
</pre>
<p>프리마켓 신청자를 모집합니다!!</p>
</body>
</html>
```

:: 다른 곳의 내용을 인용한다면 〈blockquote〉 태그

다른 사이트나 다른 책의 내용을 인용할 경우 흔히 따옴표(" ") 같은 것으로 내용을 묶어 인용했음을 표시하곤 합니다. 하지만 이것은 우리가 눈으로 보고 있을 때만 알 수 있는 것이죠. 실제 브라우저에서는 그 내용을 인용문이라고 인식할 방법이 없습니다. 브라우저가 해당 내용을 인용문이라고 인식할 수 있게 하려면 〈blockquote〉 태그를 사용해서 해당 부분을 감싸주어야 합니다.

〈blockquote〉 태그 안에서 cite 속성을 이용해 글의 인용 출처를 표시할 수도 있습니다.

웹 브라우저는 〈blockquote〉를 만나는 순간, 그 부분이 인용 부분임을 알고 다른 텍스트보다 약간 들여 표시해 주고, 시각 장애인이 화면 판독기 같은 것으로 웹 문서를 읽어 내려갈 때도 다른 내용과 구분할 수 있도록 해줍니다.

예제 **폴더명: 예제\ch2\blockquote.html**

```
<body>
    <h1>프리마켓 신청자 모집</h1>
    <h3>축제의 새로운 장</h3>
    <blockquote>
        <p> 그 시절, 나의 말은 노래였고, 나의 걸음걸이는 춤추고 있었다.<br>
        하나의 리듬이 나의 사상과 나의 존재를 다스리고 있었다.<br>
        나는 젊었던 것이다. - 지드 </p>
    </blockquote>
    <p>프리마켓 신청자를 모집합니다!!</p>
</body>
</html>
```

: : 기타 텍스트 관련 태그들

이외에도 텍스트와 관련된 태그들은 많습니다.

① 〈strong〉, 〈b〉

〈strong〉 태그와 〈b〉 태그 모두 텍스트를 굵게 표시합니다. HTML4까지는 둘 다 굵게 표시하는 것으로 끝이었지만 HTML5에서는 〈strong〉 태그와 〈b〉 태그를 구분해서 사용하고 있습니다. 〈strong〉 태그는 의미상 중요한 텍스트를 굵게 표시할 때, 〈b〉 태그는 특별히 중요하지는 않지만 굵게 표시하려고 할 때 사용합니다.

② 〈em〉, 〈i〉

〈em〉 태그와 〈i〉 태그는 모두 텍스트를 이탤릭체로 표시합니다. HTML5에서는 〈em〉과 〈i〉 태그의 용도를 구분하고 있습니다. 〈em〉은 텍스트를 강조하기 위해 사용하고, 〈i〉 태그는 외국어나 분류학적인 용어, 기술 용어, 선박 이름, 대본에서의 무대 지문, 일부 악보 기록, 또는 생각이나 손으로 직접 쓴 텍스트처럼 단순히 다른 텍스트와 구별하기 위해 기울어진 글자로 표시하려고 할 때 사용합니다.

③ 〈ins〉, 〈del〉

문서 내용이 최근에 추가되었거나 삭제되었을 경우 〈ins〉 태그나 〈del〉 태그를 사용해서 표시할 수 있습니다. 공동 작업을 하거나 문서를 검토하면서 문서에 새로운 내용을 삽입했다고 표시할 때는 〈ins〉 태그를 붙이고, 기존 내용을 삭제했다고 표시할 때는 〈del〉 태그를 붙입니다. 〈del〉 태그를 붙인 내용에는 그 위로 가로줄이 그려집니다.

④ 〈sup〉, 〈sub〉

수학적 기호를 표시할 경우에 자주 사용하는 것이 첨자입니다. 특히 위 첨자와 아래 첨자는 많이 사용하는데 이 경우 〈sup〉와 〈sub〉를 이용하면 웹 문서에서도 첨자를 쉽게 표현할 수 있습니다.

```
<body>
    <h1><em>프리마켓</em> 신청자 모집</h1>
    <h3>축제의 새로운 장</h3>
    <p>프리마켓 신청자를 모집합니다!!</p>
    <p>
        <b>신청기간 :</b> <br>
        <del>1차 - 5.15(화) 자정까지,</del><br>
        2차 - 5.20(일) 자정까지  </p>
    <p>
        <b>심사기간 :</b> <br>
        1차 - 5.16(수), 2차 - 5.21(월)
    </p>
    <p>
        <b>선발대상 :</b> <br>
        OO 대학교 학생이면 누구나!
    </p>
    <p>
        <b>운영기간 :</b> <br>
        5.23(수) ~ 5.25(금)</p>
</body>
</html>
```

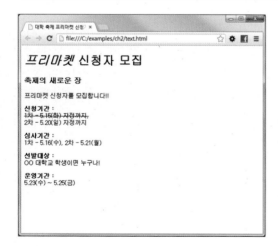

03

WEBPROGRAMMING

목록을 만드는 태그들

웹 표준에서는 목록이 단순한 목록이 아니라 다양한 용도로 많이 사용되고 있습니다. 특히 CSS와 함께 사용해서 내비게이션을 만들거나 콘텐츠를 배치하는데도 유용하게 사용됩니다. 목록을 자유자재로 사용하기 위해서는 가장 기본적인 특성을 알고 있어야겠죠?

:: 순서 목록을 만드는 ⟨ol⟩, ⟨li⟩ 태그

순서 목록(ordered list)이란 말 그대로 각 항목을 순서대로 나열한 것입니다. 어떤 과정을 순서대로 설명할 때 적당하겠지요? 순서 목록을 만들 때 사용하는 태그는 ⟨ol⟩과 ⟨li⟩입니다. 목록을 표시할 내용의 앞과 뒤에 ⟨ol⟩과 ⟨/ol⟩ 태그를 두어 표시한 후 각 항목에는 앞뒤로 ⟨li⟩ 태그와 ⟨/li⟩ 태그를 삽입합니다.

```
<ol>
    <li> 항목1 </li>
    <li> 항목2 </li>
    ......
</ol>
```

⟨ol⟩ 태그에서 사용하는 속성은 다음과 같습니다.

① type : 각 항목 앞에 붙는 번호를 어떤 형식으로 사용할지 지정하는데, 사용할 수 있는 값은 A(영문 대문자)와 a(영문 소문자), I(로마 숫자 대문자), i(로마 숫자 소문자)이고, 따로 이 속성을 지정하지 않으면 숫자로 표시됩니다.
② start : 각 항목 앞에 붙는 번호의 시작 번호를 지정합니다.

⟨ol⟩ 태그에서 속성을 사용하지 않고 CSS를 이용해서 지정할 수 있습니다.

예제 y풀더명: 예제\ch2\ol-1.html
```
<h1>프리마켓 신청자 모집</h1>
<h3>축제의 새로운 장</h3>
<p>프리마켓 신청자를 모집합니다!!</p>
<ol>
    <li>신청기간 : 5.15(화) 자정까지</li>
    <li>심사기간 : 5.16(수) </li>
```

```
        <li>선발대상 : ○○ 대학교 학생이면 누구나!</li>
        <li>운영기간 : 5.23(수) ~ 5.25(금)</li>
    </ol>
<hr>
<h4>주의사항</h4>
<p>심사는 대동제 기획단 회의에서 이루어집니다.<br>
사행성이 짙거나 종교관련 부스, 고가의 상품을 판매하는 부스는 금지합니다.<br>
부스 설치시 환경부담금을 받아 뒷정리 검사가 끝나면 돌려드릴 예정입니다.</p>
</body>
```

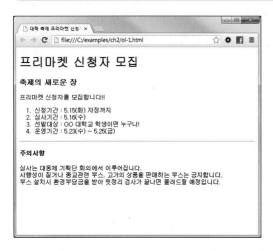

또한 〈li〉 태그 안에 〈ol〉 태그와 〈li〉 태그를 사용하여 또 다른 목록을 삽입할 수 있습니다. 즉, 목록 안에 새로운 목록을 삽입하는 것입니다. 이 경우 〈li〉와 〈/li〉 안에서 목록이 완성되어야 합니다.

예제 폴더명: 예제\ch2\ol-2.html
```
<ol>
    <li>신청기간
        <ol>
            <li>1차 : 5.15(화) 자정까지 </li>
            <li>2차 : 5.20(일) 자정까지 </li>
        </ol>
    </li>
    <li>심사기간
        <ol>
            <li>1차 : 5.16(수)</li>
            <li>2차 : 5.21(월)</li>
        </ol>
```

```
        </li>
        <li>선발대상 : OO 대학교 학생이면 누구나!</li>
        <li>운영기간 : 5.23(수) ~ 5.25(금)</li>
    </ol>
```

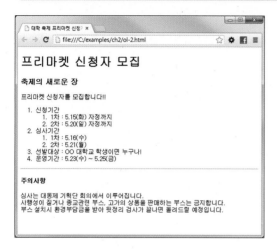

:: 순서 목록의 번호를 알파벳으로 붙이려면

순서 목록의 각 항목은 순서대로 나열되는데 type 속성을 이용하면 순서를 숫자나 알파벳, 혹은 로마 숫자 등 여러 가지 형식으로 바꿀 수 있습니다. 웹 문서에 따라, 혹은 제작자의 취향에 따라 순서 목록의 순서는 여러 가지로 바꿔 사용하면 됩니다. 그리고 알파벳이나 로마 숫자의 경우 대 문자와 소문자를 선택해서 사용할 수 있습니다.

:: 번호를 중간부터 시작하려면

start 속성을 따로 지정하지 않으면 항목 앞에 붙는 번호는 1이나 A(a), I(i)부터 시작하지만 start 속성을 이용하면 중간 번호부터 시작하도록 지정할 수 있습니다.

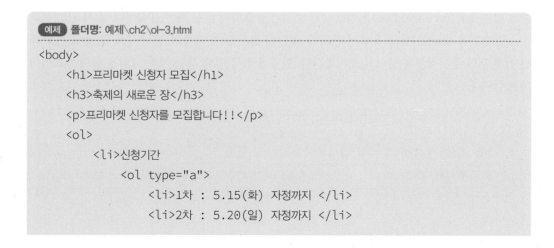

예제 폴더명: 예제\ch2\ol-3.html

```
<body>
    <h1>프리마켓 신청자 모집</h1>
    <h3>축제의 새로운 장</h3>
    <p>프리마켓 신청자를 모집합니다!!</p>
    <ol>
        <li>신청기간
            <ol type="a">
                <li>1차 : 5.15(화) 자정까지 </li>
                <li>2차 : 5.20(일) 자정까지 </li>
```

```
            </ol>
        </li>
        <li>심사기간
            <ol type="i" start="3">
                <li>1차 : 5.16(수)</li>
                <li>2차 : 5.21(월)</li>
            </ol>
        </li>
        <li>선발대상 : OO 대학교 학생이면 누구나!</li>
        <li>운영기간 : 5.23(수) ~ 5.25(금)</li>
    </ol>
<hr>
....
</body>
```

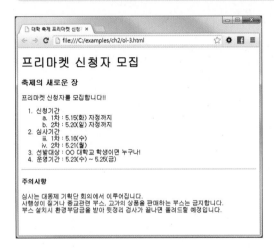

:: 순서 없는 목록을 만드는 〈ul〉, 〈li〉 태그

순서 없는 목록(unordered list)은 항목들의 순서가 중요하지 않을 때 사용합니다. 순서 없는 목록은 〈ul〉 태그와 〈li〉 태그를 이용해서 만들 수 있는데 순서 없는 목록의 경우 각 항목 앞에 번호 대신 작은 원이나 사각형을 붙여서 표시합니다. 이렇게 항목 앞에 붙는 작은 그림을 불릿(bullet)이라고 합니다.

```
<ul>
    <li> 항목1 </li>
    <li> 항목2 </li>
    ......
</ul>
```

```
<body>
    <hr>
    <h4>주의사항</h4>
    <ul>
        <li>심사는 대동제 기획단 회의에서 이루어집니다.</li>
        <li>사행성이 짙거나 종교관련 부스, 고가의 상품을 판매하는 부스는 금지합니다.</li>
        <li>부스 설치시 환경부담금을 받아 뒷정리 검사가 끝나면 돌려드릴 예정입니다.</li>
    </ul>
</body>
```

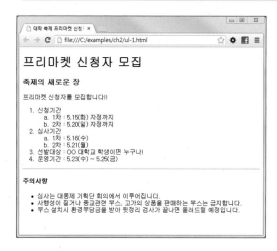

순서 없는 목록의 불릿은 type 속성을 이용해 조절할 수 있습니다. 이 속성에서 사용할 수 있는 값은 disc(●)와 circle(○), square(■)이며 기본 값은 disc입니다.

웹 표준에 맞게 코딩하려면 type 속성이 아닌 CSS를 이용해 불릿을 수정하도록 합니다.

예제 폴더명: 예제\ch2\ul-2.html

```
<body>
    <hr>
    <h4>주의사항</h4>
    <ul type="square">
        <li>심사는 대동제 기획단 회의에서 이루어집니다.</li>
        <li>사행성이 짙거나 종교관련 부스, 고가의 상품을 판매하는 부스는 금지합니다.</li>
        <li>부스 설치시 환경부담금을 받아 뒷정리 검사가 끝나면 돌려드릴 예정입니다.</li>
    </ul>
</body>
```

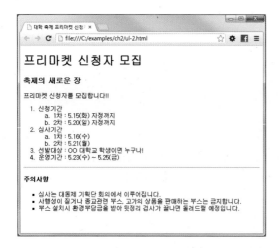

: : 정의 목록을 만드는 ⟨dl⟩, ⟨dt⟩, ⟨dd⟩ 태그

정의 목록(definition list)이란 '제목'과 '설명' 형태로 되어 있다는 점을 제외하면 다른 목록과 같은 특성을 가지고 있습니다. 흔히 사전에서 '단어'와 '단어 설명'으로 되어 있는 모습을 상상하면 그게 바로 정의 목록입니다. 정의 목록은 '제목' 부분을 지정하는 ⟨dt⟩ 태그와 '설명' 부분을 지정하는 ⟨dd⟩ 태그로 구성됩니다.

```
<dl>
    <dt> 제목 </dt>
    <dd> 제목에 따르는 설명 </dd>
    ......
</dl>
```

위와 같은 형식을 갖는 콘텐츠라면 다른 태그를 이용해 복잡하게 표현하는 것보다 정의 목록을 이용하는 것이 표현하기도, 이해하기도 좋습니다.

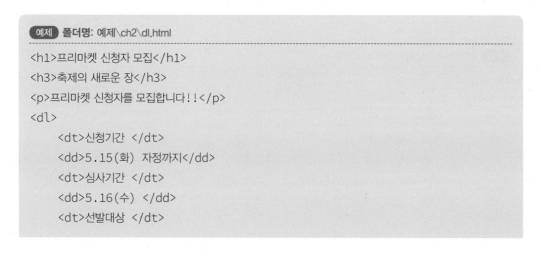

예제 폴더명: 예제\ch2\dl.html

```
<h1>프리마켓 신청자 모집</h1>
<h3>축제의 새로운 장</h3>
<p>프리마켓 신청자를 모집합니다!!</p>
<dl>
    <dt>신청기간 </dt>
    <dd>5.15(화) 자정까지</dd>
    <dt>심사기간 </dt>
    <dd>5.16(수) </dd>
    <dt>선발대상 </dt>
```

```
        <dd>OO 대학교 학생이면 누구나!</dd>
        <dt>운영기간 </dt>
        <dd>5.23(수) ~ 5.25(금)</dd>
  </dl>
```

04

표를 이용해 일목요연하게 정리하기

WEBPROGRAMMING   표는 웹 문서의 레이아웃을 만드는 데 많이 사용되지만 표의 실제 용도는 자료들을 보기 좋게 정리하는 것입니다. 여기에서는 표를 이용해서 자료들을 정리하는 방법에 대해 알아보도록 하겠습니다.

04-1 표 만들기

표는 많은 내용을 한눈에 볼 수 있게 정리하기 위한 좋은 요소지만, 표를 만들기 위해서는 여러 태그를 한꺼번에 사용해야 합니다. 표와 관련된 태그를 적재적소에 잘 사용하고, 관련된 속성까지 적절하게 활용하는 방법을 알아봅니다.

: : 행과 열, 셀

표는 행(row)과 열(column), 그리고 셀(cell)로 이루어집니다. 셀은 행과 열이 만나 이루어진 곳으로, 표의 내용이 들어가는 부분을 의미합니다. 표의 셀들은 하나로 합칠 수도 있고 하나의 셀을 여러 개로 나눌 수도 있습니다.

다음은 행(row)이 4개이고 열(column)이 3개인 표의 예입니다.

⬇ 열(column)1	⬇ 열(column)2	⬇ 열(column)3	
			⬅ 행(row)1
	셀(cell)		⬅ 행(row)2
			⬅ 행(row)3
			⬅ 행(row)4

표를 만드는 가장 기본적인 태그는 〈table〉이지만 이 태그만으로는 표가 만들어지지 않습니다. 〈table〉 태그와 함께 최소한 〈tr〉 태그와 〈td〉 태그를 사용해야 합니다. 물론 이외에도 표를 만들 때 사용하는 몇 가지 태그가 있습니다.

표를 만들 때 사용하는 태그들은 다음과 같습니다.

: : 〈table〉 태그

표의 시작과 끝을 알려주는 태그로 〈table〉 태그와 〈/table〉 태그 사이에 표와 관련된 나머지 모든 태그들을 포함할 수 있습니다. 사용할 수 있는 속성은 width와 summary, border가 있습니다.

• width : 표의 전체 너비를 지정합니다. 너비값이 지정되지 않으면 셀 안의 내용에 따라 너비가

달라집니다.

- summary : 표의 요약 내용을 입력합니다. 이 내용은 장애인을 위해 음성이나 점자로 변환됩니다.
- border : 표의 테두리를 지정할 수 있습니다. 0이면 테두리를 그리지 않습니다.

문서 안에 여러 개의 〈table〉 태그가 사용되었을 경우 〈table〉 태그 안에 id 속성에 서로 다른 이름을 지정해서 구별합니다.

: : 〈caption〉 태그

표에 제목을 붙이는 태그로, 반드시 〈table〉 태그 바로 다음에만 사용할 수 있으며 〈table〉 태그 하나에 〈caption〉 태그 하나만 사용할 수 있습니다. 〈caption〉 태그나 〈table〉 태그의 summary 속성, 두 가지 중 하나는 반드시 사용해서 표를 볼 수 없는 시각 장애인이 표에 어떤 내용이 있는 짐작할 수 있게 해야 합니다.

예제 폴더명: 예제\ch2\table1.html

```
<body>
    <table width="600px" border="1px">
        <caption>OO 대학의 축제 일정표</caption>
    </table>
</body>
```

: : 〈tr〉, 〈td〉, 〈th〉 태그

〈tr〉 태그는 행(row)을 만드는 태그이고 〈td〉 태그는 열(column)을 만드는 태그인데 〈tr〉 태그와 〈td〉 태그를 이용해서 하나의 셀을 표시하게 됩니다.

표의 행 중에서 제목이 삽입되는 제목 행의 경우에는 행을 만들 때 〈td〉 태그 대신 〈th〉 태그를 사용합니다. 〈th〉 태그를 사용한 내용은 진하게 표시되고 셀 안에서 중앙에 배열되기 때문에 표 안의 다른 내용들에 비해 눈에 띄게 됩니다.

구조가 복잡한 표의 경우에는 표 안에 또 다른 표를 삽입해서 좀 더 쉽게 표를 만들 수 있습니다.

예제 폴더명: 예제\ch2\table2.html

```
<body>
    <table width="600px" border="1px">
        <caption>OO 대학의 축제 일정표</caption>
```

```
            <tr>
                <th>날짜</th>
                <th>행사명</th>
                <th>장소</th>
                <th>설명</th>
            </tr>
        </table>
</body>
```

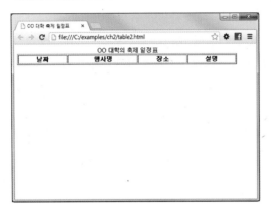

```
<body>
    <table width="600px" border="1px">
        <caption>00 대학의 축제 일정표</caption>
            <tr>
                <th>날짜</th>
                <th>시간</th>
                <th>행사명</th>
                <th>장소</th>
                <th>설명</th>
            </tr>
            <tr>
                <td>5/23(수)</td>
                <td>12:00</td>
                <td>개막행사</td>
                <td>학생회관 앞</td>
                <td>개막 기념 나눔 행사</td>
            </tr>
```

```
        <tr>
                <td>5/23(수)</td>
                <td>12:00~17:00</td>
                <td>부스행사</td>
                <td>원형잔디 주변</td>
                <td>과별, 동아리별 부스 행사</td>
        </tr>
        <tr>
                <td>5/23(수)</td>
                <td>16:00~23:00</td>
                <td>OO 대학 가요제</td>
                <td>특설무대</td>
                <td>숨겨온 끼를 마음껏 발산해 보세요</td>
        </tr>
        <tr>
                <td>5/24(목)</td>
                <td>12:00~17:00</td>
                <td>부스행사</td>
                <td>원형잔디 주변</td>
                <td>과별, 동아리별 부스 행사</td>
        </tr>
        <tr>
                <td>5/24(목)</td>
                <td>12:00~17:00</td>
                <td>Play Zone</td>
                <td>학생회관 앞</td>
                <td>다양한 오락 시설</td>
        </tr>
        <tr>
                <td>5/24(목)</td>
                <td>14:00~16:00</td>
                <td>총장배 족구대회</td>
                <td>운동장</td>
                <td>과별 족구대회</td>
        </tr>
    </table>
</body>
```

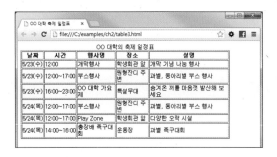

각 셀의 너비와 셀 안에 표시할 텍스트의 정렬 방법은 다음과 같이 CSS를 이용해 설정합니다. 예를 들어, 각 셀의 너비(width)를 150px씩 정의하고, 텍스트를 가운데 정렬하고 싶다면 다음과 같이 CSS를 정의합니다. CSS에 대해서는 5장을 참고하세요.

예제 **폴더명: 예제\ch2\table4.html**

```html
<head>
    <meta charset="utf-8">
    <title> OO 대학 축제 일정표 </title>
    <style>
        td, th{
            width:150px;
            padding:5px;
            text-align:center;
        }
    </style>
</head>
<body>
    <table width="600px" border="1px">
        <caption>OO 대학의 축제 일정표</caption>
        ...
    </table>
</body>
```

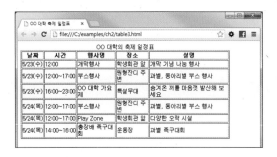

:: 열 합치기 – colspan 속성

표는 〈tr〉 태그와 〈th〉 태그, 그리고 〈td〉 태그를 이용해서 여러 셀로 구성할 수 있습니다. 이때 여러 셀들을 합치거나 나누어서 다양한 형태의 표로 바꿀 수 있습니다.

열을 만들 때 사용하는 태그는 〈td〉 태그나 〈th〉 태그인데 여러 칸을 합치기 위해서는 〈td〉 태그나 〈th〉 태그 안에서 colspan을 사용합니다.

```
<td colspan="합칠 열의 개수">...</td>
<th colspan="합칠 열의 개수">...</th>
```

셀을 합칠 경우에는 먼저 종이에 펜으로 직접 표를 그려보고 어느 부분을 어떻게 합칠 것인지 미리 확인해야 합니다. 그래야만 실수를 줄일 수 있거든요. 만일 첫 번째 행에 있는 두 개의 셀을 합치려고 한다면 첫 번째 〈tr〉~〈/tr〉에 있는 〈th〉 태그 안에서 colspan 속성을 사용해야 합니다.

▲ 셀을 합치기 전   ▲ 셀을 합친 후

예제 폴더명: 예제\ch2\table5.html

```
<body>
    <table width="600px" border="1px">
        <caption>OO 대학의 축제 일정표</caption>
        <tr>
            <th>날짜</th>
            <th>시간</th>
            <th>행사명</th>
            <th colspan="2">장소 및 설명</th>
        </tr>
        <tr>
            <td>5/23(수)</td>
            <td>12:00</td>
            <td>개막행사</td>
            <td>학생회관 앞</td>
            <td>개막 기념 나눔 행사</td>
        </tr>
        ...
    </table>
</body>
```

:: 행 합치기 – rowspan 속성

행을 합치는 방법 역시 열을 합치는 방법과 같습니다.

```
<td rowspan="합칠 행의 개수">...</td>
<th rowspan="합칠 행의 개수">...</th>
```

행을 합칠 때 조심해야 할 것은 rowspan="합칠 행의 개수"에서 지정한 행의 개수만큼 표 안에 행이 만들어져야 한다는 것입니다. 예를 들어, 〈td rowspan="2"〉...〈/td〉라는 소스를 이용해서 두 개의 행을 합쳤다면 그 표에는 최소한 2개 이상의 행이 있어야 합니다.

예제 폴더명: 예제\ch2\table6.html

```
<body>
    <table width="600px" border="1px">
        <caption>OO 대학의 축제 일정표</caption>
        <tr>
            <th>날짜</th>
            <th>시간</th>
            <th>행사명</th>
            <th colspan="2">장소 및 설명</th>
        </tr>
        <tr>
            <td rowspan="3">5/23(수)</td>
            <td>12:00</td>
            <td>개막행사</td>
            <td>학생회관 앞</td>
            <td>개막 기념 나눔 행사</td>
        </tr>
        <tr>
```

```html
            <td>12:00~17:00</td>
            <td>부스행사</td>
            <td>원형잔디 주변</td>
            <td>과별, 동아리별 부스 행사</td>
        </tr>
        <tr>
            <td>16:00~23:00</td>
            <td>OO 대학 가요제</td>
            <td>특설무대</td>
            <td>숨겨온 끼를 마음껏 발산해 보세요</td>
        </tr>
        <tr>
            <td rowspan="3">5/24(목)</td>
            <td>12:00~17:00</td>
            <td>부스행사</td>
            <td>원형잔디 주변</td>
            <td>과별, 동아리별 부스 행사</td>
        </tr>
        <tr>
            <td>12:00~17:00</td>
            <td>Play Zone</td>
            <td>학생회관 앞</td>
            <td>다양한 오락 시설</td>
        </tr>
        <tr>
            <td>14:00~16:00</td>
            <td>총장배 족구대회</td>
            <td>운동장</td>
            <td>과별 족구대회</td>
        </tr>
    </table>
</body>
```

날짜	시간	행사명	장소 및 설명	
	12:00	개막행사	학생회관 앞	개막 기념 나눔 행사
5/23(수)	12:00~17:00	부스행사	원형잔디 주변	과별, 동아리별 부스 행사
	16:00~23:00	OO 대학 가요제	특설무대	숨겨온 끼를 마음껏 발산해 보세요
	12:00~17:00	부스행사	원형잔디 주변	과별, 동아리별 부스 행사
5/24(목)	12:00~17:00	Play Zone	학생회관 앞	다양한 오락 시설
	14:00~16:00	총장배 족구대회	운동장	과별 족구대회

OO 대학의 축제 일정표

❶ 웹 문서에서 제목 부분은 대부분 다른 텍스트보다 크고 진하게 표시하며 〈h*n*〉 형식으로 사용합니다. 〈h1〉이 가장 큰 제목이고 〈h2〉, 〈h3〉, ... 순서대로 글자 크기가 작아지고, 반드시 닫는 태그 〈/h*n*〉를 사용해야 합니다.

❷ 웹 브라우저 창에서 줄 바꿈이 되도록 하려면 〈br〉 태그를 사용하며 〈br〉 태그에는 닫는 태그가 없습니다.

❸ 〈p〉 태그와 〈/p〉 태그 사이에 텍스트를 입력하게 되면 텍스트 앞뒤로 빈 줄이 생기고 텍스트 단락이 만들어집니다. 〈p〉 태그는 반드시 닫는 태그 〈/p〉를 사용해야 합니다.

❹ 〈p〉 태그를 사용하면 텍스트 단락 앞뒤에 빈 줄이 만들어져서 마치 〈br〉 태그를 두 번 적용한 것과 똑같은 결과가 만들어지지만, 〈p〉 태그를 〈br〉 태그 대신 사용하면 안 됩니다.

❺ 사용자가 입력한 그대로 브라우저에 표시하려면 〈pre〉 태그를 사용합니다.

❻ 다른 사이트나 다른 책의 내용을 인용할 경우 브라우저가 인용문이라고 인식할 수 있도록 하기 위해 〈blockquote〉 태그를 사용합니다.

❼ 〈strong〉 태그와 〈b〉 태그는 텍스트를 굵게 표시합니다.

❽ 〈em〉 태그와 〈i〉 태그는 텍스트를 이탤릭체로 표시합니다.

❾ 〈sup〉과 〈sub〉 태그는 위 첨자와 아래 첨자를 표시합니다.

❿ 순서 목록을 만들 때 사용하는 태그는 〈ol〉과 〈li〉입니다.

⓫ 〈ol〉 태그에서 type 속성을 이용해 순서 목록의 각 항목 앞에 붙이는 번호를 선택할 수 있고 start 속성을 이용해 시작 번호를 지정합니다.

⓬ 순서 없는 목록은 〈ul〉 태그와 〈li〉 태그를 이용해서 만들며, 각 항목 앞의 불릿은 〈ul〉 태그의 type 속성을 이용해 수정합니다.

⓭ 사전처럼 '제목'과 '설명' 형태의 목록이라면 정의 목록을 이용하면 편리합니다. 정의 목록은 〈dl〉 태그와 〈dt〉, 〈dd〉 태그를 이용해 만듭니다.

⓮ 표는 행(row)과 열(column), 그리고 셀(cell)로 이루어집니다.

⓯ 표를 만들기 위해서는 〈table〉 태그와 함께 최소한 〈tr〉 태그와 〈td〉 태그를 사용해야 합니다. 표의 행 중에서 제목이 삽입되는 제목 행의 경우에는 행을 만들 때 〈td〉 태그 대신 〈th〉 태그를 사용합니다.

⓰ 〈caption〉 태그는 표에 제목을 붙이는 태그로, 반드시 〈table〉 태그 바로 다음에만 사용할 수 있으며 〈table〉 태그 하나에 〈caption〉 태그 하나만 사용할 수 있습니다.

⓱ 여러 열을 합칠 때는 〈th colspan="2"〉장소 및 설명〈/th〉처럼 〈td〉 태그나 〈th〉 태그 안에서 colspan을 사용합니다.

⓲ 여러 행을 합칠 때는 〈td rowspan="3"〉5/23(수)〈/td〉처럼 〈td〉 태그나 〈th〉 태그 안에서 rowspan을 사용합니다.

01 HTML5의 주요 특징 중 하나가 "시맨틱 태그"입니다. 시맨틱 태그가 무엇이고 웹 문서에서 왜 시맨틱 태그를 사용하는지 설명하시오.

02 시맨틱 태그를 이용하면 편리하고 웹 표준에 맞는 문서를 만들 수 있지만 인터넷 익스플로러의 하위 버전에서는 HTML5 태그를 지원하지 않습니다. 해결 방법을 설명하시오.

03 다음 조건에 맞춰 그림과 같은 웹 문서를 작성하시오.

[조건]
① 브라우저의 제목 표시줄에 '수습 기자를 모집합니다'라고 표시합니다.
② 각 제목은 가장 큰 제목부터 단계별로 작아지는 태그를 사용합니다.
③ 순서 없는 목록의 불릿을 square로 수정합니다.
④ 순서 목록의 숫자는 알파벳 소문자로 지정합니다.

04 웹 문서에 다음과 같은 표를 삽입하려고 합니다. 소스 중에서 잘못된 부분을 찾아 맞게 수정하시오.

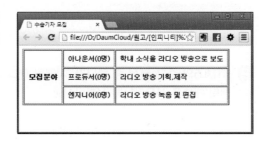

```
<!DOCTYPE html>
<html>
<head>
    <meta charset="utf-8">
    <title>수습기자 모집</title>
    <style>
        td, th {
            padding: 10px
        }
    </style>
</head>
<body>
    <table border="1px">
        <td rowspan="3">
            <tr>모집분야</tr>
            <td>아나운서(0명)</td>
            <td>학내 소식을 라디오 방송으로 보도</td>
        </td>
        <td>
            <td>프로듀서(0명)</td>
            <td>라디오 방송 기획,제작</td>
        </td>
        <td>
            <td>엔지니어(0명)</td>
            <td>라디오 방송 녹음 및 편집</td>
        </td>
    </table>
</body>
</html>
```

CHAPTER

03
힐링을 위한
음악 감상
페이지 만들기

좋은 평가를 받는 사이트에는 기본적인 텍스트 외에도 다양한 디자인 요소들이 있습니다. 이미지와 소리, 동영상 등 다양한 멀티미디어 파일들을 웹 문서에 삽입하는 방법에 대해 알아보겠습니다.

| 이 장에서 배울 내용 |

• **이미지 삽입** : 웹 문서에 이미지를 삽입하는 방법과 이미지에 캡션을 붙이는 방법을 알아봅니다.

• **⟨object⟩ 태그, ⟨embed⟩ 태그** : 웹 문서에 멀티미디어를 삽입하기 위해 가장 많이 사용하는 ⟨objcet⟩ 태그와 ⟨embed⟩ 태그에 대해 살펴봅니다.

• **HTML5와 비디오** : 다양하게 사용되는 멀티미디어 코덱을 알아보고 HTML5 에서 ⟨video⟩ 태그만으로 웹 문서에 동영상을 삽입하는 방법에 대해 살펴봅니다.

01

이미지 삽입하기

WEBPROGRAMMING

웹 사이트에서 이미지는 중요한 부분을 강조하거나 텍스트 내용을 정확하게 전달하기 위해 사용하기도 합니다. 웹 문서에서 이미지를 삽입하는 방법과 웹 접근성을 위해 대체 텍스트를 삽입하는 방법에 대해 알아보겠습니다. 그리고 HTML5에서 새로 추가된 캡션 삽입 방법에 대해서도 살펴봅니다.

01-1 이미지 삽입하기

인터넷 페이지 사이사이에 적당하게 자리잡은 이미지는 사이트의 내용을 좀 더 시각적으로 전해 줄 뿐만 아니라 보는 사람들 역시 지루하지 않게 해줍니다. 웹 사이트에서의 이미지는 텍스트만큼 중요합니다. 사이트 전체의 디자인뿐만 아니라 메뉴, 중요한 내용 등을 이미지로 처리함으로써 좀 더 강조할 수 있습니다.

:: 웹 문서와 이미지

얼마 전까지만 해도 컴퓨터로 그림을 그리고 편집하는 일은 전문가들만 하는 것이라고 생각했지만 최근에는 포토샵(Adobe Photoshop) 같은 그래픽 프로그램을 이용해 자신이 찍은 사진을 편집하기도 하고 여러 사진을 합성하기도 합니다.

일반적인 컴퓨터 그래픽에서 사용할 수 있는 파일 형식은 아주 다양하지만 웹 페이지에서 사용할 있는 파일 형식은 몇 가지로 제한됩니다. 이 파일 형식들은 네트워크를 통해 전송하기 쉽도록 파일 크기가 작으면서도 상대적으로 화질을 좋게 유지합니다. 웹 페이지에서 사용할 수 있는 파일 형식은 다음과 같습니다.

- GIF(Graphic Interchange Form) : JPG나 PNG에 비해 파일 크기가 작고 표시할 수 있는 색상 수가 최대 256가지뿐입니다. 대신 GIF는 투명 이미지나 움직이는 GIF(animated GIF) 같은 다양한 효과를 만들 수 있다는 장점이 있습니다. 웹 페이지의 아이콘이나 불릿 등 작은 그림을 표현할 때 주로 사용합니다.
- JPG/JPEG(Joint Photographic Experts Group) : 사진 이미지를 웹 페이지에 삽입하기 위해 개발된 형식으로 섬세한 색상과 명암의 변화를 표현하기에 적당합니다. 디지털 카메라로 사진을 찍었을 때 메모리에 저장되는 형식도 대부분 JPG입니다.
- PNG(Portable Network Graphics) : PNG 형식은 파일 크기가 크지 않으면서도 원본 색상을 그대로 유지할 수 있을 뿐 아니라 투명 효과도 만들 수 있기 때문에 최근에 가장 많이 사용되는 이미지 파일 형식입니다.

> 요즘에는 모바일 기기를 많이 사용하기 때문에 데이터 이용 요금을 지불해야 하는 모바일 기기에서도 무리없이 웹 사이트를 동작하게 하려면 꼭 필요할 경우에만 이미지를 사용하고 남발해서는 안 됩니다.

:: 이미지를 삽입하는 〈img〉 태그

웹 문서에 이미지를 삽입할 때는 〈img〉 태그를 사용합니다.

❶ src : 이미지 파일의 경로를 지정합니다. 이미지 파일의 위치를 알려주는 것이므로 반드시 사용해야 하는 속성입니다.

❷ alt : 화면 리더기 등에서 이미지를 대신해 읽어줄 텍스트를 입력합니다.

❸ width, height : 따로 지정하지 않을 경우 원래 이미지 크기대로 삽입됩니다. 하지만 width 값과 height 값을 지정하면 원래 크기를 무시하고 지정한 width 값과 height 값에 맞게 화면에 표시됩니다.

```
예제 폴더명: 예제\ch3\image1.html
----------------------------------------------------------
<h1>오름</h1>
<h2>산굼부리</h2>
<img src="sangumburi.jpg">
<h3>소개</h3>
```

:: 이미지와 경로

이미지나 음악 파일, 플래시 무비 파일 등을 웹 문서에 삽입하기 위해서는 경로에 주의해야 합니다. '경로'란 현재 HTML 문서에서 이미지 파일까지 어떻게 찾아가야 할지 알려주는 것을 말합니다. 홈페이지에 익숙하지 않은 사용자들은 대부분 이미지를 삽입할 때 이미지 파일의 경로를 정확하게 입력하지 않아 애를 먹는 경우가 많습니다. 이미지 파일을 쉽게 관리하기 위해서는 홈페이지를 만들면서 사용하는 이미지들을 따로 폴더를 만들어 저장하는 것이 좋습니다. 이렇게 이미지 파일들과 HTML 파일들을 분리해 놓으면 나중에 파일을 관리하기가 쉬워집니다.

물론 컴퓨터에 파일을 저장할 때 상위 폴더와 하위 폴더를 이용하여 나무뿌리가 뻗어나가듯이 계층적인 구조를 만들면 관리하기가 편하지만 대신 폴더 경로를 표시하는 방법을 제대로 알아야겠죠?

다음은 웹 문서가 있는 폴더를 기준으로 다른 단계에 있는 파일을 참조하는 규칙들입니다.

- 같은 단계에 있는 파일 : 파일명
- 바로 위 단계에 있는 파일 : ../파일명
- 바로 아래 단계에 있는 파일 : 폴더명/파일명

인터넷에서 각 파일의 저장 위치가 다음과 같다고 가정해 볼까요?

```
http://www.webguru.pe.kr/main.html
http://www.webguru.pe.kr/sub/sub.html
http://www.webguru.pe.kr/sub/cover.jpg
```

이 경우 main.html에 cover.jpg 이미지 파일을 삽입하려면 참조 위치를 http://www.webguru.pe.kr/sub/cover.jpg라고 써도 되지만, 일반적으로 현재 문서가 있는 위치를 기준으로 sub/cover.jpg라고 표현합니다. 이렇게 표시하는 것을 상대 경로(relative path)라고 합니다.

```
<img src="sub/cover.jpg">
```

만약 sub.html에 cover.jpg 이미지 파일을 삽입하려면 같은 폴더에 있으므로 폴더 경로를 표시할 필요 없이 파일 이름만 써줘도 됩니다.

```
<img src="cover.jpg">
```

하지만 다른 사이트의 이미지를 삽입하려고 한다면 다음과 같이 전체 경로를 다 써줘야겠죠. 이렇게 http://부터 시작해서 경로 전체를 표시하는 것을 절대 경로(absolute path)라고 합니다.

```
<img src="http://www.webguru.pe.kr/sub/cover.jpg">
```

> **tip**
> 슬래시(/)와 역슬래시(\)는 둘 다 경로를 표시할 때 사용합니다. 차이점은 슬래시(/)는 웹에서의 경로를 표시할 때 사용하며, 역슬래시(\)는 내 컴퓨터의 폴더 구조를 표시할 때 사용한다는 점입니다. 그러므로 웹에서의 경로를 표시할 때 혼동하지 말고 꼭 슬래시(/)로 표현하도록 하세요.
>
> www.webguru.pe.kr/sub/cover.jpg
> c:\Samples\ch1\cover.jpg

01-2 alt 텍스트와 웹 접근성

웹 페이지에 이미지를 삽입할 때는 시각 장애인을 위한 화면 리더기에서 이미지를 읽을 수 없다는 점을 고려하여 이미지를 대신할 대체 텍스트를 함께 추가해야 하므로 이미지를 삽입하는 〈img〉 태그에서 alt라는 속성을 이용해 대체 텍스트를 입력합니다.

이전 버전의 인터넷 익스플로러 경우에는 alt 텍스트를 마치 툴팁처럼 표시하기 때문에 간혹 alt 텍스트를 툴팁으로 사용하기도 하는데 alt 텍스트는 툴팁용 속성이 아닙니다. 이미지에 툴팁을 표시하려면 title 속성을 사용합니다.

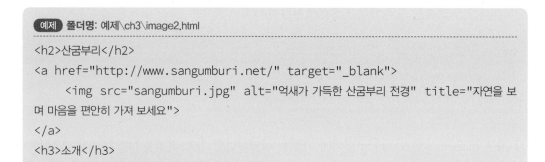

```
예제  폴더명: 예제\ch3\image2.html
--------------------------------------------------------
<h2>산굼부리</h2>
<a href="http://www.sangumburi.net/" target="_blank">
    <img src="sangumburi.jpg" alt="억새가 가득한 산굼부리 전경" title="자연을 보
며 마음을 편안히 가져 보세요">
</a>
<h3>소개</h3>
```

:: 내용이 포함된 이미지

단순한 그림이 아니라 메뉴나 로고 또는 내용을 눈에 띄게 하기 위해 그래픽으로 처리한 텍스트 등이 포함된 이미지들을 사용할 경우 alt 텍스트는 이미지를 부연 설명하는 것이 아니라 이미지 안에 포함된 텍스트를 알려주는 것이어야 합니다. 예를 들어, 메뉴를 이미지로 삽입했을 경우 alt="메뉴"라는 식으로 이미지에 대한 설명을 넣어서는 안 되고, alt="오름", alt="자연동굴"처럼 이미지 안의 내용을 알려주어야 합니다.

```html
<tr>
    <td><img src="menu1.jpg" width="150" height="40" alt="박물관"></td>
    <td><img src="menu2.jpg" width="150" height="40" alt="오름"></td>
    <td><img src="menu3.jpg" width="150" height="40" alt="자연동굴"></td>
    <td><img src="menu4.jpg" width="150" height="40" alt="테마공원"></td>
    <td><img src="menu5.jpg" width="150" height="40" alt="휴양림"></td>
</tr>
```

이럴 때는 alt 텍스트를 사용하지 마세요

웹 페이지를 만들다 보면 공간을 채우기 위해 투명 이미지를 삽입할 경우가 있습니다. 또한 불릿 이미지나 아이콘 역시 페이지 내용에 영향을 주는 의미 있는 이미지가 아닙니다. 이렇게 화면을 꾸미기 위해 사용된 이미지에도 alt 텍스트를 사용할 경우 화면 리더기에서 흘러나오는 alt 텍스트 때문에 실제 페이지 내용에 혼란을 줄 수도 있습니다. alt 텍스트를 사용하지 않을 때는 alt=""로 입력합니다.

01-3 이미지에 캡션 붙이기

이미지가 여러 개 사용되는 문서일 경우 각 이미지에 설명을 붙이기 위해서 HTML4에서는 주로 표를 이용했습니다. 단순히 그림과 캡션을 같이 볼 수 있게 하기 위해 표를 사용한 것이기 때문에 이미지 위치를 바꾸게 되면 표와 소스를 새로 작성해야 합니다.

예제 **폴더명:** 예제\ch3\image3.html

```html
<table>
    <tr>
        <td><img src="summer2.jpg" alt="잎새에 매달린 이슬"></td>
    </tr>
    <tr>
        <td>싱그러운 여름</td>
    </tr>
    <tr>
        <td><img src="fall2.jpg" alt="붉게 타는 단풍"></td>
    </tr>
    <tr>
```

```
        <td>총천연색 가을</td>
    </tr>
</table>
```

HTML5에는 이미지뿐만 아니라 동영상, 표 등 자기 영역을 가지는 요소에는 모두 캡션을 붙일 수 있습니다. 여기에는 〈figure〉 태그와 〈figcaption〉 태그가 사용되는데, 〈figure〉 태그를 이용해서 어느 요소에 캡션을 붙일 것인지 지정하고, 〈figcaption〉을 이용해서 캡션 내용을 작성합니다. 〈figcaption〉은 반드시 〈figure〉 태그가 있는 요소에서만 사용할 수 있습니다.

〈figure〉 태그가 있다고 해서 반드시 캡션을 붙여야 하는 것은 아닙니다.

위의 예제를 〈figure〉와 〈figcaption〉을 이용해 바꾸면 다음과 같습니다.

(예제) 폴더명: 예제\ch3\image4.html

```
<figure>
    <img src="summer2.jpg" alt="잎새에 매달린 이슬">
    <figcaption>싱그러운 여름</figcaption>
</figure>
<figure>
    <img src="fall2.jpg" alt="붉게 타는 단풍">
    <figcaption>총천연색 가을</figcaption>
</figure>
```

캡션을 붙일 때 다음과 같이 둘 이상의 이미지에 하나의 캡션을 추가할 수 있고, 캡션에 태그나 CSS를 적용하여 원하는 스타일로 표시할 수도 있습니다.

예제 폴더명: 예제\ch3\image5.html

```
<head>
    <style>
    figcaption {
        color : purple;
        font-size:18px;
        padding:5px;
    }
    </style>
</head>
<body>
<figure>
    <img src="spring1.jpg" alt="유채꽃 풍경">
    <img src="spring2.jpg" alt="산사에 핀 자목련">
    <figcaption> <b>봄이 오는 길목</b> - 유채꽃 풍경 & 산사에 핀 자목련 </figcaption>
</figure>
</body>
```

02 〈object〉 태그와 〈embed〉 태그 사용하기

WEBPROGRAMMING   HTML4에서는 멀티미디어를 삽입할 때 〈embed〉 태그와 〈object〉 태그를 사용합니다. HTML4에서
는 인터넷 익스플로러를 기본으로 하고 있으며 〈embed〉 태그는 비표준 태그입니다. 그래서
〈object〉 태그를 중심으로 사용하고 이 태그를 인식하지 못하는 하위 버전을 위해 〈embed〉 태그를
사용합니다.

02-1 〈object〉 태그

〈object〉 태그는 음악 파일뿐만 아니라 동영상이나 자바 애플릿 등 다양한 멀티미디어 개체를 삽
입할 때 사용하는 태그입니다.

〈object〉 태그에서는 〈param〉 태그를 통해 자동실행할 것인지, 컨트롤 막대를 화면에 표시할 것
인지 등 멀티미디어 재생에 필요한 여러 가지 속성들을 설정합니다. 〈param〉 태그에는 name 속
성과 value 속성이 있어서 파라미터 이름과 값을 지정합니다. 그리고, 〈object〉 태그를 인식하지
못하는 옛날 브라우저를 고려해서 〈embed〉 태그까지 함께 사용합니다.

```
<object width="플레이어 너비" height="플레이어 높이">
    <param name="파라미터 이름" value="파라미터 값"></param>
    <param name="파라미터 이름" value="파라미터 값"></param>
    ...
    <embed ... ></embed>
</object>
```

〈object〉 태그의 파라미터는 꽤 많지만, 파라미터의 이름을 보면 대략 어떤 기능을 하는 파라미터
인지 이해할 수 있는 것들도 있습니다. 〈object〉 태그를 사용할 때 〈param〉 태그를 통해 사용하는
주요 파라미터들은 다음과 같습니다.

속성	설명	사용할 수 있는 값
movie	재생할 파일의 경로	파일 경로
AutoSize	플레이어 크기 자동	true : 동영상 크기를 자동으로 지정 false : 동영상 크기를 사용자가 지정
AutoStart	자동 재생	true : 자동 재생 false : 재생 버튼 클릭해서 재생
AutoRewind	음악이나 동영상의 재생이 끝난 후 자동 되감기	true : 처음으로 자동 되감기 false : 마지막에 멈춰 있기
ClickToPlay	재생 버튼으로 재생과 일시 정지를 번갈아 조절	true : 재생 버튼으로 재생/일시정지 false : 재생 버튼으로 재생만

속성	설명	사용할 수 있는 값
Enabled	기능 버튼 사용 여부	true : 기능 버튼 사용 false : 기능 버튼 사용 안 함
ShowTracker	재생 상황을 트래커에 표시	true : 트래커에 진행 상황을 슬라이드로 표시 false : 진행 상황을 표시 안 함
EnableTracker	트래커에서 슬라이드 바 사용 가능 여부	true : 트래커에 표시되는 슬라이드를 사용자가 움직여서 재생 위치를 바꿀 수 있음 false : 슬라이드 바를 움직일 수 없음
EnableContextMenu	단축 메뉴 표시	true : 마우스 오른쪽 단추를 클릭했을 때 단축 메뉴 표시됨 false : 단축 메뉴 표시 안 함
ShowStatusBar	컨트롤 바 아래에 상태 바 표시	true : 플레이어 하단에 상태 바 표시 false : 상태 바 표시 안 함
ShowControls	재생, 정지 버튼이 있는 컨트롤 바 표시	true : 컨트롤 바 표시 false : 컨트롤 바 표시 안 함
ShowAudioControls	볼륨 조절기 표시	true : 볼륨 조절기 표시 false : 볼륨 조절기 표시 안 함
ShowCaptioning	캡션 창 표시	true : 캡션 창 표시 false : 캡션 창 표시 안 함
Mute	소리 없앰	true : 소리 없앰 기능 사용 false : 소리 없앰 기능 사용 안 함
ShowDisplay	저작권 정보 표시	true : 저작권이나 만든 이 같은 저작권 정보를 표시함 false : 저작권 정보를 표시 안 함

02-2 〈embed〉 태그

〈embed〉 태그는 HTML4에서 비표준 태그로 분류되어 되도록 사용하지 말라고 했지만 HTML5에서는 다시 표준 태그가 되어서 모든 브라우저에서 지원하고 있습니다. 〈object〉 태그를 사용할 때도 〈object〉 태그를 인식하지 못하는 브라우저를 위해 〈object〉 태그와 함께 〈embed〉 태그가 사용됩니다.

```
<embed src="멀티미디어 파일 경로" 속성="속성값">
```

〈embed〉 태그에서 사용할 수 있는 속성과 속성값들은 다음과 같습니다.

속성	설명	사용할 수 있는 값
src	삽입할 파일	파일 경로
autostart	자동 재생	true : 자동 재생 false : 재생 단추를 눌러야 재생

속성	설명	사용할 수 있는 값
width/height	플레이어의 너비와 높이	픽셀값
loop	반복 재생 횟수	true : 무한 반복 false : 한 번 반복 2 이상의 숫자 : 반복 횟수
hidden	플레이어 감춤	true : 플레이어 표시 안 함 false : 플레이어 표시
showcontrols	컨트롤 막대 표시	true : 컨트롤 막대 표시 false : 컨트롤 막대 표시 안 함
enablecontextmenu	오른쪽 마우스 클릭 메뉴	true : 메뉴 표시 false : 메뉴 표시 안 함

:: 웹 브라우저와 플러그인

〈object〉 태그나 〈embed〉 태그 모두 웹 문서 안에서 멀티미디어 파일을 실행하기 위한 태그입니다. 하지만, HTML4에서는 웹 브라우저 안에서 직접 멀티미디어 파일을 실행할 수 없기 때문에 음악이나 동영상을 실행하기 위해서는 브라우저 외에 윈도우 미디어 플레이어나 퀵타임 플레이어 같은 별도의 프로그램을 실행한 후 그 화면을 브라우저 안에 표시합니다. 이렇게 웹 브라우저에서 실행하지 못하는 부분을 실행할 수 있도록 도와주는 외부 프로그램을 '플러그인(plug-in)'이라고 합니다.

따라서 한 번도 멀티미디어 파일을 재생한 적이 없는 브라우저에서 〈object〉 태그나 〈embed〉 태그를 사용한 웹 문서를 불러올 경우 플러그인이 필요하다는 오류 메시지가 나타나고, 화면에 표시하는 대로 플러그인 프로그램을 설치해야 음악이나 동영상 파일을 재생할 수 있습니다.

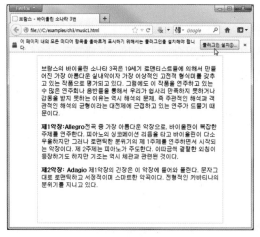 

```
<p><b>제2악장: Adagio</b> 제1악장의 긴장은 ...</p>
<object width="450" height="50">
    <param name="Filename" value="sonata.mp3">
    <param name="AutoSize" value="true">
    <param name="AutoStart" value="true">
    <param name="ShowControls" value="true">
      <embed  src="sonata.mp3"  width="450"  height="60"  showcontrols
="true" autostart>
</embed>
</object>
```

각 브라우저마다 플러그인으로 사용하는 프로그램이 다르기 때문에 브라우저 화면에 표시되는
플레이어는 다릅니다.

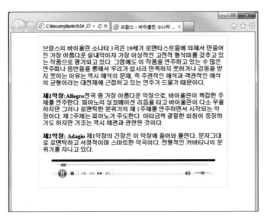

▲ 인터넷 익스플로러

▲ 크롬

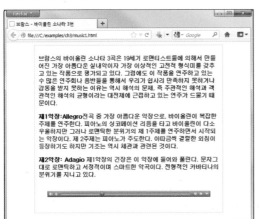

▲ 파이어폭스

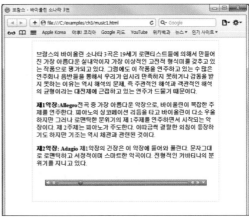

▲ 사파리

브라우저와 플러그인 프로그램, 동영상 파일 형식은 밀접한 관계를 가지고 있기 때문에 브라우저에서 동영상이 재생되지 않을 경우 가장 먼저 알맞은 플러그인 프로그램이 설치되어 있는지 확인해야 합니다.

예를 들어, wmv 형식의 동영상은 인터넷 익스플로러에서 별도의 플러그인 없이도 재생되지만 크롬 브라우저에서 재생하기 위해서는 크롬 브라우저에 윈도우 미디어 플레이어 플러그인이 설치되어 있어야 합니다. 반대로 사파리 브라우저를 설치할 때 퀵타임 플레이어도 함께 설치되기 때문에 사파리 브라우저에서는 mp4 형식의 동영상은 문제없이 재생되지만 인터넷 익스플로러에서 재생하려면 퀵타임 플레이어 플러그인 프로그램을 설치해야 합니다.

사용자들의 컴퓨터에 깔려 있는 브라우저들이 다양하고 각 브라우저에서 지원하는 동영상 형식도 각각 다르기 때문에 동영상이 포함된 웹 페이지를 만드는 것은 간단하지 않습니다. 이를 위해 HTML5에서는 〈video〉라는 별도의 태그를 제공하고 있고 비디오 형식을 표준화하기 위한 노력들이 계속되고 있습니다. 좀 더 자세한 설명은 84페이지를 참고하세요.

03

HTML5와 비디오

최근에는 PC만이 아니라 스마트폰이나 태블릿 PC를 통해서도 웹 사이트에 많이 접속하기 때문에 그런 기기에서도 웹 사이트 내용을 볼 수 있어야 합니다. 특히, 비디오 같은 동영상이 있을 경우 PC나 모바일 기기에서 자연스럽게 재생하기 위해 HTML5에는 〈audio〉 태그와 〈video〉 태그가 추가되었습니다.

03-1 왜 HTML5 비디오인가?

새 PC를 구입하거나, PC를 완전히 포맷한 후 사이트에 접속할 때마다 플래시 플러그인과 실버라이트 플러그인, 수많은 ActiveX 플러그인들을 설치한 경험이 있을 것입니다. 이렇게 기본적인 플러그인 프로그램을 설치해 두어야 비디오 프로그램을 자유롭게 볼 수 있는 것이죠. 일단 플러그인 프로그램이 설치되어 있고 인터넷 접속 속도가 빠르다면 비디오를 보는 데 큰 문제가 없습니다. 그것은 웹 문서에 오디오나 비디오 파일을 삽입하면 웹 브라우저가 처리할 수 없기 때문에 외부의 플러그인 프로그램을 실행한 후 오디오나 비디오를 재생하기 때문입니다.

모바일 기기가 대중화되면서 데이터 전송량이나 전송 속도에 민감한 모바일 기기에서 플러그인 프로그램을 다운로드해서 설치하는 것은 적절하지 않습니다. 하지만 HTML5 오디오와 비디오는 웹 브라우저에서 이미지를 표시하듯 플러그인 프로그램 없이 웹 브라우저에서 오디오나 비디오를 재생할 수 있습니다. 이 기능이 완벽하게 구현된다면 불필요하게 플래시 플레이어나 윈도우 미디어 플레이어 같은 플러그인 프로그램을 사용하지 않아도 되겠지요.

: : 비디오 파일 형식

현재 웹에서 사용할 수 있는 비디오 파일 형식은 여러 가지입니다. 원본 비디오를 최대한 압축해서 동영상 파일로 집어넣는 것을 인코딩(encoding)이라 하고, 동영상 파일에 있는 비디오를 꺼내 동영상 플레이어에 보여주는 것을 디코딩(decoding)이라 하는데 이 두 가지를 처리하는 것이 비디오 코덱입니다.

HTML5 비디오에서 어떤 코덱을 표준으로 정할 것인지에 대한 많은 논의가 이루어지고 있습니다. 가장 많이 이슈가 되는 것은 H.264와 오그 테오라(Ogg Theora), 그리고 VP8입니다.

- H.264 : H.264는 2003년 5월에 발표된 비디오 표준의 한 종류로 매우 높은 압축률을 가지면서 고화질의 영상을 지원하기 때문에 지금까지 많은 사이트에서 사용하고 있습니다. H.264 비디오는 대부분 비디오 파일 형식에 임베딩할 수 있지만 주로 .mp4 파일에 많이 사용됩니다.
- 오그 테오라(Ogg Theora) : 테오라는 로열티를 지불하지 않아도 되는 공개 코덱입니다. 테오라 코덱은 주로 Ogv 파일에 주로 사용되며 모질라 파이어폭스 3.5에서는 플러그인 없이도 테오라 비디오를 재생할 수 있습니다.
- VP8 : 구글이 인수한 코덱 전문업체에서 보유한 기술로, 가장 최근인 2010년 5월에 오픈 소스로 공개한 코덱입니다.

: : 오디오 코덱

오디오 코덱 역시 비디오 코덱과 마찬가지로 오디오 파트를 인코딩하거나 디코딩해 줍니다. 오디오 코덱의 종류도 무척 많지만 여기에서는 웹에서 주로 사용하는 세 가지 코덱에 대해서만 알아보도록 하겠습니다.

- MP3(MPEG-1 AUDIO Layer3) : MP3는 가장 잘 알려진 오디오 코덱일 것입니다. MP3는 오디오 압축 형식으로, PCM 오디오 데이터 중에서 실제 사람이 들을 수 없는 부분이나 필요없는 부분을 버리고 다시 인코딩하는 방식입니다.
- Vorbis : Vorbis는 MP3나 AAC와 달리 오픈 소스이며 누구나 무료로 사용할 수 있는 오디오 코덱입니다. 확장자는 .ogg나 .oga를 사용합니다. 재생할 수 있는 플레이어가 적고 인코딩 시간이 더 걸린다는 단점이 있습니다. 무료로 사용할 수 있기 때문에 PC 게임 등에 많이 사용됩니다.

: : 내 브라우저는 어떤 비디오 코덱을 지원할까?

최근에는 인터넷 익스플로러뿐만 아니라 다양한 브라우저들이 사용되고 있고, 모바일 기기에서도 여러 가지 브라우저가 사용되고 있습니다. 내가 사용하는 브라우저에서 어떤 비디오 코덱을 지원하는지 미리 알아두도록 합시다.

브라우저	파일 형식	코덱
파이어폭스	ogg (3.5이상)	테오라, Vorbis
	webm (4.0 이상)	VP8
오페라	ogg (10.5 이상)	테오라, Vorbis
	webm (10.6 이상)	VP8
사파리	mp4 (3.0 이상)	H.264, AAC
크롬	ogg (5.0 이상)	테오라, Vorbis
	mp4 (5.0 이상)	H.264, AAC
	webm(6.0 이상)	VP8
아이폰 & 안드로이드	mp4	H.264, AAC
인터넷 익스플로러	mp4 (9.0 이상)	H.264, AAC

따라서 오디오 파일 형식이나 비디오 파일 형식의 표준이 정해지지 않은 현재까지는 최소한 세 가지 형식의 파일을 함께 적어주어야만 모든 브라우저에서 안전하게 오디오 파일이나 비디오 파일을 재생해 볼 수 있습니다.

03-2 오디오 파일, 비디오 파일 인코딩하기

지금까지는 인터넷 익스플로러 브라우저를 기준으로 웹 사이트를 작성했기 때문에 wmv 형태의 파일만 생각했겠지만 이제는 PC용 웹 사이트뿐만 아니라 모바일용 사이트도 갖추어야 합니다. 따라서 wmv 파일을 가지고 있더라도 mp4, ogv, webm 형태의 파일 형식을 갖추어야 어떤 브라우저에서든 비디오를 제대로 볼 수 있기 때문에 비디오 파일 인코딩이 필요합니다. 오디오 파일 역시 모바일 기기를 고려한다면 mp3나 ogg, webm 형태로 인코딩하는 것이 좋겠지요.

오디오 파일과 비디오 파일을 인코딩하는 데는 여러 가지 프로그램을 사용할 수 있습니다.

: : 다음팟 인코더를 이용해 mp4로 인코딩하기

다음팟 인코더는 http://tvpot.daum.net/application/PotEncoder.do에서 무료로 설치할 수 있는 프로그램입니다.

01. 프로그램을 설치, 실행한 후 상단의 〈불러오기〉를 클릭하여 변환할 원본 비디오를 불러온 후 아래쪽 창의 'PC 저장용' 탭에 있는 〈세부설정〉을 클릭합니다.

02. [인코딩] 카테고리를 선택한 후 '비디오 코덱'에서 'MPEG-4 AVC/H.264'를 선택합니다. '오디오 코덱'에서는 'Advanced Audio Coding(AAC)'를 선택합니다.

03. [기타] 카테고리를 선택하고 'H.264 Baseline Profile@Level 1.3 제한(휴대폰 및 iPod용)'에 체크하고 〈확인〉을 클릭합니다.

04. 〈인코딩 시작〉을 클릭하면 인코딩이 시작됩니다.

 tip

기본 저장 폴더는 '비디오' 라이브러리 폴더인데 저장 폴더를 바꾸고 싶다면 '저장 폴더' 옆 〈폴더 변경〉 버튼을 클릭하고 원하는 폴더를 선택합니다.

:: 파이어폭스의 firefogg 확장 기능을 이용해 ogv와 webm으로 인코딩하기

01. 파이어폭스를 실행한 후 firefogg.org 사이트로 접속합니다. 아직 firefogg 확장 기능이 설치되어 있지 않다면 빨간색으로 'Install Firefogg'라고 표시됩니다. 'Install Firefogg'를 클릭합니다. 화면의 지시대로 설치하고 파이어폭스를 재시작합니다.

02. 파이어폭스 왼쪽 위에 있는 시작 메뉴를 클릭한 후 'Make Video' 메뉴를 선택합니다.

03. 비디오 변환 페이지로 연결되면
〈Select File〉 버튼을 클릭합니다.

04. 원본 비디오 파일을 선택합니다.

 변환할 비디오 파일은 '비디오' 라이브러리에
있어야 합니다.

05. 선택할 수 있는 변환 형식은 'WebM'
형식과 'Ogg' 형식입니다.

06. 원하는 형식을 선택하고 〈Encode〉를
클릭합니다.

비디오 파일을 여는데 오류가 발생한다면 비
디오 파일을 윈도우의 '비디오' 라이브러리로
복사한 후 변환해 보세요.

07. 저장할 폴더를 지정하는 화면에서 폴
더만 선택하면 확장자만 다르고 이름은 같
은 파일로 저장됩니다.

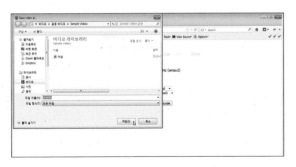

08. 변환이 끝나면 변환된 비디오 화면이 웹 브라우저에 표시됩니다. 재생 버튼을 클릭하면 비디오가 재생되고 비디오 화면 위로 마우스 버튼을 올리면 컨트롤 막대가 표시될 것입니다.

03-3 ⟨audio⟩ 태그와 ⟨video⟩ 태그

HTML5에서는 플러그인 프로그램을 사용할 수 없는 모바일 기기를 고려하여 ⟨audio⟩ 태그와 ⟨video⟩ 태그를 사용하여 마치 이미지를 삽입하듯 손쉽게 멀티미디어 태그를 삽입할 수 있습니다.

: : ⟨video⟩ 태그

HTML5에서는 ⟨video⟩ 태그를 이용해 간단히 비디오 파일의 위치나 크기, 속성들을 지정할 수 있습니다. 하지만 아직까지 비디오 표준 코덱이 정해지지 않았기 때문에 ⟨video⟩ 태그와 ⟨src⟩ 태그를 함께 사용합니다.

⟨video⟩ 태그에서는 비디오 화면의 크기나 컨트롤 막대 표시 여부, 자동 재생 여부처럼 어떤 종류의 비디오에서도 똑같이 적용되는 속성들을 표시합니다.

⟨video⟩ 태그의 기본적인 형태는 다음과 같습니다.

```
<video [속성들]>
    <source src="비디오 파일 경로"></source>
    <source src="비디오 파일 경로"></source>
    ...
</video>
```

'속성들'에서 제어할 수 있는 주요 속성은 다음과 같습니다.

- width, height : 플레이어 화면의 너비와 높이를 지정합니다. 이 속성을 사용하지 않으면 원래 크기대로 표시됩니다.
- controls=controls 또는 controls : 플레이어 화면에 컨트롤 막대를 표시합니다. 이 속성을 쓰지 않으면 컨트롤 막대 없이 비디오가 재생됩니다.

- autoplay=autoplay 또는 autoplay : 비디오를 자동으로 실행합니다.
- loop=loop 또는 loop : 비디오를 반복 재생합니다.
- preload=preload 또는 preload : 자동 재생하지 않고 비디오를 로딩하기만 합니다. 사용자가 재생 버튼을 클릭해야 비디오가 재생됩니다.
- poster="파일 이름" : 비디오가 재생되기 전까지 화면에 표시될 포스터 이미지를 지정합니다.

> 아이폰이나 아이패드에서는 비디오의 속성이 autoplay=autoplay로 되어 있더라도 비디오를 자동 재생하지 않습니다. 모바일 기기의 경우 멀티미디어 콘텐츠를 자동 재생해 버리면 의도하지 않은 데이터 이용료를 지불해야 할 수도 있으므로 모바일 기기를 고려한다면 자동 재생을 선택할 때는 신중해야 합니다.

:: 〈source〉 태그

〈source〉 태그는 src 속성을 사용해 각 비디오 파일의 위치를 지정하기 위한 것입니다.

```
<source src="wildlife.mp4">
```

위와 같이 간단히 파일의 경로를 지정하면 됩니다. 단, 인코딩한 비디오 파일과 HTML5 비디오가 삽입된 웹 문서를 웹 서버에 업로드했는데 비디오 파일이 재생되지 않을 경우도 있습니다. 이것은 웹 서버가 mp4 파일이나 ogv, webm 파일 확장자를 인식하지 못하기 때문입니다. 이럴 경우에는 웹 서버 관리자에게 다음과 같이 MIME 타입을 추가해 달라고 요청하면 됩니다.

```
video/ogg .ogv
video/mp4 .mp4
video/webm .webm
```

:: 실습 〈video〉 태그를 이용해 비디오 삽입하기

〈video〉 태그를 사용하면 PC용 브라우저뿐만 아니라 모바일 브라우저에서도 볼 수 있는 비디오를 웹 문서에 삽입할 수 있습니다. 간단한 HTML 태그로 비디오를 삽입해 보도록 하겠습니다. 저작권 문제로 인해 이 책에서는 비디오 샘플을 제공할 수 없으므로 여러분의 윈도우에 있는 '샘플 비디오' 폴더 안에 제공되는 비디오 중에서 한 가지를 골라 연습해 보시기 바랍니다.

◎ **준비 파일** : 실습\ch3\Sources\video.html
◎ **완성 파일** : 실습\ch3\Results\video.html

01. '다음팟 인코더'와 'Firefogg 확장 기능'을 사용하여 여러분이 가지고 있는 비디오를 mp4와 webm, ogg 형식으로 인코딩합니다. 다음은 윈도우7의 '야생' 비디오를 인코딩하여 준비해 놓은 것입니다.

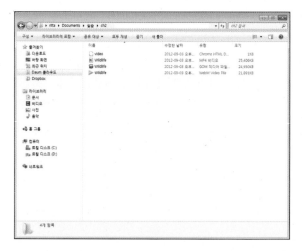

02. 메모장에서 video.html 문서를 열고, 〈h1〉비디오 삽입〈/h1〉 태그 아래에 다음과 같이 입력한 후 저장합니다.

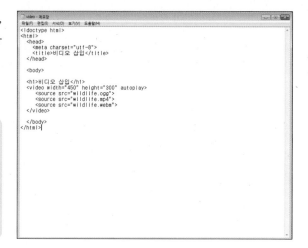

```
<video width="450" height="300"
autoplay>
    <source src="wildlife.ogg">
    <source src="wildlife.mp4">
    <source src="wildlife.webm">
</video>
```

03. 탐색기에서 video.html을 실행하면 기본 브라우저가 실행되면서 비디오가 자동 재생될 것입니다.

tip

비디오 화면에 컨트롤 막대가 표시되지 않은 상태에서 화면을 마우스 오른쪽 버튼으로 클릭하면 화면을 컨트롤할 수 있습니다.

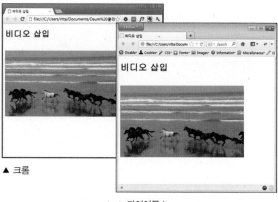

▲ 크롬

▲ 파이어폭스

04. 다시 메모장으로 돌아가 〈video〉 태그를 다음과 같이 수정하고 저장합니다.

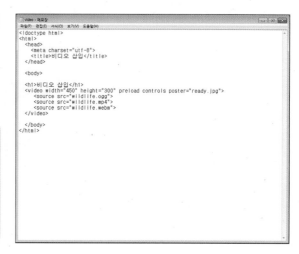

```
<video width="450" height="300"
preload controls>
    <source src="wildlife.ogg">
    <source src="wildlife.mp4">
    <source src="wildlife.webm">
</video>
```

05. 다시 브라우저에서 실행해 보면, 브라우저 화면에 컨트롤 막대가 표시되고 (controls) 재생 버튼을 클릭하기 전까지는 재생되지 않습니다(preload).

▲ 크롬

▲ 파이어폭스

06. 만일 포스터 이미지가 준비되었다면 동영상이 재생되길 기다리는 동안 포스터 이미지가 표시되도록 할 수 있습니다.

```
<video width="450" height="300"
preload controls poster="ready.
jpg">
    <source src="wildlife.ogg">
    <source src="wildlife.mp4">
    <source src="wildlife.webm">
</video>
```

07. 브라우저에서 확인하면 재생 버튼을
누르기 전까지 다음과 같이 포스터 이미지
가 표시됩니다.

▲ 크롬

▲ 파이어폭스

:: 〈audio〉 태그

HTML4까지는 오디오 파일을 재생하기 위해 외부 프로그램을 사용했었지만 HTML5에는 〈audio〉
태그가 추가되어 웹 브라우저에서 바로 오디오 파일을 재생할 수 있습니다. 하지만 아쉽게도 아
직까지 어떤 오디오 파일 형식을 표준으로 사용할지 정해지지 않았습니다. 인터넷 익스플로러나
사파리 등의 브라우저에서는 mp3 파일을 사용하지만 파이어폭스에서는 ogg 파일을 사용해야
합니다.

〈audio〉 태그의 기본적인 형식은 다음과 같습니다.

```
<audio [속성들]>
    <source src="소리 파일 경로"></source>
    <source src="소리 파일 경로"></source>
    ...
</audio>
```

〈audio〉 태그에서 사용할 수 있는 속성은 〈video〉 태그의 속성들과 같습니다. 또한 브라우저별로
지원하는 소리 파일로 미리 인코딩해 놓은 것은 〈source〉 태그를 이용해서 지정하면 됩니다.

```
<audio controls>
    <source src="birds.mp3">
    <source src="birds.ogg">
</audio>
```

:: 오디오 파일 변환하기

오디오 파일을 변환하는 프로그램들은 인터넷에서 검색하면 여러 가지를 찾아볼 수 있는데 여기
에서는 무료로 사용할 수 있는 Free Audio Converter를 소개합니다.

Free Audio Converter는 http://www.dvdvideosoft.com/에서 다운로드할 수 있습니다. 단 프로그램을 설치할 때 Audio Converter 외에 불필요한 프로그램들이 같이 설치되므로 설치 과정에서 불필요한 프로그램들의 체크 표시는 지우고 꼭 필요한 Audio Converter만 설치하세요.

프로그램 창에서 〈Add files〉 버튼을 클릭한 후 변환할 오디오 파일을 선택합니다. 한꺼번에 여러 개의 파일을 불러와도 됩니다.

Quality 항목에서 변환할 파일 형식을 선택합니다. 예를 들어, mp3 파일을 ogg 파일로 변환하려면 Quality 항목에서 ogg를 선택합니다.

그리고 〈Convert〉를 클릭하면 불러온 파일들을 선택한 파일 형식으로 변환합니다. 기본으로 저장되는 폴더는 '음악' 라이브러리 폴더입니다.

:: 실습 간단한 음악 감상 페이지 만들기

HTML5의 〈audio〉 태그를 이용해서 간단한 음악 감상 페이지를 만들어 보겠습니다. 가지고 있는 음악 파일을 사용하려면 미리 mp3나 ogg 파일로 변환해 놓고 따라하세요.

◎ **준비 파일** : 실습\ch3\Sources\audio.html
◎ **완성 파일** : 실습\ch3\Results\audio.html

01. Source 폴더에 있는 audio.html 문서를 불러오면 준비된 텍스트와 이미지 파일만 화면에 표시될 것입니다. 여기에 오디오 파일을 추가해 브라우저 창에서 직접 감상할 수 있도록 해보겠습니다.

02. 메모장에서 audio.html 파일을 불러옵니다. 〈h2〉Sinfonia〈/h2〉라는 소스 아래에 다음과 같이 오디오 파일을 삽입할 〈audio〉 태그를 입력합니다. 〈audio〉 태그에는 controls 속성만 삽입했습니다.

```
<audio controls>

</audio>
```

> **tip**
>
> controls 속성을 넣지 않고 음악이 자동 재생되도록 할 수도 있지만 사용자가 음악을 켜거나 끌 수 없다면 불편할 것입니다. 되도록 플레이어를 넣어주는 것이 좋습니다.

03. 〈audio〉와 〈/audio〉 태그 사이에 〈source〉 태그를 사용해서 준비한 각 오디오 파일을 지정합니다.

```
<audio controls>
    <source src="bach.mp3">
    <source src="bach.ogg">
</audio>
```

04. 같은 방법으로 〈h2〉Suite no.1 in A major (1st set)〈/h2〉 태그 다음에도 다음과 같은 소스를 추가합니다. 소스 수정이 끝났으므로 `Ctrl`+`S` 키를 눌러 수정한 내용을 저장합니다.

```html
<audio controls>
    <source src="handel.mp3">
    <source src="handel.ogg">
</audio>
```

05. 방금 저장한 audio.html 파일을 크롬 브라우저에서 불러오면 다음과 같이 플레이어가 표시됩니다. 그리고 재생 버튼을 클릭하면 삽입한 mp3 파일이 재생됩니다.

06. 같은 audio.html 파일을 파이어폭스로 열어 보세요. 이번에는 파이어폭스 브라우저에서 제공하는 플레이어 모습이 나타나고 재생 버튼을 클릭하면 ogg 파일을 재생할 것입니다.

tip 인터넷 익스플로러에서 실행하면 스크립트나 ActiveX가 차단되었다는 경고 창이 나타납니다. 〈차단된 콘텐츠 허용〉을 클릭하면 오디오 파일을 재생할 수 있습니다.

❶ 일반적인 컴퓨터 그래픽에서 사용할 수 있는 파일 형식은 아주 다양하지만 웹 페이지에서 사용할 수 있는 파일 형식은 GIF나 JPG, PNG 등의 몇 가지로 제한됩니다.

❷ 웹 문서에 이미지를 삽입할 때는 다음과 같은 형식으로 〈img〉 태그를 사용합니다. 웹 문서에 이미지나 멀티미디어 파일을 삽입할 때, 현재 문서가 있는 위치를 기준으로 경로를 지정하는 것을 '상대 경로'라고 하고 http://부터 시작해서 전체 경로를 전부 표시하는 것을 '절대 경로'라고 합니다.

❸ 웹 페이지에 이미지를 삽입할 때는 alt 속성을 이용해 대체 텍스트를 함께 추가해야 합니다. 이미지에 툴팁을 표시하려면 title 속성을 사용합니다.

❹ 이미지를 〈figure〉 태그로 감싼 후 〈figure〉 태그 안에서 〈figcaption〉을 사용해 캡션을 추가할 수 있습니다. 동영상이나 표에서도 캡션을 사용할 수 있습니다.

❺ 〈object〉 태그는 음악 파일뿐만 아니라 동영상이나 자바 애플릿 등 다양한 멀티미디어 개체를 삽입할 때 사용하는 태그이며 〈param〉 태그를 통해 멀티미디어 재생에 필요한 여러 가지 속성들을 설정합니다.

❻ 〈object〉 태그나 〈embed〉 태그를 사용하면 웹 문서 안에서 윈도우 미디어 플레이어나 퀵 타임 플레이어 같은 플러그인 프로그램을 실행해서 멀티미디어를 재생합니다.

❼ HTML5에서는 〈video〉 태그나 〈audio〉 태그를 사용해서 멀티미디어를 삽입할 수 있고 이렇게 삽입한 멀티미디어는 별도의 플러그인 프로그램 없이 웹 브라우저 상에서 직접 실행됩니다.

❽ 아직까지 비디오 코덱에 대한 표준이 결정되지 않았기 때문에 최신 브라우저 사이에서도 재생할 수 있는 비디오 파일 형식이 통일되지 않았습니다.

코덱	파일 형식	특징	지원하는 브라우저
H.264	*.mp4	고화질의 영상을 지원하며 지원하는 하드웨어도 많지만 라이센스 비용에 대한 부담이 있음	크롬, 사파리, 인터넷 익스플로러 9 이상, 아이폰&안드로이드
오그 테오라	*.ogv	로열티 부담 없는 공개 코덱 H.264에 비해 화질이 떨어짐	크롬, 파이어폭스, 오페라
vp8	*.webm	고화질의 영상을 지원하면서 무료로 공개된 코덱	크롬, 파이어폭스, 오페라

❾ 아직까지 HTML5용 멀티미디어 코덱의 표준이 정해지지 않았기 때문에 모든 브라우저에서 실행될 수 있게 하려면 mp4와 ogv, webm 등의 파일로 변환한 후, 〈video〉 태그 안에서 〈source〉 태그를 사용하여 세 가지 파일을 포함시켜 줍니다.

01 웹 문서에 이미지를 삽입할 때 사용하는 "alt" 속성에 대해 설명하시오.

02 HTML5에서 웹 문서에 동영상을 삽입할 경우 ogv, mp4, webm 등 세 가지 파일을 함께 지정해 주는 이유를 설명하시오.

03 HTML5 웹 문서에서 사용할 수 있는 비디오 파일 형식과 그에 대한 설명입니다. 맞는 것끼리 연결하시오.

① mp4 ●　　　● ㉠ 가장 최근에 발표된 비디오 코덱을 사용하며 무료이면서도 높은 화질을 가지고 있습니다. 파이어폭스와 오페라, 크롬 브라우저에서 사용합니다.

② ogv ●　　　● ㉡ 고화질의 영상을 지원하지만 이 파일의 비디오 코덱을 사용하려면 라이센스 비용을 지불해야 합니다. 크롬과 사파리, 인터넷 익스플로러 브라우저에서 사용합니다.

③ webm ●　　　● ㉢ 무료라는 점이 큰 장점이지만 화질이 다소 떨어진다는 단점이 있습니다. 파이어폭스와 오페라, 크롬 브라우저에 사용합니다.

04 HTML5에서 〈video〉 태그를 이용해 동영상을 삽입하려고 합니다. 준비된 파일은 muvie.ogv와 muvie.mp4, muvie.webm입니다. 다음 조건에 맞게 동영상을 재생하려면 어떤 소스를 사용해야 하는지 작성하시오. (비디오 삽입 부분의 소스만 작성)

[조건]
① 비디오 화면의 크기는 400*300입니다.
② 플레이어 화면에 컨트롤 막대를 표시합니다.
③ 동영상을 자동 재생하지 않습니다.

CHAPTER
04

세미나
접수를 위한
폼 만들기

폼(form)은 흔히 '양식', 또는 '입력 양식'이라고도 하는데, 회원 가입 페이지 등에서 볼 수 있는 입력 글상자나 검색 사이트에서 검색어를 입력하는 부분이 모두 폼을 이용한 것입니다. 웹 문서에서 사용할 폼을 구성하는 여러 가지 요소에 대해 살펴보도록 하겠습니다.

| 이 장에서 배울 내용 |

- **폼이란?** : 웹 문서에서의 폼은 어떤 것을 가리키는지, 우리가 자주 만나는 폼을 통해 알아봅니다.

- **폼을 삽입하기 위한 기본 태그들** : 웹 문서 안에서 폼을 만들 때 가장 기본으로 사용되는 주요 태그들에 대해 살펴봅니다.

- **〈input〉 태그의 유형들** : 사용자가 입력하는 대부분의 폼은 〈input〉 태그를 사용하는데 〈input〉 태그의 type 속성 값에 그 형태가 어떻게 달라지는지 알아봅니다. 특히 HTML5에 와서 많이 추가된 새로운 〈input〉 태그의 유형들도 알아봅니다.

- **기타 폼 태그들** : 〈input〉 태그를 사용한 폼 요소 외에도, 웹 문서에서 사용하는 폼들을 만들어 주는 태그들에 대해 살펴봅니다.

01

폼(form)이란?

WEBPROGRAMMING

웹에서 말하는 폼(form)이란 온라인 쇼핑몰의 주문서나 회원 가입 양식처럼 특별한 형태의 페이지 뿐만 아니라 검색 창이나 로그인 영역처럼 여기저기서 쉽게 만날 수 있는 형식들입니다. 웹에서 자주 보게 되는 폼 형태를 알아보고 어떤 것들을 배워야 하는지 살펴보겠습니다.

:: 웹과 폼

검색 사이트에서 원하는 검색어를 넣고 '검색' 단추만 클릭하면 원하는 정보를 쉽게 찾아낼 수 있는데, 이때 검색어를 입력하는 검색 창은 폼을 이용한 것입니다.

크롬 브라우저를 사용하고 있다면 검색 창 부분을 마우스 오른쪽 버튼으로 클릭하고 '요소 검사'를 선택해 보세요.

Developer Tools 창이 열리면서 검색 창에 해당하는 태그 부분이 반전되어 표시되고, 〈input〉 태그가 사용된 것을 볼 수 있습니다. Developer Tools 창 왼쪽 아래 부분의 ▣를 클릭하면 크롬 브라우저 창 아래 부분에 Developer Tools 창이 표시될 것입니다.

이 상태에서 Daum의 로그인 부분에 있는 아이디 입력 부분이나 비밀번호 입력 부분을 마우스 오른쪽 버튼으로 클릭하고 '요소 검사'를 선택해 보세요. Developer Tools 창 부분에 〈input〉 태그가 반전되어 표시될 것입니다. 아이디 입력 창에서 요소 검사를 선택하면 〈input type="text"〉가 반전되고 비밀번호 입력 창에서 요소 검사를 선택하면 〈input type="password"〉 태그가 반전됩니다. 아직 〈input〉 태그를 공부하지는 않았지만 폼에서 〈input〉 태그가 사용되고 있음을 알 수 있습니다.

게시판이나 방명록처럼 많은 내용을 쓸 수 있는 공간 역시 폼입니다. 페이스북이나 트위터에서 사용자가 내용을 입력할 수 있는 넓은 영역을 마우스 오른쪽 버튼으로 클릭하고 '요소 검사'를 선택해 보세요. 〈textarea〉라는 태그가 반전될 것입니다.

또한 대부분의 사이트에 포함되어 있는 검색 창 역시 폼 요소입니다. 인피니티북스 홈페이지의 검색 창 부분을 마우스 오른쪽 버튼으로 클릭하고 '요소 검사'를 선택하면 〈input type="text"〉라는 태그가 반전됩니다.

지금까지 살펴본 것만 해도 HTML이 여러 가지 폼 형태를 만들어 준다는 것을 알 수 있습니다. 하지만 HTML은 폼의 겉모습을 만들 뿐, 사용자가 입력한 값을 처리하는 기능은 별도의 프로그램이 있어야 합니다. 사용자가 웹 브라우저 화면에서 값을 입력한 후 '전송' 버튼을 클릭해서 입력한 내용을 서버로 보내면 서버에서 ASP나 PHP 같은 프로그래밍 언어를 이용해 받은 값을 처리하게 됩니다.

이 책에서 설명할 수 있는 것은 HTML 태그를 이용해 폼의 형태를 만드는 것과 CSS를 이용해 폼을 보기 좋게 디자인하는 것까지입니다. 실제로 사용자가 입력한 회원 정보를 처리하여 회원 데이터베이스에 저장하거나 사용자가 입력한 게시물을 게시판 데이터베이스에 저장하고 검색하는 등의 작업은 ASP나 PHP 등의 서버 프로그래밍 부분에서 따로 공부하시기 바랍니다.

02 폼을 삽입하기 위한 기본 태그들

WEBPROGRAMMING   폼은 겉으로 보기엔 사용자가 내용을 입력하기 위한 필드로만 이루어져 있는 것 같지만 실제로 사용되는 태그들이 많습니다. 폼을 삽입하기 위해 기본으로 알아두어야 할 태그들을 살펴봅니다.

:: 폼을 삽입하는 〈form〉 태그

폼을 웹 문서에 삽입하려면 가장 먼저 〈form〉 태그를 삽입하고, 〈form〉 태그와 〈/form〉 태그 사이에 필요한 폼들을 삽입하게 됩니다. 〈form〉 태그 안에 또 다른 〈form〉 태그를 삽입할 수는 없습니다.

```
<form method="속성값" name="폼이름" action="처리할 프로그램">
...
</form>
```

이때 〈form〉 태그 안에서 사용하는 몇 가지 속성들을 통해 사용자가 입력한 자료들을 어떤 방식으로 서버로 넘길 것인지, 서버에서 어떤 프로그램을 이용해 처리할 것인지 지정합니다. 〈form〉 태그에서 사용하는 속성들은 다음과 같습니다.

- method : method 속성은 사용자가 입력한 내용들을 서버 쪽의 프로그램으로 어떻게 넘겨줄 것인지를 지정합니다. 여기에서 사용할 수 있는 속성값은 get과 post입니다.
  ㉠ get : 사용자의 입력을 서버 쪽의 환경 변수(QUERY_STRING)로 넘겨줍니다. 256byte ∼ 4096byte까지의 데이터만 서버로 넘길 수 있습니다.
  ㉡ post : 사용자의 입력을 표준 입력(standard input)으로 넘겨주기 때문에 입력 내용의 길이에 제한을 받지 않습니다. 대부분의 경우 post 방식을 사용합니다.
- name : 폼의 이름을 지정합니다. 한 문서 안에 여러 개의 〈form〉 태그가 있을 경우 폼들을 구분하기 위해 사용합니다.
- action : 〈form〉 태그 안의 내용들을 처리해 줄 서버 상의 프로그램을 지정합니다.

예를 들어, 인피니티북스의 상담실 페이지에 있는 문의하기 부분의 소스를 간략하게 요약하면 다음과 같은 〈form〉 문으로 구성되어 있습니다. 이름과 메일 주소, 문의할 내용을 입력하는 폼이 있는데 그 태그를 가장 바깥에서 둘러싸고 있는 것은 〈form〉 태그이며 〈form〉 태그 안에 name 속성과 method 속성, action 속성이 사용되고 있음을 볼 수 있습니다.

> 텍스트 레이블과 폼 요소를 나란히 배치하기 위해 표를 이용하는 경우가 많은데 내용과 디자인을 분리한다는 웹 표준에 맞게 작성하려면 표를 사용하는 방법보다 CSS를 사용해 배치해야 합니다.

```
<form name="signform" method="post" action="./fwrite_update.php"
onsubmit="return CheckForm(this)">
    <table>
        <tr>
            <td>성함</td>
            <td><input maxlength="10" name="wr_name" size="16" value
="""> </td>
        </tr>
        <tr>
            <td)이메일</td>
            <td><input name="wr_email" size="47" value=""></td>
        </tr>
        <tr>
            <td>문의사항</td>
            <td><textarea name="wr_content" cols="92" rows="8" wrap
="virtual"></textarea> </td>
        </tr>
    </table>
</form>
```

❶ 폼의 이름은 signform입니다.

❷ 사용자가 입력한 내용을 전송하는 방식은 post입니다.

❸ 사용자가 입력한 내용을 처리할 프로그램은 서버에 있는 fwrite_update.php입니다.

:: 〈label〉 태그

폼이 포함된 웹 문서는 대부분 필드에 대한 설명 옆에 해당 필드가 삽입됩니다. 예를 들어, '아이디'라는 텍스트 설명글 옆에 아이디를 입력할 수 있는 텍스트 필드가 있습니다. 하지만 시각 장애인의 경우 화면 판독기에 의존해 화면을 인식하기 때문에 일반적으로 우리가 보고 있는 화면과 다를 수 있습니다. 이럴 경우 '아이디'라는 텍스트 설명글과 텍스트 필드가 떨어져 있을 수도 있고, 두 개의 연관성에 대해 알 수 없는 경우가 종종 있습니다.

이럴 때 필요한 것이 〈label〉 태그입니다.

눈으로 보지 않더라도 '아이디'라는 텍스트 설명글과 직접 내용을 입력해야 할 텍스트 필드가 서로 연관되어 있음을 알려주는 것입니다.

```
<tr>
    <th width="100">이름</th>
    <td width="300"><input type="text" name="username"></td>
</tr>
<tr>
    <th>아이디</th>
    <td><input type="text" name="userid"></td>
</tr>
```

```
<form>
    <p><label for="username">이름 : </label>
    <input type="text" id="username"></p>
    <p><label for="userid">아이디 : </label>
    <input type="text" id="userid" ></p>
</form>
```

〈label〉 태그를 사용하더라도 웹 브라우저 화면 상에서는 달라지는 게 없지만 실제로 웹 브라우저가 폼을 해석하는 데는 차이가 있습니다. 〈label〉 태그를 사용하지 않을 경우 텍스트 필드 부분을 클릭해야 내용을 입력할 수 있지만, 〈label〉 태그를 이용해 라벨과 폼 요소를 연결해 주면 '이름' 같은 텍스트 부분을 클릭해도 연결된 폼 요소, 즉 텍스트 필드 안에 마우스 커서가 표시됩니다.

〈label〉 태그는 앞서 설명한 것처럼 for 속성과 함께 사용하는 방법도 있지만 〈label〉 태그 안에 〈input〉 태그를 함께 사용하는 방법도 있습니다.

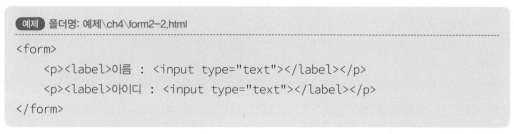

예제 폴더명: 예제\ch4\form2-2.html

```html
<form>
    <p><label>이름 : <input type="text"></label></p>
    <p><label>아이디 : <input type="text"></label></p>
</form>
```

:: ⟨fieldset⟩ 태그와 ⟨legend⟩ 태그

⟨fieldset⟩ 태그는 여러 태그들을 하나의 그룹으로 묶어주는 태그입니다. 폼에서 여러 필드를 사용할 경우 아직까지도 표를 이용해 필드를 구분해서 사용하고 있지만 ⟨fieldset⟩ 태그를 이용하면 원하는 필드끼리 묶어서 그룹으로 표시할 수 있습니다.

오른쪽 그림은 ⟨fieldset⟩으로 묶기 전의 모습입니다.

하지만 ⟨fieldset⟩을 이용해 '개인 정보'와 '로그인 정보'로 묶는다면 사용자들이 좀 더 정보를 구분하기 쉬울 것입니다.

예제 폴더명: 예제\ch4\form3.html

```html
<fieldset>
    <p><label for="username">이름 </label>
    <input type="text" id="username" size="20"></p>
    <p><label for="email">메일주소</label>
    <input type="text" id="email" size="20"></p>
</fieldset>
<fieldset>
    <p><label for="userid">아이디</label>
    <input type="text" id="userid" size="20"></p>
```

```
    <p><label for="pwd">비밀번호</label>
    <input type="password" id="pwd" size="20"></p>
</fieldset>
```

이때 〈legend〉 태그를 함께 사용하면 〈fieldset〉 태그로 묶은 그룹에 제목을 붙일 수 있습니다. 그리고 CSS를 이용하면 〈legend〉 글자의 색상이나 크기, 스타일 등을 자유롭게 조절할 수 있습니다.

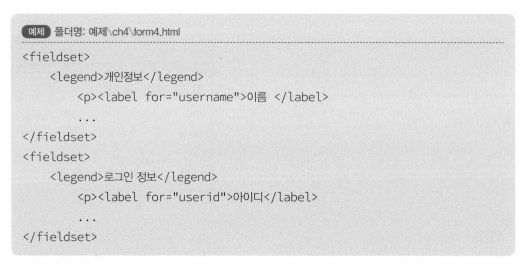

예제 폴더명: 예제\ch4\form4.html

```
<fieldset>
    <legend>개인정보</legend>
        <p><label for="username">이름 </label>
        ...
</fieldset>
<fieldset>
    <legend>로그인 정보</legend>
        <p><label for="userid">아이디</label>
        ...
</fieldset>
```

03

〈input〉 태그의 유형들

WEBPROGRAMMING
웹 페이지에서 가장 많이 사용하는 폼 요소는 〈input〉 태그의 type 속성을 다르게 하면서 사용자가
텍스트를 입력하는 것입니다. 〈input〉 태그의 다양한 유형들에 대해 살펴보겠습니다.

웹 문서에서 사용자가 입력하는 부분은 거의 〈input〉 태그를 사용합니다

: : 텍스트 필드 삽입하기 – type="text"

텍스트 필드(text field)란 사용자가 한 줄짜리 텍스트를 입력할 수 있는 요소로, 검색 창이나 아이
디 입력 창, 메일 주소나 우편 주소 등 폼에서 가장 많이 볼 수 있는 요소입니다.

```
<input type="text" 속성="속성값">
```

텍스트 필드에서 사용할 수 있는 속성은 다음과 같습니다.

- name : 텍스트 필드의 이름입니다.
- size : 텍스트 필드의 길이입니다. 화면에 몇 글자 정도 크기로 표시할 것인지 지정합니다.
- value : 입력 양식이 표시될 때 처음 화면에 표시되는 텍스트입니다.
- maxlength : 사용자가 텍스트 필드에 입력할 수 있는 최대 문자 개수입니다.

: : 패스워드 필드 삽입하기 – type="password"

패스워드 필드는 텍스트 필드와 대부분 특성이 똑같지만 암호를 입력할 때 그 내용이 그대로 표
시되지 않고 *나 ●로 바뀌어 표시된다는 점이 다릅니다. 패스워드 필드 속성은 value 속성이 없
다는 점만 제외하면 텍스트 필드와 똑같습니다.

```
<input type="password" 속성="속성값">
```

:: **실습** 텍스트 필드와 패스워드 필드 삽입하기

폼에서 가장 많이 사용하는 텍스트 필드와 패스워드 필드를 삽입하는 방법을 살펴보기로 하겠습니다. 특히 폼을 만드는 여러 태그의 사용법을 함께 살펴봅니다.

◉ **준비 파일** : 실습\ch4\Sources\register1.html
◉ **완성 파일** : 실습\ch4\Results\register1.html

01. Sources\register1.html 문서를 웹 브라우저에서 열어보면 아직 어떤 폼도 삽입되어 있지 않고 문서 맨 위에 세미나 정보만 표시되어 있습니다. 현재 내용 아래 부분에 세미나 접수를 위해 필요한 폼 요소들을 삽입하는 방법에 대해 알아보겠습니다.

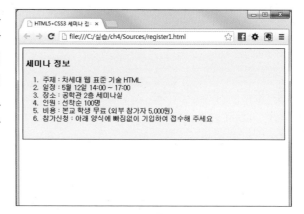

02. 메모장에서 register1.html 파일을 연후 </div> 태그 다음에 다음과 같이 <form> 태그와 </form> 태그를 입력하여 폼을 입력할 수 있는 공간을 만듭니다.

```
<form id="register">

</form>
```

03. 〈form〉 태그 다음에 이름과 비밀번호 입력에 '개인 정보'라는 제목을 붙이겠습니다. 다음과 같이 〈h3〉 태그를 이용해 제목을 붙이고, 〈ul〉 태그와 〈li〉 태그를 이용해 이름과 비밀번호가 들어갈 항목을 만듭니다. 이때 다른 〈ul〉 태그와 구별할 수 있도록 〈ul id="personal"〉이라고 id를 붙여 줍니다.

```
<h3>개인 정보</h3>
    <ul id="personal">
        <li>

        </li>
        <li>

        </li>
    </ul>
```

04. 이제 〈label〉 태그와 〈input〉 태그를 이용하여 텍스트 필드와 패스워드 필드를 삽입하는 소스를 추가합니다. 그리고 Ctrl +S 키를 눌러 문서를 저장합니다.

```
<ul id="personal">
    <li>
        <label for="username">이름</label>
        <input type="text" name="username" id="username" size="20" maxlength=
"20">
    </li>
    <li>
        <label for="pwd">비밀번호</label>
        <input type="password" name="pwd" id="pwd" size="20" maxlength="20">
(수정 시 필요)
    </li>
</ul>
```

05. 웹 브라우저 창에서 [F5] 키를 눌러 수정한 내용을 확인해 보세요. '개인 정보'라는 제목이 붙은 필드셋 그룹이 표시되는데 그 안에 '이름'과 '비밀번호'라는 항목의 텍스트 필드와 패스워드 필드가 있을 것입니다.

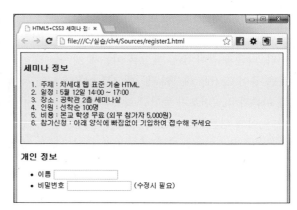

06. 목록의 불릿을 없애고 label의 텍스트 너비를 일정하게 하기 위해 다음과 같은 CSS 소스를 〈/head〉 태그 앞에 있는 〈/style〉 태그 앞에 추가합니다. 그리고 [Ctrl] +[S] 키를 눌러 수정한 내용을 저장합니다.

```
<style type="text/css">
    #info{
        width: auto;
        height:200px;
        border:1px solid black;
        padding: 6px;
        background:#ededed;
    }
    ul {
        list-style:none;
    }
    ul#personal li>label{
        width:80px;
        float:left;
    }
</style>
```

tip
CSS에 대해서는 5장에서 자세히 설명합니다.

07. 브라우저에서 [F5] 키를 눌러 수정한 내용을 반영해 보면 필드셋 그룹도 적당한 간격을 가지고 있고 label 텍스트도 일정한 너비를 가지고 있음을 알 수 있습니다.

: : 라디오 버튼 삽입하기 – type="radio"

라디오 버튼은 여러 항목 중 한 가지만 선택하게 할 경우 사용합니다. 여러 가지 중에서 한 가지를 선택하기 위한 것이므로 2개 이상의 버튼이 하나의 그룹으로 묶여 있어야 하며, 같은 그룹으로 묶기 때문에 이름도 같아야 합니다. 그룹 안에서 이미 선택되어 있는 항목이 있을 경우에도 다른 항목을 선택하게 되면 먼저 선택되어 있던 항목은 취소됩니다. 즉 그룹 중에서 반드시 한 가지 항목만 선택할 수 있습니다.

```
<input type="radio" 속성="속성값">
```

라디오 버튼에서 사용할 수 있는 속성은 다음과 같습니다.

- name : 하나의 그룹을 이루는 라디오 버튼의 이름입니다.
- value : 라디오 버튼을 선택했을 때 서버 처리 프로그램으로 넘겨줄 값입니다. 사용자가 라디오 버튼을 선택했을 때 해당 항목이 가지고 있는 value 값이 서버로 넘겨지기 때문에 각 라디오 버튼마다 value 값을 지정해 놓아야 합니다.
- checked : 초기 상태에서 기본으로 체크 해 놓고 싶은 항목에 넣는 속성입니다.

: : 체크 박스 삽입하기 – type="checkbox"

라디오 버튼이 그룹 중에서 한 가지 항목만 선택할 수 있다면 체크 박스는 여러 항목을 선택할 수 있게 할 때 사용합니다. 체크 박스 버튼은 같은 주제별로 하나의 그룹으로 묶을 수도 있지만 항상 그룹으로 묶어야 하는 것은 아닙니다.

```
<input type="checkbox" 속성="속성값">
```

체크 박스에서 사용할 수 있는 속성은 다음과 같습니다.

- name : 체크 박스를 그룹으로 묶었을 경우 그룹의 이름입니다. 체크 박스에서 그룹은 필수 사항은 아닙니다.
- value : 체크 박스 버튼을 선택했을 때 서버 프로그램으로 넘겨줄 값입니다. 체크 박스 항목마다 value 값을 지정하고 있다가 사용자가 선택하면 그 value 값을 서버로 넘겨줍니다.

- checked : 사용자에게 체크한 상태로 보여
주고 싶은 항목에 넣는 속성입니다. 체크
박스에서는 처음에 두 개 이상의 항목에 체
크해 놓을 수 있습니다.

:: 실습 라디오 버튼과 체크 박스 삽입하기

세미나 접수 폼에 라디오 버튼과 체크 박스를 삽입하여 한 가지 항목만 선택해야 할 경우와 동시
에 여러 항목을 선택할 수 있을 경우를 구분해서 사용하는 방법에 대해 알아보겠습니다.

◎ **준비 파일** : 실습\ch4\Sources\register2.html
◎ **완성 파일** : 실습\ch4\Results\register2.html

01. 〈/form〉 태그 앞에 새로운 항목을 추
가해 보겠습니다. 〈h3〉 태그를 이용해 제목
을 표시하고 〈ul〉 태그를 이용해 참가 유형
과 관심 분야를 선택하는 항목을 만들 것입
니다. 다음과 같은 소스를 입력합니다.

```
<h3>참가 정보</h3>
<ul>
    <li>

    </li>
    <li>

    </li>
</ul>
```

02. 여기에서는 라디오 버튼과 체크 박스
를 삽입할 텐데 〈fieldset〉 태그를 이용해 라
디오 버튼과 체크 박스를 각각 별개의 그룹
으로 묶어 보겠습니다. 그리고 〈legend〉 태
그를 이용해 각 그룹에 제목을 붙여보겠습
니다. 앞에서 만들었던 〈li〉 태그를 다음과
같이 수정합니다.

```
<h3>참가 정보</h3>
<ul>
    <li>
        <fieldset>
            <legend> 참가 유형 선택</legend>

        </fieldset>
    </li>
    <li>
        <fieldset>
            <legend> 관심 분야 선택</legend>

        </fieldset>
    </li>
</ul>
```

03. '참가 유형 선택'이라는 제목 아래 부분에 〈ul〉 태그를 사용해 라디오 버튼을 삽입해 보겠습니다. 라디오 버튼은 둥근 버튼이 먼저 삽입되고 다음에 label이 표시되는 것이 자연스럽습니다. 따라서 〈input〉 태그 다음에 〈label〉 태그가 오도록 소스를 작성합니다. 이때 사용한 〈ul〉 태그에는 sel1이라는 id를 붙였습니다.

```
<h3>참가 정보</h3>
<ul>
    <li>
        <fieldset>
            <legend> 참가 유형 선택</legend>
                <ul id="sel1">  ❶
                    <li>
                        <input type="radio" id="free" name="pay" value="free">  ❷ ❸
                        <label for="free">무료(교내참가자)</label>
                    </li>
                    <li>
                        <input type="radio" id="paid" name="pay" value="paid">  ❹
                        <label for="paid">유료(교외참가자)</label>
                    </li>
                </ul>
        </fieldset>
```

❶ id="sel1" : 다른 〈ul〉 태그와 구별하기 위한 id입니다.

❷ id="free" : '무료(교내참가자)'의 〈label for="free"〉와 맞춘 것입니다.

❸ name="pay" : 다른 라디오 버튼과 같은 그룹으로 묶기 위한 것입니다.

❹ id="paid" : '유료(교외참가자)'의 〈label for="paid"〉와 맞춘 것입니다.

04. '관심 분야 선택'이라는 제목 아래에는 체크 박스를 삽입합니다. 이 경우에는 〈ul〉 태그를 사용하며, 체크 박스 오른쪽에 텍스트 레이블이 표시되는 것이 자연스럽기 때문에 〈input〉 태그 다음에 〈label〉 태그를 배치합니다. Ctrl + S 키를 눌러 수정 내용을 저장합니다.

```html
<h3>참가 정보</h3>
<ul>
    <li>
        ...
    </li>
    <li>
        <fieldset>
            <legend> 관심 분야 선택</legend>
                <ul id="sel2">  ❶
                    <li>
                            <input type="checkbox" id="html5" value="semantic">  ❷
                            <label for="html5"> HTML5 시맨틱</label>
                    </li>
                    <li>
                            <input type="checkbox" id="css3" value="css3">
                            <label for="css3">CSS3</label>
                    </li>
                    <li>
                            <input type="checkbox" id="str" value="webstorage">
                            <label for="str">Web Storage</label>
                    </li>
                    <li>
                            <input type="checkbox" id="sock" value="websocket">
                            <label for="sock">Web Socket</label>
                    </li>
                    <li>
```

```
                    <input type="checkbox" id="cnv" value="canvas">
                    <label for="cnv">Canvas</label>
                </li>
                <li>
                    <input type="checkbox" id="geo" value="geolocation">
                    <lael for="geo">Geolocation</label>
                </li>
            </ul>
        </fieldset>
    </li>
</ul>
```

❶ id="sel2" : 다른 〈ul〉 태그와 구별하기 위한 id입니다.

❷ id="html5" : 'HTML5 시맨틱'의 〈label for="html5"〉와 맞춘 것입니다. 이하 다른 체크 박스의 다른 id 역시 그 다음에 오는 label의 for 속성값에 맞춰서 설정됩니다

05. 웹 브라우저로 돌아와 `F5` 키를 눌러 수정 내용을 반영해 보겠습니다. '참가 유형 선택'과 '관심 분야 선택'이 각각 그룹으로 표시되어 있고, 각 그룹 안에는 라디오 버튼과 체크 박스들이 나열될 것입니다.

06. 라디오 버튼이 하나의 그룹이기 때문에 한 가지 항목을 선택하면 다른 항목의 선택은 취소됩니다. 즉, 둘 중 하나만 선택할 수 있습니다. 하지만 체크 박스의 경우에는 얼마든지 원하는 만큼 선택할 수 있다는 것이 다릅니다. 하지만 fieldset 그룹이 너무 바짝 붙어 있고, 라디오 버튼과 체크 박스가 세로로 표시되는군요.

07. 〈/head〉 태그 앞에 있는 〈/style〉 태그 앞에 다음과 같은 소스를 추가하세요. 〈fieldset〉 태그를 사용한 영역끼리 보기 좋게 여백을 두어 떨어져 있게 만듭니다. 또한 세로로만 표시되던 라디오 버튼과 체크박스를 가로로 배치합니다. Ctrl + S 키를 눌러 수정 내용을 저장합니다.

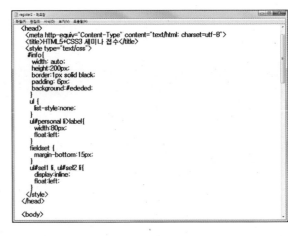

```
fieldset {
    margin-bottom:15px;
}
ul#sel1 li, ul#sel2 li{
    display:inline;
    float:left;
}
```

08. 브라우저 창으로 돌아와 F5 키를 눌러 수정 사항을 반영해 보세요. '참가 유형 선택'과 '관심 분야 선택' 사이가 적당히 떨어졌을 것입니다. 그리고 세로로 표시되었던 항목들이 가로로 표시되었을 것입니다.

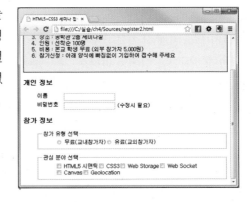

:: 히든 필드 삽입하기 – type="hidden"

히든 필드란 브라우저 창에는 표시되지 않지만 폼 안에는 포함되어 있는 필드를 가리킵니다. 즉 사용자가 직접 입력하지 않아도 폼 안에 그 내용이 포함되어야 할 것들이 대상이 됩니다. 예를 들어 회원 가입 폼에서 가입 날짜는 굳이 사용자에게 보여주지 않아도 되지만 회원 가입 데이터베이스에는 필요한 정보이므로 가입 날짜는 히든 필드로 처리합니다.

```
<input type="hidden" value="....">
```

:: 파일 첨부하기 – type="file"

파일 필드는 흔히 게시판 등에서 파일을 업로드할 때나 폼이 있는 문서에 파일을 첨부할 때 사용됩니다. 이 필드를 넣게 되면 브라우저 화면에 〈찾아보기〉 또는 〈Browse〉, 〈Choose〉라고 표시되는데 이 버튼을 클릭한 후 원하는 파일을 선택하면 파일을 첨부할 수 있습니다.

```
<form>
<input name="" type="hidden" value="funcom@gmail.com">
<table width="400" height="139" border="0" cellpadding="0" cellspacing
="0">
    <tr>
            <td colspan="2"><h3>로그인 정보</h3></td>
    </tr>
    <tr>
            <label for="username"><th width="100">아이디</th></label>
            <td width="300"><input name="username" type="text" id=
"username" size="20" maxlength="20"></td>
    </tr>
    <tr>
            <label for="pwd1"><th>비밀번호</th></label>
            <td><input name="pwd1" type="password" id="pwd1" size="20"
maxlength="20"></td>
    </tr>
    <tr>
            <label for="pwd2"><th>비밀번호 확인</th></label>
            <td><input name="pwd2" type="password" id="pwd2" size="20"
maxlength="20"></td>
    </tr>
</table>
<table width="400" height="277" border="0" cellpadding="0" cellspacing
="0">
    <tr>
            <td colspan="2"><h3>개인 정보</h3></td>
    </tr>
    <tr>
            <label for="username"><th width="100">이름</th></label>
            <td width="300"><input type="text" name="username" id=
"username"></td>
    </tr>
    <tr>
            <label for="tel"><th>전화번호</th></label>
            <td><input type="text" name="tel" id="tel"></td>
    </tr>
    <tr>
```

```
            <label for="addr"><th>주소</th></label>
            <td><input type="text" name="addr" id="addr"></td>
    </tr>
    <tr>
            <label for="photo"><th>프로필사진</th></label>
            <td><input type="file" name="photo" id="photo"></td>
    </tr>
    <tr>
            <td class="c" height="54" colspan="2"> 
                    <label><input type="submit" name="send" id="send"
value="Submit"> </label>
                    <label><input type="reset" name="cancel" id="cancel"
value="Reset"></label></td>
    </tr>
</table>
</form>
```

:: 버튼 삽입하기 – type="submit", type="reset", type="button"

폼에서 사용할 다양한 버튼을 삽입합니다. 웹 문서에 삽입된 버튼들은 겉모습은 같아 보이지만 type에 어떤 값을 사용했느냐에 따라 기능이 달라집니다.

- type="submit" : 이 버튼은 폼에 삽입된 사용자의 입력 내용을 서버로 넘기고 〈form〉 태그의 action에서 지정한 서버 프로그램을 실행합니다. 'submit'이라는 내용을 '전송하기'나 '등록하 기' 등으로 수정해서 사용할 수 있습니다.
- type="reset" : 폼에 입력했던 내용을 모두 지웁니다. 'reset'을 '취소하기'나 '지우기' 등으로 수 정해서 사용할 수 있습니다.

- type="button" : 웹 문서에 버튼 형태만 만들고 특별한 동작은 하지 않습니다. 따라서 만들어진 버튼에 별도의 자바스크립트 함수를 연결해야 버튼의 역할을 할 수 있습니다.
- type="image" : submit 버튼 대신 사용할 이미지를 삽입합니다.

이 버튼들에서 사용할 수 있는 속성은 다음과 같습니다.

- name : 폼 안에 여러 버튼이 사용되었을 경우 구분할 수 있도록 이름을 붙입니다.
- value : 버튼에 표시할 내용을 입력합니다.

예제 폴더명: 예제\ch4\form6.html

```
<h3> &lt;input&gt; 태그로 만드는 버튼 </h3>
<input type="submit" value="전송하기"> 이 버튼을 클릭하면 폼을 전송합니다 <br>
<input type="reset" value="다시쓰기"> 이 버튼을 클릭하면 폼의 내용이 지워집니다<br>
<input type="button" value="그냥 버튼"> 이 버튼에는 자바스크립트 함수를 연결해야 합니다<br>
<input type="image" src="bttn.png"> 이 버튼도 클릭하면 폼을 전송합니다
```

〈input〉 태그로 만든 버튼은 type="submit"과 type="image"일 경우 〈form〉 태그의 action 속성에서 지정한 프로그램으로 사용자가 입력한 폼 내용을 전송합니다.

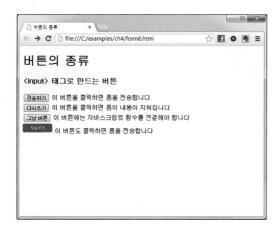

04 HTML5에 새로 추가된 〈input〉 태그 유형들

WEBPROGRAMMING   HTML4에서는 전화번호나 이메일 주소, 사이트 주소 등 대부분의 입력 내용들을 텍스트 필드에서 처리해야 했지만 모바일 기기에서 사용자의 입력을 처리해야 할 경우가 증가하면서, HTML5에서는 그 내용들을 세분화시켜 별도의 필드로 추가했습니다.

: : 내 브라우저는 HTML5 폼을 얼마나 지원하고 있을까?

아직까지는 HTML5의 〈input〉 태그 type을 완벽하게 지원하지 못하기 때문에 이 책의 내용을 테스트하다 보면 브라우저마다 결과가 다르게 나타날 것입니다. 좀 더 정확한 결과 값을 보고 싶다면 제대로 지원하는 브라우저를 찾아서 확인하면 됩니다. 사용 중인 브라우저에서 http://www.html5test.com 사이트에 접속하면 현재 html5 스펙을 어느 정도 지원하고 있는지 점수로 표시해 줍니다. 화면을 아래로 내리면 'Form'이라는 부분이 있는데 폼의 각 요소에 대해 지원 여부를 알려줍니다. 'yes'라고 되어 있으면 지원하는 것입니다. 아직까지는 오페라 브라우저가 HTML5 폼 요소에 있어서 115점 만점에 115점으로 완벽하게 지원하고 있고 그 뒤를 이어 크롬 브라우저가 110점으로 거의 대부분을 지원하고 있습니다. 아마 이 책을 읽고 있는 시점에서는 다른 상황일 수도 있겠죠. 여러분이 가지고 있는 브라우저 중에서 HTML5 폼 요소를 가장 잘 지원하는 브라우저로 테스트해 보시기 바랍니다.

▲ 크롬 브라우저

▲ 오페라 브라우저

: : 이메일 주소 필드 – type="email"

HTML4에서는 사용자가 텍스트 필드에 이메일 주소를 입력하면 자바스크립트를 이용해서 이메일 형식에 맞게 입력했는지 체크해야 했습니다. 하지만 HTML5에서는 이메일 주소 필드를 제공하기 때문에 이 필드를 이용하면 사용자가 입력하는 단계에서 입력한 값이 이메일 주소인지 아닌지를 확인할 수 있습니다. 사용자가 바르지 않은 메일 주소를 입력할 경우 브라우저에서 자동으로 오류 메시지를 표시하는데, 오류 메시지는 브라우저에 따라 달라질 수 있습니다.

tip

아이폰의 경우, 폼에서 이메일 주소 필드를 사용하게 되면 모바일 기기에서 이메일 주소 필드를 선택했을 때 키보드 입력 화면이 메일 주소를 쉽게 입력할 수 있는 화면으로 자동 전환됩니다.

예제 폴더명: 예제\ch4\form7.html

```
<label for="mail">메일주소</label>
<input type="email" id="mail" size="20">
```

:: 사이트 주소 필드 - type="url"

웹 주소 역시 별도의 입력 필드로 추가되었습니다. 오페라 브라우저의 경우 http:// 없이 사이트 주소를 입력해도 자동으로 http://가 붙여져 입력됩니다.

모바일 기기에서는 type="url"로 지정된 필드에 입력할 경우 키보드가 사이트 주소를 입력하기 쉬운 형태로 바뀝니다.

```
<label for="homep">홈페이지(URL)</label>
<input type="url" id="homep" maxlength="50">
```

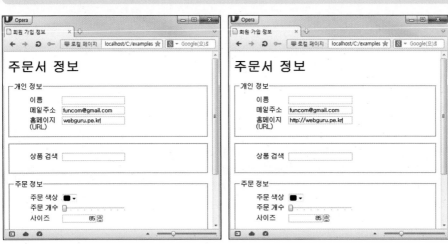

:: 검색 필드 – type="search"

HTML4에서는 웹 페이지에 검색 창을 삽입할 때 텍스트 필드를 이용했지만 HTML5에서는 검색 창을 위한 검색 필드가 추가되었습니다. 검색 필드를 사용하더라도 겉보기에는 똑같아 보이지만 크롬 브라우저나 사파리 브라우저에서 검색 창 안에 검색어를 입력해 보면 검색어를 입력하자마자 검색 창 오른쪽에 ×가 표시되고, ×를 클릭하면 검색 창 안에 입력한 검색어를 한 번에 지울 수 있습니다.

```
<label for="mysearch">상품 검색</label>
<input type="search" id="mysearch" size="20">
```

: : 색상 선택 필드 – type="color"

color 유형은 사용자가 색상을 선택하면 #ffcc00 같은 색상의 16진수 값을 반환하도록 합니다. 아직까지는 일부 브라우저에서만 지원하고 있지만 앞으로 많은 브라우저에서 지원하게 되면 편리하게 사용할 수 있을 것입니다.

> **예제** 폴더명: 예제\ch4\form7.html
>
> ```
> <label for="col">주문 색상</label>
> <input type="color" id="col">
> ```

: : 숫자를 표시하는 스핀 박스 필드와 슬라이드 막대 – type="number", type="range"

좀 더 쉽게 숫자를 입력할 수 있도록 스핀 박스와 슬라이드 막대가 추가되었습니다. 직접 숫자를 입력해도 되지만 스핀 박스의 화살표를 누르거나 슬라이드 바를 움직여 숫자를 선택할 수 있습니다.

```
<input type="number" min="최소값" max="최대값" step="간격" value="초기값">
<input type="range" min="최소값" max="최대값" step="간격" value="초기값">
```

숫자 필드에서 사용할 수 있는 속성은 여러 가지인데 type="number"나 type="range" 항목만 제외하고 모두 옵션 사항이므로 필요한 옵션만 지정하면 됩니다. 모두 사용하지 않을 수도 있습니다.

- min="**최소값**" : 필드에 입력할 수 있는 최소값
- max="**최대값**" : 필드에 입력할 수 있는 최대값
- step="**간격**" : 숫자의 간격. 기본값은 1이며 생략할 수 있습니다.
- value="**기본값**" : 초기값. 생략하면 슬라이드 바의 중간에 놓입니다.

```
<li>
  <label for="no">주문 개수</label>
  <input type="range" id="no" min="1" max="10" step="1" value="1">
</li>
<li>
  <label for="size">사이즈</label>
   <input type="number" id="size" min="85" max="100" step="5"
value="85">
</li>
```

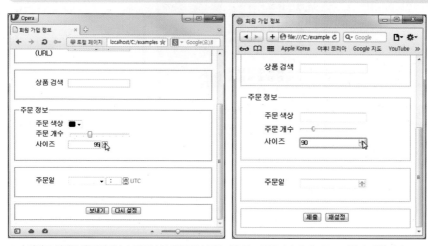

▲ 슬라이드 막대를 움직이거나 스핀 박스를 클릭하여 주문 개수를 조절하거나 사이즈를 조절할 수 있습니다.
  (좌 : 오페라 브라우저, 우 : 사파리 브라우저)

:: 날짜를 표시하는 다양한 방법 – type="date", type="datetime"

HTML5에는 날짜뿐만 아니라 시간을 추출할 수 있는 컨트롤이 포함되어 있어서 아주 편리하게
사용할 수 있습니다. HTML5에서 사용할 수 있는 날짜 관련 필드들은 다음과 같습니다.

```
<input type="date">              연도와 월, 날짜까지 표시합니다.
<input type="datetime">          날짜와 시간을 함께 표시합니다(UTC 시간대 기준).
<input type="datetime-local">    날짜와 시간을 함께 표시합니다(지역 시간대 기준).
<input type="month">             연도와 월까지 표시합니다.
<input type="week">              연도와 주까지 표시합니다.
<input type="time">              시간을 표시합니다.
```

tip
UTC 시간대란 국제적인 표준시를 말합니다.

폴더명: 예제\ch4\form7.html

```
<label for="order"> 주문일 </label>
<input type="datetime-local">
```

기타 폼 요소들

WEBPROGRAMMING   폼에서 〈input〉 태그가 가장 많이 사용되지만 그 외에도 목록을 만들기 위해 사용되는 태그와 텍스트 영역을 만들기 위해 사용되는 태그들이 있습니다

: : 선택 목록 만들기 – 〈select〉 태그와 〈option〉 태그

선택할 수 있는 옵션들이 많고 그 중에서 하나 또는 몇 개만 선택할 수 있을 때 라디오 버튼이나 체크 박스를 이용할 수도 있지만 이렇게 하면 공간을 많이 차지합니다. 공간은 가장 적게 차지하면서 여러 항목을 보여줄 수 있는 폼 요소가 '선택 목록' 또는 '셀렉트 박스'입니다.

> **tip**
> 드롭다운(drop-down) 목록이라고 부르기도 합니다.

선택 목록은 처음에 하나나 두세 개의 항목만 화면에 보여주고 사용자가 화살표를 클릭하면 그때야 나머지 항목들을 화면에 보여주고 선택할 수 있게 하는 것입니다. 선택이 끝나면 화면에 표시되었던 항목들은 다시 화면에서 사라지기 때문에 화면을 아주 적게 차지합니다.

선택 목록을 만들려면 〈select〉 태그와 〈option〉 태그를 사용합니다.

```
<select 속성="속성값">
    <option 속성="속성값"> ... </option>
    <option 속성="속성값"> ... </option>
    ...
</select>
```

〈select〉와 〈/select〉는 선택 목록의 시작과 끝에 붙는 태그로, 〈select〉 태그에서 사용할 수 있는 속성은 다음과 같습니다.

- name : 선택 목록의 이름으로, 여러 개의 목록이 있을 경우 이름을 사용해서 목록을 구분합니다.
- size : 선택 목록의 크기를 지정합니다. 여기에서 설정하는 값만큼만 목록에 표시되고 목록을 펼쳐야 전체 내용을 볼 수 있습니다.
- multiple : 여러 개의 항목을 선택할 수 있습니다. Shift키나 Ctrl 키를 사용해서 한 번에 여러 개를 선택합니다. multiple 속성을 사용하려면 size 속성이 2 이상이어야 합니다.

〈option〉 태그는 목록 안에 있는 각 항목을 나타낼 때 사용하는 태그로, 〈option〉 태그에서 사용할 수 있는 속성은 다음과 같습니다.

- value : 해당 항목을 선택했을 때 서버로 넘겨질 값을 지정합니다.
- selected : 화면에 처음 선택해서 표시될 항목을 지정합니다.

선택 목록의 항목을 선택했을 때 그 항목에 연결된 주소로 링크하도록 하면 메뉴로 사용할 수도 있는데, 이런 메뉴를 팝업 메뉴, 콤보 메뉴 또는 점프 메뉴라고 합니다.

:: 텍스트 영역 만들기 – 〈textarea〉 태그

텍스트 영역(text area)이란 한 줄 이상의 문장을 입력할 때에 사용되는 폼으로, 〈input〉 태그에서 사용하는 한 줄짜리 텍스트 필드 폼과는 다릅니다. 텍스트 영역 필드를 삽입할 때는 〈textarea〉 태그를 사용합니다.

〈textarea〉 태그에서 사용할 수 있는 속성은 다음과 같습니다.

- name : 다른 요소와 구별할 수 있는 텍스트 영역 필드의 이름입니다.
- cols : 텍스트 영역 필드의 가로 너비를 글자 수로 지정합니다.
- rows : 텍스트 영역 필드의 세로 길이를 라인 수로 지정합니다. 지정한 숫자보다 라인 수가 많아지면 스크롤 바가 생깁니다.

폼 요소라고 해서 무조건 사용자가 입력해서 서버로 전송하는 기능만 있는 것은 아닙니다. 특히 텍스트 영역의 경우에는 회원 가입 시 사용자 약관 등을 표시할 때 자주 사용됩니다.

> **tip**
> 텍스트 영역의 내용을 보여주는 용도로만 사용할 경우 readonly 라는 속성을 추가할 수 있습니다.

:: 실습 선택 목록과 텍스트 상자, 버튼 추가하기

세미나 접수 페이지에 마지막으로 선택 목록과 텍스트 상자를 추가한 후 폼을 전송할 수 있는 버튼을 추가해 보겠습니다. 서버용 폼 처리 프로그램은 여기에서 다루지 않기 때문에 submit 버튼을 클릭했을 때 오류 페이지가 나타날 것입니다.

- **준비 파일** : 실습\ch4\Sources\register3.html
- **완성 파일** : 실습\ch4\Results\register3.html

01. 소스의 맨 아래 부분에 있는 </form> 태그 바로 앞에 다음과 같은 소스를 추가합니다. 첫 번째 항목(<li>)에는 선택 목록을, 두 번째 항목에는 텍스트 영역을 삽입할 것입니다.

```
<h3>선택 사항</h3>
    <ul id="opt">
        <li>

        </li>
        <li>

        </li>
    </ul>
```

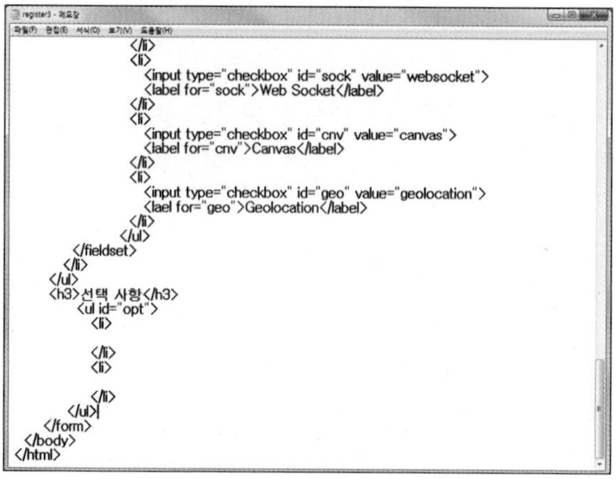

```
            </li>
            <li>
                <input type="checkbox" id="sock" value="websocket">
                <label for="sock">Web Socket</label>
            </li>
            <li>
                <input type="checkbox" id="cnv" value="canvas">
                <label for="cnv">Canvas</label>
            </li>
            <li>
                <input type="checkbox" id="geo" value="geolocation">
                <lael for="geo">Geolocation</label>
            </li>
        </ul>
    </fieldset>
  </li>
</ul>
<h3>선택 사항</h3>
    <ul id="opt">
        <li>

        </li>
        <li>

        </li>
    </ul>
  </form>
</body>
</html>
```

02. 첫 번째 항목인 <li> 태그와 </li> 태그 사이에 다음과 같은 소스를 입력해서 선택 목록을 추가합니다.

```
            </li>
            <li>
                <input type="checkbox" id="geo" value="geolocation">
                <lael for="geo">Geolocation</label>
            </li>
        </ul>
    </fieldset>
  </li>
</ul>
<h3>선택 사항</h3>
    <ul id="opt">
        <li>
          <label for="job">직업</label>
          <select>
            <option selected>가까운 분야 선택</option>
            <option value="student">학생</option>
            <option value="webdev">웹개발</option>
            <option value="webdes">웹디자인</option>
            <option value="tutor">교육관련</option>
            <option value="etc">기타</option>
          </select>
        </li>
        <li>

        </li>
    </ul>
  </form>
</body>
</html>
```

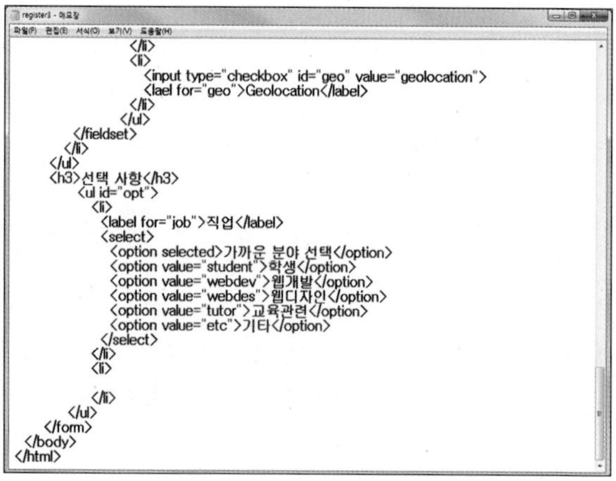

```
<label for="job">직업</label>
<select>
    <option selected>가까운 분야 선택</option>
    <option value="student">학생</option>
    <option value="webdev">웹개발</option>
    <option value="webdes">웹디자인</option>
    <option value="tutor">교육관련</option>
    <option value="etc">기타</option>
</select>
```

03. 두 번째 항목의 〈li〉 태그와 〈/li〉 태그 사이에 다음과 같은 소스를 입력해서 텍스트 영역을 추가합니다.

```
<label for="memo">남길 말씀</label>
<textarea id="memo" cols="60" rows="15"> </textarea>
```

04. 〈/ul〉 태그 다음에 다음과 같은 소스를 추가해서 버튼을 추가합니다. 지금까지의 수정 내용을 저장하기 위해 `Ctrl`+`S` 키를 누릅니다.

```
<hr>
<div id="buttons">
    <label><input type="submit" value="접수하기"> </label>
    <label><input type="reset" value="다시쓰기"></label>
</div>
```

05. 웹 브라우저에서 register3.html 파일을 불러와서 선택 목록과 텍스트 상자가 어떻게 표시되는지 확인해 보세요. 선택 목록을 펼치면 가려져 있던 항목들이 나타나지만, '접수하기'와 '다시쓰기' 버튼이 왼쪽으로 치우쳐 있어서 버튼들을 화면 중앙으로 옮겨야겠네요.

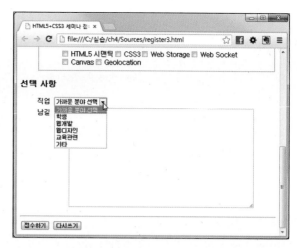

06. 소스 위쪽에 있는 〈/style〉 태그 앞에 다음과 같은 소스를 추가한 후 Ctrl + S 키를 눌러 수정 사항을 저장합니다.

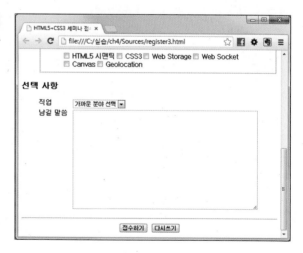

```
#buttons{
    text-align:center;
}
```

07. 다시 한 번 웹 브라우저로 돌아와 F5 키를 클릭해 보세요. 버튼들이 화면 중앙에 배치되어 있을 것입니다.

06 HTML5에 새로 추가된 〈input〉 태그의 속성들

WEBPROGRAMMING   사용자가 폼에 내용을 입력한 후에도 서버로 내용을 보내기 전에 자바스크립트를 이용해 따로 체크해야 했던 것들을 HTML5에서는 〈input〉 태그 안에서 속성을 통해 간단하게 처리할 수 있습니다.

: : 자동 완성 제어 – autocomplete

웹 브라우저의 자동 완성 기능은 사용자가 입력했던 내용을 기억했다가 비슷한 내용을 입력할 경우이전에 입력했던 내용을 힌트로 보여줍니다. 자동 완성 기능을 사용하지 않으려면 브라우저의 환경설정 명령을 이용해 꺼주어야 했는데 HTML5에서 새롭게 추가한 〈input〉 요소의 autocomplete 속성을 이용하면 웹 상에서도 자동 완성 기능을 제어할 수 있습니다.

autocomplete 속성값을 "on"으로 하면 자동 완성 기능이 켜지고 "off"로 하면 자동 완성 기능이꺼지게 됩니다. 따로 속성값을 지정하지 않으면 "on"으로 인식합니다. 이 속성은 폼에서 개인 정보를 입력할 때 사용자가 따로 자동 완성 기능을 끄지 않더라도, 웹에서 직접 자동 완성 기능을 꺼줌으로써 개인 정보가 노출되는 것을 막을 수 있습니다.

> **예제** 폴더명: 예제\ch4\form8.html
> --
> ```
> <label for="mail">메일주소</label>
> <input type="email" id="mail" autocomplete="off">
> ```

: : 입력 필드에 커서 표시하기 – autofocus

페이지를 불러오자마자 입력 필드 안에 마우스 커서가 표시되면 바로 입력할 수 있어서 아주 편리합니다. 하지만 이렇게 하려면 자바스크립트를 이용해야 했었는데 HTML5에서는 autofocus라는 속성으로 쉽게 해결할 수 있습니다.

> **예제** 폴더명: 예제\ch4\form8.html
> --
> ```
> <label for="username">이름 </label>
> <input type="text" id="username" autofocus>
> ```

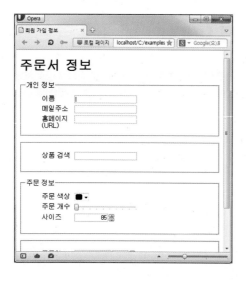

:: 사용 가능한 값 제시하기 – list 속성과 〈datalist〉 태그

사용자가 텍스트 필드에 내용을 입력할 때 몇 개의 입력 가능한 값들을 데이터 목록으로 보여줄 수 있습니다. 〈datalist〉 요소에서 데이터 목록을 정의하고 list 속성에서 datalist 아이디(id)를 알려 줍니다.

〈datalist〉에서는 〈option〉 요소를 사용해서 각 데이터 항목을 표시하는데 value에는 서버로 넘겨 질 값을, label에는 브라우저 화면에서 사용자가 쉽게 알아볼 수 있는 레이블을 지정합니다.

```
<datalist>
    <option value="서버 값"   label="사용자를 위한 레이블">
    <option value="서버 값"   label="사용자를 위한 레이블">
    ...
</datalist>
```

예제 폴더명: 예제\ch4\form8.html

```
<label for="col">주문 색상</label>
<input type="text" id="col" list="color">
<datalist id="color">
    <option value="black" label="검정">
    <option value="gray" label="회색">
    <option value="olive" label="올리브">
    <option value="camel" label="카멜">
</datalist>
```

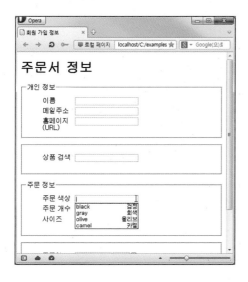

: : 힌트 표시하기 – placeholder

플레이스홀더는 〈input〉 요소의 필드 안에 적당한 힌트 내용을 표시하고 있다가 그 필드를 클릭하게 되면 사용자가 입력할 수 있도록 힌트 내용이 사라지게 됩니다. 예전에는 이런 효과를 만들기위해 주로 자바스크립트를 이용해야 했지만 지금은 placeholder라는 속성 하나로 간단히 해결할수 있습니다.

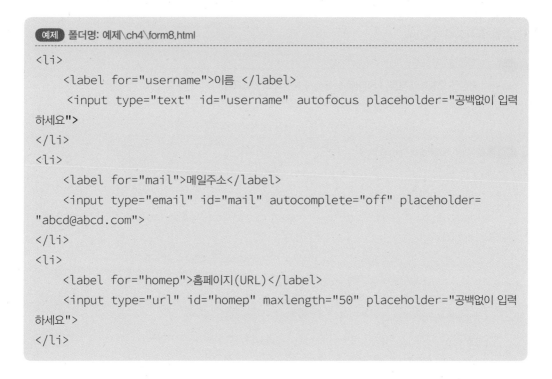

예제 폴더명: 예제\ch4\form8.html

```
<li>
    <label for="username">이름 </label>
    <input type="text" id="username" autofocus placeholder="공백없이 입력
하세요">
</li>
<li>
    <label for="mail">메일주소</label>
    <input type="email" id="mail" autocomplete="off" placeholder=
"abcd@abcd.com">
</li>
<li>
    <label for="homep">홈페이지(URL)</label>
    <input type="url" id="homep" maxlength="50" placeholder="공백없이 입력
하세요">
</li>
```

: : 필수 입력 필드 체크: required

폼에 내용을 입력하고 submit 단추를 클릭하면 서버로 폼을 전송하기 전에 필수 필드에 내용들이 모두 채워졌는지를 검사하게 됩니다. HTML4에서는 자바스크립트로 필수 필드를 처리해야 했던 것을 HTML5에서는 required 속성으로 확인할 수 있습니다.

필수 입력 필드를 만들려면 reqired="required"라고 하거나 required라고만 하면 됩니다. 필수 입력 값을 필드에 입력하지 않고 〈전송〉 버튼을 클릭하면 오류 메시지가 표시되는데 이 메시지는 브라우저마다 다릅니다.

> **tip**
>
> required 속성은 오페라와 크롬, 파이어폭스 등에서 지원하고 있습니다.

예제 폴더명: 예제\ch4\form8.html

```
<li>
    <label for="username">이름 </label>
    <input type="text" id="username" autofocus placeholder="공백없이 입력
하세요" required>
</li>
<li>
    <label for="mail">메일주소</label>
    <input type="email" id="mail" autocomplete="off" placeholder
="abcd@abcd.com" required>
</li>
```

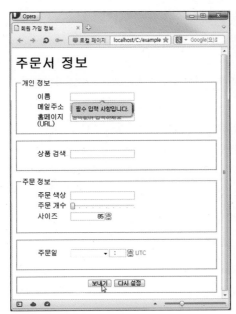

❶ 웹에서 말하는 폼(form)이란 주문서나 가입 양식처럼 특별한 형태를 갖추고 있는 페이지뿐만 아니라 여기저기서 쉽게 만날 수 있는 형식들입니다.

❷ 폼을 웹 문서에 삽입하려면 가장 먼저 ⟨form⟩ 태그를 삽입하고, ⟨form⟩ 태그와 ⟨/form⟩ 태그 사이에 필요한 폼들을 삽입하게 됩니다. 사용자가 입력한 내용들을 서버 쪽의 프로그램으로 넘겨줄 method 속성과 폼의 이름을 지정하는 name 속성, 폼의 내용들을 처리해 줄 서버 상의 프로그램을 지정하는 action 등의 속성들이 있습니다.

❸ 웹 접근성을 보장하기 위해 ⟨label⟩ 태그를 반드시 사용해야 합니다.

❹ ⟨fieldset⟩ 태그와 ⟨legend⟩ 태그를 이용하면 폼 요소를 그룹으로 묶을 수 있습니다.

❺ ⟨input⟩ 태그에서 type에 따라 여러 요소들을 삽입할 수 있습니다.

type	필드	용도
text	텍스트 필드	한 줄짜리 텍스트 입력
password	패스워드 필드	비밀번호 입력
radio	라디오 버튼	여러 항목 중 하나만 선택
checkbox	체크 박스	여러 항목 선택
file	파일	파일 첨부
submit	버튼	전송 버튼
reset	버튼	리셋 버튼
button	버튼	일반 버튼
image	버튼	이미지 버튼

❻ HTML5에서는 ⟨input⟩의 유형(type)이 많이 추가되었지만 아직까지는 최신 브라우저라 하더라도 완벽하게 지원되지 않고 있습니다. 새로 추가된 주요 ⟨input⟩ 유형은 다음과 같습니다.

type	필드	용도
email	메일 필드	이메일 형식인지 체크
url	사이트 주소	사이트 주소인지 체크
search	검색 상자	텍스트 필드 대신 검색 상자 삽입
color	색상	색상표에서 색상 선택
number	스핀 박스	화살표를 클릭해 숫자 입력
range	슬라이드 바	슬라이드 바를 움직여 숫자 입력
date, datetime	날짜	날짜나 시간 표시

❼ HTML5의 폼에서는 기존에 자바스크립트로 처리했어야 했던 것까지 속성을 통해 해결할 수 있도록 새로운 폼 속성들이 많이 추가되었습니다. 추가된 새로운 속성들은 다음과 같습니다.

속성	설명
autocomplete	브라우저의 자동 완성 기능 제어
autofocus	입력 필드에 커서 표시
list	사용 가능 값 제시
placeholder	입력을 위한 힌트 표시
required	필수 필드 체크

⑧ 〈select〉 태그와 〈option〉 태그를 이용하면 공간을 적게 차지하면서 여러 항목을 보여줄 수 있는 선택 목록(셀렉트 박스)을 삽입할 수 있습니다.

⑨ 〈textarea〉 태그를 이용하면 한 줄 이상의 문장을 입력할 수 있습니다. cols 속성을 이용해 가로 너비(글자 수)를 지정하고 rows를 이용해 세로 길이(라인 수)를 지정합니다.

01 〈input〉 태그에서 사용하는 type 속성의 값과 용도에 대해 설명하시오.

02 HTML4에서는 폼 내용을 서버로 보내기 전에 자바스크립트를 이용해 따로 체크해야 했던 것들을 HTML5에서는 〈input〉 태그 안에서 속성을 통해 간단하게 처리할 수 있습니다. 필수 필드 체크를 위해 HTML5에 새로 추가된 〈input〉 태그의 속성을 설명하시오.

03 개인 정보를 입력하는 영역을 별도로 묶어서 다음과 같이 표시하려고 합니다. 괄호 부분을 채워 아래 소스를 완성하시오.

개인 정보	
이름	
비밀번호	(수정시 필요)

```
<h3>개인 정보</h3>
<ul id="personal">
    <li>
        <(  ①  ) for=(  ②  )> 이름 </(  ①  )>
        <input type="(  ③  )" name="username" id="username" size="20"
maxlength="20">
    </li>
    <li>
        <label for="pwd">비밀번호</label>
        <input type="(  ④  )" name="pwd" id="(  ⑤  )" size="20"
maxlength="20">
    </li>
</ul>
```

04 다음과 같은 문서를 작성하시오.

[조건]

① label 태그를 사용합니다.

② 페이지를 로딩하자마자 '이름' 필드에 마우스 커서가 위치하도록 합니다.

③ '이름'과 '지원동기' 필드에 힌트 문구를 표시합니다.

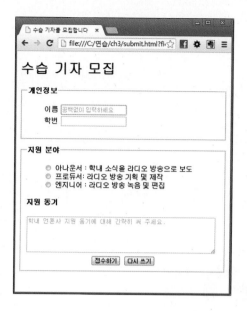

05
CSS로
신입생 환영회
포스터 만들기

HTML 태그가 웹 문서의 내용을 전달한다면 스타일시트는 웹 문서에서 디자인을 담당하는 아주 중요한 부분입니다. 같은 태그를 사용하더라도 스타일시트에 따라 완전히 다른 느낌의 문서를 만들 수 있습니다. 스타일시트의 핵심이 되는 여러 기능을 잘 익혀 두세요.

| 이 장에서 배울 내용 |

- **스타일시트란?]** : 웹 디자인에서 스타일과 스타일시트가 필요한 이유를 살펴보고, 스타일의 종류를 알아봅니다. 그리고 스타일시트를 정의하는 방법을 살펴봅니다.

- **색상과 배경 관련 속성** : 스타일시트에서 색상을 어떻게 다루는지 살펴보고 배경 이미지를 다루는 방법에 대해 알아봅니다.

- **텍스트 관련 속성** : 웹 문서의 많은 부분을 차지하는 텍스트를 설정하는 스타일시트에 대해 알아봅니다.

- **링크 관련 속성** : 링크가 추가된 텍스트의 기본적인 특성인 '밑줄'과 '색상'을 웹 페이지 디자인에 맞게 다양하게 활용하는 방법을 알아봅니다.

01

스타일시트란?

WEBPROGRAMMING 웹에서 스타일시트를 빼놓고는 이야기할 수 없는 시대입니다. 스타일시트가 무엇이고 어떻게 정의하는지 살펴보고 어떻게 응용해야 하는지도 알아보도록 하겠습니다. 아직 스타일시트(CSS)가 어떤 것인지 개념이 잡히지 않는다면 이 부분부터 꼼꼼히 읽어보시기 바랍니다.

:: 왜 스타일시트를 사용해야 하는 것일까?

웹 사이트 제작에 관심을 가지고 있다면 스타일시트, 혹은 CSS라는 용어에 대해 들어보았을 것입니다. 모바일이 등장하면서 '웹 표준'이 중요한 이슈가 되고 있는데 웹 표준에서 가장 중요한 것이 콘텐츠와 디자인을 분리하는 것이고, 그 때 디자인을 담당하는 것이 스타일시트입니다. 사실 최근의 웹 페이지는 HTML이 아니라 CSS에 의해 얼마나 잘 만들어졌는지가 결정된다고도 할 수 있습니다.

웹 문서에서 스타일(style)이란 HTML 문서에서 자주 사용되는 서체나 색상, 정렬, 각 요소들의 배치 등의 유형을 가리킵니다. 예를 들어, 텍스트 단락에서 줄 간격을 조절하고 표의 테두리를 점선으로 바꾸는 것도 스타일을 정의하는 것에 따라 달라집니다. 웹 문서는 수십 개의 스타일을 이용해 사이트 디자인과 콘텐츠를 꾸미게 되는데 스타일을 관리하기 쉽도록 한군데 모아놓은 것을 흔히 '스타일시트(style sheet)'라고 합니다. 좀 더 정확한 표현은 '캐스케이딩 스타일시트(CSS, Cascading Style Sheet)'입니다.

그렇다면 왜 꼭 스타일시트를 사용해야 하는 걸까요?

① 웹 문서의 디자인과 내용을 분리합니다.

웹 표준에 의한 웹 문서는 디자인과 내용이 분리되어 있습니다. 즉 내용은 HTML을 이용해 구성하고 디자인은 CSS를 이용해 꾸미는 것입니다. 같은 내용이더라도 스타일시트를 어떻게 사용하느냐에 따라 다른 느낌의 문서로 만들 수 있습니다.

② 다양한 매체에 적합한 문서를 만들 수 있습니다.

기존 HTML 문서는 개인용 컴퓨터의 웹 브라우저 화면을 기본으로 하고 있기 때문에 인쇄가 필요한 문서일 경우 인쇄용 문서를 따로 제공해야 합니다. 모바일용 홈페이지가 필요할 경우에도 따로 문서를 만들어야 했고요. 하지만 CSS를 이용하면 손쉽게 해결할 수 있습니다. HTML로 작성된 내용은 그대로 두고 대상 매체(media)에 맞도록 CSS만 바꿔주면 같은 내용을 여러 매체에서 사용할 수 있습니다.

문서의 배경을 지정하는 스타일, 문서 안의 텍스트 크기와 글꼴을 일정하게 조절하는 스타일, 링크의 밑줄을 없애는 스타일 등 웹 문서 하나를 만드는 데도 여러 개의 스타일이 사용됩니다. 이렇게 여러 스타일들을 한군데 모아놓은 것을 '스타일시트'라고 하는데 이렇게 한 곳에서 스타일을 관리하면 HTML 소스에서 실제 내용이 있는 부분과 디자인 부분을 쉽게 구분할 수 있어서 편리합니다.

스타일시트는 스타일 정보를 웹 문서 안에 넣는지, 또는 별도의 파일로 저장하는지에 따라 두 가지 형태로 구분됩니다.

:: 〈style〉 태그

스타일시트가 간단하거나 한 문서 안에서만 사용할 경우에는 웹 문서 안에 스타일시트 소스를 적어줍니다.

내부 스타일시트를 표시할 때는 〈style〉 태그를 사용하는데 〈style〉 태그는 반드시 〈head〉 태그와 〈/head〉 태그 사이에 와야 합니다. 내부 스타일시트를 작성하는 기본 형식은 다음과 같습니다.

HTML4에서는 스타일시트를 만들 때 〈style type="text/css"〉처럼 type 속성을 반드시 붙여야했지만 HTML5에서는 간단하게 〈style〉이라고만 해도 됩니다.

```
<style>
    스타일1;
    스타일2;
    ...
</style>
```

예를 들어, 문서 전체의 배경색을 흰색(#fff)으로 지정하는 스타일은 다음과 같이 body 태그 스타일을 정의합니다.

```
<style>
body {
    background-color:#fff;
}
</style>
```

:: 외부 스타일시트

웹 사이트를 만들 때 하나의 웹 문서로 끝나는 경우는 거의 없습니다. 대부분 여러 개의 웹 문서로 구성되기 때문에 각 문서마다 다양한 스타일을 사용하게 되고 문서마다 스타일시트를 만들게 됩니다.

하지만 예를 들어, 본문 글자의 크기나 문서의 배경 등은 웹 사이트에서 똑같이 사용하는 스타일인데 이것을 문서마다 반복해서 입력한다는 것은 낭비겠지요? 그래서 웹 사이트를 제작할 때 여러 문서에서 반복해서 사용하는 스타일들을 별도의 파일로 저장해 놓고 웹 문서에서 링크해 사용하는 것이 일반적입니다.

이렇게 따로 스타일 정보만 저장해 놓은 것을 '외부 스타일시트'라 하는데, 외부 스타일시트 파일의 확장자는 *.css입니다.

외부 스타일시트 파일에 스타일 정보를 입력할 때는 〈style〉 태그 없이 그대로 스타일 정보만 입력하면 됩니다. 그리고 웹 문서에서는 다음과 같이 〈link〉 태그를 이용해 외부 스타일시트 파일을 연결합니다.

```
<link rel="stylesheet" type="text/css" href="mystyle.css">
```

외부 스타일시트를 이용하면 여러 문서에서 사용하는 스타일을 수정할 때도 외부 스타일시트 파일만 수정하면 되기 때문에 편리합니다. 또한 외부 스타일시트 파일을 한 번만 로드하면 그 후로는 웹 페이지만 로드하면 되기 때문에 〈style〉 태그를 사용했을 때보다 웹 사이트 로딩이 좀 더 수월해집니다.

: : 스타일의 종류

스타일은 문서 안의 특정 태그에 모두 적용되는 태그 스타일과, 문서 안의 특정 부분에 적용되는 클래스 스타일로 나눌 수 있습니다. 물론 이 외에도 더 세분할 수도 있지만 이 두 가지 스타일 형식이 가장 많이 사용됩니다.

① 태그 스타일

태그 스타일은 문서 안의 특정 태그에 모두 적용됩니다. 예를 들어, 〈p〉 태그에 대한 스타일을 정의하면 웹 문서 안에서 〈p〉 태그의 영향을 받는 모든 내용, 즉 단락들에 스타일이 적용되는 거죠. 기본 형식은 다음과 같습니다.

태그 셀렉터(tag selector)라고도 합니다.

```
태그 {속성:속성값; 속성:속성값; ...}
```

```
<style>
    p { font-size:20px; }
    ul { list-style-type:none; }
    li { color: blue;}
</style>
```

위의 소스는 세 가지 태그 스타일을 정의하고 있습니다. 하나는 〈p〉 태그가 적용되는 텍스트의 크기를 20px로 바꾸는 것이고, 두 번째는 〈ul〉 태그를 사용하는 텍스트, 즉 순서 없는 목록의 불릿을 없애는 것입니다. 그리고 마지막으로 〈li〉 태그를 사용하는 요소, 즉 목록의 각 항목을 파란색으로 표시하는 것입니다.

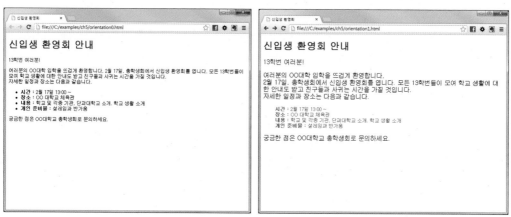

▲ 태그 스타일 적용 전   ▲ 태그 스타일 적용 후

예제 소스에서 보는 것처럼 태그 스타일을 정의할 때는 맨 앞에 태그를 쓰고 {와 } 사이에 스타일 속성과 속성값을 지정합니다. 스타일 속성과 속성값은 하나의 쌍으로 이루어져 있으며 한 쌍만 있을 수도 있고 ;로 구분하면서 여러 개의 쌍을 만들 수도 있습니다.

또한 속성과 속성값 쌍은 ;로 구분되기 때문에 한 줄로 붙여 써도 되고 알아보기 쉽게 여러 줄로 나눠 써도 됩니다. 다음 소스는 사용자에게만 다르게 보일 뿐 브라우저에서는 똑같이 인식하며, 주로 오른쪽과 같은 방법을 많이 사용합니다.

```
<style>
    h3 {color:blue;}
    p {font-size:12px; line-
height:25px;}
</style>
```
```
<style>
    h3 {
        color:blue;
    }
    p {
        font-size:12px;
        line-height:25px;
    }
</style>
```

② 클래스 스타일

태그 스타일은 그 태그를 사용하는 모든 요소에 적용되지만 같은 태그라도 어떤 곳에서는 다른 스타일을 사용해야 할 경우가 있습니다. 예를 들어, ⟨p⟩ 태그를 사용한 단락 전체에 적용하지 않고 일부의 단락에만 스타일을 적용하고 싶다면 ⟨p⟩ 태그 스타일로 지정하면 안 됩니다. 원하는 부분에만 특정한 스타일을 적용하려고 할 때 사용하는 것이 클래스 스타일입니다.

클래스 셀렉터(class selector)라고도 합니다.

```
.클래스 이름 {속성:속성값; 속성:속성값; ...}
```

클래스 스타일은 스타일 이름 앞에 마침표(.)를 붙인다는 점을 잊어서는 안 됩니다. 그 점만 제외하면 태그 스타일을 정의하는 방법과 같습니다. 클래스 스타일을 정의했다면 태그 안에서 class 속성을 이용해서 클래스 이름을 알려주면 됩니다.

```
<태그 class="스타일 이름">....</태그>
```

클래스 스타일을 태그 전체에 적용하지 않고 일부에만 적용할 때는 ⟨span⟩ 태그를 사용합니다. 예를 들어, .redtext라는 클래스 스타일을 ⟨p⟩ 태그의 일부 텍스트에만 적용하고 싶다면 ⟨span⟩ 태그를 사용해서 원하는 텍스트만 감싸면 됩니다.

```
<span class="스타일 이름">텍스트</span>
```

```
<style>
    p { font-size:20px; }
    ul { list-style-type:none; }
    li { color: blue; }
    .bigger{
        font-size:20px;
        font-weight:bold;
        font-style:italic;
    }
    .redtext{
        color:red;
        font-weight:bold;
    }
</style>

<body>
<h1>신입생 환영회 안내</h1>
<p class="bigger">13학번 여러분!</p>
<p>여러분의 OO대학 입학을 뜨겁게 환영합니다.</p>
<p><span class="redtext">2월 17일</span>, 총학생회에서 신입생 환영회를 엽니다. 모
든 13학번들이 모여 학교 생활에 대한 안내도 받고 친구들과 사귀는 시간을 가질 것입니다. </p>
```

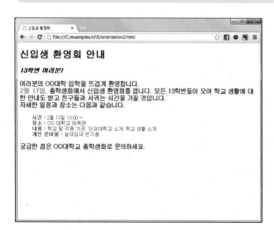

③ id 스타일

id 스타일은 웹 문서 안의 특정 부분에 붙여진 아이디(id)에 맞는 스타일을 지정할 때 사용합니다.
클래스 스타일에서는 마침표(.)를 사용하지만 아이디 스타일에서는 샵 기호(#)를 사용한다는 점
만 빼면 클래스 스타일과 정의하는 방법이 같습니다.

id 셀렉터(id selector)라고도 합니다.

```
#id {속성:속성값; 속성:속성값; ...}
```

클래스 스타일과 id 스타일은 원하는 부분에만 적용할 수 있다는 공통점이 있는 반면 적용 대상이 다릅니다. 클래스 스타일은 동일한 스타일을 문서 안에서 얼마든지 여러 번 반복해서 적용할 수 있지만 id 스타일은 한 번만 적용합니다. id 스타일을 여러 번 적용한다고 해서 오류가 발생하지는 않지만 id 스타일의 원래 목적은 각 요소의 레이아웃처럼 단 한 번만 정의하고 나면 다시 사용되지 않는 스타일에 사용하기 위한 것입니다.

따라서 글자 속성이나 기타 디자인 속성들은 클래스 스타일을 이용해서 설정하고, 레이아웃을 만들기 위한 속성들은 id 스타일을 이용해서 설정하도록 합니다.

> **예제** 폴더명: 예제\ch5\orientation3.html
>
> ```
> <style>
> #boxline{
>     border:1px solid black;
>     border-radius:10px;
>     background:#ddd;
>     padding:10px;
>     margin:5px 20px;
> }
> </style>
>
> <p>자세한 일정과 장소는 다음과 같습니다.</p>
> <ul id="boxline">
>     <li><b>시간 : </b>2월 17일 13:00 ~</li>
>     <li><b>장소 : </b>OO 대학교 체육관</li>
>     <li><b>내용 : </b>학교 및 각종 기관, 단과대학교 소개. 학교 생활 소개</li>
>     <li><b>개인 준비물 : </b>설레임과 반가움</li>
> </ul>
> <p>궁금한 점은 OO대학교 총학생회로 문의하세요.</p>
> ```

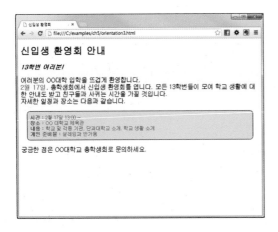

:: 스타일 적용 규칙

여러 문서에 걸쳐 다양한 스타일을 정의하고 적용하다 보면 같은 요소에 여러 가지 스타일이 겹쳐지기도 하는데 이때 어떤 스타일이 적용되는지는 스타일의 우선 순위에 따라 정해집니다.

CSS은 Cascading Style Sheet의 약자로, 여기에서 Cascading은 계단식, 즉 스타일이 계단식으로 차례로 상속된다는 의미입니다. 스타일을 상속한다는 것은 부모 요소로부터 스타일 속성을 물려받는 것입니다. 예를 들어, 〈body〉 태그와 〈/body〉 태그 사이에 〈p〉 태그를 사용하면 〈body〉 태그를 부모 태그, 〈p〉 태그를 자식 태그라고 합니다.

각 요소 사이의 부모 자식 관계는 9장의 291페이지에 있는 "HTML DOM"을 참고하세요.

부모 태그에 적용한 스타일은 자식 태그에서 따로 정의하지 않는 한, 그대로 자식 태그에 상속되어 적용됩니다. 만일 부모 태그인 〈body〉 태그에서 배경색을 흰색으로 지정했다면, 즉 문서 전체의 배경색을 흰색으로 했다면 따로 〈p〉 태그에서 배경색을 바꾸지 않는 한 〈p〉 태그에서도 계속해서 배경색을 흰색으로 적용하게 됩니다.

부모 태그에서 정의한 속성을 자식 태그에서도 정의했다면 스타일이 중복되는데 이런 경우에는 스타일 적용의 우선 순위에 따라 스타일이 적용됩니다.

① 스타일을 정의할 때 !important를 넣어주면 적용 위치에 상관없이 가장 먼저 적용됩니다.
② 스타일시트가 여러 개 적용된다면 가장 최근의 스타일시트가 우선 순위를 가집니다.
③ 현재 적용되는 태그에서 해당 속성에 대한 스타일을 정의하고 있지 않다면 상속된 값을 따릅니다. 만일 상속된 값도 없을 경우에는 브라우저의 기본 값을 따릅니다.
④ id 스타일 〉 클래스 스타일 〉 태그 스타일의 순서를 따릅니다.

색상과 배경 관련 속성

WEBPROGRAMMING 웹 문서에서 가장 자주 바꾸는 속성 중의 하나가 글자색이나 문서의 배경색 같은 색상일 것입니다. 스타일시트에서 색상을 어떻게 다루는지 살펴보고 배경 이미지를 다루는 방법에 대해 알아보겠습니다.

:: 웹과 색상

웹 문서에서 글자색과 배경색 색상을 표현할 때 세 가지 방법이 있습니다.

① 색상 이름 사용하기

red나 blue, black처럼 우리들이 쉽게 알고 있는 색상 이름을 사용합니다. HTML 4.01 표준에는 16가지 색상 이름이 정의되어 있습니다.

이름	색상	이름	색상	이름	색상	이름	색상
black	검정	silver	은색	maroon	밤색	red	빨강
navy	네이비	blue	파랑	purple	보라	fuchsia	밝은자주
green	초록	lime	라임	olive	올리브	yellow	노랑
teal	틸	aqua	아쿠아	gray	회색	white	하양

② 16진수로 표시하기

#ffff00처럼 '#' 기호 다음에 6자리의 16진수로 표시합니다. 6자리는 앞에서부터 두 자리씩 묶어 빨강, 초록, 파랑의 양을 표시합니다. 각 색상마다 하나도 섞이지 않았음을 표시하는 00에서부터 해당 색이 가득 섞였음을 표시하는 ff까지이므로 사용할 수 있는 값은 000000(검은색)에서부터 ffffff(흰색)까지입니다. 예를 들어, ffff00이라면 빨간색과 초록색이 가득하고 파란색은 전혀 섞이지 않은 색을 말합니다.

> #ffffff를 #fff로, #000000를 #000으로 표기하기도 합니다.

③ rgb 값으로 표현하기

color:rgb(255,0,0)처럼 세 자리의 숫자로 표시합니다. 이 숫자 역시 앞의 숫자부터 빨강, 초록, 파랑의 양을 표시합니다. 하나도 섞이지 않았을 때는 0으로, 가득 섞였을 때는 255로 표시하며 그 사이의 값으로 각 색상의 양을 조절할 수 있습니다.

④ rgba 값으로 표현하기

이 방법은 HTML5에서 사용하는 방법으로 기존의 rgb 값에 불투명도(alpha)를 함께 표시하는 것입니다. 네 자리의 숫자로 표현하는데 앞의 세 자리는 rgb 값이고 마지막 네 번째는 불투명도 값인데 불투명도에 따라 바탕색이나 배경 이미지가 드러나 보입니다. 불투명도 값은 1.0에서 0.0까지 사용할 수 있으며 0.0이면 완전히 투명해집니다.

예

```
<style>
#box{
        background:#f90;
        width:300px;
        height:100px;
}
h1{color:rgb(0,0,0)}
h2{color:rgba(0,0,0,0.5)}
</style>
</head>

<body>
<div id="box">
    <h1>RGB+투명도</h1>
    <h2>RGB+투명도</h2>
</div>
```

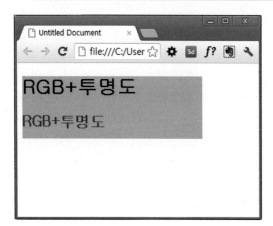

:: 글자색 바꾸기 – color 속성

웹 문서에서 단락이나 제목 등의 텍스트에서 사용되는 글자색을 바꿀 때는 color 속성을 사용합니다.

```
color : 색상 키워드 | 색상 값
(기본값 : 브라우저에 따라 다름)
```

예를 들어 단락의 글자색을 빨간색으로 조절하고 싶다면, 단락을 이루는 요소는 〈p〉 태그이므로 스타일시트에서 다음의 방법 중 한 가지 방법으로 〈p〉 태그 스타일을 정의하면 됩니다.

```
p {color:red}      또는
p {color:#ff0000}      또는
p {color:rgb(255,0,0)}
```

예제 폴더명: 예제\ch5\orientation3.html

```
<style>
    li {
        color: blue;
    }
    .bigger{
        font-size:20px;
        font-weight:bold;
        font-style:italic;
    }
    .redtext{
        color:red;
        font-weight:bold;
    }
</style>
```

:: 문서 배경색 바꾸기 – background-color 속성

웹 문서의 배경색을 지정하는 속성은 background-color 속성입니다. 이 속성을 이용하여 배경색을 지정하지 않으면 요소의 배경색은 투명하게 비치게 됩니다.

```
background-color : 색상 키워드 | 색상 값 | transparent
(기본값 : transparent)
```

:: 문서에서 배경 이미지 다루기

웹 문서 전체뿐만 아니라 표나 레이어 등 문서 요소들에 배경 이미지를 넣을 때는 background 속성을 사용합니다. 그리고 배경 이미지 경로를 표시하거나 반복 여부, 위치 등을 지정하기 위해 다음과 같이 좀 더 자세한 배경 이미지 속성을 사용합니다.

- background-image : 배경 이미지 파일 경로
- background-repeat : 배경 이미지 반복 여부
- background-position : 배경 이미지 위치
- background-attachment : 배경 이미지 고정 여부

① 배경 이미지 지정하기 : background-image

배경 이미지 파일 경로를 지정합니다. html 문서를 기준으로 상대 경로를 지정할 수도 있고 웹 상의 이미지를 사용한다면 절대 경로를 사용할 수 있습니다.

```
background-image:url("파일 경로");
```

② 배경 이미지 반복하기 : background-repeat

이 속성은 배경 이미지를 사용할 때 그 이미지를 반복시킬 것인지, 반복한다면 가로나 세로 한 방향으로 반복할 것인지, 아니면 가로와 세로로 반복할 것인지 지정합니다.

- repeat : 브라우저 화면에 가득 찰 때까지 배경 이미지가 가로와 세로로 반복됩니다.
- repeat-x : 브라우저 창 너비와 같아질 때까지 배경 이미지를 가로로 반복합니다.
- repeat-y : 브라우저 창 높이와 같아질 때까지 배경 이미지를 세로로 반복합니다.
- no-repeat : 배경 이미지를 한 번만 표시하고 반복하지 않습니다.

③ 배경 이미지 위치 지정하기 : background-position

배경 이미지가 지정되었으면 이 속성을 사용해서 배경 이미지 위치를 조절할 수 있습니다. 이 속성은 배경 이미지를 한 번만 표시하면서 배경 이미지를 특정한 위치에 배치하려고 할 때 유용합니다. 사용 가능한 값은 백분율(0~100%)이나 길이 값, 그리고 top, bottom, center, left, right 같은 키워드 등입니다.

배경 이미지 위치를 백분율로 지정할 경우, 기준이 되는 위치는 배경 이미지가 삽입되는 요소, 즉, 문서 전체이거나 표, div 요소 등의 왼쪽 모서리가 됩니다. 이 기준 위치에 배경 이미지의 왼쪽 모서리를 맞추는 것입니다. 예를 들어, background-position:30% 50%라면 기준이 되는 위치에서 가로로 30%되고 세로로 50%되는 위치에 배경 이미지의 가로 30%, 세로 50%되는 위치를 맞춘다는 의미입니다.

④ 배경 이미지 고정하기 : background-attachment

배경 이미지가 삽입된 웹 문서에서는 내용이 길어져서 스크롤 막대를 아래로 내리면 배경 이미지도 함께 이동합니다. 하지만 background-attachment 속성을 이용하면 배경 이미지가 고정되기 때문에 브라우저 창에서 내용을 화면 위나 아래로 스크롤하면 마치 배경 이미지 위에 내용이 떠 있는 것처럼 이동하게 됩니다. 사용 가능한 값은 scroll과 fixed입니다.

예
```
body {
    background-image:url("bg.jpg"); /* 배경 이미지는 bg.jpg */
    background-repeat:no-repeat;  /* 배경 이미지는 반복 없이 한 번만 표시 */
    background-position:right bottom;  /* 배경 이미지 위치는 오른쪽 아래 */
    background-attachment:fixed;  /* 웹 문서를 스크롤해도 배경 이미지는 항상 같은
자리에 표시 */
}
```

⑤ 배경 이미지 : background

위의 속성을 한꺼번에 묶어 background 속성으로 표시할 수 있습니다. 속성값은 서로 중복되지
않으므로 속성값의 위치는 상관없습니다.

예
```
body{background:url("bg.jpg") no-repeat right bottom fixed}
```

:: 실습 문서 배경 이미지 지정하고 글자색 바꾸기

background 속성과 color 속성을 이용해 웹 문서에서 스타일시트를 이용해 색상과 배경을 지정
해 보겠습니다.

◎ **준비 파일** : 실습\ch5\Sources\freshman1.html
◎ **완성 파일** : 실습\ch5\Results\freshman1.html

01. 탐색기에서 '실습\ch5\freshman1.
html'을 더블클릭하여 웹 문서의 초기 모
습을 확인합니다. 아직 브라우저 창을 닫
지 마세요.

문서 전체에 배경 이미지 넣기

02. 문서 전체에 배경 이미지를 삽입해
보겠습니다. 배경 이미지는 문서 전체에
적용되는 것이므로 〈body〉 태그에 대한
스타일을 만들면 됩니다. 다음 소스를
〈style〉 태그 바로 다음에 추가합니다. Ctrl
+S 키를 눌러 문서를 저장합니다.

tip

url("people.png")처럼 파일 경로에 따옴표를 붙이는 게 정식 구문이지만 따옴표 없이 사용할 수도 있습니다.

```
body{
    background-image:url(people.png);
    background-repeat:no-repeat;
    background-position:right bottom;
    background-attachment:fixed;
}
```

03. 브라우저 창에서 ☑ 아이콘을 클릭하여 수정 결과를 확인하면 people.png 이미지가 문서 오른쪽 아래에 배치되어 있는 것을 볼 수 있습니다.

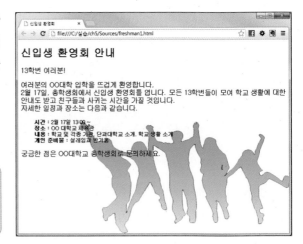

tip

repeat-attachment:fixed;로 정의했기 때문에 브라우저 창의 너비나 높이를 조절하더라도 배경 이미지는 항상 오른쪽 아래에 배치됩니다.

배경 이미지 크기 조절하기

04. 배경 이미지 크기가 너무 크다면 background-size 속성을 이용해 크기를 조절할 수 있습니다. 방금 입력한 body 스타일에 background-size:60%;라는 속성을 추가합니다. Ctrl + S 키를 눌러 수정 내용을 저장합니다.

 tip

background-size 값을 다양하게 지정하면서 어떻게 바뀌는지 확인해 보세요.

```
body{
    background-image:url(people.png);
    background-repeat:no-repeat;
    background-position:right bottom;
    background-attachment:fixed;
    background-size:60%;
}
```

05. 브라우저 창에서 🔄 아이콘을 클릭하거나 F5 키를 눌러 확인하면 배경 이미지가 아까보다 줄어들어 있는 것을 볼 수 있습니다.

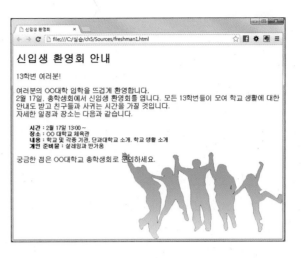

제목 글자에 배경 이미지 넣기

06. 이번에는 제목에 배경 이미지를 넣어보겠습니다. 다음과 같은 〈h1〉의 태그 스타일을 body 태그 스타일 다음에 추가하세요. 이번에는 배경 이미지의 각 속성을 따로 지정하지 않고 background라는 하나의 속성으로 표시했습니다. Ctrl + S 키를 눌러 문서를 저장합니다.

```
h1 {
    background:url(banner.jpg)
no-repeat top left fixed;
    padding:10px 10px 10px 100px;
}
```

tip 스타일의 위치는 크게 문제가 되지 않지만 문서에 표시되는 순서대로 스타일을 정의하면 문서 순서대로 스타일을 찾아볼 수 있어서 편리합니다.

07. 브라우저 창에서 🔄 아이콘을 클릭하여 수정 결과를 확인해 보세요. 제목 부분에 배경이 깔려서 훨씬 보기 좋게 되었습니다.

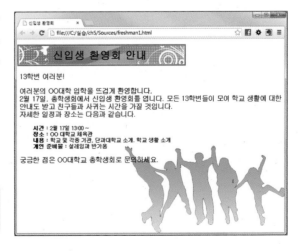

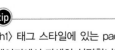
tip 〈h1〉 태그 스타일에 있는 padding 속성은 178 페이지에서 자세히 설명합니다.

03

텍스트 관련 속성들

WEBPROGRAMMING   웹 문서의 많은 부분을 차지하는 텍스트를 설정하는 스타일시트에 대해 알아봅니다. 스타일시트에서도 글꼴과 관련된 스타일은 가장 기본적인 것이므로 많이 연습해 보십시오.

: : 글꼴과 관련된 속성들

글꼴이나 글자 크기, 글자 스타일을 예전에는 〈font〉라는 태그의 속성에서 조절했었지만 이제는 CSS를 이용해 조절합니다. 그래서 W3C에서 더 이상 〈font〉 태그는 사용하지 말라고 권하고 있습니다. CSS를 이용해 글꼴을 조절하는 방법을 알아봅니다.

① 글꼴 지정하기 font-family

웹 문서에서 사용할 글꼴의 종류를 지정할 때는 font-family 속성을 사용합니다. 글꼴 하나만 지정할 수도 있고 두세 개의 글꼴을 한꺼번에 지정할 수도 있습니다. 한꺼번에 여러 글꼴을 지정하기 때문에 '글꼴 셋트(font set)'라고도 합니다.

글꼴 셋트를 지정하면 첫 번째 글꼴이 사용자 컴퓨터에 없을 경우 두 번째 글꼴을 사용하고 두 번째 글꼴도 없을 경우 세 번째 글꼴을 사용할 수 있습니다. 또한 웹 문서 상에 한글이나 영문 외에 수학 기호를 함께 표현해야 할 경우 '굴림, symbol'처럼 두 가지 글꼴을 정의하면 한글은 '굴림'체로 표현하고 수학 기호는 '굴림'체 안에 없으므로 'symbol'체를 사용하게 됩니다.

예
```
body {font-family:굴림, symbol;}
```

한글 글꼴을 지정할 때는 모든 사용자의 컴퓨터에 설치되어 있는 기본 글꼴을 지정하도록 합니다. 윈도우 기본 글꼴은 "굴림, 궁서, 돋움, 바탕"입니다.

② 글자 크기 font-size

font-size 속성은 글자 크기를 조절하기 위한 것입니다. 픽셀이나 포인트를 비롯해 여러 단위의 크기로 지정할 수 있고 백분율 크기를 사용할 수도 있습니다.
사용할 수 있는 값들을 좀 더 자세히 알아보겠습니다.

❶ 키워드 : 글자 크기로 사용하도록 미리 약속해 놓은 키워드 중에서 하나를 사용할 수 있습니다. 사용할 수 있는 키워드를 크기 순서대로 나열하면 다음과 같습니다.

```
사용할 수 있는 값: xx-small < x-small < small < medium < large < x-large <
xx-large
```

CSS2에서는 각 단계 사이의 글꼴 크기 확대 비율을 1.2로 정하고 있습니다. 예를 들어, 컴퓨터 화면의 medium 글꼴이 12포인트(12pt)라면 large 크기는 14.4포인트(14.4pt)가 됩니다.

```
p {font-size: medium}
h3 {font-size:large}
```

> **tip**
> CSS1에서는 각 단계 간의 확대 비율을 1.5로 지정했었는데 너무 크다고 판단되어 CSS2에서 1.2로 조정했습니다.

❷ 상대 크기 : 상대 크기는 부모 요소의 크기를 기준으로 한 것입니다.

```
사용할 수 있는 값: larger | smaller
```

예를 들어, 부모 요소의 글꼴 크기가 medium이고 font-size:larger로 지정하게 되면 현재 요소의 글꼴 크기는 large가 됩니다.

❸ 길이 값 : 직접 글꼴 크기를 지정하는 것입니다. 사용하는 단위는 픽셀(px)이나 포인트(pt), em 등이며 음수 값은 사용할 수 없습니다. 예전에는 절대 크기 단위인 px이나 pt를 많이 사용했지만 모바일 기기까지 고려해야 하는 요즘에는 상대 크기 단위인 em도 많이 사용됩니다. 1em은 16px 또는 12pt와 같습니다.

```
p {font-size:20px}
H2 {font-size:2em}
```

❹ 백분율 : 백분율 역시 부모 요소의 글꼴 크기를 기준으로 계산됩니다. 단, 백분율로 계산하기 위해서는 부모 요소의 글꼴 크기가 font-size:15px처럼 길이 값으로 표현되어 있어야 합니다.

③ 글자를 이탤릭체로 font-style
이 속성은 글자를 이탤릭체로 표현할 것인지의 여부를 결정합니다. italic이나 oblique를 선택하면 글자가 이탤릭체로 표시됩니다.

```
.bigger {
    font-size:20px;
    font-weight:bold;
    font-style:italic;
}
```

④ 글자의 굵기 지정 font-weight

이 속성은 글자의 굵기를 지정합니다. 사용할 수 있는 값은 normal, bold, lighter 등의 키워드와 100~900까지의 100단위 숫자입니다. 100에서 900까지의 숫자는 숫자가 클수록 더 굵어집니다. 이 숫자 중에서 400이 normal(보통)에 해당하기 때문에 400보다 크면 좀 더 굵게 표시되고 700 정도면 bold(진하게)에 해당합니다.

```
.redtext {
    color:red;
    font-weight:bold;
}
```

⑤ 작은 대문자 font-variant

이 속성은 영문 소문자를 작은 대문자로 표시합니다. 작은 대문자는 원래 대문자와 비슷하게 보이지만 크기가 작고 약간 다른 비율을 가지고 있습니다. 사용할 수 있는 값은 normal과 small-caps입니다.

```
h3 {font-variant:small-caps;}
```

: : 텍스트 관련 속성들

CSS로 텍스트를 들여쓰고 보기 좋게 줄 간격을 조절할 수 있습니다. 텍스트를 정렬하는 것도 CSS로 가능합니다. 좀 더 활용도가 높아진 CSS를 만나보겠습니다.

① 줄 간격 line-height

단락은 여러 줄로 구성되는 경우가 많은데 줄 간격이 너무 좁은 상태로 여러 줄이 표시되면 내용이 쉽게 눈에 들어오지 않습니다. 하지만 line-height 속성을 이용하면 줄 간격을 원하는 대로 조절할 수 있습니다. 사용할 수 있는 값은 숫자나 길이 값 또는 백분율입니다.

```
p {line-height:1.2, font-size:10pt}    /* 글자 크기 10pt의 1.2배이므로 줄 간격
                                          12pt */
p {line-height:120%, font-size:10pt}   /* 글자 크기 10pt의 120%이므로 줄 간격
                                          12pt */
p {line-height:12pt, font-size:10pt}
```

② 글자 간격 letter-spacing, 단어 간격 word-spacing

강조하고 싶은 글자나 〈hn〉 태그를 이용해 크게 표시한 글자들은 글자 사이의 간격을 조절해서 좀 더 여유 있게 표시하면 읽기 편합니다. letter-spacing 속성은 낱글자와 낱글자 사이의 간격을 조절하고 word-spacing은 단어와 단어 사이의 간격을 조절합니다. 사용할 수 있는 값은 길이 값입니다.

```
blockquote {letter-spacing:3px}    /* 인용문의 글자 간격 3px */
h1 {word-spacing:0.5em}            /* h1 제목의 단어 간격 0.5em */
```

③ 단락 첫 글자 들여쓰기 text-indent

텍스트가 많은 문서일 경우 단락을 구분 짓는 것 외에도 단락의 첫 글자를 조금씩 들여쓰면 단락 구분이 쉽게 되어 내용을 읽기 쉬워집니다. text-indent 속성은 단락의 첫 글자를 얼마나 들여쓸지 지정합니다. 사용할 수 있는 값은 길이 값이나 백분율입니다.

```
p {text-indent:3em}  /* 단락의 첫 글자를 3em 크기만큼 들여씁니다 */
```

④ 텍스트 정렬 text-align

지금까지는 텍스트를 정렬하려고 할 때 〈center〉 태그를 사용하거나 〈p〉 태그의 align 속성을 사용했었지만 이제는 text-align 속성을 사용해야 합니다. 이 속성에서 사용할 수 있는 값은 left와 right, center, justify이고 기본값은 left입니다.

▲ text-align:left 또는 지정하지 않을 때

▲ text-align:center

> **tip**
>
> W3C에서는 더 이상 〈center〉 태그를 사용하지 않도록 권고하고 있습니다.

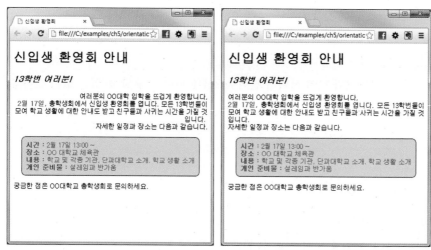

▲ text-align:right   ▲ text-align:justify

⑤ 글자에 밑줄 긋기 text-decoration

텍스트에 줄을 긋는 것은 text-decoration 속성을 이용합니다. 이 속성에서 사용할 수 있는 값은 none과 underline, overline, line-through, blink입니다. 사용할 수 있는 값들의 의미는 다음과 같습니다.

- none : 텍스트에 줄을 긋지 않습니다.
- underline : 텍스트에 밑줄을 추가합니다.
- overline : 텍스트 위로 지나가는 줄을 추가합니다.
- line-through : 텍스트 위로 가로지르는 줄을 긋습니다.
- blink : 텍스트를 깜빡이게 합니다. 익스플로러에서는 지원하지 않지만 넷스케이프와 파이어폭스에서는 동작합니다.

이 속성은 텍스트 링크의 밑줄을 제거할 때 주로 사용합니다.

04

링크 관련 속성

WEBPROGRAMMING 웹 페이지에서 하이퍼링크는 가장 중요한 요소이고 그만큼 많이 사용됩니다. 링크가 추가된 텍스트의
기본적인 특성인 '밑줄'과 '색상'을 웹 페이지 디자인에 맞게 다양하게 활용하는 방법을 알아봅니다.

: : 밑줄 없애기

링크 텍스트를 사용하면서 가장 눈에 띄는 것이 링크의 글자색과 밑줄입니다. 스타일로 처리하지
않는 이상 링크 텍스트마다 밑줄이 표시되기 때문에 링크가 많이 포함된 문서라면 자칫 지저분해
보이기까지 할 것입니다. 또한 이미지에 링크를 만들 경우 링크된 이미지 주변에는 테두리가 표
시됩니다.

텍스트 링크의 밑줄을 없앨 때는 〈a〉 태그에 대한 스타일을 만드는데 앞에서 설명한 적이 있는
text-decoration이라는 속성을 사용합니다.

```
a {
    text-decoration:none;
    color:black;
    font-size:12px;
}
```

〈a〉 태그 스타일 대신 a:link 스타일을 사용할 수도 있습니다. 〈a〉 태그 스타일을 이용할 경우 〈a〉
태그가 사용된 모든 요소에 스타일이 적용되지만 a:link 스타일을 사용하면 〈a〉 태그에서 href 속
성을 사용하여 직접 링크로 사용되었을 경우에만 적용됩니다. 따라서 〈a〉 태그 스타일을 사용할
경우 〈a name="top"〉처럼 앵커 이름을 위한 소스에도 스타일이 적용되지만 a:link 스타일을 사용
할 경우 〈a name="top"〉처럼 앵커 이름을 사용한 부분에는 스타일이 적용되지 않습니다.

따라서 문서 안에 앵커를 사용했을 경우에는 〈a〉 태그 스타일 대신 다음과 같이 a:link 스타일을
이용하여 링크 스타일을 지정하는 것이 좋습니다.

```
a:link {
    text-decoration:none;
    color:black;
    font-size:12px;
}
```

또한 링크된 이미지 주변에 생기는 테두리를 없애려면 〈img〉 태그에 대한 스타일을 만듭니다.

```
img {
    border:0;
}
```

위와 같이 선언하면 텍스트 링크의 밑줄과 이미지 링크의 테두리가 사라지게 됩니다.

일부 최신 브라우저에서는 border:0;을 지정하지 않아도 이미지 링크의 테두리를 제거해 주지만 정확한 스타일을 위해서 border:0;이라고 지정하는 것이 좋습니다.

: : a:active 스타일과 a:visited 스타일

a:active 스타일은 마우스를 클릭하는 순간, 즉 활성화(active)되는 순간의 상태를 지정한 것입니다. 예를 들어, 색상을 red로 설정하면 방문자가 링크를 클릭한 순간 빨간색으로 바뀌어 자신이 지금 링크를 클릭했음을 알 수 있게 됩니다.

```
a:active {
    color:red;
}
```

한 번 방문했던 링크의 색상은 a:visited 스타일을 이용해서 색상을 바꿔줌으로써 방문자가 한 번 방문했던 링크임을 알 수 있도록 합니다. 만일, 방문했던 링크의 색상도 바뀌지 않게 하려면 a 태그 스타일에서 사용한 글자색과 같은 색을 지정하면 됩니다.

```
a:visited {
    color:black;
}
```

: : 링크 관련 스타일에는 순서가 있어요.

앞에서 살펴본 것처럼 링크와 관련된 스타일에는 a:link, a:hover, a:active, a:visited 등이 있습니다. 이 스타일을 모두 사용할 수도 있고, 필요한 스타일만 골라 선택할 수도 있습니다.

단, 이 스타일들을 두 개 이상 사용할 경우 스타일 정의 순서에 따라 제대로 적용되지 않을 수도 있습니다. 다른 스타일 정의에서는 순서가 중요하지 않지만 링크와 관련된 네 가지 스타일은 다음과 같은 순서를 지키는 것이 원하는 결과를 얻는 방법입니다.

① a:link   ② a:visited   ③ a:hover   ④ a:active

:: 실습 텍스트 스타일을 이용해 문서 꾸미기

텍스트는 문서에서 가장 많이 사용하는 요소이기 때문에 텍스트와 관련된 스타일 속성은 자주 사용하게 됩니다. 텍스트와 관련된 스타일을 정의하는 방법과 클래스 스타일을 이용해 원하는 텍스트만 스타일을 바꾸는 방법에 대해서도 살펴보겠습니다.

◎ **준비 파일** : 실습\ch5\Sources\freshman2.html
◎ **완성 파일** : 실습\ch5\Results\freshman2.html

01. 윈도우 탐색기에서 '실습\ch5\Sources\freshman2.html' 문서를 더블클릭하여 웹 브라우저에서 엽니다. 제목과 문서 전체에 배경 이미지가 삽입된 문서입니다. 아직 브라우저 창을 닫지 마세요.

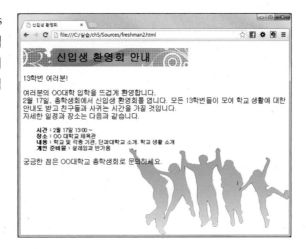

제목 글자에 배경 이미지 넣기

02. 제목에 배경 이미지가 깔려있어서 글자가 잘 눈에 띄지 않기 때문에 글자색을 흰색으로 지정해 보겠습니다. 글꼴도 '돋움'으로 바꾸고 글자 주변에 그림자도 추가해 보겠습니다. 〈style〉 태그와 〈/style〉 사이에 있는 스타일 중 〈h1〉 태그 스타일에 다음과 같은 속성을 추가하고 Ctrl + S 를 누릅니다.

```
h1 {
    background:url(banner.jpg) no-repeat top left fixed;
    padding:10px 10px 10px 100px;
    font-family:돋움;              /* 글꼴을 '돋움'으로 */
    color:white;                   /* 글자색을 white로 */
    text-shadow:2px 2px 3px black; /* 글자에 검정색 그림자 지정 */
}
```

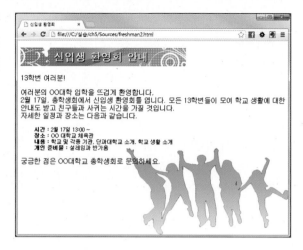

> **tip**
> 〈h1〉 태그 스타일에 있는 font-family 속성은 154 페이지에서 text-shadow 속성은 200 페이지에서 자세히 설명합니다.

03. 브라우저 창에서 C 아이콘을 클릭하거나 F5 키를 클릭하여 결과를 확인합니다. 검정이던 제목 부분이 흰색으로 바뀌었을 것입니다.

다양한 글자 스타일 지정하기

04. 〈p〉 태그 스타일을 수정해서 글자 크기를 16px로 하고, 줄 간격을 25px로 지정해 보겠습니다.

```css
p {
    font-size:16px;
    line-height:25px;
}
```

05. 단락 중에서 일부만 크고 진한 이탤릭체로 표시하는 bigger라는 클래스 스타일을 정의해 보겠습니다. 〈/style〉 태그 앞에 다음과 같은 소스를 추가하세요.

```
.bigger {
    font-size:20px;        /* 글자 크기 20px로 */
    font-weight:bold;      /* 글자를 진하게 */
    font-style:italic;     /* 글자를 이탤릭체로 */
}
```

06. 방금 정의한 bigger 스타일을 적용해 보겠습니다. 〈p〉13학번 여러분!〈/p〉이라는 소스를 다음과 같이 수정합니다. Ctrl +S 키를 눌러 지금까지의 수정 내용을 저장하세요.

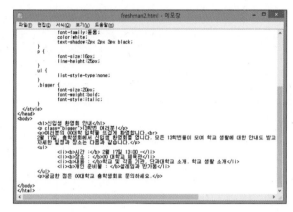

```
<p class="bigger">13학번 여러
분!</p>
```

07. 브라우저 창에서 C 아이콘을 클릭하거나 F5 키를 클릭하여 결과를 확인합니다. 전체 단락의 글자 크기가 처음보다 약간 작아지고 줄 간격이 넉넉해졌을 것입니다. 그리고 bigger라는 클래스 스타일이 적용된 글자는 약간 크고 진한 이탤릭체로 표시됩니다.

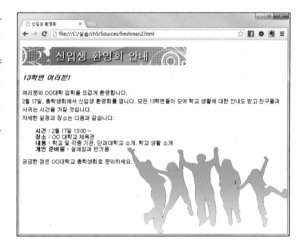

08. 클래스 스타일을 문서의 특정 부분에만 적용할 수도 있습니다. 우선, 다음과 같은 .redtext 스타일 소스를 〈/style〉 태그 앞에 추가합니다.

```
.redtext {
    color:red;
    font-weight:bold;
}
```

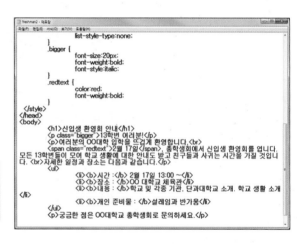

tip

스타일의 이름(redtext)은 여러분이 원하는 것으로 지정할 수 있습니다. 공백 없이 영문자와 숫자, 하이픈(−), 언더스코어(_)만 사용해서 만들면 됩니다.

09. 문서 내용 중 일부에만 스타일을 적용할 경우에는 〈span〉 태그를 사용합니다. 다음과 같이 소스를 추가한 후 Ctrl + S 를 눌러 문서를 저장하세요.

```
<span class="redtext">2월 17
일</span>, 총학생회에서 신입생 환영회
를 엽니다.
```

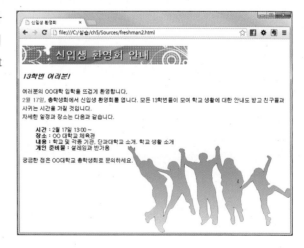

10. 브라우저 창에서 C 아이콘을 클릭하거나 F5 키를 클릭하여 결과를 확인합니다. "2월 17일"이라는 텍스트에만 redtext 스타일이 적용됩니다.

❶ 스타일(style)이란 HTML 문서에서 자주 사용되는 글꼴이나 색상, 정렬, 각 요소들의 배치 등의 유형을 가리키며, 스타일을 한군데 모아놓은 것을 스타일시트(Stylesheet)라고 합니다.

❷ 스타일시트는 그 정보를 웹 문서 안에 넣는지, 또는 별도의 파일로 저장하는지에 따라 내부 스타일시트와 외부 스타일시트, 두 가지 형태로 구분됩니다.

❸ 외부 스타일시트 파일의 확장자는 .css이며 〈link〉 태그를 사용해 문서 안에서 연결해 사용합니다.

❹ 스타일은 문서 안의 특정 태그에 모두 적용되는 태그 스타일과 특정 부분에만 적용되는 클래스 스타일, id 스타일로 나뉩니다.

❺ 웹 문서에서 색상을 표시할 때는 '16진수로 표기'하거나 'rgb나 rgba 값으로 표기'하거나 '색상 이름으로 표기'할 수 있습니다.

❻ 색상과 관련된 스타일 속성은 다음과 같습니다.

속성	설명	사용할 수 있는 값
color	텍스트의 색상 지정	색상 이름, 16진수 값, rgb 또는 rgba 값
background—color	문서의 배경색 지정	색상 이름, 16진수 값, rgb 또는 rgba 값

❼ 배경 이미지와 관련된 속성은 다음과 같습니다.

속성	설명	사용할 수 있는 값
background—image	배경 이미지 파일 경로	이미지 경로
background—repeat	배경 이미지 반복	repeat, repeat—x, repeat—y, no—repeat
background—position	배경 이미지 위치	백분율, 수치, 키워드(top, bottom, center, left, right)
background—attachment	배경 이미지 위치 고정	fixed, scroll

❽ 텍스트와 관련된 스타일 속성은 다음과 같습니다.

속성	설명	사용할 수 있는 값
font—family	글꼴의 종류	글꼴 이름
font—size	글자 크기	키워드 (xx—small ~ xx—large), 상대 크기, 수치
font—style	이탤릭체	normal, italic, oblique
font—weight	글자 굵기	normal, bold, 수치(100~900)
font—variant	작은 대문자	normal, small—caps
line—height	단락의 줄 간격	수치, 백분율
letter—spacing	글자 간격	수치
word—spacing	단어 간격	수치

속성	설명	사용할 수 있는 값
text-indent	첫 글자 들여쓰기	수치, 백분율
text-align	텍스트 정렬	left, right, center, justify
text-decoration	텍스트에 밑줄	none, underline, overline, line-through, blink

❾ 특별히 링크에서 사용하는 스타일은 다음과 같습니다.

스타일	설명
a:link	링크의 스타일 지정
a:hover	링크 위로 마우스 포인터를 올렸을 때의 스타일 지정
a:active	링크를 클릭하는 순간의 스타일 지정
a:visited	방문했던 링크의 스타일 지정

01 스타일시트가 필요한 이유에 대해 설명하시오.

02 link.html 문서에는 텍스트 링크가 포함되어 있는데 기본으로 파란색이나 보라색으로 표시되면서 밑줄이 그어져 있습니다. 텍스트 링크의 글자를 '검정색'으로 표시하고 밑줄도 나타나지 않게 스타일을 지정하시오.

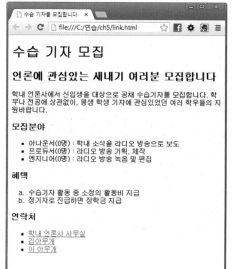
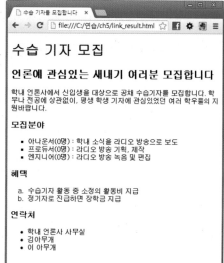

03 아래에 표시된 CSS 소스의 의미를 설명하시오.

```
<style>
    body {
        color:white;              ─①
        background:#222;          ─②
        background : url(bg.png) left bottom repeat-x attachment;   ─③
    }

    h1 {
        font-size:25px;           ─④
        text-align:right;         ─⑤
    }
```

```
    }

    p {
        font-family:"맑은고딕, 돋움, 굴림";  ─⑥
        font-size:11px;
        line-height : 25px;  ─⑦
    }
</style>
```

04 poster.html 문서를 불러와 다음과 같은 조건을 만족하도록 수정하시오.

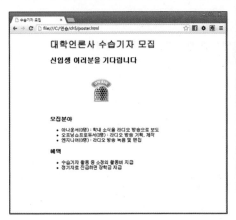

[조건]

① 〈h2〉 태그를 적용한 텍스트의 스타일은 italic으로, 글자색은 노란색으로 수정합니다.

② 〈h3〉 태그를 적용한 텍스트의 글자색은 skyblue로 수정합니다.

③ 목록 각 항목의 불릿을 없애고 글자 간격은 30px, 글꼴을 '바탕'으로 수정합니다.

④ 문서 전체의 배경색은 #02233b로, 글자색은 흰색으로 수정합니다.

⑤ 문서 전체에 배경 이미지 mic.png를 삽입하되 문서 오른쪽 하단에 한 번만 표시되도록 합니다. 단, 문서를 스크롤하더라도 배경 이미지는 고정되어 있도록 합니다.

06

CSS로 동아리
홍보 리플렛
만들기

CSS에서 가장 자주 사용되는 속성은 박스 모델과 관련된 속성들입니다. 특히 CSS3에 새롭게 추가된 테두리와 그림자 관련 속성들, 포토샵 없이도 그라데이션을 만들 수 있는 속성들은 웹 문서에서 소스 코딩만으로 디자인을 자유자재로 조절할 수 있게 해줍니다.

| 이 장에서 배울 내용 |

- **박스 모델과 관련 속성** : CSS를 사용할 때 가장 기본이 되는 것은 박스 모델 (box model)입니다. 박스 모델에서 border와 padding, margin에 대해 살펴보고 웹 문서에서 어떻게 활용할 수 있는지 알아봅니다.

- **CSS3에 추가된 박스 모델 속성** : 최근 웹 기술인 CSS3에는 박스 모델과 관련된 속성들이 많이 추가되었습니다. 모서리가 둥근 테두리나 그림자 효과, 변형, 트랜지션 등의 속성들을 알아보고 웹 문서에 적용해 봅니다.

01

박스 모델

WEBPROGRAMMING

CSS를 사용할 때 가장 기본이 되는 것은 박스 모델(box model)로, 웹 문서 상의 콘텐츠가 박스 형태로 구성된다는 기본 전제로부터 시작합니다. 박스 모델은 CSS 레이아웃의 가장 기초가 되는 개념이므로 박스 모델의 의미와 박스 모델의 주요 속성에 대해 살펴봅니다.

:: 박스 모델이란?

CSS에서 각 웹 요소들은 사각형의 박스 모델을 기준으로 합니다. 예를 들어, 제목과 그림, 내용이 있는 가장 간단한 웹 문서에서도 제목과 그림, 내용이 각각 별개의 박스 형태를 가집니다.

실제로 웹 사이트에서도 그럴까요? 아래 그림은 국내 포털 사이트입니다. 이 사이트에는 많은 텍스트와 이미지들이 포함되어 있는데 이 요소들 역시 박스 형태를 가지고 있습니다.

CSS에서 박스 모델이 중요한 것은 박스 모델에서의 여백이나 테두리를 조절하여 웹 요소들을 자유롭게 배치할 수 있기 때문입니다. HTML로 작성한 내용은 그대로 두고 CSS에서 여백이나 포지션만 조절해도 전혀 다른 느낌의 웹 문서를 만들 수 있습니다.

CSS 박스 모델은 내용과 패딩(padding), 테두리(border), 마진(margin)으로 구성됩니다. 가장 안쪽에 텍스트나 이미지 등의 실제 내용이 들어가는 영역이 있고, 내용과 테두리 사이에 패딩 영역이 있습니다. 그리고 테두리 바깥에는 마진 영역이 있는데, 마진은 요소와 요소 사이, 위의 웹 문서를 예로 들자면 이미지와 텍스트 사이에 얼마만큼 여백을 둘 것인가를 결정하는 것입니다. 패딩이나 테두리, 마진은 CSS를 이용해 값을 조절할 수 있습니다.

: : 크기 지정하기 : width, height

박스 모델은 사각 형태를 가지기 때문에 웹 요소의 너비와 높이를 지정할 수 있습니다. 예를 들어, 〈p〉 태그를 사용해 텍스트 단락을 지정했을 때 따로 너비와 높이를 지정하지 않으면 웹 브라우저 창에 가득 차게 표시됩니다.

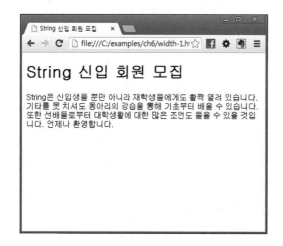

하지만 이미지 옆에 텍스트 단락을 나란히 배치할 경우 width와 height 값을 지정해서 원하는 크기로 표시할 수 있습니다. 사용할 수 있는 값은 다음과 같습니다.

• **백분율 값** : 부모 요소의 크기를 기준으로 백분율로 표시합니다. 예를 들어, 부모 요소의 너비가 100px일 경우, 현재 요소의 스타일을 width:60%;로 지정하면 현재 요소의 너비는 60px이 됩니다.

- **크기값** : 직접 요소의 크기를 지정합니다. 예를 들어, width:300px; height:200px;처럼 지정할 수 있습니다.
- **auto** : 내용에 딱 맞는 크기로 자동 설정됩니다.

> **예제** 폴더명: 예제\ch6\width-2.htm
> ```
> <style>
>     p {
>         width:200px;
>         background-color:rgba(0,255,0,0.5);
>     }
> </style>
> <body>
>     <h1>String 신입 회원 모집</h1>
>     <img src="guitar.jpg">
>     <p>String은 신입생들 뿐만 아니라 재학생들에게도 활짝 열려 있습니다...</p>
> </body>
> ```

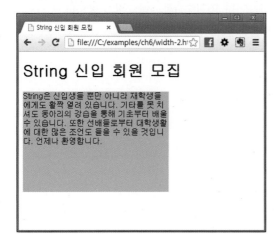

:: **테두리 그리기**: border, border-style, border-width, border-color

border 속성을 이용하면 웹 요소에 테두리를 그릴 수 있습니다. CSS에서 테두리를 표시할 때 사용할 수 있는 속성은 border-style과 border-width, border-color입니다.

① **테두리 스타일: border-style**

테두리의 선 스타일을 지정하는 속성으로, 테두리를 표시하지 않는 'none' 값 외에 사용할 수 있는 값은 다음과 같습니다.

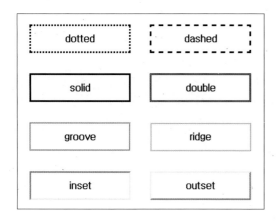

② 테두리 너비: border-width

테두리 영역의 너비를 지정합니다. thin과 medium, thick 같은 키워드를 사용할 수도 있고 2px처럼 크기 값을 지정할 수도 있습니다.

③ 테두리 색상: border-color

테두리 색상은 일반 다른 웹 요소에서처럼 색상 이름이나 16진수, rgb, rgba 값 등을 사용할 수 있습니다. 아래 소스는 단락 주변에 1px짜리 검은색 실선을 표시합니다.

```
p {
    border-style:solid;
    border-width:1px;
    border-color:black;
}
```

위의 세 가지 속성을 한꺼번에 묶어서 border라는 속성으로 표시할 수 있습니다. 이때 border-style, border-width, border-color 속성값을 나열하면 되는데 순서는 상관없습니다. 예를 들어, 아래 소스는 모두 단락 주변에 1픽셀의 검은색 실선을 그립니다.

```
p { border:1px solid black; }
p { border:soild 1px black; }
```

박스 모델은 상하좌우 네 방향에 테두리를 그리게 되는데, 네 방향의 테두리 스타일을 따로 지정해야 할 경우도 있습니다. 이럴 때는 border-top, border-right, border-bottom, border-left라는 속성을 이용해 각 방향의 스타일을 따로 지정할 수 있습니다.

예

```
p {
    border-top: solid 3px black;
    border-bottom: solid 3px black;
}
```

다음은 테두리를 활용한 예제입니다.

예제 │ 폴더명: 예제\ch6\border.html

```
<style>
p {
    width:300px;
}
.border1 {
    border-style:dotted;
    border-color:blue;          ❶
    border-width:3px;
}
.border2 {
    border: 3px solid red;      ❷
}
.border3 {
    border-top:5px solid gray;
    border-bottom:5px solid gray;  ❸
}
</style>

<p class="border1">String은 신입생들 뿐만 아니라 ...</p>
<p class="border2">String은 신입생들 뿐만 아니라 ...</p>
<p class="border3">String은 신입생들 뿐만 아니라 ...</p>
```

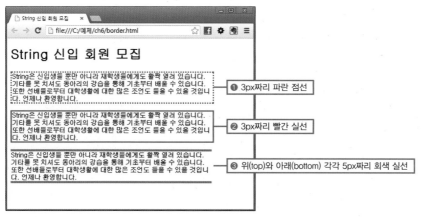

:: 실습 **텍스트 단락에 테두리 그리기**

준비된 웹 문서에 배경색과 글자색을 지정한 후, 텍스트 단락에 테두리를 그려보겠습니다. 필요에 따라 네 방향의 테두리 스타일을 같게 할 수도 있고 필요한 부분에만 테두리를 그릴 수도 있습니다.

◉ **준비 파일** : 실습\ch6\Sources\leaflet1.html
◉ **완성 파일** : 실습\ch6\Results\leaflet1.html

01. 탐색기에서 '실습\ch6\Sources\ leaflet1.html'을 더블클릭하여 웹 문서의 초기 모습을 확인합니다. 아직 브라우저 창을 닫지 마세요.

02. 메모장에서 leaflet1.html 문서를 열고, 가장 먼저 문서 전체의 배경색과 배경, 텍스트 색상을 조절하기 위한 스타일을 지정합니다. 아래 소스를 〈/head〉 태그 앞에 입력한 후 [Ctrl]+[S] 키를 눌러 수정 사항을 저장합니다.

```
<style>
body {
    background-color:#2C8CD1;
    background-image:url(bg.png) ;
    background-position:right bottom;
    background-repeat:no-repeat;
    background-attachment: fixed;
    color:white;
}
</style>
```

03. 웹 브라우저 창으로 돌아와 ⟨c⟩ 아이콘을 클릭하거나 ⟨F5⟩ 키를 눌러 수정 내용이 어떻게 적용되었는지 확인하세요.

04. 소제목 위와 아래에 테두리를 그려보겠습니다. 다음 소스를 ⟨/style⟩ 태그 앞에 추가한 후 ⟨Ctrl⟩+⟨S⟩ 키를 눌러 수정 사항을 저장하세요.

```
h2 {
    width:600px;
    font-size:18px;
    color:yellow;
    border-top:1px solid yellow;
    border-bottom:1px solid yellow;
}
```

05. 웹 브라우저 창으로 돌아와 ⟨c⟩ 아이콘을 클릭하거나 ⟨F5⟩ 키를 눌러 수정 내용이 어떻게 적용되었는지 확인하세요.

06. 텍스트 단락도 소제목의 너비와 맞춰보겠습니다. 오른쪽 소스를 ⟨/style⟩ 태그 앞에 추가합니다. height 값을 지정하지 않았기 때문에 내용에 따라 높이는 자동으로 맞춰집니다. ⟨Ctrl⟩+⟨S⟩ 키를 눌러 수정 사항을 저장하세요.

```
p {
    width:600px;
}
```

07. 웹 브라우저 창으로 돌아와 [C] 아이콘을 클릭하거나 [F5] 키를 눌러 수정 내용이 어떻게 적용되었는지 확인하세요.

: : 패딩 추가하기: padding

패딩은 박스 모델 안의 내용과 테두리 사이의 여백을 말하는 것으로, 직접 크기 값을 지정하거나 백분율로 나타낼 수 있습니다.

padding 속성의 값이 네 개일 경우 차례대로 top, right, bottom, left의 패딩을 지정하는 것이고, 값이 하나뿐이라면 네 군데 패딩을 똑같은 값으로 설정합니다. 값이 두 개나 세 개뿐이라면 지정되지 않은 값은 반대편 패딩 값을 사용합니다.

```
h1 { padding:10px; }                /* 네 방향의 패딩을 10px로 */
blockquote { padding:10px 20px; }   /* top과 bottom의 패딩은 10px로,
                                       right와 left의 패딩은 20px로 */
#myblock { padding:10px 5px 20px; } /* top은 10px, right는 5px, bottom
                                       은 20px, left는 5px(마주보는 right와
                                       같은 값) */
```

네 방향의 패딩을 다르게 설정하고 싶다면 padding-top, padding-right, padding-bottom, padding-left 속성을 이용해서 따로 값을 지정합니다.

```
p {
    padding-left:30px;
    padding-bottom:10px;
}
```

```
<style>
p {
    width:500px;
    border:1px solid black;
    margin-bottom:10px;
}
.padding1 {
    padding:30px;                    ❶
}
.padding2 {
    padding:10px 50px;               ❷
}
</style>

<p>String은 신입생들 뿐만 아니라 ...</p>
<p class="padding1">String은 신입생들 뿐만 아니라 ...</p>
<p class="padding2">String은 신입생들 뿐만 아니라 ...</p>
```

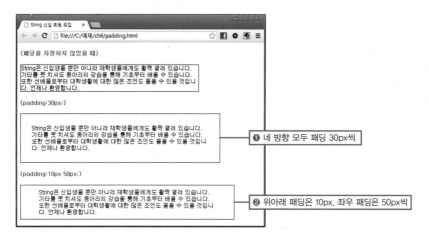

❶ 네 방향 모두 패딩 30px씩

❷ 위아래 패딩은 10px, 좌우 패딩은 50px씩

: : 마진 추가하기 : margin

마진(margin)은 웹 요소와 요소 사이의 여백을 가리키는 것으로, 패딩과 마찬가지로 크기 값이나 백분율을 사용할 수 있습니다.

margin 속성의 값이 네 개일 경우 차례대로 top, right, bottom, left의 마진을 지정하는 것이고, 값이 하나뿐이라면 네 군데 마진을 똑같은 값으로 설정합니다. 값이 두 개나 세 개뿐이라면 지정되지 않은 값은 반대편 마진 값을 사용합니다.

네 방향의 마진을 다르게 설정하고 싶다면 margin-top, margin-right, margin-bottom, margin-left 속성을 이용해서 따로 값을 지정합니다.

```
img { margin:10px; }              /* 네 방향의 마진을 10px로 */
blockquote { margin:10px 20px; }  /* top과 bottom의 마진은 10px로, right
blockquote { margin:10px 20px; }     와 left의 마진은 20px로 */
p { margin-left:30px; }           /* left의 마진만 30px로 */
```

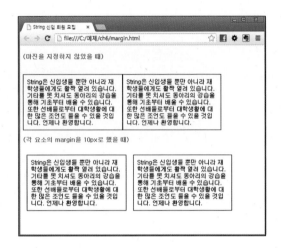

: : 마진을 이용해 문서 중앙에 배치하기

웹 문서는 웹 브라우저 창에서 왼쪽을 기준으로 정렬됩니다. 그래서 큰 모니터를 사용하는 사용자에게는 오른쪽이 텅 비어 보이는 경우가 종종 있습니다. 이런 모습이 싫다면 웹 문서 내용을 화면 중앙에 배치하면 되는데, 이때 마진을 사용하면 됩니다.

웹 문서를 통째로 중앙으로 옮기기 위해선 내용 전체를 감싸는 〈div〉 태그가 필요합니다. 〈body〉 태그 다음과 〈/body〉 태그 직전에 id="container"인 〈div〉 태그를 추가합니다. 이때 id 이름은 원하는 다른 것으로 바꿔도 됩니다. 그리고 다음과 같이 스타일을 지정해 줍니다. 단, 이때 container의 너비 값도 지정해 주어야 합니다.

```
#container {
    width:900px;
    margin:0 auto;
}
```

```
<head>
<style>
body {
    background-color:gray;
}
#container {
    width:350px;
    margin:0 auto;
    padding:20px;
    background-color:white;
}
img {
    padding:20px;
    margin:20px;
    border:1px dotted red;
}
</style>
</head>
<body>
<div id="container">
    <h1>String 신입 회원 모집</h1>
    <img src="guitar.jpg">
    <p>String은 신입생들 뿐만 아니라 ....</p>
</div>
</body>
```

:: **실습** 패딩과 마진을 이용해 보기 좋게 정리하기

패딩과 마진을 사용하면 내용과 테두리 사이에도 여백을 둘 수 있고, 각 요소와 요소 사이에도 여백을 둘 수 있기 때문에 그만큼 내용을 보기 편해집니다. 패딩과 마진을 추가하면 어떻게 바뀌는지 살펴보세요.

◎ **준비 파일** : 실습\ch6\Sources\leaflet2.html
◎ **완성 파일** : 실습\ch6\Results\leaflet2.html

소제목에 테두리 그리기

01. 탐색기에서 '실습\ch6\Sources\leaflet2.html'을 더블클릭하여 웹 문서의 초기 모습을 확인합니다. 우선 소제목의 내용과 테두리 사이가 너무 바짝 붙어 있군요. 패딩을 이용해 여백을 두도록 하겠습니다. 아직 브라우저 창을 닫지 마세요.

02. 메모장에서 leaflet2.html 문서를 열고, 소제목의 스타일을 지정하는 h2 태그 스타일에 다음과 같은 소스를 추가합니다. 그리고 Ctrl + S 키를 눌러 수정 사항을 저장합니다.

```
<!doctype html>
<html>
<head>
    <meta charset="utf-8">
    <meta name="viewport" content="width=device-width, initial-scale=1, minimum-scale=1, maximum-scale=1, user-scalable=no">
    <title>String 신입 회원 모집</title>
    <style>
        body {
            background-color:#2C8CD1;
            background-image:url(bg.png);
            background-position:right bottom;
            background-repeat:no-repeat;
            background-attachment: fixed;
            color:white;
        }
        h1 {
            font-variant:small-caps;
            font-family:Arial;
        }
        h2 {
            width:600px;
            font-size:18px;
            color:yellow;
            border-top:1px solid yellow;
            border-bottom:1px solid yellow;
            padding:5px;
        }
        p {
```

```
h2 {
    width:600px;
    font-size:18px;
    color:yellow;
    border-top:1px solid yellow;
    border-bottom:1px solid yellow;
    padding:5px;
}
```

03. 웹 브라우저 창으로 돌아와 Ｃ 아이콘을 클릭하거나 F5 키를 눌러 수정 내용이 어떻게 적용되었는지 확인하세요. 소제목의 테두리와 내용 사이에 여백이 추가되어 훨씬 제목을 읽기 쉬워졌지만 아직 텍스트 단락들의 줄 간격이 너무 좁고, 목록의 각 항목도 너무 바짝 붙어 있습니다.

줄 간격 조절하기

04. 기존의 p 태그 스타일을 다음과 같이 하고 그 아래에 li 태그 스타일을 추가한 후 Ctrl + S 키를 누르세요.

```
p {
    width:600px;
    line-height:25px;
    padding:10px;
}
li {
    line-height:25px;
}
```

05. 웹 브라우저 창으로 돌아와 C 아이콘을 클릭하거나 F5 키를 눌러보면 한결 텍스트를 보기가 수월할 것입니다.

06. 소제목 숫자 부분의 스타일을 소제목 텍스트와 다르게 만들어 보겠습니다. 〈/style〉 태그 앞에 다음과 같은 스타일을 추가합니다.

```
.num {
    font-size:30px;
    color:#FFB836;
}
```

07. 소제목 안의 숫자 부분을 다음과 같이 수정하고 Ctrl + S 키를 눌러 수정 사항을 저장합니다.

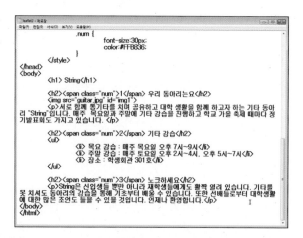

수정 전	수정 후
〈h2〉1 우리 동아리는요〈/h2〉	〈h2〉〈span class="num"〉1〈/span〉 우리 동아리는요〈/h2〉
〈h2〉2 기타 강습〈/h2〉	〈h2〉〈span class="num"〉2〈/span〉 기타 강습〈/h2〉
〈h2〉3 노크하세요〈/h2〉	〈h2〉〈span class="num"〉3〈/span〉 노크하세요〈/h2〉

08. 웹 브라우저 창으로 돌아와 C 아이콘을 클릭하거나 F5 키를 눌러 수정 내용이 어떻게 적용되었는지 확인하세요.

이미지 옆에 텍스트 배치하기

09. 문서 안에 있는 이미지를 텍스트 왼쪽에 배치하고 이미지 오른쪽으로 텍스트가 흐르도록 해보겠습니다. 소스를 살펴보면 〈img src="guitar.jpg" id="img1"〉라는 부분이 있습니다. 이미지를 삽입한 소스인데 이미지의 id가 img1이므로 img1에 대한 스타일을 〈/style〉 태그 앞에 추가합니다. Ctrl + S 키를 눌러 수정 내용을 저장하세요.

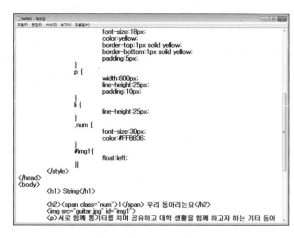

```
#img1{
    float:left;
}
```

10. 웹 브라우저 창으로 돌아와 C 아이콘을 클릭하거나 F5 키를 눌러 보면 이미지는 왼쪽에, 텍스트는 오른쪽에 배치되어 있을 것입니다. 그런데 이미지와 텍스트 사이에 여백이 너무 없군요.

11. 방금 입력한 #img1 스타일에 다음과 같이 margin-right 속성을 추가하고 Ctrl + S 키를 눌러 저장합니다.

```
#img1{
    float:left;
    margin-right:20px;
}
```

tip

이미지 오른쪽에 있는 텍스트에 id 스타일이나 class 스타일을 이용하여 margin-left를 설정해도 되고, 이미지와 텍스트 양쪽에 적당하게 margin을 지정해도 됩니다.

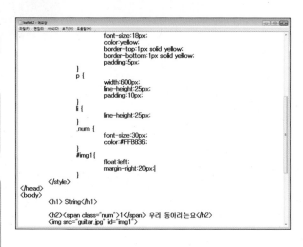

12. 웹 브라우저 창으로 돌아와 ⟳ 아이콘을 클릭하거나 F5 키를 눌러 보면 이미지와 텍스트 사이가 적당한 간격을 유지하고 있는 것을 볼 수 있습니다.

소제목에 마진 추가하기

13. 마지막으로 소제목을 직전 내용과 조금 떨어지도록 조절해 보겠습니다. 기존 h2 태그 스타일에 다음과 같은 소스를 추가합니다. Ctrl + S 키를 눌러 수정 사항을 저장하세요.

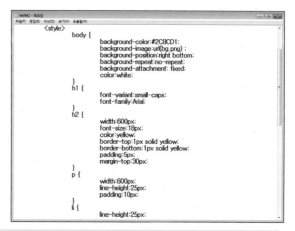

```
h2 {
    width:600px;
    font-size:18px;
    color:yellow;
    border-top:1px solid yellow;
    border-bottom:1px solid yellow;
    padding:5px;
    margin-top:30px;
}
```

14. 웹 브라우저 창으로 돌아와 ⟳ 아이콘을 클릭하거나 F5 키를 눌러 보세요. 문서의 각 부분이 훨씬 읽기 편하게 바뀌었을 것입니다. 하지만 브라우저 창의 너비가 넓어지면 내용이 왼쪽으로 치우쳐 보입니다. 이것을 화면 중앙으로 배치해 보겠습니다.

웹 문서 화면 중앙에 배치하기

15. ⟨body⟩ 태그 다음과 ⟨/body⟩ 태그 직전에 id="container"인 ⟨div⟩ 태그를 추가합니다.

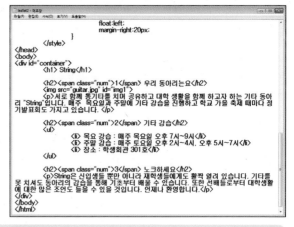

```
<div id="container">
    <h1> String</h1>
    <h2><span class="num">1</span> 우리 동아리는요</h2>
    ...
    <p>String은 신입생들 뿐만 아니라...</p>
</div>
</body>
```

16. 〈style〉 태그 다음에 다음과 같은 스타일을 추가한 후 Ctrl + S 키를 누릅니다.

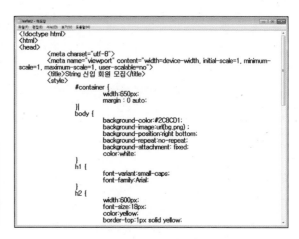

```
#container {
    width:650px;
    margin:0 auto;
}
```

17. 웹 브라우저 창으로 돌아와 C 아이콘을 클릭하거나 F5 키를 누릅니다. 웹 브라우저 창의 너비를 다양하게 바꾸더라도 내용 전체가 화면 중앙으로 배치될 것입니다.

02

CSS3에 추가된 박스 모델 속성

WEBPROGRAMMING   최근 거론되고 있는 웹 표준 기술 중 하나인 CSS3에는 박스 모델과 관련된 속성들이 많이 추가되었습니다. 특히 예전에는 불가능했던 모서리 둥근 테두리나 그림자 효과, 변형 등과 관련된 속성들이 추가되어 CSS를 이용한 디자인 작업이 더욱 쉬워졌습니다.

: : CSS3와 브라우저 prefix

CSS3는 CSS2나 CSS1에 비해 좀 더 정교하고 화려한 화면을 구성할 수 있게 해주고 여기에 애니메이션까지 지원하고 있습니다. CSS3는 포괄하는 기능이 많아서 모듈별로 나누어 개발되고 있는데, 모듈 중 일부는 완성되었고 일부는 아직 개발 중입니다.

CSS3의 모듈에 대한 좀 더 자세한 정보는 http://www.w3.org/Style/CSS/current-work에서 볼 수 있습니다.

최근에는 웹 브라우저들이 빠른 속도로 업데이트되고 있기 때문에 대부분 브라우저에서는 CSS3 기능들을 지원하는데 일부 속성에 대해서는 브라우저마다 다르게 구현되기도 합니다. 이런 속성을 사용할 경우에는 속성 이름 앞에 브라우저를 구별할 수 있는 접두사(prefix)를 붙여 사용합니다.

가장 많이 사용하는 접두사는 다음과 같습니다.

- -webkit- : 웹킷 방식 브라우저용(사파리나 크롬 등)
- -moz- : 게코 방식 브라우저용(모질라나 파이어폭스 등)
- -o- : 오페라 브라우저
- -ms- : 마이크로소프트 인터넷 익스플로러

: : 모서리가 둥근 테두리 그리기: border-radius

CSS2에서도 박스 모델에 테두리를 그릴 수 있었지만 그것은 직사각형 모양이었습니다. 모서리가 둥근 테두리를 그리기 위해서는 그래픽을 이용해 둥근 모서리를 그린 후 표로 삽입하는 번거로운 작업을 해야 했습니다.

CSS3에는 border-radius라는 속성이 추가되면서 간단히 모서리 부분을 둥글게 처리할 수 있습니다. 아래 그림에서 보는 것처럼 테두리의 모서리 부분에 원이 하나 있는 것처럼 반지름(r) 값을 지정하면 곡선을 그릴 수 있습니다. 이때 반지름은 직접 크기를 지정할 수도 있고 백분율로 지정할 수도 있습니다.

최근 border-radius 속성이 표준화되어 속성 앞에 벤더 프리픽스를 붙이지 않고 사용할 수 있습니다. 하지만 이전 브라우저를 고려하여 border-radius 속성 앞에 벤더 프리픽스를 붙여서 사용하는 것도 허용하고 있습니다.

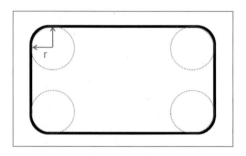

예제 폴더명: 예제\ch6\radius1.html

```
p {
    border:3px solid blue;
    border-radius: 30px;
    padding:20px;
}
```

박스 모델의 모서리는 모두 네 군데인데 각각의 radius 크기를 다르게 설정해서 다양한 모양을 만들 수 있습니다. 사용하는 속성은 border-top-left-radius, border-top-right-radius, border-bottom-right-radius, border-bottom-left-radius입니다.

```
.radius1 {
    border:2px solid black
    border-top-right-radius: 30px;
}
```

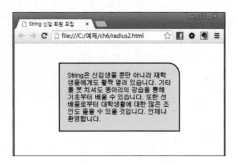

이때 border-radius 속성을 사용해서 네 모서리의 값을 한꺼번에 표시할 수도 있습니다. 네 개의 값을 모두 나열할 경우 순서는 border-top-left-radius부터 border-bottom-left-radius까지 앞서 나열한 순서이며, 두 개일 경우 마주보는 모서리끼리 같은 값을 가집니다.

```
.radius2 {
    border:2px solid black
    border-radius: 30px 10px;
}
```

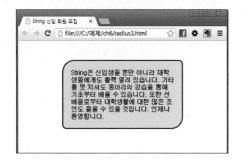

:: 그림자 추가하기 : box-shadow

CSS2를 사용할 경우 웹 문서에서 이미지나 텍스트 상자에 그림자를 추가하기 위해서는 그래픽 프로그램에서 그림자 효과를 추가한 후 이미지로 저장해서 웹 문서에 삽입해야 합니다. 하지만 CSS3에는 그림자를 추가하는 box-shadow 속성이 추가되었습니다.

box-shadow 속성은 4개의 값을 가집니다.

- **가로 오프셋** : 그림자가 가로로 얼마나 떨어져 있는지 지정합니다.
- **세로 오프셋** : 그림자가 세로로 얼마나 떨어져 있는지 지정합니다.
- **blur radius** : 그림자의 번지는 정도를 지정합니다. 0이 최소값이며 이 값을 생략하면 번지는 효과를 사용하지 않습니다.
- **그림자 색상** : 16진수나 색상 이름, rgb 값 모두 사용할 수 있습니다. 기본 값은 검정입니다.

그림자의 방향을 결정하는 가로 오프셋과 세로 오프셋은 양수인지 음수인지에 따라 그 방향이 결정되는데, 가로 오프셋은 양수일 때 오른쪽으로, 세로 오프셋은 양수일 때 아래쪽으로 그림자가 표시됩니다.

예제 폴더명: 예제\ch6\shadow.html

```html
<head>
<style>
    img {
        padding:20px;
        margin:20px;
    }
    .shadow1 {
        box-shadow:5px 5px 10px #000; /* 오른쪽 아래 */
    }
    .shadow2 {
        box-shadow:-5px 5px 10px #000; /* 왼쪽 아래 */
    }
    .shadow3 {
        box-shadow:5px -5px 10px #000; /* 오른쪽 위 */
    }
</style>
</head>
<body>
    <img src="flower1.jpg" class="shadow1">
    <img src="flower2.jpg" class="shadow2">
    <img src="flower3.jpg" class="shadow3">
</body>
```

03

변형(transform)과 트랜지션

WEBPROGRAMMING   CSS3에서 선택한 요소를 자유롭게 변형시킬 수 있고 시간 흐름에 따라 움직임을 조절하는 것이 가능해지면서 플래시 못지않은 애니메이션을 만들 수 있게 되었습니다. 단, 아직까지 이 속성들은 브라우저에 따라 지원하지 않거나 다르게 지원하기도 합니다.

: : 이리저리 변형하기 : 2D-transform

CSS3에서는 선택한 요소의 크기나 위치를 바꿀 수도 있고 회전시킬 수도 있습니다. 이렇게 웹 요소를 변형시키려면 transform이라는 속성을 이용하는데, 이 속성을 사용할 때는 앞에 prefix를 붙여야 합니다.

① 이동

- translate(tx, ty) : x축으로 tx만큼, y축으로 ty만큼 이동시킵니다. ty 값이 주어지지 않으면 0으로 간주합니다.
- translateX(tx) : tx 값만큼 x축 방향으로 이동시킵니다.
- translateY(ty) : ty 값만큼 y축 방향으로 이동시킵니다.

예제 폴더명: 예제\ch6\tr-translate.html
```
<style>
.pic1 {
    transform:translate(-200px, 100px);   /* 가로로 -200px, 세로로 100px 이동 */
    -webkit-transform:translate(-200px, 100px);
    -moz-transform:translate(-200px, 100px);
    -ms-transform:translate(-200px, 100px);
    -o-transform:translate(-200px, 100px);
}
</style>

<img src="flower1.jpg">
<img src="flower1.jpg" class="pic1">
```

② 회전

- rotate(각도) : 지정한 각도만큼 해당 요소를 회전시킵니다. 각도는 deg(degree, 도)를 사용하거나 라디안 값을 사용합니다. 참고로 1라디안은 1/180도입니다.

예제 폴더명: 예제\ch6\tr-rotate.html

```
<style>
.rot {
    transform:rotate(-30deg);    /* 왼쪽으로 30도 회전 */
    -webkit-transform:rotate(-30deg);
    -moz-transform:rotate(-30deg);
    -ms-transform:rotate(-30deg);
    -o-transform:rotate(-30deg);
}
</style>


<div id="div1"><img src="flower1.jpg"> </div>
<div id="div2" class="rot"><img src="flower1.jpg"></div>
```

③ 확대 및 축소

- scale(sx, sy) : 가로로 sx만큼, 세로로 sy만큼 확대합니다. 값이 하나뿐일 경우 sx와 sy 값이 같습니다.
- scaleX(sx) : 가로로 sx만큼 확대합니다. scale(sx,1)과 같습니다.
- scaleY(sy) : 세로로 sy만큼 확대합니다. scale(1,sy)와 같습니다.

예제 폴더명: 예제\ch6\tr-scale.html

```
<style>
.scale {
    transform:scale(1.5);   /* 가로와 세로로 1.5배 확대 */
    -webkit-transform:scale(1.5);
    -moz-transform:scale(1.5);
    -ms-transform:scale(1.5);
    -o-transform:scale(1.5);
}
</style>

<div id="div1"><img src="flower1.jpg"> </div>
<div id="div2" class="scale"><img src="flower1.jpg"></div>
```

④ 왜곡

- skew(각도, 각도) : 첫 번째 각도는 x축 상의 왜곡을 가리키고 두 번째 각도는 y축 상에서의 왜곡 각도입니다. 두 번째 값이 주어지지 않으면 y축에 대한 각도를 0으로 간주하여 y축으로는 왜곡이 일어나지 않습니다.
- skewX(각도) : x축을 따라 주어진 각도만큼 왜곡시킵니다.
- skewY(각도) : y축을 따라 주어진 각도만큼 왜곡시킵니다.

```
<style>
.skew1 {
    transform:skewX(20deg);   /* x축을 따라 20도 비틈 */
    -webkit-transform:skewX(20deg);
    -moz-transform:skewX(20deg);
    -ms-transform:skewX(20deg);
    -o-transform:skewX(20deg);
}
.skew2 {
    transform:skewy(20deg);   /* y축을 따라 20도 비틈 */
    -webkit-transform:skewy(20deg);
    -moz-transform:skewy(20deg);
    -ms-transform:skewy(20deg);
    -o-transform:skewy(20deg);
}
.skew3 {
    transform:skew(20deg, 20deg);   /* x축과 y축으로 20도씩 비틈 */
    -webkit-transform:skew(20deg, 20deg);
    -moz-transform:skew(20deg, 20deg);
    -ms-transform:skew(20deg, 20deg);
    -o-transform:skew(20deg, 20deg);
}
</style>

<img src="flower4.jpg">
<img src="flower4.jpg" class="skew1">
<img src="flower4.jpg" class="skew2">
<img src="flower4.jpg" class="skew3">
```

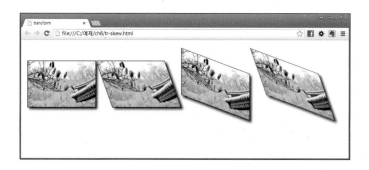

: : 애니메이션 만들기 : transition

트랜지션은 한 효과에서 다른 효과로 넘어갈 때 부드럽게 중간 과정을 만들어 주는 기능으로, 트랜지션을 이용하면 플래시나 자바스크립트 없이도 애니메이션을 만들 수 있습니다.

트랜지션을 지정할 때는 세 가지 값이 필요합니다. 이 값은 아래 속성을 사용해서 각기 따로 지정할 수도 있고, transition 속성을 사용해서 한꺼번에 표시하기도 합니다. 한꺼번에 표시할 때 순서는 상관없습니다.

- transition-property : 애니메이션을 적용할 요소의 속성을 지정합니다.
- transition-duration : 애니메이션 진행 시간을 초(sec) 단위로 지정합니다.
- transition-timing-function : 애니메이션의 형태를 지정합니다. 사용할 수 있는 값은 ease, linear, ease-in, ease-out, ease-in-out, cubic-bezier 가 있습니다.

예제 폴더명: \ch6\transition.html

```
<style>
#flower{
    border:1px solid black;
    box-shadow:5px 5px 10px #333;
    margin:10px;
    transition:all 1s ease;    /* 1초 동안 모든 요소에 적용 ease */
    -webkit-transition:all 1s ease;
    -moz-transition:all 1s ease;
    -ms-transition:all 1s ease;
    -o-transition:all 1s ease;
}
#flower:hover {
    border:1px solid red;
    box-shadow:5px 5px 10px yellow;
    transform:rotate(20deg);
    -webkit-transform:rotate(20deg);
    -moz-transform:rotate(20deg);
    -ms-transform:rotate(20deg);
    -o-transform:rotate(20deg);
}
</style>

<img src="flower1.jpg" id="flower">
```

:: 실습 그림자 효과 넣고 살짝 회전시키기

웹 문서에 같은 이미지를 넣더라도 테두리를 그리고 그림자 효과까지 넣는다면 밋밋한 이미지와는 차별화됩니다. 거기다가 트랜스폼을 이용해 약간의 회전 효과까지 추가한다면 금상첨화일 것입니다.

◉ **준비 파일** : 실습\ch6\Sources\leaflet3.html
◉ **완성 파일** : 실습\ch6\Results\leaflet3.html

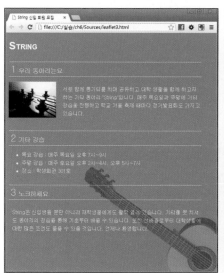

제목에 그림자 효과 추가하기

01. 탐색기에서 '실습\ch6\Sources\leaflet3.html'을 더블클릭하여 웹 문서의 초기 모습을 확인합니다. 문서 위에 있는 제목이 너무 밋밋해서 글꼴을 바꾸고 그림자를 추가해 보겠습니다. 아직 브라우저 창을 닫지 마세요.

02. 메모장에서 leaflet3.html 문서를 열고, 제목의 스타일을 지정하는 h1 태그 스타일을 다음과 같이 수정합니다. 그리고 Ctrl + S 키를 눌러 수정 사항을 저장합니다.

```
h1 {
     font-family:Times New Roman
bold;
     font-size:45px;
     text-shadow:3px 3px 5px
black;
}
```

03. 웹 브라우저 창으로 돌아와 C 아이콘을 클릭하거나 F5 키를 눌러 수정 내용이 어떻게 적용되었는지 확인하세요. 제목 텍스트가 좀 더 눈에 띄게 바뀌었습니다.

패딩 추가하고 모서리가 둥근 테두리 그리기

04. 이번에는 평범하게 삽입되어 있는 이미지를 수정해 보겠습니다. img1이라는 id 스타일을 다음과 같이 수정합니다. `Ctrl` + `S` 키를 눌러 저장하세요.

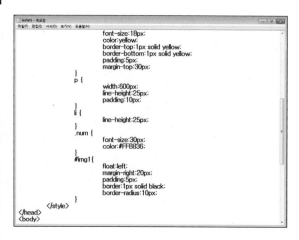

```
#img1{
    float:left;
    margin-right:20px;
    padding:5px;
    border:1px solid black;
    border-radius:10px;
}
```

05. 웹 브라우저 창으로 돌아와 `C` 아이콘을 클릭하거나 `F5` 키를 눌러보세요. 이미지 주변에 모서리가 둥근 테두리가 그려질 것입니다. 이때 이미지와 테두리 사이에 패딩 공간이 있는데 투명하게 처리되어 문서의 배경색이 그대로 드러나는군요.

06. #img1 스타일에 배경색을 추가한 후 `Ctrl` + `S` 키를 눌러 저장합니다.

```
#img1{
    float:left;
    margin-right:20px;
    padding:5px;
    border:1px solid black;
    border-radius:10px;
    background-color:white;
}
```

07. 웹 브라우저 창으로 돌아와 ⟲ 아이콘을 클릭하거나 F5 키를 눌러보세요. 이미지 주변에 흰색 패딩이 추가되고 그 바깥 부분 모서리에 둥근 테두리가 그려졌을 것입니다.

이미지에 그림자 효과 추가하기

08. 이미지에 입체감을 줄 수 있도록 그림자 효과를 추가하겠습니다. #img1 스타일에 box-shadow 속성을 추가한 후 Ctrl +S 키를 눌러 문서를 저장하세요.

```
#img1{
    float:left;
    margin-right:20px;
    padding:5px;
    border:1px solid black;
    border-radius:10px;
    background-color:white;
    box-shadow:3px 3px 5px black;
}
```

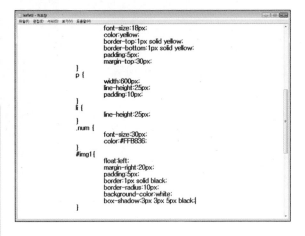

09. 웹 브라우저 창으로 돌아와 ⟲ 아이콘을 클릭하거나 F5 키를 눌러보면 이미지 주변에 검은 그림자가 추가된 것을 볼 수 있습니다. 이미지에 그림자 효과를 추가함으로써 좀 더 입체적인 느낌을 만들 수 있습니다.

이미지 회전시키기

10. 이미지에 동적인 느낌을 주기 위해 transform 속성을 이용해 보겠습니다. 〈/style〉 태그 앞에 다음과 같은 .rotate 스타일을 추가합니다.

 tip

transform 속성을 #img1 스타일에 추가해도 결과는 같습니다. 하지만 회전과 관련된 속성만 따로 정의해 놓으면 img1 이미지뿐만 아니라 다른 요소에도 같은 스타일을 적용할 수 있습니다.

```css
.rotate {
    transform:rotate(-10deg);
    -webkit-transform:rotate(-10deg);
    -moz-transform:rotate(-10deg);
    -ms-transform:rotate(-10deg);
    -o-transform:rotate(-10deg);
}
```

11. 정의한 .rotate 스타일을 이미지에 적용해야 하므로 다음과 같이 〈img〉 태그에 class="rotate"라는 소스를 추가합니다. Ctrl + S 키를 눌러 수정 내용을 저장하세요.

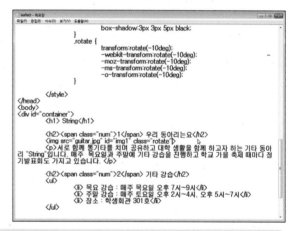

```html
<img src="guitar.jpg" id="img1" class="rotate">
```

12. 웹 브라우저 창으로 돌아와 C 아이콘을 클릭하거나 F5 키를 눌러보세요. 평범했던 이미지가 좀 더 동적인 이미지로 바뀌었습니다.

트랜지션 효과 추가하기

13. 이미지 위로 마우스 포인터를 올려놓았을 때 이미지가 살짝 확대되도록 해보겠습니다. 다음과 같은 소스를 〈/style〉 태그 이전에 삽입합니다. Ctrl + S 키를 눌러 문서를 저장하세요.

```
#img1:hover {
    transform:scale(1.3);
    -webkit-transform:scale(1.3);
    -moz-transform:scale(1.3);
    -ms-transform:scale(1.3);
    -o-transform:scale(1.3);
}
```

14. 웹 브라우저 창으로 돌아와 C 아이콘을 클릭하거나 F5 키를 눌러보세요. 그리고 이미지 위로 마우스 포인터를 가져가면 이미지가 확대될 것입니다. 하지만 회전한 이미지에서 확대된 이미지로 바뀔 때 부드럽지 않지요? 트랜지션을 사용해서 두 효과가 부드럽게 연결되도록 할 수 있습니다.

15. 트랜지션이 적용될 대상, 즉 #img1 스타일에 다음과 같이 트랜지션 소스를 추가합니다. `Ctrl`+`S` 키를 눌러 문서를 저장하세요.

```
#img1{
    float:left;
    margin-right:20px;
    padding:5px;
    border:1px solid black;
    border-radius:10px;
    background-color:white;
    box-shadow:3px 3px 5px black;
    transition:all 1s ease;
    -webkit-transition:all 1s ease;
    -moz-transition:all 1s ease;
    -ms-transition:all 1s ease;
    -o-transition:all 1s ease;
}
```

16. 웹 브라우저 창으로 돌아와 `C` 아이콘을 클릭하거나 `F5` 키를 눌러보세요. 그리고 이미지 위로 마우스 포인터를 올려보세요. 마치 애니메이션이 진행되듯 이미지가 부드럽게 확대될 것입니다.

❶ CSS를 사용할 때 가장 기본이 되는 것은 박스 모델(box model)로, 웹 문서 상의 콘텐츠가 박스 형태로 구성 된다는 기본 전제로부터 시작합니다.

❷ CSS 박스 모델은 실제 내용과 패딩(padding), 테두리(border), 마진(margin)으로 구성됩니다. 다음은 박스 모델에서 사용할 수 있는 CSS 속성들에 대해 정리한 것입니다.

속성	설명
width, height	박스 모델의 크기 지정하기
border	border-style: 테두리 선 스타일. 사용 가능 값은 none, dotted, dashed, solid, double, groove, ridge, inset, outset
	border-width: 테두리 영역의 너비. 사용 가능 값은 키워드(thin, medium, thick), 크기 값
	테두리 색상. 사용 가능 값: 색상 이름이나 16진수, rgb, rgba
padding	내용과 테두리 사이의 여백. 사용 가능 값 : 크기 값, 백분율 네 방향의 패딩을 따로 지정할 수 있음.
margin	웹 요소와 요소 사이의 여백. 네 방향의 마진을 따로 지정할 수 있음. 사용 가능 값: 크기 값, 백분율

❸ CSS3 속성들 중 일부는 브라우저마다 다르게 구현되기 때문에 이런 속성을 사용할 경우에는 속성 이름 앞에 -webkit-이나 -moz-, -ms-, -o-처럼 브라우저를 구별할 수 있는 접두사(prefix)를 붙여 사용합니다.

❹ CSS3에는 border-radius라는 속성이 추가되면서 간단히 모서리 부분을 둥글게 처리할 수 있습니다. border-top-left-radius, border-top-right-radius, border-bottom-right-radius, border-bottom-left-radius를 이용하면 네 방향의 박스 모델 모서리 테두리를 다르게 설정할 수 있습니다.

❺ box-shadow 속성을 이용하면 웹 요소에 그림자 효과를 추가할 수 있습니다. 필요한 값은 가로 오프셋과 세로 오프셋, blur radius, 그림자 색상입니다.

❻ CSS3의 transform 속성을 사용하면 해당 요소를 자유롭게 변형할 수 있습니다. 이 속성에서는 prefix를 함께 써야 합니다.
- translate(tx, ty) : x축으로 tx만큼, y축으로 ty만큼 이동시킵니다.
- rotate(각도) : 지정한 각도만큼 해당 요소를 회전시킵니다.
- scale(sx, sy) : 가로로 sx만큼, 세로로 sy만큼 확대합니다.
- skew(각도1, 각도2) : x축으로 각도1만큼, y축으로 각도2만큼 왜곡시킵니다.

❼ transition 속성을 이용하면 CSS만으로 애니메이션을 만들 수 있습니다. 애니메이션을 적용할 속성과 진행 시간, 애니메이션의 형태를 지정하면 됩니다.

01 CSS에서 박스 모델(box model)이 무엇인지 설명하고, 주요 속성인 padding과 border, margin 의 의미에 대해 설명하시오.

02 다음 소스를 실행한 결과로 맞는 화면을 선택하시오.

```
<head>
<style>
      h1 {
              font-variant:small-caps;
              font-family:Arial;
              color:blue;
      }
      h2 {
              width:350px;
              font-size:18px;
              color:purple;
              border-top:2px dotted blue;
              border-bottom:2px dotted blue;
              padding:5px;
              margin-top:30px;
       }
   </style>
</head>
<body>
    <h1>Welcome </h1>
     <h2>여러분의 입학을 뜨겁게 환영합니다</h2>
      <p>2월 17일, 총학생회에서 신입생 환영회를 엽니다. 모든 13학번들이 모여 학교 생활에 대한 안
내도 받고 친구들과 사귀는 시간을 가질 것입니다. </p>
</body>
```

① **WELCOME**

여러분의 입학을 뜨겁게 환영합니다

2월 17일, 총학생회에서 신입생 환영회를 엽니다. 모든 13학번들이 모여 학교 생활에 대한 안내도 받고 친구들과 사귀는 시간을 가질 것입니다.

② **Welcome**

여러분의 입학을 뜨겁게 환영합니다

2월 17일, 총학생회에서 신입생 환영회를 엽니다. 모든 13학번들이 모여 학교 생활에 대한 안내도 받고 친구들과 사귀는 시간을 가질 것입니다.

③ **WELCOME**

여러분의 입학을 뜨겁게 환영합니다

2월 17일, 총학생회에서 신입생 환영회를 엽니다. 모든 13학번들이 모여 학교 생활에 대한 안내도 받고 친구들과 사귀는 시간을 가질 것입니다.

④ **WELCOME**

여러분의 입학을 뜨겁게 환영합니다

2월 17일, 총학생회에서 신입생 환영회를 엽니다. 모든 13학번들이 모여 학교 생활에 대한 안내도 받고 친구들과 사귀는 시간을 가질 것입니다.

03 poster2.html 문서를 불러와 CSS3를 사용해 다음 조건에 맞게 이미지를 수정하시오.

[조건]

① 이미지의 id를 파악한 후 id 스타일로 지정합니다.

② 1픽셀짜리 회색 실선을 그립니다.

③ 테두리의 모서리 부분을 둥글게 표시합니다. 반지름은 20px로 합니다.

④ 테두리와 실제 이미지 사이의 여백을 20px로 합니다.

⑤ 이미지에 그림자 효과를 추가합니다. 그림자는 오른쪽 아래 방향으로 각각 10px씩 표시되고, blur radius도 10px로 합니다. 그림자 색상은 검정색입니다.

⑥ 이미지를 왼쪽으로 10도만큼 회전시킵니다.

04 poster3.html 문서를 불러와 다음 조건에 맞게 수정하시오.

[조건]

① 〈h1〉 제목에 5px짜리 두 줄로 된 하늘색(skyblue) 밑줄을 그립니다.

② 〈h1〉 제목의 위쪽 패딩은 20px, 아래쪽 패딩은 10px로 지정합니다.

③ 목록 주변에 1px짜리 점선으로 된 테두리를 그립니다. 테두리 색상은 회색(gray)입니다.

④ 목록의 테두리와 내용 사이의 여백을 20px로 지정합니다.

⑤ 목록과 목록 사이의 여백을 10px로 지정합니다.

P A R T

02

JavaScript

얼마 전까지만 해도 자바스크립트는 웹 브라우저에서 사용하는 간단한 스크립트 언어 정도로만 여겨졌지만 이제는 웹 표준 기술의 중요한 부분을 차지하고 있습니다. 즉 웹 표준 기술에서 자바스크립트는 필수가 된 것이죠. 아직 자바스크립트를 사용해 보지 않은 독자들을 위해 기본적인 자바스크립트 문법과 스크립트 작성법을 살펴보도록 하겠습니다.

CHAPTER 07 JavaScript 기초
SECTION 01 자바스크립트란?
SECTION 02 데이터 유형
SECTION 03 연산자

CHAPTER 08 실습실 좌석 배치도 만들기
SECTION 01 대화 상자
SECTION 02 조건문
SECTION 03 반복문
SECTION 04 함수

CHAPTER 09 나타났다 사라지는 서브 메뉴 만들기
SECTION 01 HTML DOM
SECTION 02 DOM 요소에 접근하는 방법
SECTION 03 HTML DOM 노드 리스트
SECTION 04 DOM 요소 수정하기
SECTION 05 DOM에서 새로운 요소 추가하기

07

JavaScript
기초

HTML5이 차세대 웹 표준으로 각광받는 이유 중 하나는 누구나 손쉽게 애플리 케이션을 작성하게 해주는 HTML API 때문입니다. 하지만 HTML5 API는 자바스 크립트를 기반으로 하기 때문에 자바스크립트에 대한 기본 지식이 없다면 HTML5의 최대 장점을 살릴 수 없습니다. 최근 웹에서 많이 사용되고 있는 jQuery 역시 자바스크립트를 기본으로 하고 있습니다. 웹 프로그래밍에서 꼭 익 혀두어야 할 자바스크립트 기초 문법에 대해 살펴보도록 하겠습니다.

| 이 장에서 배울 내용 |

- **자바스크립트란?** : 자바스크립트가 웹 개발에서 왜 중요한지 알아보고 다른 프로그래밍 언어들과 다른 특징들을 살펴봅니다. 그리고 간단한 자바스크립 트 소스를 따라해 보면서 코딩할 때 주의점도 알아봅니다.

- **데이터 유형** : 자바스크립트에서는 데이터 유형을 지정하지 않아도 자동으로 변환해서 사용하는데요, 그래도 자바스크립트에 어떤 데이터 유형이 있는지, 그리고 어떻게 사용하는지에 대해서는 알고 있어야겠죠?

- **연산자** : 데이터 유형을 원하는 형태로 만들기 위해서는 연산자를 잘 사용해 야 합니다. 숫자형 데이터뿐만 아니라 문자열 데이터도 연산에 사용될 수 있 습니다.

01

<h1 style="text-align:right">자바스크립트란?</h1>

WEBPROGRAMMING

웹에 관심이 있다면 '자바스크립트'란 이름은 들어보았을 것입니다. 하지만 HTML과 어떤 관계인지, 프로그래밍 언어인 자바와 같은 것인지 등 궁금한 것도 많겠지요. 우선 자바스크립트가 왜 생겨났고 브라우저에서 자바스크립트가 어떻게 동작하는지와 같은 가장 기본적인 동작 원리를 알아보겠습니다.

: : HTML과 자바스크립트

웹 문서의 뼈대를 이루는 것은 HTML입니다. 그리고 문서의 배경색이나 글자색 같은 디자인 요소들은 CSS를 이용하지요. HTML이 등장하면서 웹에 있는 정보를 체계적으로 정리해서 보여줄 수 있게 되고 페이지들 간에 이동하기가 수월해졌기 때문에 HTML은 인터넷을 대중화시킨 일등공신이라 할 수 있습니다. 하지만 HTML로 작성된 웹 문서는 사실 이미지나 텍스트를 통해 내용들을 보여주는 기능밖에 없습니다. 시간이 흐르면서 인터넷 사용자도 많아지고 데이터를 전송하는 속도도 높아지면서 인터넷 사용자들의 요구 수준이 높아지는 것은 당연한 일이었습니다. 다른 사이트보다 좀 더 내용을 강조할 수는 없을까? 밋밋하게 내용을 나열하는 데서 벗어나 사용자들의 시선을 붙잡을 수는 없을까? 이런 고민들이 생겨났고 그로 인해 생겨난 것이 '자바스크립트'입니다.

자바스크립트는 맨 처음 넷스케이프(Netscape) 사에서 라이브스크립트(LiveScript)란 이름으로 개발되었습니다. 1995년에 썬 마이크로시스템즈(Sun Microsystems) 사가 라이브스크립트 개발권을 넘겨받으면서 이름을 자바스크립트(JavaScript)로 바꾸게 됩니다.

> 자바스크립트가 C++ 객체 스타일을 사용한다는 점에서 자바(Java)와 관련이 있긴 하지만 그 외에는 자바와 자바스크립트는 전혀 다른 프로그래밍 언어이므로 혼동하지 마세요.

자바스크립트는 CSS와 마찬가지로 웹 페이지 안에서 HTML 태그와 함께 사용됩니다. HTML은 자바스크립트를 HTML 태그 안에 삽입하면서부터 더욱 다양한 기능을 갖출 수 있게 되었습니다.

> 자바스크립트 외에도 서버 프로그래밍 언어인 JSP나 ASP, PHP 등을 이용해서 웹 페이지를 다이내믹하게 만들 수도 있습니다.

다음 예제를 보면 빨간색으로 표시된 부분이 자바스크립트 소스입니다. 앞서 배웠던 CSS처럼 웹 문서 안에 포함시켜서 작성할 수 있습니다.

```html
<!doctype html>
<html>
<head>
<meta charset="utf-8">
<meta name="viewport" content="width=device-width, initial-scale=1,
minimum-scale=1, maximum-scale=1, user-scalable=no">
<title>오늘은 며칠인가요?</title>
</head>
<body>
    <script>
        var today=new Date();
        var display = today.toLocaleString();
        document.write("<h1>오늘은 며칠인가요?</h1>");
        document.write(display+ "입니다.");
    </script>
</body>
</html>
```

자바스크립트의 최대 장점은 배우기 쉽다는 것입니다. 웹 페이지를 동적으로 만드는 데 필요한 기능만 사용할 수도 있고 미리 만들어진 소스를 가져다 쉽게 응용할 수도 있거든요. 최근에는 자바스크립트의 기능들을 라이브러리로 묶어 더욱 쉽게 자바스크립트를 사용할 수 있게 해주는 jQuery가 많은 사랑을 받고 있습니다. jQuery에 대해서는 앞으로 좀 더 자세하게 살펴보겠습니다.

: : 자바스크립트와 HTML5

자바스크립트는 웹 페이지에 좀 더 동적인 효과를 추가하기 위해 사용하는 프로그래밍 언어입니다. 자바스크립트를 사용하면 웹 브라우저 창뿐만 아니라 웹 문서에 삽입한 이미지나 표, 텍스트 등을 원하는 대로 조절할 수 있습니다.

처음에 자바스크립트는 클라이언트, 즉 사용자 컴퓨터의 브라우저 화면을 제어하는 데 주로 사용됐습니다. 예를 들어, 메인 메뉴 위로 마우스 포인터를 가져가면 서브 메뉴가 나타난다든지, 이미지 위로 마우스 포인터를 올려놓았을 때 다른 이미지로 바뀌는 것처럼 웹 페이지를 좀 더 눈에 띄게 만드는 역할을 했습니다. 그래서 C나 Java 등을 프로그래밍하는 프로그래머들에게 자바스크립트는 아주 시시한 스크립트 언어라는 취급을 받곤 했습니다.

- **서버(server)** : 항상 인터넷에 연결되어 있어 다른 컴퓨터에서 이 컴퓨터에 저장된 인터넷 정보를 이용할 수 있도록 해 주는 컴퓨터
- **클라이언트(client)** : 서버 컴퓨터에 접속하여 웹 문서를 열어보는 컴퓨터, 혹은 웹 브라우저를 가리키는 용어입니다.

시간이 흐르면서 node.js 같은 서버 제어가 가능한 스크립트도 등장했고 ASP나 PHP 같은 서버 프로그래밍 언어를 사용하지 않고도 회원 정보나 게시판 같은 서버 데이터베이스의 정보를 가져와서 브라우저 화면에 보여줄 수도 있게 되었습니다. 하지만 이때까지만 해도 웹 프로그래머라고 하면 ASP나 PHP, JSP 같은 언어로 서버 프로그래밍을 하는 사람을 가리키는 말이었고 자바스크립트는 웹 프로그래머들에게조차 프로그래밍 언어로 인정받지 못하는 일이 많았습니다.

하지만 HTML5가 등장하면서 자바스크립트의 입지는 완전히 달라졌습니다. 최근 HTML5를 차세대 웹 표준 기술이라고 부르는데 그 핵심에는 자바스크립트가 있습니다. HTML5에는 웹 프로그래밍의 중요한 기능들을 라이브러리처럼 묶어 놓은 HTML5 API들이 있습니다. 이 API를 이용해서 모바일 기기의 종류에 상관없이 실행되는 모바일 애플리케이션을 작성할 수도 있고, 마이크로소프트 최신 OS인 Windows 8의 윈도우 응용 프로그램도 만들 수 있습니다. HTML5 API를 사용자의 웹 페이지로 가져와 원하는 형태로 사용하기 위해서는 자바스크립트를 사용해야 합니다.

예를 들어, 웹 상에서 사용자들이 그림을 그릴 수 있는 '그림판'을 만들려면 예전에는 주저 없이 플래시를 사용했습니다. 사용자의 동작을 받고, 동작을 처리하고 그 결과를 멋있게 화면에 보여주는 데는 플래시가 가장 적합했기 때문입니다. 하지만 각종 모바일 기기에서 웹에 접속하는 요즘에는 플래시 무비의 파일 크기가 부담이 될 수밖에 없고, 특히 플래시 플레이어라는 플러그인을 설치해야 한다는 제약 조건이 걸려 있습니다. 이런 고민거리를 한 번에 해결해 주는 것이 CSS3와 자바스크립트입니다. 플래시 무비를 만들 때는 이미지 형태로 가져와서 만들기 때문에 파일 크기가 커질 수밖에 없지만 CSS3와 자바스크립트는 모두 텍스트로 된 소스로만 작성되기 때문에 파일 크기를 눈에 띄게 줄일 수 있습니다. 그만큼 모바일 기기로 전송되는 속도도 빨라지겠죠. 그리고 자바스크립트는 모든 웹 브라우저에서 지원하기 때문에 어떤 브라우저에서나 같은 모습을 볼 수 있다는 것도 큰 장점입니다.

▲ 플래시로 만든 Sketch & Paint

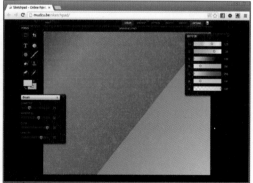

▲ html5로 만들어진 SketchPad

: : 자바스크립트는 어떻게 동작하나?

HTML이나 CSS는 웹 브라우저가 한 줄씩 읽으면서 그대로 화면에 표시하지만, 자바스크립트 코드는 웹 브라우저가 직접 이해할 수 없습니다. 대신 브라우저 안에 포함된 '스크립트 인터프리터'라는 곳에서 자바스크립트 소스를 해석한 후에 웹 브라우저에게 그 결과를 보여주라고 명령합니다.

> **컴파일 언어와 인터프리터 언어**
>
> 프로그래밍 언어는 소스를 한 줄씩 해석하면서 한 줄씩 실행하는 인터프리터 언어와 소스를 통째로 컴파일한 후 실행 파일을 만들어 내는 컴파일 언어로 나누어집니다. C나 Java 등의 언어는 컴파일 언어이고 베이직이나 자바스크립트는 인터프리터 언어입니다.

① 웹 브라우저는 페이지 안에 있는 태그를 순서대로 읽어가면서 태그에서 명령하는 대로 브라우저 창의 제목 표시줄을 표시하기도 하고 페이지의 배경 이미지를 표시하기도 합니다. HTML 태그를 읽는 도중 〈script〉 태그를 만나면 즉시 〈/script〉 태그를 찾아내어 실제 스크립트 코드가 어디에서부터 어디까지인지를 먼저 확인합니다. 그리고 그 부분 소스만 브라우저 안에 있는 스크립트 인터프리터에게 넘겨줍니다.

② 스크립트 인터프리터에서는 넘겨 받은 소스를 한 줄씩 처리합니다. 당장 처리해서 결과를 보여줘야 하는 문장이 있으면 처리해서 브라우저에게 넘겨주고 나중에 사용할 부분이 있다면 언제든지 즉시 실행할 수 있도록 변환해서 임시로 저장해 둡니다. 여기까지 마치면 스크립트 인터프리터는 다시 웹 브라우저에게 제어권을 넘겨줍니다.

③ 웹 브라우저는 스크립트 인터프리터가 넘겨준 결과가 있으면 그 결과를 사용하고 나머지 웹 페이지의 태그들도 차례차례 처리합니다. 중간에 자바스크립트 함수가 등장하면 스크립트 인터프리터에게 넘겨주면 됩니다. 즉, HTML 태그와 CSS로 된 부분은 웹 브라우저가 그대로 화면에 표시하고 자바스크립트 부분은 스크립트 인터프리터를 한 번 더 거친 후 그 결과를 웹 브라우저 화면에 표시하게 됩니다.

:: **실습** 첫 번째 스크립트 작성하기

간단한 자바스크립트 소스를 작성해 보도록 하겠습니다. 여기에서 만들어 볼 소스는 사용자에게 이름을 입력하게 한 후 그 이름을 브라우저 창에 표시하는 것입니다. 자바스크립트는 대소문자를 명확히 구분하고 쉼표나 따옴표 하나만 빠져도 오류가 생기므로 꼼꼼하게 따라하세요.

◎ **준비 파일 :** 없음
◎ **완성 파일 :** 실습\ch7\Results\who.html

01. 메모장을 열고 다음과 같이 기본이 되는 HTML 소스를 작성합니다.

```
<!doctype html>
<html>
<head>
  <meta charset="utf-8">
  <meta name="viewport" content="width=device-width">
  <title>Who are you?</title>
  <style>
    body {
      text-align:center;
    }
  </style>
</head>

<body>
  <img src="question.gif">
  <br><br>
</body>
</html>
```

```
<!doctype html>
<html>
<head>
    <meta charset="utf-8">
    <meta name="viewport" content="width=device-width">
    <title>Who are you?</title>
    <style>
        body {
            text-align:center;
        }
    </style>
</head>

<body>
    <img src="question.gif">
    <br><br>
</body>
</html>
```

02. `Ctrl`+`S` 키를 눌러 파일 저장 창이 나타나면 '실습\ch7\Sources' 폴더에 who. html 파일로 저장합니다.

03. 웹 브라우저 창에서 실습\ch7\Sources\who.html' 문서를 불러오면 화면에 빨간색 물음표가 표시되어 있을 것입니다. 아직 브라우저 창을 닫지 마세요.

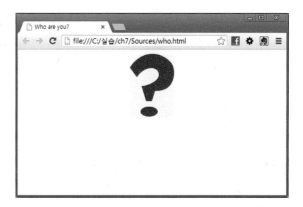

04. 메모장의 소스로 돌아와, 〈/body〉 태그 앞에 다음과 같이, 스크립트의 시작과 끝을 나타내는 〈script〉 태그와 〈/script〉 태그를 입력합니다. 이 두 태그 사이에 자바스크립트 소스를 작성할 것입니다.

```
<script>

</script>
```

05. 〈script〉 태그와 〈/script〉 태그 사이에 다음과 같은 소스를 작성한 후 `Ctrl`+`S` 키를 눌러 수정 내용을 저장합니다.

```
<script>
    var name=prompt("이름을 입력
하세요.");
    document.write(name + "님,
안녕하세요?");
 </script>
```

06. 열어두었던 브라우저 창으로 돌아와 `F5` 키를 누르거나 `C` 아이콘을 클릭합니다.

07. 여러분의 이름을 입력하라는 작은 창이 나타날 것입니다. 여러분의 이름을 입력하고 〈확인〉 버튼을 클릭하세요.

08. 여러분의 이름과 함께 인사글이 표시됩니다. 단순히 물음표 부호만 보여주던 웹 페이지였지만 간단한 스크립트 몇 줄만 추가해도 사용자의 입력을 받고 그 입력 내용에 반응하는 페이지로 바뀌는 것을 볼 수 있습니다.

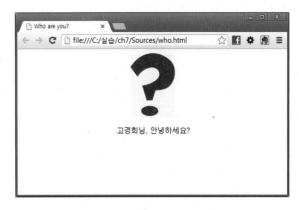

: : 자바스크립트 작성 요령

자바스크립트 프로그래밍을 본격적으로 배우기 전에 소스 코딩을 할 때 꼭 기억해 두어야 할 몇 가지 약속들을 살펴보겠습니다.

① 따옴표 사용하기

자바스크립트에서는 문자열을 나타낼 때 큰따옴표(")와 작은따옴표(')의 두 가지 종류를 사용합니다. 이때 주의해야 할 것이 있습니다. 따옴표 안에 또 다른 따옴표를 표시해야 할 경우에는 같은 종류의 따옴표를 사용할 수 없다는 점입니다.

```
document.write("<img src="summer.jpg">">   // 잘못된 따옴표 사용
document.write("<img src='summer.jpg'>")   // 맞는 따옴표 사용
```

document.write() 문에서는 따옴표가 필요하고 〈img〉 태그의 src 속성에도 따옴표가 필요한데 이럴 경우에는 바깥쪽의 문자열에 큰따옴표를 쓰고 안에 있는 문자열에는 작은따옴표를 사용합니다. 반대로 바깥쪽 문자열에 작은따옴표를 쓰고 안쪽 문자열에 큰따옴표를 써도 됩니다.

② 세미콜론(;) 사용하기

자바스크립트 인터프리터는 소스에서 사용된 줄 바꿈을 중요하게 생각하지 않습니다. 한 줄에 한 문장씩 입력할 경우에는 각 줄 끝에 세미콜론을 붙이지 않아도 되고, 한 줄에 여러 개의 문장을 죽 늘어놓을 때에는 세미콜론(;)으로 문장과 문장 사이를 구분합니다. 물론 각 줄마다 세미콜론을 붙여도 됩니다.

다음의 세 가지 예제는 모두 맞는 소스이고 같은 결과를 표시합니다.

예1
```
var today=new Date();   var display = today.toLocaleString();
document.write(display);
```

```
var today=new Date()
var display = today.toLocaleString()
document.write(display)
```

```
var today=new Date();
var display = today.toLocaleString();
document.write(display);
```

③ 자바스크립트는 대소문자를 구별합니다.

HTML 태그에서는 대소문자를 구별하지 않기 때문에 ⟨body⟩라고 하거나 ⟨BODY⟩라고 해도 오류가 생기지는 않습니다. 하지만 자바스크립트에서는 대소문자를 엄격하게 구분합니다. 따라서 앞으로 배우게 될 변수나 함수, 메서드 등의 이름을 사용할 때도 대소문자에 꼭 주의해야 합니다.

④ 자바스크립트 주석

모든 프로그래밍에서 주석(comment)은 아주 중요한 역할을 합니다. 스크립트 소스 코드는 스크립트 인터프리터가 읽고 해석할 부분이지만 소스 코드에 있는 주석은 다른 사람이 읽어보라고 작성한 것입니다. 여기에서 중요한 것은 소스 작성자 자신이 아니라 다른 사람을 위한 것이라는 점입니다. 나중에 다른 사람이 현재 소스 코드를 보게 될 경우 좀 더 쉽게 이해하고 필요하다면 수정할 수 있도록 정보를 남겨놓는 것입니다.

자바스크립트 주석에서 간단한 설명을 붙일 때는 다음과 같이 '//' 기호를 이용해 한 줄짜리 주석을 사용합니다.

```
var num1 = prompt("첫 번째 수: ");  // 사용자가 첫 번째 숫자 입력
var num2 = prompt("두 번째 수: ");  // 사용자가 두 번째 숫자 입력
```

추가해야 할 설명이 많을 경우에는 여러 줄로 된 주석을 작성할 수 있습니다. 주석이 여러 줄에 걸쳐서 입력되기 때문에 /* 기호로 주석의 시작을 표시하고 */ 기호로 주석이 끝난다는 것을 알려주어야 합니다.

```
/* 사용자 입력은 문자열이기 때문에 덧셈 연산을 하기 위해서는 사용자의 입력을 정수로 바꿔야 합니다.
이때 사용하는 것이 parseInt()입니다. */

var sum = parseInt(num1) + parseInt(num2);
```

: : 자바스크립트 선언 방법

자바스크립트는 보통 웹 페이지 안에 스크립트 소스를 입력하여 사용합니다. 그렇다고 스크립트 소스를 그냥 HTML 태그 안에 넣으면 웹 브라우저가 HTML 태그인지 스크립트 소스인지 구별할 수 없기 때문에 스크립트 소스 부분은 ⟨script⟩ 태그와 ⟨/script⟩ 태그로 감싸서 다른 HTML 태그와 구분해 주게 됩니다. HTML 문서 안에서 직접 자바스크립트 소스를 작성하기도 하지만 자바스크립트 소스 부분만 따로 파일로 저장한 후 연결해서 사용하기도 합니다.

두 가지 방법을 구분하기 위해서 스크립트 소스를 HTML 문서 안에 모두 넣을 경우에는 '내부 스크립트'라고 하고, 스크립트 소스만 따로 파일로 저장하고 HTML 문서에 연결해서 사용할 경우에는 '외부 스크립트'라고 합니다. 두 가지의 커다란 형태에 대해 잠시 살펴보도록 하겠습니다.

① 내부 스크립트

앞의 실습에서 우리가 함께 입력한 HTML 문서 안에 필요한 자바스크립트 소스를 모두 입력했기 때문에 내부 스크립트입니다.

```
<script>
    자바스크립트 소스
</script>
```

• ⟨script⟩ : 웹 브라우저가 이 태그를 만나면 '아~ 스크립트 소스가 시작되는구나'라고 인식해서 ⟨/script⟩ 태그를 만날 때까지 그 안의 소스들은 내장된 자바스크립트 인터프리터에게 차근차근 넘겨주게 됩니다. 예전에는 다음처럼 자바스크립트를 지원하지 않는 브라우저를 위해 주석을 사용하기도 했습니다.

```
<script>
<!--
    자바스크립트 소스
//-->
</script>
```

하지만 HTML5가 웹 표준 기술로 등장하면서 자바스크립트는 기반 프로그래밍 언어가 되었고 HTML5를 지원하는 웹 브라우저에서는 모두 자바스크립트를 지원합니다. 따라서 위와 같은 주석은 현재 필요하지 않습니다.

• ⟨/script⟩ : 이 태그는 스크립트 소스가 어디에서 끝나는지를 표시하는 것입니다. 이 태그를 빼먹게 되면 의도한 대로 스크립트 프로그램이 동작하지 않습니다.

② 외부 스크립트

외부 스크립트는 자바스크립트 소스를 별도의 파일로 저장해 놓고 사용하는 것인데 이렇게 하면
사이트 방문자들이 소스를 열어보더라도 실제 자바스크립트 소스는 볼 수 없게 됩니다. 물론 이
책에서는 설명의 편의를 위해서 외부 스크립트 파일을 사용하지 않지만 실제로는 내부 스크립트
보다 외부 스크립트를 더 많이 사용합니다.

- **외부 스크립트의 장점**
  - ㉠ 유지·관리가 쉽습니다 : 스크립트 소스를 따로 저장하게 되면 HTML 태그와 뒤섞이지 않기
    때문에 스크립트 소스만 수정하면 됩니다.
  - ㉡ 라이브러리를 지원합니다 : 외부 스크립트를 사용하면 C나 C++로 프로그래밍할 때처럼 자
    바스크립트 라이브러리를 사용할 수 있습니다. 따라서 중복해서 함수를 정의하지 않고 내장
    된 여러 자바스크립트 함수를 불러다가 사용할 수 있게 됩니다.

- **외부 스크립트의 단점**
  - ㉠ HTML 요소를 참조하기 어렵습니다 : 스크립트 함수를 외부 스크립트 파일로 저장할 경우
    HTML 문서 안의 요소들(이미지나 버튼 등)을 참조하기 어려워집니다. 따라서 웹 문서 안의
    요소들을 제어해야 하는 스크립트라면 웹 문서 안에 직접 넣는 것이 일반적입니다.
  - ㉡ 불필요한 부분까지 처리될 수 있습니다 : 자바스크립트 인터프리터는 연결한 외부 스크립
    트 파일에 있는 모든 함수들을 처리해서 메모리에 저장해 둡니다. 예를 들어, 외부 스크립트
    파일에 5개의 함수가 정의되어 있고 현재 문서에서 함수 1개만 필요하다면 불필요하게 4개
    의 함수를 모두 처리하게 됩니다. 이럴 때는 여러 개의 스크립트 파일로 나눠 저장한 후 필
    요한 것만 불러와서 처리하는 것이 낫습니다.
  - ㉢ 또 다른 서버 액세스가 필요합니다 : 웹 페이지를 읽어올 때 HTML 문서뿐만 아니라 외부 스
    크립트 파일을 불러와서 자바스크립트 인터프리터가 처리해야 하기 때문에 파일을 가져오
    는 만큼의 시간이 더 소요됩니다. 외부 스크립트 파일이 크거나 개수가 많을 경우 웹 문서
    로딩에도 영향을 미칠 수 있습니다.

외부 스크립트를 만들 때는 내부 스크립트로 만든 소스 중에서 〈script〉 태그와 〈/script〉 태그
를 제외한 나머지 소스를 외부 스크립트 파일로 저장하며 파일의 확장자는 *.js입니다. 만들어
진 외부 스크립트 파일은 〈script〉 태그를 이용해 다음과 같이 웹 문서에 연결합니다.

```
<script src="외부 스크립트 파일"></script>
```

외부 스크립트 파일을 만들 경우에는 내부 스크립트에서 〈script〉와 〈/script〉 사이의 실제 소스
부분만 따로 저장하면 됩니다.

다음 예제는 사용자로부터 두 개의 숫자를 입력받아 두 숫자의 합을 화면에 표시하는 것입니다. 첫 번째 예제는 웹 문서 안에 직접 스크립트 소스를 사용한 것이고, 두 번째 예제는 스크립트 부분을 addition.js 파일로 저장해 놓고 웹 문서에서 링크한 것입니다. 어떤 방법을 사용하든 똑같은 결과를 볼 수 있습니다.

예제 내부 스크립트 파일 사용 예제 | 폴더명: 예제\ch7\in-js.html

```html
<body>
    <script>
        var num1 = prompt("첫 번째 수: ");
        var num2 = prompt("두 번째 수: ");
        var sum = parseInt(num1) + parseInt(num2);

        document.write(num1+"과 "+num2+"를 더하면 <br>");
        document.write(sum+ "입니다.");
    </script>
</body>
```

예제 외부 스크립트 파일 사용 예제 | 폴더명: 예제\ch7\addition.js

```javascript
var num1 = prompt("첫 번째 수: ");
var num2 = prompt("두 번째 수: ");
var sum = parseInt(num1) + parseInt(num2);

document.write(num1+"과 "+num2+"를 더하면 <br>");
document.write(sum+ "입니다.");
```

예제 외부 스크립트 파일 사용 예제 | 폴더명: 예제\ch7\out-js.html

```html
<body>
    <script src="addition.js"></script>
</body>
```

:: 자바스크립트와 변수

변수(variable)는 임의의 값을 저장하는 임시 기억 장소로 프로그래밍 언어에서 가장 중요한 요소입니다. 자바스크립트에서는 값을 저장하거나 값을 다른 곳으로 전달하는 데 변수를 사용합니다.

① 변수 선언하기

변수를 사용하기 전에 우선 변수를 만들어야 합니다. 자바스크립트에서는 변수를 만들 때 미리데이터 유형을 선언해 주지 않아도 되는데, 이것은 변수에 들어갈 값이 숫자인지, 문자인지 등을알려주지 않아도 데이터 유형을 변환할 수 있다는 뜻입니다.

프로그램에서 변수를 만드는 것을 선언한다(declaration)라고 하는데, var라는 키워드 뒤에 변수이름을 적으면 됩니다.

```
var  변수 이름
```

예
```
var now
```

변수 이름을 지정하는 것은 값을 저장해 놓은 메모리 공간에 문패를 붙이는 것과 같습니다. 우리는 프로그램 안에서 사용할 값들이 메모리 어느 위치에 저장되어 있는지 신경 쓰지 않고 문패 이름, 즉 값을 넣어놓은 변수 이름만 기억해 놓으면 쉽게 가져다 사용할 수도 있고 다시 같은 위치에바뀐 값을 저장할 수도 있습니다. 따라서 변수 이름은 서로 다르게 만들어야 합니다.

자바스크립트에서 변수 이름을 정하는 데는 몇 가지 규칙이 있습니다. 대소문자를 구별해야 하고사용해서는 안 되는 문자들은 피하며 자바스크립트 키워드는 사용하면 안 됩니다.

- **대소문자를 구별합니다** : 자바스크립트에서는 대소문자를 구별하므로 now라는 변수와 Now, NOW, NoW라는 변수들은 모두 다른 변수로 취급합니다. 자바스크립트에서는 한 단어로 이루어진 변수를 사용할 때는 주로 소문자를 사용하며 두 단어 이상으로 이루어진 변수를 사용할 때는 totalArea나 TotalArea, 또는 Total_Area처럼 중간에 대문자를 섞어 사용합니다.

- **문자나 언더스코어로 시작합니다** : 변수 이름을 지정할 때는 반드시 문자나 언더스코어(_)로 시작해야 하고 숫자로 시작할 수 없습니다. 두 번째 글자부터는 숫자나 문자, 언더스코어 등을 사용할 수 있습니다. 아래의 변수 이름은 모두 사용할 수 있습니다.

```
now, _now, now25, now_25
```

하지만 아래 변수들은 사용할 수 없습니다.

```
25now, now 25, $now
```

- **자바스크립트 키워드는 사용할 수 없습니다** : 자바스크립트 키워드(keyword)란 자바스크립트에서 특별한 목적으로 사용하기 위해 미리 정해 놓은 이름을 가리킵니다. 따라서 자바스크립트에서 변수 이름을 정할 때는 이런 키워드를 사용할 수 없습니다. 다음은 자바스크립트의 주요 키워드들입니다.

```
abstract      boolean       break         byte          case
catch         char          class         const         continue
default       do            double        else          extends
false         final         finally       float         for
function      goto          if            implements    import
in            instanceof    int           interface     long
native        new           null          pacakage      private
protected     public        return        short         static
super         switch        synchronized  this          throw
throws        transient     true          try           var
void          while         with
```

- **무의미한 변수 이름은 피하세요** : 자바스크립트 프로그래밍에서는 수십 개의 변수가 사용되기 때문에 각 변수의 역할을 일일이 기억하기 쉽지 않습니다. 대신 변수 이름을 정할 때 변수의 의미를 짐작할 수 있도록 정한다면 프로그램 소스를 이해하기도 쉽습니다. 예를 들어, 학생들의 시험 점수 합계를 저장하는 변수라면 total, 평균 점수는 average라고 하는 것처럼 누구나 쉽게 변수를 이해할 수 있게 하는 것이 좋습니다.

② 변수에 값 할당하기

문패로 사용할 변수 이름을 선언하고 나면 변수에 초기값을 할당하게 되는데 그 과정을 초기화(initialization)라고 합니다. 변수를 초기화할 때는 대입 연산자를 사용하며 기호는 =를 사용합니다.

```
var 변수 이름
변수 이름 = 초기값
```

예
```
var today;
today = new Date();
```

다음과 같이 변수 선언과 초기화를 한꺼번에 할 수도 있습니다.

```
var 변수 이름 = 초기값
```

예
```
var today = new Date();
```

③ 변수 영역

변수의 영역이란 변수가 어디에서 어디까지 유효한가 하는 범위를 나타냅니다. 한 함수 안에서만 사용하고 다른 함수에서는 사용할 수 없는 변수가 있는가 하면 어떤 함수에서나 다 사용할 수 있는 변수가 있습니다.

특정 함수 안에서만 사용할 수 있는 변수를 '로컬 변수(local variable)'라고 하고 스크립트 전체에서 사용할 수 있는 변수를 '전역 변수(global variable)'라고 합니다. 로컬 변수를 정의할 때는 반드시 var라는 키워드를 붙여야 하지만, 전역 변수 앞에는 var를 붙여도 되고 붙이지 않아도 됩니다.

전역 변수란 ⟨script⟩와 ⟨/script⟩ 사이에서 자유롭게 사용할 수 있는 변수입니다. 여기에서 자유롭게 사용할 수 있다는 의미는 변수를 한 번 정의하고 나면 그 값을 계속해서 유지할 수 있다는 뜻입니다. 전역 변수는 함수 영역 밖에서 선언됩니다. 다음 예제에서 number는 전역 변수입니다.

예제 폴더명: 예제\ch7\var1.html

```
<body>
    <script>
        function test() {
❶           number = 10;
        }
❷       number = 20;
❸       test();
        document.write("최종 숫자는 "+number +"입니다.");
```

```
        </script>
</body>
```

❶ function test() { ... } 부분은 test 함수를 정의하는 부분이므로 실행하지 않고 넘어갑니다.

❷ number 변수에 '20'이 저장됩니다.

❸ test() 함수가 호출되므로 비로소 function test() {....} 사이의 내용을 한 줄씩 처리합니다.
number 변수에 '10'이 저장됩니다. (변수 이름이 같기 때문에 원래 값 20은 삭제됩니다)

❹ 최종값은 number 변수에 저장된 '10'입니다.

로컬 변수는 함수 안에서 선언된 변수입니다. 따라서 그 함수 안의 문장에서만 사용할 수 있습니다. 로컬 변수 영역에서는 로컬 변수만 존재하다가 그 범위를 벗어나게 되면 로컬 변수는 수명을 다하고 전역 변수만 존재하게 됩니다. 로컬 변수는 반드시 var라는 키워드를 사용해서 함수 안에서 선언해야 합니다. 다음 예제에서 number는 로컬 변수와 전역 변수로 사용되고 있습니다.

예제 폴더명: 예제\ch7\var2.html

```
<body>
    <script>
    ❶ function test() {
            var number = 10;
        }
    ❷ number = 20;
    ❸ test();
        document.write("최종 숫자는 "+number +"입니다.");
    </script>
</body>
```

❶ function test() { ... } 부분은 test 함수를 정의하는 부분이므로 실행하지 않고 넘어갑니다.

❷ 전역 변수 number에 '20'이 저장됩니다.

❸ test() 함수가 호출되므로 function test() {....} 사이의 내용을 한 줄씩 처리합니다.
로컬 변수 number에 '10'이 저장됩니다.

❹ test 함수가 끝났기 때문에 '10' 값을 저장한
number는 더 이상 존재하지 않습니다.
전역 변수 number의 최종 값 '20'이 표시됩니다.

최종 숫자는 20입니다.

tip
test( ) 함수를 정의할 때 로컬 변수 앞에 var라는 키워드를 붙이지 않게 되면 위에서 살펴본 var1.html의 경우처럼 그 변수는 전역 변수로 취급합니다.

02

데이터 유형

WEBPROGRAMMING   여기에서는 자바스크립트에서 데이터를 어떻게 관리하는지 알아볼 것입니다. 데이터를 좀 더 정확하게 처리하기 위해 유형을 분류하는 방법과 그에 따른 처리 방법, 그리고 데이터를 저장하는 변수에 대해서도 알아볼 것입니다.

: : 데이터 유형

다른 프로그래밍 언어와 마찬가지로 자바스크립트에서도 처리하는 값이 숫자인지 문자인지 등에 따라 유형별로 데이터를 구분합니다. 이런 정보 유형을 데이터 유형(data type)이라고 하는데, 자바스크립트에는 숫자(number), 불린(boolean), 문자열(string), 그리고 null, 이렇게 네 가지 데이터 유형이 있습니다.

- **숫자형(number)** : 따옴표가 붙지 않는 모든 숫자를 가리킵니다. 예) 1, 100, -40 등
- **논리형(boolean)** : 참과 거짓을 구별할 수 있는 데이터를 가리킵니다.
- **문자열(string)** : 따옴표로 묶어놓은 문자들을 가리킵니다. 예) "100", "hi?"
- **null** : 아무 값도 없는 상태를 나타내는 키워드입니다.

: : 숫자형

자바스크립트에서는 따옴표와 함께 사용하면 문자열로 처리하기 때문에 숫자 데이터를 처리할 때는 따옴표를 사용하지 않습니다. 자바스크립트에서의 숫자는 크게 정수와 실수로 나누어집니다.

① 정수
정수는 소수점이나 지수 부분이 없는 숫자를 가리킵니다. 다음은 정수 상수의 예입니다.

```
1, 100, -40
```

지수 : 어떤 수나 문자의 오른쪽 위에 덧붙여 그 거듭제곱을 한 횟수를 나타내는 문자나 숫자.

정수는 다시 양수와 음수, 그리고 0으로 구성되며 표현 방법에 따라 10진수, 8진수, 16진수로 나누기도 합니다.

- **10진수** : 0,1,2,3,4,5,6,7,8,9의 10개 숫자만 사용해서 나타낸 수입니다.
- **8진수** : 0,1,2,3,4,5,6,7의 8개 숫자만 사용해서 나타낸 수입니다. 8진수를 표시할 때는 8진수 앞에 0(zero)을 붙여서 표시합니다. 10진수 10을 8진수로 표시하면 12인데 스크립트에서 8진수

12를 나타날 때는 012라고 표시합니다. 즉, 숫자 앞에 0이 표시되어 있으면 8진수입니다.

- **16진수** : 0,1,2,3,4,5,6,7,8,9,a,b,c,d,e,f의 16개 숫자로 나타내는 수입니다. 16진수 앞에는 0x나 0X를 붙여서 표시합니다. 웹에서 자주 사용하는 색상값들이 16진수로 표시된 것입니다.

② 실수

실수는 소수점이 있는 숫자를 가리킵니다. 예를 들어, 5.25는 실수인데 컴퓨터에서 5.25라는 실수를 저장하려면 소수 부분과 지수 부분으로 나누어 저장합니다. 최대한 작은 공간에 많은 자료를 넣기 위해서입니다.

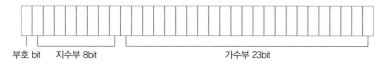

예를 들어 사용자가 5.25라는 숫자를 사용하면 자바스크립트 내부에서는 0.525×10^1처럼 변환하여 소수부 0.525와 지수부 E1으로 나누어 저장합니다.

그리고 실수는 같은 값이라도 0.525×10^1 또는 0.0525×10^2처럼 지수부에 따라 소수점의 자리가 옮겨질 수 있기 때문에 소수점이 떠 있다는 의미로 부동(浮動) 소수라고 부르기도 합니다. 다음은 실수의 예입니다.

```
-32.4
0.056
2e9 // 2 × 10⁹
-5.2E2 // -5.2 × 10²
0.1e12 // 0.1 × 10¹²
6.2E-3 //6.2 × 10⁻³
```

- **실수 계산에 약한 자바스크립트**

실수의 계산은 정수 계산보다 조금 복잡합니다. 이런 계산 때문에 종종 오류가 생기기도 하는데 가장 많이 생기는 문제는 라운드오프(roundoff) 오류입니다. 1/3 + 1/3은 2/3일까요? 정답은 '항상 그런 것은 아니다'입니다.

실수 1/3은 반올림해서 3.333e-1이고 실수 2/3는 반올림해서 6.667e-1입니다.

```
3.333E-1 + 3.333E-1 = 6.666E-1
```

위에서 계산한 것처럼 1/3+1/3의 결과값은 6.666e-1이며 예상했던 2/3(6.667e-1)가 되지 않습니다.

이런 문제가 생기는 이유는 실수의 정밀도(accuracy) 때문입니다. 정확한 값이 아닌 근사값을 더하기 때문에 정확하지 않은 결과값이 나오는 것이죠. 자바스크립트는 서로 다른 브라우저와 운영체제 등에서 호환되어야 하기 때문에 되도록 위와 같은 상황이 발생하지 않도록 해야 합니다.

예제 폴더명: 예제\ch7\dtype-num.html

```
<script>
    var a, b, c, res1, res2, res3;——❶

    a = 10;——❷
    b = "10";——❸
    c = 1.5;——❹

    res1 = a + 5;——❺
    res2 = b + 5;——❻
    res3 = c * c;——❼

    document.write(a + "의 데이터 유형: "+ typeof(a));——❽
    document.write("<br>");
    document.write(a +"에 5를 더하면 : " + res1);
    document.write("<br><br>");
    document.write(b + "의 데이터 유형: "+ typeof(b));——❽
    document.write("<br>");
    document.write(b + "에 5를 더하면 : " + res2);
    document.write("<br><br>");
    document.write(c + "의 데이터 유형: "+ typeof(c));——❽
    document.write("<br>");
    document.write(c + "를 두번 곱하면 : " + res3);

</script>>
```

❶ 변수들을 선언합니다.

❷ 변수 a는 정수

❸ 변수 b는 숫자가 따옴표 안에 있으므로 숫자 유형이 아닌 문자열입니다.

❹ 변수 c는 실수

❺ 10 + 5 = 15

❻ "10" + 5 = "105"

❼ 1.5*1.5=2.25

❽ typeof 연산자는 괄호 안의 데이터 유형을 반환합니다.

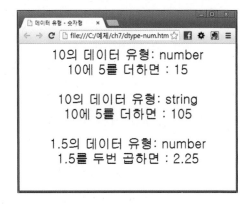

:: 논리형

논리형 데이터는 흔히 불린(boolean) 데이터라고도 하는데 어떤 조건에 따라 문장을 실행해야 하는 제어문에서 자주 사용합니다.

각 값의 표시는 true와 false로 나타내며, 1과 0이란 숫자로 표현할 수도 있습니다. 숫자로 나타낼 경우 1은 참(true)을 나타내고 0은 거짓(false)을 나타냅니다.

> true 대신 사용하는 1은 0이 아닌 숫자로 사용해도 됩니다. 즉 0은 거짓이고 0이 아닌 숫자는 참이 되는 거죠. 실제로 C++이나 C에서는 불린 값이 1과 0으로 표현됩니다.

다음 예제는 사용자에게 질문을 던져 yes인지 no인지 대답에 따라 다른 결과 화면을 보여주는 것입니다. 대답이 yes나 no, 두 가지밖에 없기 때문에 사용자의 대답을 논리형 변수로 사용했습니다. 대답이 yes라면 함수에 true 값을 전달하고, 대답이 no라면 함수에 false 값을 전달합니다.

예제 폴더명: 예제\ch7\dtype—boolean.html

```
<body>
    <p> 자바스크립트를 좋아하시나요?</p>
    <form>
        <input type="button" id="butt1" value="YES" onclick="likejs
(true)">
        <input type="button" id="butt2" value="NO" onclick="likejs
(false)">
    </form>
    <div id="result"></div>
    <script>
        function likejs(choice) {
            var choice;

            if (choice == true) {
                alert("자바스크립트로 다이내믹한 웹을 만들어보세요");
            }
            else  {
                alert("이제부터 조금씩 자바스크립트와 친해보세요.");
            }
        }
    </script>
</body>
```

: : 문자열

문자열은 우리가 흔히 텍스트라고 부르는 데이터로 스트링(string)이라고도 합니다. 예를 들어 숫자형 데이터 10은 사칙 연산에 사용할 수 있지만 문자형 데이터 '10'은 숫자가 아니라 문자이기 때문에 사칙 연산에 사용할 수 없습니다.

① 문자열 표시하기

문자열을 나타낼 때는 작은따옴표(')나 큰따옴표(")로 묶어서 표시하고, 문자열의 앞과 뒤에 똑같은 따옴표를 사용해야 합니다. 예를 들어, 그냥 10이라고 표시하면 숫자형 데이터이고 "10"은 문자형 데이터가 됩니다.

> 문자열을 사용할 때는 닫는 따옴표에 주의해야 합니다. 닫는 따옴표를 빠뜨릴 경우 자바스크립트 인터프리터가 문자열의 끝을 알 수 없게 되어 오류가 생깁니다.

② 문자열과 숫자 함께 사용하기

숫자와 문자열이 함께 포함된 식은 두 개를 묶어 하나의 문자열 값으로 처리합니다. 즉, 숫자 역시 문자열로 인식해서 두 개의 문자열을 처리하게 됩니다. 예를 들어, '+' 연산자를 이용해 문자열과 숫자를 함께 연결할 경우 숫자를 자동으로 문자열로 변환한 후 연결합니다.

```
var webStandard = "html" + 5;
```

이 경우 5라는 숫자를 'html'이란 문자열에 더해야 하는데 문자열에 값을 더한다는 것은 붙여쓴다는 것과 동일하므로 값은 'html5'가 됩니다.

5라는 숫자에 따옴표를 붙이거나 다른 문자열과 연결하면 바로 문자열이 되지만 반대로 문자열을 숫자로 변환하는 것은 불가능합니다. 단, 문자열이 숫자로만 구성된 경우(ex, 55) Number()를 이용하면 숫자로 변환할 수 있습니다.

한 가지 기억해 두어야 할 것은 자바스크립트 인터프리터는 왼쪽에서 오른쪽으로 식을 읽어나가기 때문에 괄호를 어떻게 사용하느냐에 따라 의도와 다른 결과가 나올 수 있습니다.

변수값에 문자열과 숫자를 섞어서 사용했을 때 자바스크립트가 변수값을 어떻게 처리하는지 예제를 통해 알아보겠습니다.

예제 폴더명: 예제\ch7\dtype-string.html

```
<script>
    var m, n, o;


    m = 5 + 5;————❶
    n = "5" + 5;————❷
    o = "5" + 5 + 5;————❸
    p = "5" + (5 + 5);—❹


    document.write('5 + 5 = ' + m +"<br><br>");
    document.write('"5" + 5 = ' + n +"<br><br>");
    document.write('"5" + 5 + 5 = ' + o +"<br><br>");
    document.write('"5" + (5 + 5) = ' + p);
</script>
```

❶ 5+5의 결과값은 10이고 데이터 유형은 숫자형입니다.

❷ "5"+5의 결과값은 55이고 데이터 유형은 문자열입니다.

❸ "5"+5+5는 앞에서부터 계산하여 ("5"+5)+5가 되고 "55"+5=555가 됩니다. 데이터 유형은 문자열입니다.

❹ "5"+(5+5)는 괄호부터 계산하여 "5"+10=510이 됩니다. 데이터 유형은 문자열입니다.

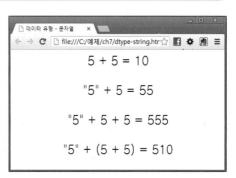

③ 이스케이프 문자열 사용하기

이스케이프 문자열이란 프린터나 화면에서 줄 바꿈이나 탭 등을 나타내는 문자열을 말합니다. 이스케이프 문자열은 화면에는 표시되지 않지만 문서 안에서 제각기 기능을 수행하게 됩니다. 예를 들어, 백스페이스를 표시하고 싶다면 \b라고 표시하면 됩니다. 자주 사용되는 이스케이프 문자열은 다음과 같습니다.

이스케이프 문자열	문자	설명
\ddd(여기에서 d는 숫자)	0ddd	8진수 문자
\xddd	0xddd	16진수 문자
\\	\	백슬래시
\'	'	작은따옴표
\"	"	큰따옴표
\b	BS	백스페이스
\f	FF	폼피드
\n	NL 또는 LF	줄 바꿈
\r	CR	캐리지 리턴
\t	HT	탭
\	⟨new line⟩	다음 줄로 옮김

:: null

네 가지 데이터 유형 중 null이라는 값은 특정한 유형을 지정하지 않고 변수를 초기화할 때 사용됩니다.

```
var 변수 이름 = null
```

자바스크립트는 데이터 유형에 크게 구속받지 않기 때문에 변수에 숫자를 저장했다가 다음에 다시 문자열로 사용할 수도 있습니다. 즉 저장하는 값에 따라 변수의 데이터 유형이 자동으로 변환됩니다. 하지만 변수를 사용하기 위해서는 변수값을 초기화한 후 사용해야 합니다.

초기화되지 않은 변수에는 null이라는 값이 할당되고, 값이 null인 변수를 연산에 사용하려고 하면 NaN(Not a number)이라는 오류 메시지가 나타납니다. 사용자 입력값이 필요한 화면에서 사용자가 〈취소〉 버튼을 눌러 값을 입력하지 않았을 경우에도 변수에는 null이 저장됩니다.

```
<script>
    var urname = prompt("이름을 입력하세요: ");
    document.write(urname+"님, 반갑습니다~");
</script>
```

다음 예제는 변수 값이 null인지 체크하여 변수 값이 초기화되어 있는지를 확인하는 것입니다.

예제 폴더명: 예제\ch7\dtype-null.html

```
<script>
  var urname = prompt("이름을 입력하세요: ");
  if (urname != null)─❶
    document.write(urname+"님, 반갑습니다~");
  else─❷
    document.write("이름을 입력하지 않았습니다.");
</script>
```

❶ 변수 값이 null이 아니면, 즉 이름이 입력되었을 경우 처리할 문입니다.
❷ 변수 값이 null일 경우 처리할 문입니다.

03

연산자

프로그램에서 가장 기본이 되는 명령은 연산입니다. 숫자를 더한다거나 여러 문자열을 하나로 합치는 것들을 연산이라고 하는데 이런 명령들을 실행하도록 미리 약속해 놓은 기호를 연산자(operator)라고 합니다.

: : 연산자의 종류

자바스크립트에는 여러 가지 다양한 연산자가 있는데 연산자를 용도별로 구분하면 다음과 같습니다.

- **산술 연산자** : 수학에서 사용하는 숫자 관련 연산자
- **문자열 연산자** : 문자열을 합할 때 사용하는 연산자
- **비트 연산자** : 데이터를 저장하는 최소 단위인 비트별로 조작하는 연산자
- **대입 연산자** : 변수에 특정 값을 저장할 때 사용하는 연산자
- **비교 연산자** : 두 가지 수나 문자열을 비교할 때 사용하는 연산자
- **논리 연산자** : 참과 거짓을 구별하는 연산자
- **데이터 유형 연산자** : 특정 자료의 데이터 유형을 알아내는 연산자

연산자는 다음과 같이 나누기도 합니다.

- **단항 연산자** : 피연산자가 하나만 필요한 연산자(예, ++, --, !)
- **이항 연산자** : 피연산자가 두 개 필요한 연산자(예, +, -)

: : 산술 연산자

산술 연산자는 숫자나 변수, 또는 기존 객체의 프로퍼티를 피연산자로 사용할 수 있습니다. 그리고 피연산자의 값에 따라 하나의 숫자값을 반환합니다. 아래 표는 자바스크립트의 산술 연산자입니다.

연산자	설명	유형	형식
+	더하기	이항	x + y
−	빼기	이항	x − y
*	곱하기	이항	x * y
/	나누기	이항	x / y
%	나머지	이항	x % y
++	증가	단항	x++, ++x
--	감소	단항	y--, --y

tip
연산을 당하는 대상을 피연산자라고 합니다. 예를 들어 두 수를 더할 경우 숫자 두 개가 피연산자가 됩니다.

① 나누기 연산자와 나머지 연산자 구별하기

간혹 나누기 연산자(/)와 나머지 연산자(%)를 혼동하는 경우가 있는데, 간단히 말하면, 나누기 연산자의 결과값은 나눈 값 자체이며, 나머지 연산자의 결과값은 나눈 후에 남은 나머지 값이 됩니다.

예제 폴더명: 예제\ch7\op1.html

```
<script>
    var a=10, b=4;

    res1 = a + b;
    res2 = a - b;
    res3 = a * b;
    res4 = a / b;
    res5 = a % b;

    document.write("10 + 4 = " + res1 +"<br><br>");
    document.write("10 - 4 = " + res2 +"<br><br>");
    document.write("10 * 4 = " + res3 +"<br><br>");
    document.write("10 / 4 = " + res4 +"<br><br>");
    document.write("10 % 4 = " + res5);

</script>
```

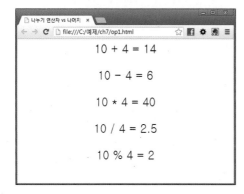

② 증가 연산자와 감소 연산자

증가 연산자란 쉽게 말해 변수 값을 1 증가시키는 것을 말합니다. 그러면 a=a+1이라고 해도 될 것을 왜 a++이라고 할까요? 그것은 증가 연산자가 대입 연산자(=)보다 빠르기 때문입니다. a=a+1에서 더하기 연산은 시간이 얼마 걸리지 않지만 대입 연산에서 시간이 많이 걸립니다. 하지만 증가 연산자를 사용하면 그보다 더 빠르게 계산할 수 있습니다.

감소 연산자는 피연산자의 값을 1씩 감소시킨다는 점만 제외하면 증가 연산자와 비슷합니다.

증가 연산자와 감소 연산자는 단항 연산자이기 때문에 피연산자 앞이나 뒤에 연산자를 사용합니다. 피연산자 뒤에 연산자가 오면 피연산자의 값을 반환한 후에 값을 증가시키고, 피연산자 앞에 연산자가 오면 값을 증가시킨 후 피연산자 값을 반환합니다.

예제 폴더명: 예제\ch7\op2.html

```
<script>
    var a=10, b=10;

    document.write("a = "+a+"<br>");—①
    document.write("++a =" +(++a)+ "<br>");—②
    document.write("a++ = " + (a++) + "<br><br>");—③
    document.write("b = "+b+"<br>");—④
    document.write("--b = " + (--b) + "<br>");—⑤
    document.write("b-- = " + (b--));—⑥

</script>
```

❶ 원래 a 값
❷ a 값을 1 증가시킨 후 그 값을 a에 저장합니다.
❸ a 값을 1 증가시킵니다. 단지 증가되기만 합니다.
❹ 원래 b 값
❺ b 값을 1 감소시킨 후 그 값을 b에 저장합니다.
❻ b 값을 1 감소시킵니다. 단지 감소되기만 합니다.

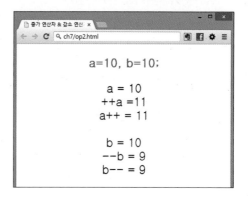

:: 연결 연산자

연결 연산자는 문자열과 문자열을 합해서 하나의 문자열로 만드는 것으로 '+' 기호를 사용합니다. 더하기 연산자와 똑같지요? 하지만 더하기 연산자는 피연산자가 모두 숫자이고 연결 연산자는 두 피연산자 중의 하나가 문자열이라는 점이 다릅니다. 연결 연산자는 문자열끼리 연결한다고 해서 문자열 연산자라고도 합니다.

피연산자1 + 피연산자2

피연산자가 세 개 이상일 경우 우선 왼쪽에서부터 순서대로 두 개의 문자열을 합한 후 그 결과 문자열과 세 번째 피연산자를 합하게 됩니다. 피연산자 중에서 문자열이 아닌 것이 있으면 자동으로 문자열로 변환됩니다.

그러면 연결 연산자는 왜 필요할까요?

```
var username = prompt("이름을 입력하세요 : ");
```

와 같은 문장으로 사용자로부터 username 변수의 값을 입력 받았다고 가정해 보겠습니다. 이 변수를 이용해 화면에 표시하는데 다음과 같은 두 가지 방법이 있습니다.

```
document.write("안녕하세요?" + username + "님, 반갑습니다!")
document.write("안녕하세요?", username, "님, 반갑습니다!")
```

그냥 보기에는 두 개의 문장이 같아 보이지만 첫 번째 문장은 문자열 연산자를 사용해 세 개의 문자열을 하나의 문자열로 만들어서 한 번에 출력하는 것입니다. 그리고 두 번째 문장은 첫 번째 문자열을 표시하고 이어서 username 변수의 값을 표시한 후 마지막 문자열을 표시합니다. 총 세 번에 걸쳐 출력하게 됩니다.

연산 속도도 빠르고, CPU에 부담을 덜 준다는 점에서 첫 번째 문장이 효율적인 프로그램 소스일 것입니다.

:: 대입 연산자

대입 연산자는 연산자 오른쪽의 실행 결과를 연산자 왼쪽에 대입하는 것으로, 자바스크립트에서 많이 사용되는 연산자입니다. 변수를 초기화할 때에도 대입 연산자가 사용되고 두 문자열을 연결했을 때도 대입 연산자를 사용해 결과 값을 변수에 대입합니다.

자바스크립트에서 "="는 대입 연산자입니다. 크기가 같은지를 비교하는 연산자는 "= ="이므로 혼동하지 않도록 주의하세요.

대입 연산자는 단독으로 쓰이기도 하고 다른 연산자와 합쳐져 사용되기도 합니다. 주요 대입 연산자의 종류는 다음과 같습니다.

형식	설명	사용 예
=	연산자 오른쪽 값을 왼쪽 변수에 대입합니다.	a = b
-=	op1 = op1 - op2	a - = b
+=	op1 = op1 + op2	a + = b
*=	op1 = op1 * op2	a * = b
/=	op1 = op1 / op2	a / = b
%=	op1 = op1 % op2	a % = b

대입 연산자의 피연산자, 즉 대입되는 값에는 숫자뿐만 아니라 문자열 등 모든 유형의 데이터가 사용될 수 있습니다.

아래 소스는 원래 text에 저장된 문자열("안녕하세요? ") 뒤에 "반갑습니다."라는 문자열이 추가되어 "안녕하세요? 반갑습니다."라는 하나의 문자열을 만드는 것입니다.

```
text = "안녕하세요? ";
text += "반갑습니다.";
document.write(text);
```

대입 연산자를 사용하는 대입문은 오른쪽에서 왼쪽으로 처리되기 때문에 한 문장 안에 여러 대입 연산자를 사용할 수 있습니다.

예를 들어, 아래 소스에서는 num3가 5이므로 num2에 5가 대입되고 다시 그 값이 num1에 대입되어 결국 세 변수의 값이 같아집니다.

```
var num3 = 5;
num1 = num2 = num3;
```

:: 비교 연산자

비교 연산자는 두 개의 값을 비교해서 참과 거짓으로 논리형 결과값을 반환하는 연산자로, 주로 조건을 체크할 때 많이 사용합니다.

형식	설명	사용 예
==	같은지 비교	a == b
!=	같지 않은지 비교	a != b
〈	작은지 비교	a 〈 b
〈=	작거나 같은지 비교	a 〈= b
〉	큰지 비교	a 〉 b
〉=	크거나 같은지 비교	a 〉= b

피연산자는 숫자일 수도 있고 문자열일 수도 있습니다. 피연산자가 문자열일 경우 문자열에 있는 문자들의 ASCII값을 비교해서 결정합니다. 예를 들어, "A" 〉 "B" 라는 문장은 A의 ASCII값(65)과 B의 ASCII값(66)을 비교하여 결과값 false가 나오게 됩니다. 숫자보다 문자의 ASCII 값이 더 크고 대문자보다는 소문자의 ASCII 값이 더 큽니다. 그리고 문자열 안의 문자들이 여러 개일 경우에는 맨 앞에서부터 하나씩 문자를 비교해 갑니다. 양쪽 문자열에서 첫 번째 문자의 ASCII 값이 같으면 두 번째 ASCII 값을 비교하고 그것도 같으면 세 번째 문자의 ASCII 값을 비교하는 순으로 진행합니다.

```
10 == 5 // false
2.5 == 2.50 // true
10 != 5 // true
10 < 5 // false
2.5 <= 2.50 // true
"Javascript" == "javascript" // false
"operator" != "operatorl" // true
10 <= "10" // true (숫자의 ASCII 값 < 문자의 ASCII 값)
"javascript" > "Javascript" // true (소문자의 ASCII 값 > 대문자의 ASCII 값)
```

예제 폴더명: 예제\ch7\op3.html

```
<script>
    var sex = prompt("당신의 성별은? 남자:0, 여자:1)", 0);

    if (sex == 0) document.write("당신은 남자입니다.");
    else if (sex == 1) document.write("당신은 여자입니다.");
    else document.write("입력이 정확하지 않습니다.");
</script>
```

:: 논리 연산자

논리 연산자는 true와 false인 논리값을 피연산자로 합니다. 자바스크립트에서 사용하는 세 가지 논리 연산자는 다음과 같습니다.

① || (or)

피연산자 중 true가 하나라도 있으면 true가 됩니다.

op1	op2	op1 || op2
false	false	false
false	true	true
true	false	true
true	true	true

② && (and)

피연산자 중 false가 하나라도 있으면 false가 됩니다.

op1	op2	op1 && op2
false	false	false
false	true	false
true	false	false
true	true	true

③ ! (not)

피연산자의 값과 정반대의 값을 가집니다.

op	!op
false	true
true	false

아래 소스에서처럼 둘 이상의 변수 값을 사용하여 조건을 체크할 수 있습니다.

```
<script>
    var sex = prompt("당신의 성별은? 남자:0, 여자:1)", 0);
    var age = prompt("당신의 나이는? 20대 미만:0, 20대 이상:1)", 0);

    if (sex==0 && age==0) {
        // '20대 미만의 남자' 조건에 맞는 문장 실행
    }
    else if(sex==1 || age==1) {
        // '20대 이상이거나 여자' 조건에 맞는 문장 실행
    }
</script>
```

:: 조건 연산자

조건 연산자는 피연산자가 3개이고 숫자나 문자열, 논리값 등 어떤 유형의 값도 반환할 수 있습니다. 가장 먼저 조건을 체크하고 그 값이 true이면 선택1을 실행하고 조건식 결과값이 false이면 선택2를 실행합니다. 조건 연산자는 보통 대입 연산자와 함께 사용됩니다.

> 조건? 선택1 : 선택2

예를 들어, 다음 소스는 평균(average) 점수가 90 이상이면 "수"를, 그렇지 않으면 "우"를 grade 변수에 대입하는 것입니다.

예
```
var grade = (average >= 90) ? "수" : "우"
```

:: typeof 연산자

typeof 연산자는 피연산자의 데이터 유형을 체크하는 연산자로 조건을 체크할 때 많이 사용합니다.

```
typeof 피연산자 또는 typeof(피연산자)
```

typeof 연산자는 디버깅을 할 때 아주 유용합니다. 특히 자바스크립트의 경우에는 변수를 선언하고도 초기값을 지정하지 않으면, 즉 초기화시키지 않으면 그 변수의 데이터 유형이 정의되지 않습니다. 따라서 초기화하지 않은 변수의 데이터 유형을 체크하게 되면 undefined라고 나옵니다. 디버깅을 할 때 변수의 데이터 유형이 undefined라면 초기화되지 않은 것이라고 판단하면 됩니다.

다음 예제는 숫자형 변수와 문자형 변수에 typeof 연산자를 사용해 데이터 유형을 출력하는 것입니다.

예제 폴더명: 예제\ch7\op4.html

```
...
    <script>
        a = 10;
        b = "10"
        c = 1.5;

        document.write(a + "의 데이터 유형: " + typeof (a));
        document.write("<br><br>");
        document.write(b + "의 데이터 유형: " + typeof (b));
        document.write("<br><br>");
        document.write(c + "의 데이터 유형: " + typeof (c));
        document.write("<br><br>");
    </script>
</body>
```

```
10의 데이터 유형: number

10의 데이터 유형: string

1.5의 데이터 유형: number
```

: : 연산자 우선순위

2+6*9의 결과값은 얼마일까요? 대부분 56이라고 대답할 것입니다. 왜냐하면 학교 수업시간에 곱하기부터 하고 더하기를 해야 한다고 배웠으니까요. 자바스크립트에서도 같은 우선 순위가 적용됩니다. 괄호가 있다면 괄호부터 계산하고, 더하기/빼기보다 곱하기/나누기를 먼저 계산합니다. 물론 같은 우선순위를 가진 연산자의 경우에는 왼쪽에서 오른쪽으로 계산합니다.

우선 순위	연산자	설명
1	( ) [ ]	괄호, 호출
2	! ~ - ++ --	부정, 증가, 감소
3	* / %	곱하기, 나누기, 나머지
4	+ -	더하기, 빼기
5	≪ ≫ ≫≫	시프트
6	< <= > >=	비교 연산자
7	== !=	비교 연산자
8	&	비트 AND
9	^	비트 XOR
10	|	비트 OR
11	&&	논리 AND
12	||	논리 OR
13	? :	조건 연산자
14	= += -= *= /= %= ≪= ≫= ≫≫= ...	대입 연산자
15	,	콤마 연산자

: : 실습 학과 이벤트에서 당첨자 뽑기

전 학과 학생을 대상으로 경품 행사를 진행한 후 응모자들 중에서 당첨자를 뽑으려고 합니다. 전체 응모자가 몇 명인지 입력하면 그 안에서 당첨자를 뽑는 자바스크립트 함수를 작성해 보겠습니다. 여기에서는 나머지 연산자를 사용합니다.

◉ **준비 파일** : 실습\ch7\Sources\event.html
◉ **완성 파일** : 실습\ch7\Results\event.html

01. 전체적인 구조를 만들어 보겠습니다. 맨 위에는 이미지가 표시되고 그 아래 전체 응모자 수와 당첨 번호를 표시할 것입니다. 〈body〉 태그 아래 다음과 같은 소스를 입력하세요.

```
<img src="dice.jpg">
<p>전체 응모자 수 : </p>
<p>당첨 번호 : </p>
```

02. '전체 응모자 수 : ' 오른쪽에 사용자가 입력한 값을 표시할 영역이 필요하고, '당첨 번호 : ' 오른쪽에도 계산한 값을 표시할 영역이 필요합니다. 〈span〉 태그를 이용해 〈p〉 단락을 두 개의 영역으로 나누는 다음과 같은 소스로 수정하세요.

예 **수정 전**

```
<p>전체 응모자 수 : </p>
<p>당첨 번호 : </p>
```

예 **수정 후**

```
<p><span class="title">전체 응모자 수 :</span><span id="total"></span> </p>
<p><span class="title">당첨 번호 : </span><span id="result"></span></p>
```

03. '전체 응모자 수 : '와 '당첨 번호 : '에 title이라는 클래스 스타일을 지정했기 때문에 title 스타일을 만들어 보겠습니다. 〈/style〉 태그 앞에 다음과 같은 소스를 추가하세요.

```
.title {
        padding:5px;
        border:1px solid #ccc;
        background:#b2fea7;
}
```

04. 실제 응모자 수와 당첨 번호를 표시할 영역은 total이라는 id와 result라는 id를 지정했기 때문에 그 영역에 대한 id 스타일도 정의해야겠지요. 방금 입력한 .title 스타일 다음에 다음과 같이 2개의 id 스타일을 동시에 정의하는 소스를 추가하세요.

```
#total, #result {
        width:auto;
        padding-left:20px;
        color:red;
}
```

05. 〈/body〉 태그 앞에 〈script〉 태그와 〈/script〉 태그를 입력해 자바스크립트 소스를 추가할 수 있는 공간을 만듭니다.

06. 무작위 수를 만드는 다음과 같은 자바스크립트 소스를 〈script〉 태그 다음에 삽입합니다.

```
var seed = prompt("전체 응모자 수 : ");  // 사용자가 입력하는 값을 seed 변수에 저장

var today = new Date();                    // 새로운 날짜 객체
var current = today.getSeconds();          // 오늘 날짜를 초(seconds)로 표시해서 current에 저장
var rnum = (current % seed) +1;            // current를 전체 응모자 수로 나눈 후 나머지 값에 1 추가
```

07. 자바스크립트의 getElementById라는 함수를 이용해 id 값을 체크해 total이라고 지정한 부분과 result라고 지정한 부분을 각각 totalArea라는 변수와 resultArea라는 변수로 저장합니다. 그리고 innerHTML이라는 속성을 이용해 7번 과정에서 만든 각 영역에 seed 값과 rnum 값을 표시합니다. 이때 맨 뒤에 "명"이라는 문자열과 "번!!"이라는 문자열을 추가합니다. Ctrl + S 키를 눌러 문서를 저장하세요.

```
var totalArea = document.getElementById("total");      // id=total인 요소를
                                                        // totalArea로 저장
var resultArea = document.getElementById("result");    // id=result인 요소를
                                                        // resultArea로 저장
totalArea.innerHTML = seed + "명";                      // totalArea에 seed 값
                                                        // 표시하고 문자열 "명" 추가
resultArea.innerHTML = rnum + "번!!";                   // resultArea에 rnum 값
                                                        // 표시하고 문자열 "번!!" 추가
```

> **tip**
> getElementById 함수는 296페이지에서 설명합니다.

08. 웹 브라우저에서 방금 저장한 event. html 문서를 불러오세요. 전체 응모자 수를 입력하는 창이 나타납니다. 원하는 수를 입력하고 〈확인〉 버튼을 클릭합니다.

09. 전체 응모자 수와 그 범위 안에서의 무작위 수가 계산되어 당첨 번호 자리에 표시될 것입니다.

🅣🅘🅟

한꺼번에 둘 이상의 당첨자를 뽑으려면 다음과 같이 소스를 약간만 수정하면 됩니다. 다음은 당첨자 3명을 뽑는 소스로, 무작위 수를 계산할 때 하나는 seed로 나누는 값을 current와 current+current로, 그리고 나머지 하나는 current*current로 했습니다. 물론 이 값들은 계속해서 달라지는 다른 값 어떤 것을 이용해도 됩니다.
아래 소스는 '실습\ch7\event2.html'에서 확인할 수 있습니다.

```
<script>
    var seed = prompt("전체 응모자 수 : ");

    var today = new Date();
    var current = today.getSeconds();
    var rnum1 = (current % seed) +1;
    var rnum2 = ((current+current) % seed) +1;
    var rnum3 = ((current*current) % seed) +1;

    var totalArea = document.getElementById("total");
    var resultArea = document.getElementById("result");
    totalArea.innerHTML = seed + "명";
    resultArea.innerHTML = rnum1 + "번, "+rnum2+ "번, "+rnum3+"번";

</script>
```

❶ 웹 브라우저에서는 '스크립트 인터프리터'라는 곳에서 자바스크립트 소스를 해석한 후에 웹 브라우저에게 그 결과를 보여주라고 명령합니다.

❷ 웹 문서 안에 스크립트 소스를 삽입할 때 〈script〉와 〈/script〉 사이에 삽입합니다.

❸ 나중에 다른 사람이 현재 소스 코드를 보게 될 경우 좀 더 쉽게 이해하고 수정할 수 있도록 주석(comment)을 남기는 것이 좋습니다.

❹ 변수를 선언할 때는 var라는 키워드를 사용합니다.

❺ 자바스크립트에서 변수에 값을 할당할 때는 대입 연산자로 =를 사용합니다.

❻ 변수는 대소문자를 구별합니다.

❼ 변수 이름은 문자나 언더스코어(_)로 시작해야 합니다.

❽ 특정 함수 안에서만 사용할 수 있는 변수를 '로컬 변수(local variable)'라고 하고 스크립트 전체에서 사용할 수 있는 변수를 '전역 변수(global variable)'라고 합니다.

❾ 데이터 유형(data type)이란 자바스크립트에서 처리하는 데이터가 숫자인지 문자인지 등을 구별한 것입니다.

❿ 데이터 유형을 체크하는 연산자는 typeof입니다.

⓫ 자바스크립트의 숫자형 데이터는 크게 정수와 실수로 나뉘집니다.

⓬ 논리형 데이터는 true와 false로 값을 표현하며 어떤 조건에 따라 문장을 실행해야 하는 제어문에서 자주 사용합니다.

⓭ 문자열을 나타낼 때는 작은따옴표(')나 큰따옴표(")로 묶어서 표시하고, 문자열의 앞과 뒤에 똑같은 따옴표를 사용해야 합니다.

⓮ 숫자와 문자열이 함께 포함된 식은 두 개를 묶어 하나의 문자열 값으로 처리합니다.

⓯ 자바스크립트의 산술 연산자는 숫자나 변수, 또는 기존 객체의 프로퍼티를 피연산자로 사용하고 하나의 숫자값을 반환합니다.

⓰ 증가 연산자와 감소 연산자는 변수 값을 1씩 증가시키거나 감소시키는 단항 연산자입니다.

⓱ 연결 연산자는 문자열과 문자열을 합해서 하나의 문자열로 만드는 것으로 '+' 기호를 사용합니다.

⓲ 비교 연산자는 두 개의 값을 비교해서 참과 거짓으로 논리형 결과값을 반환하는 연산자입니다.

⓳ 논리 연산자는 true와 false인 논리값을 피연산자로 해서 ||(or)나 &&(and), !(not) 연산을 합니다.

01 다음과 같은 간단한 스크립트 소스가 있습니다. '연습\ch7\raw.html' 문서를 불러와 다음 스크립트 소스를 포함하는 완벽한 자바스크립트 소스를 작성하시오.

```
document.write("Hello, Javascript!");
```

02 아래 스크립트 소스를 다음 과정에 따라 작성하시오.

① 아래 소스를 입력하기 전에 어떤 결과가 나올지 미리 생각해 보십시오.

```
<!doctype html>
<html>
<head>
<meta charset="utf-8">
<meta name="viewport" content="width=device-width">
<title>7장-연습문제2</title>
    <style>
      body {
        text-align:center
        font-size:30px
      }
      img {
        border:1px solid #ccc
        border-radius:5px
        padding:10px
        margin-top:10px
      }
    </style>
</head>

<body>
    <script>
        var sex = prompt("당신의 성별을 입력하시오.(남:0 여:1)", 0);
```

```
        if (sex == 0)
            document.write("<img src='man.jpg'>");

        else if (sex == 1)
            document.write("<img src='woman.jpg'>");

        else
            document.write("입력이 잘못되었습니다. 정확히 입력해 주세요");

    </script>
</body>
</html>
```

② 위 소스를 입력한 후 '연습\ch7\' 폴더에 myscript.html 파일로 저장하시오.

③ 웹 브라우저에서 myscript.html을 확인한 후 여러분이 예상했던 것과 어떻게 다른지 비교해 보시오.

03 다음 각 변수의 데이터 유형과 최종 결과 값을 빈칸에 써넣으시오.

```
var greeting ="안녕하세요?";
var var1 = "HTML";
var var2 = 5;
var var3 = var1 + var2;
greeting += var3;
```

	데이터 유형	결과 값
var1		
var2		
var3		
greeting		

CHAPTER

08

실습실
좌석 배치도
만들기

웹 문서에서 사용자의 주목을 받기 위해 자주 사용하는 것이 알림 창이나 확인 창 같은 대화 상자입니다. 자바스크립트에서 대화 상자를 만드는 것은 아주 간단하므로 가장 먼저 살펴보겠습니다. 또한 이 장에서는 스크립트 프로그래밍의 가장 기본이 되는 조건 체크와 반복문도 살펴보겠습니다. 조건을 어떻게 지정하는지에 따라 프로그램이 간단해지기도 하고 산만해지기도 합니다. 조건문과 반복문을 이용해 컴퓨터 실습실의 좌석 배치도를 그려보면서 좀 더 탄탄히 공부해보겠습니다.

| 이 장에서 배울 내용 |

- **대화 상자** : 자바스크립트에서 만들 수 있는 대화 상자에는 알림 창과 확인 창, 그리고 프롬프트 창이 있습니다. 간단하게 구현하는 방법을 알아봅니다.

- **조건문** : 프로그램은 간단한 동작을 하더라도 조건을 체크하고 그 조건에 맞게 서로 다른 명령을 처리해야 합니다. if 문과 else 문, switch 문 등 주요 조건문에 대해 살펴봅니다.

- **반복문** : 불필요하게 명령들을 늘어놓지 않고 반복문을 사용해서 깔끔하게 소스를 작성하는 것이 프로그래머의 능력입니다. for 문을 비롯하여 while, do...while과 같은 중요 반복문에 대해 살펴봅니다.

- **함수** : 함수는 프로그램 안에서 실행해야 할 명령들을 모아놓은 것으로 함수를 잘 정의할 수 있어야 프로그램이 효율적으로 실행됩니다. 함수를 정의하는 방법과 매개변수 사용법, 그리고 이벤트 핸들러를 이용해 이벤트에 따라 함수를 실행하는 방법도 함께 알아봅니다.

01

대화 상자

WEBPROGRAMMING

사이트를 돌아다니다보면 간단한 메시지가 나타났다가 [확인]을 클릭하면 사라지는 창을 본 적이 있을 것입니다. 이런 창을 대화 상자(dialogue box)라고 하는데 대화 상자에는 알림 창과 확인 창, 그리고 프롬프트 창이 있습니다. 어렵지 않게 구현할 수 있는 부분이므로 꼭 익히고 다음 과정으로 넘어가시기 바랍니다.

:: 알림 창

알림 창은 가장 많이 사용되는 간단한 대화 상자입니다. 작은 창을 열어 거기에 원하는 메시지를 표시할 수 있습니다. 괄호 안에 원하는 메시지만 넣어주면 되기 때문에 간단합니다.

```
alert(메시지)
```

예

```
alert("자신의 번호가 적힌 자리에 앉아야 출석체크됩니다.")
```

> **tip**
> alert()는 window 객체의 메서드이기 때문에 window.alert(메시지) 형식이 옳지만 window 객체는 브라우저의 기본 객체이기 때문에 따로 표시하지 않아도 됩니다.

알림 창에 표시할 메시지를 상황에 따라 바꾸고 싶다면 위의 소스를 아래와 같이 사용할 수도 있습니다.

예제 폴더명: 예제\ch8\seat1.html

```
<body>
    <script>
        var msg1 = "컴퓨터공학과 자리배치도입니다."        ─❶
        var msg2 = "자신의 번호가 적힌 자리에 앉아야 출석체크됩니다."─❷

        alert(msg1);─❸
        alert(msg2);─❹

    </script>
</body>
```

❶ 알림 창에 표시할 첫 번째 메시지
❷ 알림 창에 표시할 두 번째 메시지

❸ 첫 번째 메시지를 알림 창에 띄웁니다
❹ 두 번째 메시지를 알림 창에 띄웁니다.

:: 확인 창

알림 창이 단순히 메시지를 보여주는 대화 상자라면 확인 창은 사용자가 [확인]이나 [취소] 중에서 원하는 버튼을 클릭할 수 있고 그에 맞게 프로그램이 동작하도록 할 수 있습니다. 즉, 알림 창에는 [확인] 버튼뿐이지만 확인 창에는 [확인]과 [취소] 두 개의 버튼이 있습니다.

```
confirm(메시지)
```

예
```
var reply = confirm("자리 배치도를 확인하시겠습니까?")
```

confirm("자리 배치도를 확인하시겠습니까?")라는 문장을 실행하면 '확인' 버튼과 '취소' 버튼이 있는 확인 창이 나타나고 사용자가 [확인]을 클릭하면 true값이, [취소]를 클릭하면 false값이 저장됩니다.

예제 폴더명: 예제\ch8\seat2.html

```
<script>
    var reply = confirm("자리 배치도를 확인하겠습니까?");
    if (reply == true)
        document.write("이제부터 자리 배치도를 보여줄 프로그램을 짜보도록 하겠습니다.");
    else
        document.write("더 이상 보여줄 게 없습니다.");
</script>
```

 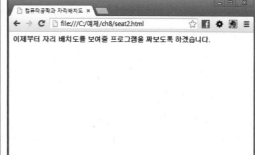

▲ 〈확인〉 버튼을 클릭했을 때

▲ 〈취소〉 버튼을 클릭했을 때

:: 프롬프트 창

프롬프트 창은 사용자에게 어떤 값을 입력하게 한 후 그 값을 받아 프로그램에 사용하기 위한 것입니다. 따라서 프롬프트 창에는 사용자가 입력할 수 있는 텍스트 필드 창이 함께 표시되는데 이 필드에 메시지를 넣어서 화면에 표시할 수도 있습니다.

프롬프트 창을 만들 때는 prompt 메서드를 사용하며 사용자가 입력한 값은 지정한 변수로 저장합니다.

```
prompt(메시지) 또는 prompt(메시지, 기본값)
```

예
```
var stNum = prompt("수강생은 몇 명입니
까?");
```

프롬프트 창에서 입력을 받을 때 사용자가 입력할 기본값을 표시하려면 다음과 같이 prompt 문에 내용과 기본값을 각각 표시하면 됩니다. 다음 소스는 기본값 "A"가 프롬프트 창에 표시되도록 한 것입니다.

예
```
var ch = prompt("영문자를 입력하세요.",
"A");
```

프롬프트 창에서 사용자가 입력하는 값은 무조건 문자열(string)로 받기 때문에 사용자 입력값을 받아 숫자로 사용하려면 문자열을 숫자로 바꿔주는 Number 메서드나 parseInt 메서드를 사용해야 합니다. 다음 예제는 수강생 수를 받아 stNum이라는 변수에 저장하는 것입니다. 만일 사용자가 25라고 입력한다면 그것은 숫자 25가 아니라 문자열 "25"가 되기 때문에 숫자로 변환해주는 과정을 거치고 있습니다.

예
```
var stNum = Number(prompt("수강생은 몇 명입니까?"));
```

아래 소스는 사용자가 프롬프트 창에 입력한 수강생 수를 받아서 브라우저 창에 표시하는 것입니다. 사용자가 프롬프트 창에 입력하는 값을 숫자로 변환해서 stNum 변수에 저장했다가 document.write() 메서드를 사용해서 그 변수의 값을 화면에 표시하는 방법입니다.

> **tip**
> 프롬프트 창에 내용을 입력하지 않고 〈확인〉을 클릭하게 되면 Null 값이 반환됩니다. 실제 프로그램을 작성할 때는 반환값이 null인지 체크하는 부분도 필요합니다.

예제 폴더명: 예제\ch8\seat3.html
```
<body>
    <script>
        var stNum = Number(prompt("수강생은 몇 명입니까?")); ────❶
        var colNum = Number(prompt("한 줄에 몇 명씩 앉습니까?")); ─❷

        document.write("전체 수강생은 " + stNum + "명입니다.<br>"); ─❸
        document.write("한 줄에 " + colNum + "명씩 앉습니다.<br>"); ─❹

    </script>
</body>
```

❶ 프롬프트 창에 입력한 값을 숫자로 변환한 후 stNum 변수에 저장합니다.
❷ 프로그램 창에 입력한 값을 숫자로 변환한 후 변수 colNum에 저장합니다.
❸ 변수 stNum의 값을 화면에 표시합니다.
❹ 변수 colNum의 값을 화면에 표시합니다.

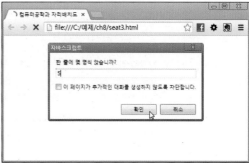

02

조건문

WEBPROGRAMMING 간단한 대화 상자만 포함하고 있어도 자바스크립트 프로그램이라고 할 수 있지만 정작 제대로 된 프로그램은 여러 가지 조건을 체크하고 그 조건에 맞게 서로 다른 행동을 하도록 하는 것입니다. 자바스크립트 프로그래밍에서 가장 기본이 되는 조건문부터 하나씩 살펴보도록 하겠습니다.

:: if 문

자바스크립트에서 조건을 체크할 때 가장 많이 사용하는 구문이 if 문입니다. 프로그램을 짤 때는 수없이 많은 경우의 수를 고려해야 하고 그것을 프로그램 안에 포함시켜야 하기 때문에 if 문을 몇 번씩 사용할 수밖에 없습니다.

if 문은 다음과 같은 형식을 가지고 있습니다.

```
if (조건) 문장
```

괄호 안의 조건을 체크해서 true이면 바로 다음의 문장을 실행하고 조건이 false이면 아무것도 하지 않습니다. 조건을 체크한 결과가 0이면 false로, 0 이외의 숫자이면 true로 인식하기 때문에 조건값이 꼭 true나 false일 필요는 없습니다.

조건을 만족했을 때 여러 문장이 실행되도록 할 수도 있습니다. 이럴 때는 문장들의 앞과 뒤에 {와 }를 붙여 하나의 블록을 만들어 주면 됩니다.

```
if (조건) {
    문장 1
    문장 2
    문장 3


}
```

앞에서 사용했던 예제를 한 번 더 살펴보겠습니다.

```
var reply = confirm("자리 배치도를 확인하겠습니까?");
if (reply == true)
    document.write("이제부터 자리 배치도를 보여줄 프로그램을 짜보도록 하겠습니다.");
```

확인 창에서 사용자가 어떤 버튼을 눌렀는지 reply 변수에 저장했다가 reply 값에 따라 다른 동작을 하도록 하는 것입니다.

```
if (reply == true)
```

위의 문장은 "reply 변수의 값이 true이면"이라는 조건을 지정하는 것이고, 그 조건에 맞는다면 다음의 문장을 실행하는 것입니다.

```
document.write("이제부터 자리 배치도를 보여줄 프로그램을 짜보도록 하겠습니다.");
```

:: else 문

앞에서 살펴본 if 문은 조건이 true일 경우에만 그 다음의 문장을 실행하기 때문에 조건이 true가 아닐 경우에도 어떤 동작을 해야 한다면 사용에 한계가 있습니다. 그래서 등장한 것이 else 문입니다. if 문이나 else 문 다음에 실행할 문장이 하나일 경우 다음과 같이 여러 형태로 사용할 수 있습니다.

```
if (조건)
    문장1
else
    문장2
```

또는

```
if (조건)   문장1
else 문장2
```

if 문에서 조건을 체크하여 그 조건에 맞는다면 '문장1'을 실행하고 그렇지 않다면 '문장2'를 실행합니다. 또한 아래 형식처럼 else를 사용하지 않더라도 스크립트 인터프리터에서는 if 문 다음에 오는 문은 else 문 위치라고 인식합니다.

```
if (조건)
    문장1
문장2
```

위에서 살펴본 소스에서는 〈확인〉 버튼을 클릭했을 때, 즉 reply==true일 경우만 체크했습니다. 그렇지 않은 경우에 대해서는 else 문을 사용해 다음과 같이 작성할 수 있습니다.

```
var reply = confirm("자리 배치도를 확인하겠습니까?");
if (reply == true)
    document.write("이제부터 자리 배치도를 보여줄 프로그램을 짜보도록 하겠습니다.");
```

```
else
    document.write("더 이상 보여줄 게 없습니다.");
```

지금까지는 조건 다음에 한 가지 문장만 처리하는 것을 살펴봤지만 if와 else를 사용할 때도 각 조건에 따라 여러 문장을 묶어서 실행할 수 있습니다.

```
if (조건) {
    문장1
    문장2...
}
else {
    문장3
    문장4....
}
```

위의 형식을 다음과 같이 if 문장들이 끝나는 행에 else를 연결해서 표시하기도 하고 else를 생략할 수도 있습니다. 이런 형식은 프로그램을 짜는 사람의 코딩 습관에 따라 어떤 것을 사용해도 무방합니다.

```
 if (조건) {
    문장1
    문장2....
} else {
    문장3
    문장4...
}
```

또는

```
if(조건) {
    문장1
    문장2....
}
{
    문장3
    문장4...
}
```

프로그램을 짜다 보면 하나의 if-else 문으로는 해결되지 않는 상황들이 더 많습니다. 이럴 때는 if-else 문 안에서 또다시 if-else 문을 사용할 수 있는데, 이렇게 다른 else 문 안에 포함되는 if-else를 중첩된 if-else 문이라고 합니다.

```
if (조건1) 문장1
else
   if(조건2) 문장2
   else
      if(조건3) 문장3
      else 문장4
```

조건1을 만족하면 문장1을 실행하고 조건1을 만족하지 않으면 다시 조건2를 체크하는 것입니다. 체크할 조건은 모두 3개인데 세 가지 조건을 모두 체크하고 난 후에는 마지막에 그 모든 조건에도 해당하지 않을 경우에 대해서 else 문장4를 추가해야 합니다. 즉, 사용자가 엉뚱한 값을 입력했을 때 실행할 부분입니다.

위 형식은 다음과 같이 표시해도 되고 else를 맨 마지막에만 사용해도 됩니다.

```
if (조건1) 문장1
else if(조건2) 문장2
else if(조건3) 문장3
else 문장4
```

또는

```
if (조건1) 문장1
if (조건2) 문장2
if (조건3) 문장3
else 문장4
```

: : 실습 학년 체크해서 실습실 배정하기

지금까지 공부한 if 문과 else 문을 이용해서 간단한 예제를 만들어 보겠습니다. 사용자에게 학년을 물어봐서 1학년이면 3-A 실습실, 2학년이면 3-B 실습실, 이런 식으로 학년에 맞게 실습실을 안내하는 문구가 표시되도록 해보겠습니다.

◉ **준비 파일** : 실습\ch8\Sources\lab.html
◉ **완성 파일** : 실습\ch8\Results\lab.html

01. 〈body〉 태그와 〈/body〉 태그 사이에 자바스크립트 소스를 삽입할 수 있도록 다음과 같이 〈script〉와 〈/script〉 태그를 삽입합니다.

02. 가장 먼저 할 일은 사용자에게 학년을 입력하도록 해서 그 값을 변수에 저장하는 것입니다. 〈script〉 태그 바로 다음에 다음과 같은 문장을 입력한 후 [Ctrl]+[S] 키를 눌러 저장합니다.

```
var grade = prompt("몇 학년인가요?
(1~4)");
```

03. 윈도우 탐색기에서 '실습\ch8\Sources\lab.html' 파일을 더블클릭하면 웹페이지가 열리자마자 프롬프트 창이 나타나는 것을 볼 수 있습니다. 아무 학년이나 입력한 후 〈확인〉 버튼을 클릭해 보세요.

04. 여러분이 입력한 값은 grade라는 변수에 저장됩니다. 하지만 아직 grade 변수를 어떻게 하라고 프로그램을 만들지 않았기 때문에 화면에는 아무 결과도 보이지 않습니다. 아직 브라우저 창을 닫지 마세요.

05. 노트 패드로 돌아와 사용자가 입력한 값, 즉 grade 변수에 저장된 값을 체크하는 조건문을 작성합니다. 사용자가 1학년일 때, 2학년일 때, 등의 조건을 체크하고 그에 맞는 결과 화면을 만듭니다. 앞에서 입력한 prompt 문 다음에 아래 소스를 추가하고 Ctrl+S 키를 눌러 저장합니다.

```
if (grade == 1) document.write("<p>1학년은 실습실 3-A로 가세요.</p>");
else if (grade == 2) document.write("<p>2학년은 실습실 3-B로 가세요.</p>");
else if (grade == 3) document.write("<p>3학년은 실습실 3-C로 가세요.</p>");
else if (grade == 4) document.write("<p>4학년은 실습실 3-D로 가세요.</p>");
else document.write("<p>잘못 입력했습니다.</p>");
```

06. 열어두었던 브라우저 창에서 F5 키를 누르거나 C 아이콘을 클릭해서 수정한 내용을 불러옵니다. 학년을 입력하고 〈확인〉 버튼을 클릭하세요

07. 예상했던 결과 화면이 나온다면 성공입니다. 예상했던 결과 화면이 나오지 않는다면 앞에서 입력했던 if 문에서 오타가 있을 가능성이 높습니다. 확인해 보세요.

:: switch 문

체크해야 할 조건이 많으면서 서로 중복되지 않을 경우에는 여러 개의 if 문을 사용하는 것보다 switch 문을 사용하는 것이 편리합니다. switch 문은 변수를 체크해서 case 문에 따라 지정한 동작만 하면 됩니다.

```
switch (변수)
{
    case 상수1 : 문장1
                    break
    case 상수2 : 문장2
                    break


    ......
    default:  문장n
}
```

변수를 체크한 후 그 값이 '상수1'이면 '문장1'을 실행한 후 break 문을 만나 switch 문을 빠져나가고, 변수의 값이 '상수2'이면 '문장2'를 실행한 후 switch 문을 빠져나갑니다. 만일 위에 나열한 case 문 어디에도 변수 값이 일치하지 않는다면 default: 다음의 '문장n'을 실행합니다. 즉 switch 문 안에서 변수의 조건은 case 중 하나에만 일치하며 case에서 지정한 문장을 실행한 후에는 완전히 switch 문을 빠져나옵니다. 여기서 주의해서 볼 것은 마지막 default 문장인데요, 다른 case 조건에 맞지 않을 경우 실행할 문장이 오며 여기에는 break 문을 사용하지 않습니다.

if가 여러 번 중복되어 들어가는 것보다 switch 문이 더 간편할 수 있습니다. 다음 소스는 사용자가 입력한 숫자를 받아 switch 문으로 체크해 본 것입니다.

예제 폴더명: 예제\ch8\class.html

```html
<!DOCTYPE html>
<html lang="ko">
<head>
    <meta charset="utf-8">
    <meta name="viewport" content="width=device-width">
    <title>실습실 안내</title>
<style>
    body {
            background-color:#0c3268 ─❶
            color:white ─❷
```

```
        }
        p {
            margin-top:80px
            font-size:25px
            font-weight:700
            text-align:center
        }
    big {
            color:yellow ─❸
    }
</style>
</head>
<body>
    <script>
        var subj = prompt("학과 선택(1:전기전자,2:건축공,3:컴퓨터공,4:신소재공)"); ─❹

        switch(subj) { ─❺
            case "1": {
                document.write("<p>전기전자공학과 실습실은 <big>2011호</big>입니
다.</p>"); ─❻
                break; ─❼
            }
            case "2": {
                document.write("<p>건축공학과 실습실은 <big>2014호</big>입니
다.</p>");
                break;
            }
            case "3": {
                document.write("<p>컴퓨터공학과 실습실은 <big>2012호</big>입니
다.</p>");
                break;
            }
            case "4": {
                document.write("<p>신소재공학과 실습실은 <big>2011호</big>입니
다.</p>");
                break;
            }
            default: {
                document.write("<p>잘못 입력했습니다.</p>"); ─❽
            }
```

```
        }
    </script>
</body>
</html>
```

❶ 문서 전체의 배경색과 글자색

❷ 글자 부분의 스타일

❸ ⟨big⟩ 태그를 사용한 부분(실습실)을 강조하기 위해 글자색을 yellow로

❹ 프롬프트 창을 통해 사용자 입력을 받습니다.

❺ 프롬프트 창에서 입력한 값은 문자열로 취급하므로 문자열 값으로 체크합니다.

❻ 화면에 내용을 표시합니다. ⟨big⟩ 태그는 해당 부분의 글자를 좀 더 크게 표시합니다.

❼ break 문은 조건문이나 반복문의 실행을 종료합니다.

❽ 1,2,3,4 외의 다른 문자가 입력되었을 경우 default에서 처리합니다.

 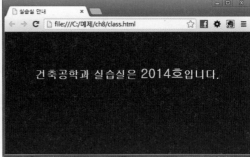

03

반복문

반복문은 어떤 동작을 여러 번 실행하기 위한 것입니다. 사실 컴퓨터가 사람보다 훨씬 빠르게 계산할 수 있는 이유도 이런 반복 동작을 빨리 처리할 수 있기 때문입니다. 불필요하게 명령들을 늘어놓지 않고 반복문을 사용해서 깔끔하게 소스를 작성하는 것이 프로그래머의 능력일 것입니다.

:: for 문

for 문은 가장 많이 사용되는 반복문입니다. 주로 값을 일정하게 증가시킬 때 많이 사용하죠.

```
for ([초기값;] [조건;] [증가식])
    문장


또는


for ([초기값;] [조건;] [증가식]) {
    문장1
    문장2
    ....
}
```

① **초기값** : 변수를 초기화하는 부분으로 여기에서 정의하는 변수가 카운터가 됩니다. 즉 몇 번 반복했는지 체크하는 변수입니다. 이 부분에서 변수를 선언하고 초기화해도 합니다.

② **조건** : 반복되는 명령을 실행하기 전에 체크해야 하는 조건입니다. 이 조건을 만족해야 반복 명령을 실행하게 됩니다.

③ **증가식** : 문장들을 한 번 반복한 후 실행하는 부분입니다. 보통 카운터 변수를 증가시키거나 수정하는 역할을 합니다.

for 문의 실행 순서는 [초기값]→[조건]→[문장]→[증가식]입니다.

```
for (i=0; i<5; i++)
    document.write("i는 " + i + "<br>")
```

이 for 문을 실행하면 0부터 4까지의 값이 순차적으로 나타납니다. 실행되는 순서는 다음과 같습니다.

① i=0→i<5 체크→(조건 만족)→document.write 실행→i++ 실행

② i=1→i<5 체크→(조건 만족)→document.write 실행→i++ 실행

③ i=2→i<5 체크→(조건 만족)→document.write 실행→i++ 실행

④ i=3→i<5 체크→(조건 만족)→document.write 실행→i++ 실행

⑤ i=4→i<5 체크→(조건 만족)→document.write 실행→i++ 실행

⑥ i=5→i<5 체크→(조건 만족 안 함)→ for 문 빠져나옴

처음에는 i 값을 그대로, 그 다음부터는 i 값이 5를 넘기 전까지 1씩 증가시키며 화면에 출력하는 것이죠. 요약하자면 i가 5보다 작으면 화면에 출력하고 i 값을 1증가시키는 것입니다. 이것만 제대로 이해한다면 for 문은 전혀 어렵지 않습니다.

카운터 변수는 어떤 문자를 사용해도 상관없으며 시작값도 반드시 0부터 시작해야 하는 것은 아닙니다. 예를 들어, 아래 두 개의 for 문은 모두 똑같은 결과를 만듭니다.

예제 폴더명: 예제\ch8\counter.html

```
for (i=0; i<5; i++)                    for (k=1; k<=5; k++)
    document.write("###");                 document.write("###");

            ###                                    ###
            ###                                    ###
            ###                                    ###
            ###                                    ###
            ###                                    ###
```

다음 예제는 1부터 시작해서 1씩 증가시키면서 숫자를 계속 더하는 것입니다. 카운터는 어떤 변수이든 상관없으며 프로그램 안에서 다른 변수와 중복되지 않으면 됩니다. for 문 안에서 값을 수정할 수도 있습니다.

for 문 전체가 어떻게 돌아가는지 다른 예제를 통해 이해해 보도록 하죠. 다음은 1에서 10까지의 숫자를 모두 더하는 for 문을 작성한 것입니다.

예제 폴더명: 예제\ch8\sum.html

```
<body>
    <script>
        var sum = 0;

        for (i = 1; i <= 10; i++) {
            sum += i;
            document.write(i + " ---------- " + sum+"<br>");
        }
```

```
        </script>
</body>
```

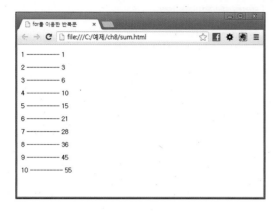

:: for 문의 중첩

for 문 안에 또 다른 for 문을 넣어 사용할 수도 있습니다. 이때는 안쪽의 for 문을 모두 실행한 후 바깥쪽의 for 문을 실행하게 됩니다.

아래 소스는 j=1에서부터 j=30까지 가로로 #을 표시한 후 줄을 바꾸고(〈br〉) 다시 가로로 30개의 #을 표시합니다. i〈=5까지 실행하므로 모두 5줄을 표시하는 것입니다.

예제 폴더명: 예제\ch8\for.html

```
<body>
    <script>

        for (var i = 1; i <= 5; i++) {——❸
            for (var j = 1; j <= 30; j++) {
                document.write("#");——❶
            }
            document.write("<br>");——❷
        }
    </script>
</body>
```

❶ 안쪽의 for 문이 먼저 실행되어 #이 30개 찍힙니다.

❷ 줄을 바꿉니다.

❸ i 값이 하나 증가된 후 다시 안쪽의 for 문을 실행합니다.

:: while 문

while 반복문은 조건이 참(true)인 동안 문장을 반복합니다. 앞에서 살펴본 for 문도 마찬가지지만 while 문은 조건부터 체크한 후 true일 경우에만 문장을 반복합니다. 결국 조건이 false라면 문장은 한 번도 실행하지 않을 수도 있습니다. {와 }를 사용해서 명령 블록을 만들어 여러 문장을 반복할 수 있습니다.

```
while (조건){
    문장1
    문장2
    ....
}
```

while 문 안에 또 다른 while 문을 넣을 수도 있는데 이 경우에도 안쪽의 while 문을 모두 실행한 후 바깥쪽의 while 루프를 실행하게 됩니다.

:: do-while 문

while 문과 달리 do-while 문은 조건이 맨 뒤에 붙습니다. 그리고 do-while 문은 일단 문장을 한 번 실행한 후 조건을 체크합니다. 그러므로 조건이 false라 하더라도 일단 문장이 최소한 한 번은 실행됩니다.

```
do {
    문장
} while (조건)
```

while 문을 사용할지 do-while 문을 사용할지는 프로그래머의 취향에 달려 있습니다. 물론 프로그램 성격에 따라 처리 속도가 달라질 수도 있지만 눈에 띄게 큰 차이가 나지는 않습니다.

while 문은 조건부터 체크하고 do-while 문은 일단 문장부터 실행한 후 조건을 체크하는 것이 다릅니다. while 문과 do-while 문이 어떻게 다른지 예제를 통해 살펴보겠습니다.

```
<body>
    <script>
        var i = 10;

        document.write("현재 i 값은 10입니다. while(i<10) <br>");
        while (i < 10) { ─①
            document.write(i);
            document.write("<br>");
          i++; ──────② 
        }

        document.write("<br><br>");
        document.write("현재 i 값은 10입니다. do...while(i<10) <br>");
        do { ───────③
            document.write(i);
            document.write("<br>");
          i++;
        } while(i<10)
    </script>
</body>
```

❶ while(i<10) 조건을 충족하지 못하므로 아무 문장도 실행되지 않습니다.

❷ 이렇게 i값을 증가시켜 주지 않으면 무한 루프에 빠지게 됩니다.

❸ 조건을 체크하기 전에 문장을 실행하므로 i 값(10)이 화면에 출력됩니다.

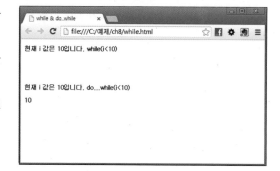

어떤 반복문을 사용해야 할까?

앞에서 살펴본 for 문과 while 문, 그리고 do...while 문은 특정 문장을 여러 번 반복해서 실행할 수 있다는 공통점이 있습니다. for 문의 경우에는 초기값과 반복 크기가 일정할 경우 주로 사용합니다. 예를 들어, 0부터 시작해서 9까지 차례로 반복하도록 하려면 for(i=0; i<10; i++)라고 하는 게 더 편리합니다.

이에 비해 while 문과 do...while 문은 초기값이나 반복 크기 없이 조건만 주어졌을 때 많이 사용합니다. 어떤 조건을 만족하는 동안 반복하게 되는 거죠. while 문과 do...while 문은 조건을 체크하기 전에 문장을 한 번 실행하느냐 안 하느냐의 차이밖에 없는데 실제로 코드를 작성할 때는 프로그램 환경에 따라 둘 중의 하나를 선택해서 사용하면 됩니다.

:: break 문

보통 반복문에는 반복을 종료시킬 조건이 포함되어 있습니다. 예를 들어 for 문의 경우 조건식을 체크해서 조건에 맞지 않으면 for 문을 빠져나올 수 있습니다.

아래 소스는 i가 10이 되는 순간 for 문을 빠져나옵니다.

```
for (i=0; i<10; i++)
    document.write("*")
```

하지만 이런 종료 조건을 충족시키기 전에 반복문을 빠져나와야 할 경우가 있습니다. 이럴 때 사용하는 문장이 바로 break 문입니다. 즉 break 문을 이용한다면 반복문 안에서 또 다른 종료 조건을 원하는 위치에 넣을 수 있게 됩니다.

break 문의 사용 형식은 다음과 같습니다.

```
break
```

break 문을 사용할 때는 단독으로 쓰이지 않고 반복을 중지시킬 조건문과 함께 사용됩니다.

아래 예제는 for 문을 이용해 1부터 10까지 숫자를 전부 더하는 것인데, for 문 안에 break 문을 두어 중간에 빠져나갈 수 있게 했습니다. 소스를 보고 결과값이 어떻게 될지 추측해 보세요. 그리고 직접 소스를 실행한 후에 브라우저에서 확인하는 결과가 같은지 살펴보세요.

예제 폴더명: 예제\ch8\sum2.html

```
<script>
    var sum = 0;

    for (i = 1; i <= 10; i++) {
        sum += i;
        document.write(i + " ---------- " + sum + "<br>");

        if (i == 5) break
    }
</script>
```

:: continue 문

continue 문은 주어진 조건에 해당되는 값을 만났을 때 실행하던 반복 문장을 건너뛰고 반복문의
맨 앞으로 되돌아가 다음 반복 과정으로 넘어가도록 합니다. 쉽게 말해 반복 과정을 한 차례 건너
뛰게 하는 거죠.

```
continue
```

아래 소스는 1에서 10까지 반복하면서 짝수만 골라 더하는 간단한 프로그램입니다. 아래 소스에
서 i%2는 짝수인지 홀수인지를 체크하는 것입니다. i를 2로 나누어 나머지가 1이라면 i는 홀수이
기 때문에 계속 i 값을 증가시키고, i%2가 0이라면 짝수이므로 sum 변수에 i 값을 더합니다.

예제 폴더명: 예제\ch8\sum3.html

```
var sum = 0

for (var i = 1; i <= 10; ++i) {
    if (i % 2 == 1)
            continue
    sum += i;
    document.write(i + " ---------- " + sum + "<br>");
}
```

04

WEBPROGRAMMING   프로그래밍의 가장 중요한 뼈대를 이루는 것이 바로 함수입니다. 실제 브라우저에게 어떤 명령을 내리는 것은 '함수'를 통해서거든요. 함수를 구성하는 여러 문에 대해서는 앞으로 배우게 되므로 함수 개념에 대해 잘 이해하고 넘어가세요.

: : 함수 정의하기

지금까지는 스크립트 소스를 작성할 때 〈body〉 태그 다음에 삽입했습니다. 이렇게 하면 웹 문서를 불러오자마자 스크립트 소스를 실행하게 됩니다. 하지만 자바스크립트는 버튼을 클릭했을 때나 이미지 위에 마우스 포인터를 올려놓았을 때처럼 어떤 조건일 때 실행하도록 하는 경우가 더 많습니다. 즉, 실행해야 할 명령들을 대기시켜 놓았다가 특정 조건이 발생하면 바로 명령들을 실행하는 것입니다.

이렇게 계산식이나 명령들을 묶어서 정의해 놓은 것을 '함수(function)'라고 합니다. 함수는 바로 실행하기도 하지만 정의만 해 두었다가 나중에 실행하는 경우가 더 많기 때문에 〈body〉 태그보다 먼저 정의해 놓습니다. 그래서 주로 〈/head〉 태그 앞에 정의해 놓습니다.

함수의 모양은 항상 'function 함수명()'으로 표현되며, ( ) 안에는 서로 값을 주고받을 수 있는 매개변수를 넣는 경우도 있고 아무것도 넣지 않는 경우도 있습니다. 함수의 기본 형식은 다음과 같습니다.

```
function 함수명([매개변수]) {
    [명령들]
}
```

함수를 정의할 때에는 앞에 함수 선언 명령인 function을 적고 함수 이름을 써주고 중괄호 안에 함수의 내용, 즉 실행해야 할 여러 명령들을 나열합니다. 이때 매개변수를 함께 사용하기도 하는데 매개변수를 사용하는 것은 함수를 재활용하겠다는 의미입니다.

예를 들어, 다음과 같이 '4로 바꾸기'라는 버튼을 클릭하면 '4'라는 숫자 이미지로 바뀌고, '2로 바꾸기'를 클릭하면 '2'라는 숫자 이미지로 바뀌게 하는 함수를 작성해 봅시다. 이미지를 바꾸게 하려면 이미지의 src라는 속성값을 바꾸면 되는데, 문서 안에 있는 여러 이미지들 중에서 src 값을 바꿀 이미지를 id="num"이라고 이름을 지정해 줍니다. 그리고 '2'로 바꾸거나 '4'로 바꾸는 모든 과정은 동일하고 사용하는 이미지 파일만 달라지기 때문에 changeTo라는 함수를 정의한 후 이미지 파일 경로 값을 myImg라는 매개변수를 통해 받습니다.

```
<head>
    <script>
        function changeTo(myImg) {
            var myNum = document.getElementById("num");
            myNum.src = myImg;
        }
    </script>
</head>
<body>
    <form>
        <input type="button" value="4로 바꾸기" onclick="changeTo('4.
jpg')">
        <input type="button" value="2로 바꾸기" onclick="changeTo('2.
jpg')">
    </form>
    <div>
        <img src="2.jpg" id="num">
    </div>
</body>
```

정의한 함수를 사용할 때는 태그 안에서 함수 이름을 적어주면 됩니다. 함수에 넘겨줄 매개변수가 있을 경우 함수 이름 다음의 괄호 안에 매개변수를 넣습니다.

> 함수명([매개변수])

예
```
<input type="button" value="4로 바꾸기" onclick="changeTo('4.jpg')">
<input type="button" value="2로 바꾸기" onclick="changeTo('2.jpg')">
```

: : 스크립트 소스의 위치는?

자바스크립트로 작성한 스크립트 소스는 어디에든 삽입할 수 있습니다. 가장 쉬운 것은 스크립트 실행이 필요한 위치에 바로 추가하는 것입니다. 태그를 해석해 웹 브라우저에 표시하다가 스크립트를 만나면 스크립트를 즉시 실행합니다.

하지만 주로 사용하는 방법은 〈/head〉 이전이나 〈/body〉 태그 이전처럼 실제 실행되는 위치가 아닌 곳에 정의하는 것입니다. 이렇게 하면 웹 문서 내용을 브라우저에 표시하는 것과 별도로 스크립트 소스를 분석해서 대기해 두었다가 필요할 때 스크립트를 실행할 수 있습니다. 이 경우에 편리하게 사용할 수 있는 것이 함수입니다. 자바스크립트 함수를 정의해두었다가 원하는 위치에서, 원하는 때에 함수를 실행할 수 있습니다.

그렇다면 스크립트 소스를 〈/head〉 앞에 넣었을 때와 〈/body〉 태그 앞에 넣었을 때 어떻게 다를까요? 스크립트 소스를 〈/head〉 태그 앞에 넣게 되면 〈body〉 태그가 실행되기 전, 즉 웹 문서의 내용이 나타나기 전에 스크립트가 실행됩니다. 반면에 〈/body〉 앞에 스크립트 소스를 넣게 되면 웹 문서 내용을 다 표시하고 난 후에 자바스크립트가 실행됩니다.

: : 결과값 반환하기 – return 문

함수는 값을 반환할 수 있기 때문에 함수를 호출한 후 그 결과를 자바스크립트 안에서의 다른 값으로 사용할 수도 있습니다. 함수에서 값을 반환할 때는 다음과 같은 형식을 사용합니다.

```
return 값
```

예
```
function sum(){
  var num1, num2;

  return num1+num2;
}
```

스크립트 인터프리터가 정의된 함수를 분석하다가 return 문을 만나면 값을 반환하고 함수를 종료합니다. 따라서 함수 안에서 실행해야 할 문장은 모두 return 문 앞에 와야 합니다. 만일 return 문 뒤에도 문장이 있다면 그 문장은 실행되지 않습니다.

다음 예제는 함수를 호출해서 실행한 후 그 결과를 원래 호출했던 위치로 반환하는 예제입니다.

```html
<head>
    <script>
        function calcSum(num) {
            var sum = 0;

            for (i = 1; i <= num; i++)
                sum += i;
            return sum; ─①
        }

        function displaySum(num){
            returnValue = calcSum(num); ─②
            alert(num+"까지 더한 값은 "+returnValue+"입니다"); ─③
        }
    </script>
</head>
<body>
    <form>
            <input type="button" value="10까지 더하기" onclick=
"displaySum(10)">
            <input type="button" value="50까지 더하기" onclick=
"displaySum(50)">
            <input type="button" value="100까지 더하기" onclick=
"displaySum(100)">
    </form>
</body>
```

① 함수 처리 결과를 호출했던 위치로 반환합니다.

② calcSum 함수에서 반환한 값이 returnValue에 저장됩니다.

③ 반환된 값을 표시합니다.

이벤트(event)란 웹 브라우저 영역 안에서 일어나는 어떤 동작이나 사건을 가리키는 것입니다. 클릭하거나 마우스 포인터를 올려놓는 것과 같은 사용자의 동작뿐만 아니라 웹 페이지를 서버에서 로딩하는 것, 폼(form)에서 포커스가 바뀌는 것 등이 모두 이벤트입니다. 하지만 이벤트는 웹 브라우저 영역 안에서의 동작만 가리키기 때문에 웹 브라우저 창의 제목 표시줄을 클릭하는 것은 이벤트에 해당하지 않습니다.

다음은 자바스크립트에서 지원하는 주요 이벤트들입니다.

이벤트	이벤트 발생 시점
abort	웹 페이지를 읽어오는 동안 사용자가 [중지] 버튼을 누르거나 [ESC] 키를 눌렀을 때
blur	현재 보고 있는 페이지에서 다른 페이지로 이동하거나 폼 요소에서 포커스를 다른 곳으로 이동했을 때
click	링크나 이미지맵, 폼 요소 등을 클릭했을 때
change	목록 등에서 다른 값을 선택했을 때
error	웹 페이지를 읽어오는 동안 오류가 발생했을 때
focus	폼 요소 안으로 커서를 옮기거나 브라우저 창 내부를 클릭해서 그 브라우저 창을 활성화시켰을 때
load	웹 페이지를 모두 읽어왔을 때
mouseOut	링크나 이미지맵 밖으로 마우스 커서를 옮겼을 때
mouseOver	링크나 이미지맵 위로 마우스 커서를 올려놓았을 때
select	폼 필드를 선택했을 때
submit	폼 양식에서 [전송](submit) 버튼을 클릭했을 때
unload	현재 보고 있던 웹 페이지를 빠져나갈 때

이벤트와 함께 사용하는 용어가 "이벤트 핸들러"입니다. 이벤트 핸들러란 이벤트가 발생했을 때 처리할 함수와 연결해 주는 요소를 가리킵니다. 예를 들어, 링크를 클릭했을 때 알림 창이 나타나도록 하고 싶다면 다음과 같은 소스를 사용합니다.

```
<a href="#" onclick="alert('안녕하세요?')"> 클릭하세요</a>
```

위 소스는 click이라는 이벤트가 발생했을 때 alert를 처리하라고 알려주는 것인데 onclick이라는 부분이 이벤트 핸들러입니다. 여기에서 보는 것처럼 이벤트 핸들러는 이벤트 이름 앞에 on을 붙이면 됩니다. 다음은 주요 이벤트 핸들러입니다.

이벤트	이벤트 핸들러	이벤트	이벤트 핸들러	이벤트	이벤트 핸들러
abort	onabort	blur	onblur	click	onclick
change	onchange	error	onerror	focus	onfocus
load	onload	mouseout	onmousout	mouseover	onmouseover
select	onselect	submit	onsubmit	unload	onunload

예를 들어, 아래 소스는 버튼에서 click 이벤트가 발생하면 onclick 이벤트 핸들러를 이용해 displaySum()이라는 함수를 실행하도록 한 것입니다.

예제 폴더명: 예제\ch8\sum4.html

```
<form>
    <input type="button" value="10까지 더하기" onclick="displaySum(10)">
    <input type="button" value="50까지 더하기" onclick="displaySum(50)">
    <input type="button" value="100까지 더하기" onclick="displaySum(100)">
</form>
```

지금까지 살펴본 것처럼 이벤트 핸들러를 사용할 때는 필요한 실행문들을 하나의 함수로 묶어놓고 이벤트 핸들러 다음에는 간단히 함수 실행문만 넣어서 사용합니다.

자바스크립트 함수는 〈head〉~〈/head〉 부분과 〈body〉~〈/body〉 부분 어디에든 올 수 있지만 이벤트 핸들러에서 사용할 함수들은 대부분 〈head〉~〈/head〉 사이에 삽입합니다. 이렇게 해야 웹 페이지를 모두 읽어오기 전에 함수에 대한 모든 준비를 마칠 수 있기 때문입니다.

함수의 선언과 실행을 간단히 나타내면 다음과 같습니다.

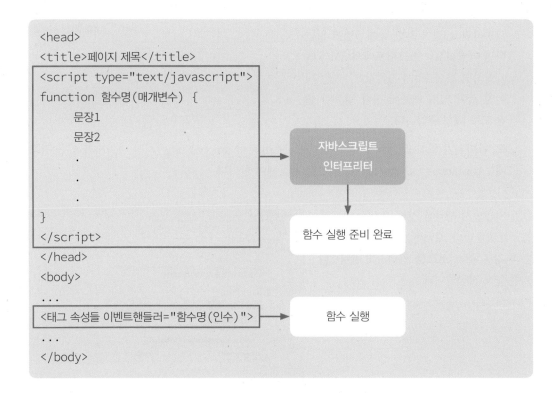

앞에서 공부한 대화 상자와 조건문, 그리고 반복문을 이용해 실습실의 좌석 배치도를 만들어 보겠습니다. 좌석 배치도는 학과의 학생 수와 한 줄에 몇 명씩 앉을 것인지 입력받은 후 그 값을 기본으로 좌석을 배치하고 일련 번호를 표시하는 것입니다.

◎ **준비 파일** : 실습\ch8\Sources\seat.html
◎ **완성 파일** : 실습\ch8\Results\seat.html

01. 전체 흐름 생각해 보기

- **입력 값과 변수** : 전체 학생 수(stNum), 한 줄의 학생 수(colNum)
- **계산할 값** : 몇 줄이 필요한가 (rowNum)
- **결과** : 한 줄에 colNum만큼씩 모두 rowNum만큼의 줄을 표시합니다.
  이때 1번부터 stNum까지 일련번호를 붙입니다.

가장 먼저 전체 학생 수와 한 줄에 앉을 학생 수가 주어졌을 때 줄의 개수를 어떻게 계산할지 생각해 봅시다.

예를 들어, 전체 학생 수가 20명이고 한 줄에 5명씩 앉아야 한다고 생각해 보겠습니다. 그러면 '20/5'를 계산하여 전부 네 줄이 필요하다는 걸 알 수 있습니다. 그렇다면 23명이고 한 줄에 5명씩 앉는다면 어떨까요? 스크립트에서 '20/5'를 계산하면 몫이 4라서 결과값은 4지만 나머지 값이 있기 때문에 정작 필요한 줄은 모두 다섯 줄입니다.

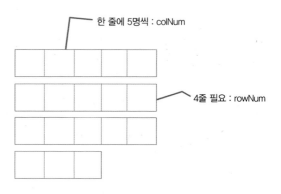

한 줄에 5명씩 : colNum

4줄 필요 : rowNum

즉, 나머지가 없이 딱 떨어질 경우에는 rowNum = stNum/colNum이지만 나머지가 있을 경우에는 rowNum = (stNum/colNum) +1로 계산해야 합니다.

02. 지금까지 생각한 것들을 소스 코드로 옮겨보겠습니다. 〈body〉 태그 다음에 다음과 같은 소스 코드를 입력하고 Ctrl + S 키를 눌러 저장합니다

```
<!DOCTYPE html>
<html lang="ko">
<head>
    <meta charset="utf-8">
    <meta name="viewport" content="width=device-width">
    <title>컴퓨터공학과 자리배치도</title>
</head>
<body>
    <script>
        var stNum = Number(prompt("수강생은 몇 명입니까?"));
        var colNum = Number(prompt("한 줄에 몇 명씩 앉습니까?"));

        if (stNum % colNum == 0)
            rowNum = parseInt(stNum / colNum);
        else
            rowNum = parseInt(stNum / colNum) + 1;

        document.write("필요한 줄은 모두 " + rowNum + "줄입니다");
    </script>
</body>
</html>
```

```
<script>
    var stNum = Number(prompt("수강생은 몇 명입니까?"));
    var colNum = Number(prompt("한줄에 몇 명씩 앉습니까?"));

    if (stNum % colNum == 0)
        rowNum = parseInt(stNum / colNum);
    else
        rowNum = parseInt(stNum / colNum) + 1;

    document.write("필요한 줄은 모두 " + rowNum + "줄입니다");
</script>
```

03. 웹 브라우저에서 seat.html을 불러와 테스트해 보세요. 오른쪽 그림은 전체 학생 수를 28명으로 하고 한 줄에 4명씩 앉을 때와 전체 학생 수를 25명으로 하고 한 줄에 7명씩 앉을 때를 계산해 본 것입니다. 정확하게 나오는 걸 볼 수 있습니다.

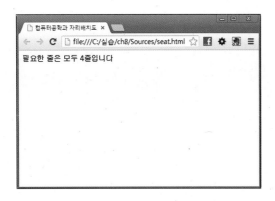

필요한 줄은 모두 4줄입니다

04. 한 줄에 colNum만큼 반복 표시하고 그것을 다시 rowNum만큼 반복해야 하기 때문에 for 문을 중첩해서 사용해야 합니다. 먼저 실행하는 것이 안쪽 for 문에 들어가므로 오른쪽과 같이 for 문을 사용할 수 있습니다. 우선 앞에서 입력했던 document. write 문은 지우세요. 그리고 오른쪽과 같이 for 문 구조를 만듭니다.

```
for (i = 0; i < rowNum; i++) {
    for (j = 1; j <= colNum; j++) {

    }
}
```

05. for 문을 자세히 보면 안쪽의 카운터 j 는 1부터 시작하는데 바깥쪽 카운터 i는 0 부터 시작하고 있습니다. 왜일까요? 자, for 문 안에는 1부터 stNum까지 학생들의 번호를 표시해야 합니다. 한 줄에 colNum 만큼의 학생을 표시하고 나면 줄을 바꿔서 그 다음 번호부터 표시해야 하는데 이렇게 하기 위해서는 학생 번호를 나타내는 변수 stId를 다음과 같이 계산합니다. 안쪽 for 문 바로 아래에 다음과 같이 입력합니다.

```
stId = i * colNum + j;
```

결국 첫 번째 줄에 1부터 표시되도록 하려면 i 값은 0이어야 합니다. 그래서 i 값은 1부터가 아닌 0부터 카운트됩니다.

```
1
2  <html lang="ko">
3  <head>
4      <meta charset="utf-8">
5      <meta name="viewport" content="width=device-width">
6      <title>컴퓨터공학과 자리배치도</title>
7  </head>
8  <body>
9      <script>
10         var stNum = Number(prompt("수강생은 몇 명입니까?"));
11         var colNum = Number(prompt("한 줄에 몇 명씩 앉습니까?"));
12
13         if (stNum % colNum == 0)
14             rowNum = parseInt(stNum / colNum);
15         else
16             rowNum = parseInt(stNum / colNum) + 1;
17
18         for (i = 0; i < rowNum; i++) {
19             for (j = 1; j <= colNum; j++) {
20                 stId = i * colNum + j;
21                 if (stId > stNum) break;
22                 document.write("컴공" + stId + "번");
23             }
24         }
25     </script>
```

06. 학생의 일련번호를 표시해 보겠습니다. 학생의 일련번호를 체크해서 전체 학생 수보다 커지면 멈추고 그렇지 않다면 화면에 표시하면 됩니다. for 문 안에 다음과 같은 문장을 추가합니다. 5번에서 입력한 소스 다음에 아래 소스를 추가합니다.

```
if (stId > stNum) break;
document.write("컴공 " + stId +
"번");
```

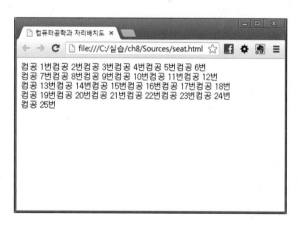

07. 한 줄을 표시하고 나면 줄을 바꿔서 그 아래에 표시해야겠지요? 첫 번째 for 문 바깥에 다음과 같이 줄을 바꿔주는 태그를 추가합니다. [Ctrl]+[S] 키를 눌러 문서를 저장하세요.

```
document.write("<br>");
```

08. 이제 웹 브라우저에서 seat.html을 확인해 보세요. 전체 수강생 수를 '25'명, 한 줄에 앉을 학생의 수를 '6'명으로 해보세요. 예상했던 것처럼 각 줄마다 1~6, 7~12, 13~18, 19~24 순으로 표시되고 마지막 줄에 25가 표시될 것입니다. 하지만 보기에 불편하군요. CSS를 이용해서 보기 좋게 바꿔보겠습니다.

09. 전체적으로 표 형태로 만들어 보겠습니다. for 문 바로 직전에 다음과 같은 소스를 추가합니다.

```
document.write("<h1>컴퓨터공학과 자
리배치도</h1>");
document.write("<br><br>");
document.write("<table>");
```

10. for 문도 다음과 같이 수정한 후 `Ctrl` + `S` 키를 눌러 문서를 저장합니다.

```
for (i = 0; i < rowNum; i++) {
    document.write("<tr>");
    for (j = 1; j <= colNum; j++) {
        stId = i * colNum + j;
        if (stId > stNum) break;
        document.write("<td>컴공 " + stId + "번</td>");
    }
    document.write("</tr>");
}

document.write("</table>");
```

11. 브라우저에서 다시 한 번 seat.html을 확인해 보세요. 필요한 값들을 입력한 후 결과 화면을 보면 처음보다 훨씬 보기 좋아진 것을 알 수 있습니다. 여기에 선을 그려서 표 형태로 보이게 만들어 보겠습니다.

12. 노트 패드로 돌아와 〈/head〉 태그 앞에 다음과 같은 소스를 추가한 후 `Ctrl` + `S` 키를 눌러 저장합니다.

```
<style>
    table {
        border:1px solid black;       /* 표 바깥으로 1px 실선 */
        border-collapse:collapse;     /* 겹치는 선은 한 줄로 표시 */
    }
    td {
        margin:10px;                  /* 셀과 셀 사이 여백 */
        padding:5px;                  /* 셀 테두리와 내용 사이의 여백 */
        border:1px solid black;       /* 셀 주변에 테두리 그리기 */
        border-collapse:collapse;     /* 겹치는 선은 한 줄로 표시 */
    }
</style>
```

13. 마지막으로 브라우저에서 다시 확인해 보세요. 단순히 값들을 나열하기만 한 것이 아니라 사용자가 쉽게 이해할 수 있는 모습으로 만들었습니다.

❶ 자바스크립트 대화 상자에는 알림 창과 확인 창, 그리고 프롬프트 창이 있습니다.

❷ 알림 창은 메시지를 보여주는 창으로 〈확인〉을 클릭하면 창이 닫힙니다.

❸ 확인 창은 〈확인〉 버튼과 〈취소〉 버튼이 있는 창으로 사용자가 클릭하는 버튼에 따라 다른 동작을 지정할 수 있습니다.

❹ 프롬프트 창은 사용자가 입력한 값을 받아 프로그램에서 처리하게 해주는 창입니다.

❺ if 문은 자바스크립트에서 조건을 체크할 때 가장 많이 사용하는 구문으로 다음과 같은 형식으로 사용합니다.

```
if(조건) {문장(들)}
```

❻ if 문과 else 문을 함께 사용해서 조건값이 true일 때와 false일 때를 나누어 지정할 수 있습니다.

❼ 체크해야 할 조건이 많으면서 서로 중복되지 않을 경우에는 switch 문을 사용하는 것이 편리합니다. switch 문은 변수를 체크한 후 case 문을 사용해 조건별로 동작을 지정합니다.

```
switch(변수) {
    case 값1 : { 문장(들); break; }
    case 값2 : { 문장(들); break; }
}
```

❽ for 문은 가장 많이 사용하는 반복문으로 다음과 같은 형식으로 사용합니다.

```
for ([초기값;] [조건;] [증가식]) {
    문장(들)
}
```

❾ while 반복문은 조건이 참(true)인 동안 문장을 반복합니다. 조건이 false이면 문장을 한 번도 실행하지 않을 수도 있습니다.

```
while (조건){
    문장(들)
}
```

❿ do...while 문은 일단 문장을 한 번 실행한 후 조건을 체크합니다. 따라서 문장이 최소한 한 번은 실행됩니다.

```
do {
    문장(들)
} while (조건)
```

⑪ 계산식이나 명령들을 묶어서 정의해 놓은 것을 '함수(function)'라고 합니다. 함수는 바로 실행하기도 하지만 정의만 해 두었다가 나중에 실행하는 경우가 더 많습니다.

⑫ 함수를 정의할 때는 〈script〉 태그 안에서 다음과 같은 형식으로 정의합니다.

```
function 함수명([매개변수]) {
    [명령들]
}
```

⑬ 함수를 실행할 때는 태그 안에서 함수 이름을 지정하면 됩니다.

⑭ 이벤트(event)란 웹 브라우저 영역 안에서 일어나는 어떤 동작이나 사건을 가리키는 것이고, 이벤트 핸들러는 이벤트를 처리하기 위한 함수를 연결해 주는 것입니다. 이벤트 핸들러는 이벤트 이름 앞에 on을 붙여 표시합니다.

01 사용자가 입력한 글자를 알아내어 화면에 표시하는 프로그램을 짜려고 합니다. 다음과 같이 프롬 프트 창에서 〈취소〉 버튼을 클릭하면 입력이 취소되었다고 알려주고 대문자와 소문자를 구별해서 인식하도록 할 것입니다. 아래 소스를 완성하시오.

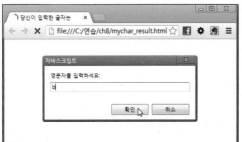

```html
<!DOCTYPE html>
<html lang="ko">
<head>
    <meta charset="utf-8">
    <meta name="viewport" content="width=device-width">
    <title>당신이 입력한 글자는</title>
</head>
<body>
    <script>
        var ch = prompt("영문자를 입력하세요:","A");

        if (ch == null)
            document.write("입력을 취소했습니다.");
        else if (ch >= "A" && ch <= "Z")
            document.write("입력한 글자는 대문자 <span>" + ch + "</span> 입니다.");
        (      소문자 체크한 후 소문자 출력하는 문장      )
        (      영문자를 입력하지 않았다고 알려주는 문장      )
    </script>
</body>
</html>
```

02 자바스크립트를 이용해 "3,6,9" 게임을 만들어 보려고 합니다. 다음과 같은 조건을 만족하도록 작성하시오.

[조건]

① prompt 문을 이용해 끝나는 숫자를 사용자에게 물어봅니다.

② 1부터 시작하여 숫자를 하나씩 화면에 표시하되 3의 배수가 되는 숫자는 빼야 합니다.

③ 사용자가 지정한 범위 안의 숫자만 표시합니다.

CHAPTER
09
나타났다
사라지는
서브 메뉴
만들기

이 장에서는 자바스크립트에서 HTML 내용을 수정하거나 추가할 수 있도록 하기 위해 꼭 알아두어야 할 HTML DOM에 대해 살펴봅니다. HTML DOM은 워낙 범위가 넓기 때문에 한 장으로 다루기엔 역부족이지만 앞으로 jQuery에서 DOM을 활용한 여러 내용들을 배울 것이므로 여기에서는 DOM의 특징과 가장 많이 사용하는 몇 가지 메서드들에 대해서 알아보도록 하겠습니다.

| 이 장에서 배울 내용 |

- **HTML DOM** : 자바스크립트로 웹 문서의 구조나 내용, 스타일 등을 제어하기 위해서는 웹 문서의 구조를 객체로 표현하는 HTML DOM을 익혀두어야 합니다. HTML DOM의 구조와 특징에 대해 살펴봅니다.

- **DOM 요소에 접근하는 방법** : 웹 문서의 내용이나 스타일 등을 수정하려면 많은 DOM 요소들 중에서 원하는 요소에 접근하는 것이 우선입니다. 자바스크립트에서 DOM 요소에 접근하는 세 가지 주요 방법에 대해 살펴봅니다.

- **HTML DOM 노드 리스트** : 태그나 클래스 이름으로 요소에 접근하면 한 가지 요소가 아닌 여러 개의 노드가 모여 있는 노드 리스트 형태로 반환됩니다. 왜 노드 리스트를 사용하는지, 리스트에 있는 특정 요소에 접근하려면 어떻게 해야 하는지 살펴보겠습니다.

- **DOM 요소 수정하기** : 자바스크립트를 이용해서 DOM 요소의 내용이나 속성, 스타일 등을 수정하는 방법에 대해 알아봅니다.

- **DOM에서 새로운 요소 추가하기** : DOM의 구조를 정확히 이해했다면 자바스크립트를 이용해 원래는 없었던 웹 요소를 문서에 추가하는 것도 가능합니다. 여러 가지 메서드를 통해 새로운 요소를 추가하는 방법에 대해 살펴보겠습니다.

01

HTML DOM

WEBPROGRAMMING

자바스크립트를 이용하면 웹 문서의 구조나 내용, 스타일 등을 손쉽게 제어할 수 있고 그런 방법을 이용해 웹 문서를 역동적으로 운용할 수 있습니다. 자바스크립트에서 웹 문서를 제어하기 위해서는 우선 DOM이라는 개념을 먼저 이해해야 합니다.

:: DOM이란?

DOM은 Document Object Model의 약자로, 웹 문서에 접근할 수 있도록 정의해 놓은 표준입니다. HTML DOM에서는 자바스크립트를 이용해 웹 문서 요소들을 손쉽게 제어할 수 있도록 각 HTML 요소를 객체화시키고 객체마다 프로퍼티나 메서드를 두고 있습니다.

그렇다면 객체란 무엇일까요? 프로그래밍에서 객체(object)란 컴퓨터에서 인식할 수 있는 모든 대상을 가리키는 말입니다. 실세계에서 만날 수 있는 대상을 컴퓨터에서 인식할 수 있는 형태로 바꾼다면 이것 역시 객체가 됩니다. 하지만 DOM에서 말하는 객체는 웹 문서를 대상으로 하기 때문에 웹 문서에서 사용하는 모든 요소들을 가리킵니다. 예를 들어, 웹 문서도 객체이고 웹 문서 안에 포함된 이미지와 링크, 텍스트 필드 등도 모두 객체입니다.

또한 DOM에는 프로그래밍을 할 때 자주 사용되는 요소들도 객체로 만들어져 있습니다. 예를 들어 프로그래밍을 할 때 날짜를 자주 사용하게 되는데 DOM에는 날짜를 제어하는 date 객체가 있어서 현재 시간을 알아낸다거나 날짜를 이용한 프로그램을 짤 때 손쉽게 가져다 사용할 수 있습니다.

HTML DOM에서는 HTML로 작성된 웹 문서를 로딩하면서 문서의 구조를 DOM 트리로 구성하는데 이때 각각의 웹 요소를 하나의 노드(node)로 표현합니다. 가장 먼저 전체 문서는 document 노드가 됩니다. 그리고 모든 HTML 요소는 요소(element) 노드이고 HTML 요소 안에 있는 텍스트들은 텍스트(text) 노드가 됩니다. 속성들은 속성(attribute) 노드가 되고 주석은 주석(comments) 노드로 표현합니다.

예를 들어 다음과 같은 간단한 웹 문서를 생각해 보겠습니다.

> **예제** 폴더명: 예제\ch9\dom.html

```
<!DOCTYPE html>
<html>
<head>
    <meta charset="utf-8">
    <title>간단한 HTML</title>
</head>
```

```
<body>
    <h1>회원 모집</h1>
    <img src="logo.png">
</body>
</html>
```

위의 문서는 다음과 같은 DOM 트리를 구성합니다. 그림에서 보는 것처럼 웹 문서에서 사용된 각 요소들, 즉 각 태그들에 대해서는 그에 해당하는 객체들이 만들어져 있습니다.

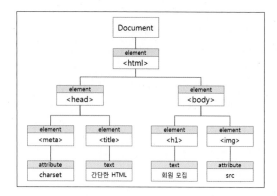

그림을 보면 나무(tree) 모양을 하고 있는데 맨 위의 〈html〉 요소에 해당하는 노드를 루트(root)라고 합니다. 즉, 뿌리가 되는 것이죠. 루트를 시작으로 해서 웹 문서에서 사용된 요소들이 밑으로 뻗어나가고 있어서 계층 구조를 이루고 있습니다. 이런 계층 구조를 기반으로 해서 DOM에서는 각 노드 사이의 관계를 부모와 자식, 형제 간으로 표현합니다.

tip 계층 관계를 설명할 때는 element 노드, 즉 태그 노드를 기준으로 합니다.

부모(parent) 노드에는 자식(child) 노드가 있으며, 같은 부모 노드를 가진 노드들을 형제(sibling) 노드라고 합니다. 위의 그림을 보면 〈body〉 노드는 〈html〉 노드의 자식 노드이면서 〈h1〉 노드의 부모 노드입니다. 그리고 〈h1〉과 〈img〉는 부모 노드가 같기 때문에 서로 형제 노드가 됩니다.

HTML DOM의 계층 구조는 태그 소스만 보고도 머리 속에 그릴 수 있어야 합니다. 코딩을 할 때 들여쓰기를 잘한다면 계층 구조를 파악하기도 쉽습니다.

```
<html>
<head>
    <meta charset="utf-8">
    <title>DOM 이해하기</title>
</head>
```

```
<body>
    <h1>회원 모집</h1>
    <p>스터디 회원을 모집합니다</p>
    <img src="logo.png">
</body>
</html>
```

자식 노드 입장에서 본다면,

- 〈html〉 노드는 루트 노드이기 때문에 부모 노드가 없습니다.
- 〈head〉 노드와 〈body〉 노드의 부모 노드는 〈html〉입니다.
- 〈meta〉 노드와 〈title〉 노드의 부모 노드는 〈head〉입니다.
- 〈h1〉 노드와 〈p〉 노드, 〈img〉 노드의 부모 노드는 〈body〉입니다.

부모 노드 입장에서 본다면,

- 〈html〉 노드의 자식 노드는 〈head〉와 〈body〉입니다.
- 〈head〉 노드의 자식 노드는 〈meta〉와 〈title〉입니다.
- 〈body〉 노드의 자식 노드는 〈h1〉과 〈p〉, 〈img〉입니다.

또한 다음과 같이 이야기할 수도 있습니다.

- 〈head〉 노드의 첫 번째 자식은 〈meta〉 노드입니다.
- 〈img〉 노드는 〈body〉 노드의 마지막 자식입니다.
- 〈h1〉 노드와 〈p〉 노드, 〈img〉 노드는 형제 노드입니다.

:: 프로퍼티와 메서드

자바스크립트에서는 HTML DOM을 제어하기 위해 객체의 프로퍼티(property)와 메서드(method)를 사용합니다. 프로퍼티란 객체의 속성들을 가리키는 것이고 메서드는 객체를 가지고 사용자가 조작할 수 있는 동작들을 가리킵니다.

window 객체를 예로 들어보겠습니다. window 객체는 웹 브라우저 창을 나타내는 객체로, 브라우저 창의 높이나 너비, 스크롤바 등이 프로퍼티가 될 수 있습니다. 그리고 브라우저 창을 열거나 닫는 것이 메서드가 되겠지요.

프로퍼티나 메서드를 표시할 때는 객체 이름 뒤에 마침표를 찍고 그 뒤에 프로퍼티 이름이나 메서드 이름을 표시합니다. 메서드는 함수이기 때문에 window.open()처럼 메서드 이름 뒤에 괄호가 표시된다는 점이 프로퍼티와 다릅니다.

```
window.width
window.scrollbars
window.open()
window.close()
```

window 객체에는 간단한 경고 창을 만들어 주는 alert()라는 메서드가 있습니다. alert() 메서드 안에서 뭐가 어떻게 동작하는지에 대해서는 전혀 몰라도 상관없습니다. 단지 메서드 이름이 alert()라는 점만 알고 있다면 다음과 같이 간단하게 경고 창을 만들 수 있습니다.

```
window.alert("안녕하세요?")
```

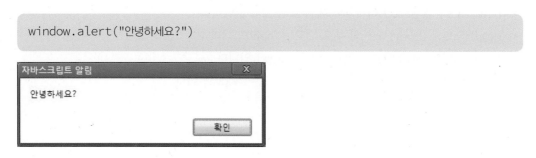

:: 객체의 인스턴스 만들기

자바스크립트에서 DOM 객체를 이용해 웹 요소를 제어하려고 할 때 객체 자체를 가져다 사용하는 것이 아니라 객체를 똑같이 복제해서 복제된 객체를 이용하게 됩니다. 이렇게 복제한 객체를 인스턴스(instance)라고 부르는데 인스턴스 역시 원래 객체의 메서드와 프로퍼티를 모두 사용할 수 있습니다.

객체의 인스턴스를 만들 때는 new라는 키워드를 사용합니다.

```
var 변수 = new 객체명()
```

아래 소스에서는 var now1 = new Date()라는 문장과 var now2 = new Date()라는 문장에서 두 개의 객체를 만들고 있습니다. 두 가지 객체 모두 Date 객체의 인스턴스입니다. 따라서 이제부터 now1과 now2는 Date 객체가 가지고 있는 메서드와 프로퍼티를 얼마든지 사용할 수 있습니다. now1.getMinutes()이나 now2.getMinutes()라고 쓸 수 있는 것은 getMinutes()이라는 메서드가 이미 Date 객체 안에 정의되어 있기 때문입니다.

예
```
var now1 = new Date()
var min1 = now1.getMinutes()
```

```
var now2 = new Date()
var min2 = now2.getMinutes()
```

그렇다면 이 책의 자바스크립트 부분을 처음 공부하면서 만났던 아래 소스가 이제는 어느 정도 이해될 것입니다.

> **예제** 폴더명: 예제\ch9\today.html
> --
> ```
> <body>
>   <script>
>     var today=new Date();                      ─①
>     var display = today.toLocaleString();      ─②
>     document.write("<h1>오늘은 며칠인가요?</h1>");
>     document.write(display+ "입니다.");          ─③
>   </script>
> </body>
> ```

① new 키워드를 이용해 Date() 객체의 인스턴스를 만들고 새로 만든 객체를 today라는 변수에 할당합니다. 즉, today는 Date() 객체입니다.

② Date 객체에는 오늘 날짜와 시간을 알아내는 toLocaleString()이라는 메서드가 있는데 이것은 today에서도 사용할 수 있습니다. today.toLocaleString()을 실행해 display라는 변수에 할당합니다. 이제 display 변수에는 오늘의 날짜와 시간이 저장됩니다.

③ document 객체의 write 메서드를 이용해서 화면에 원하는 내용을 출력합니다.

02

DOM 요소에 접근하는 방법

WEBPROGRAMMING   웹 문서에는 여러 가지 텍스트와 이미지를 비롯해 수많은 요소들이 있습니다. 자바스크립트를 이용
하면 많은 DOM 요소들 중에서 원하는 요소를 찾아내서 원하는 형태로 바꿀 수 있는데, 문제는 원
하는 요소를 어떻게 찾아낼 것인가, 즉 어떻게 접근할 것인가 하는 것입니다. 자바스크립트에서
DOM 요소에 접근하는 방법을 알아보겠습니다.

:: DOM 요소에 접근하기

HTML DOM 요소에 접근하는 방법은 여러 가지가 있지만 그 중에서 가장 많이 사용하는 방법은
다음의 3가지입니다.

- getElementById() 메서드 : 지정한 id를 가진 요소에 접근합니다. 가장 정확하게 접근할 수 있습
  니다.
- getElementsByClassName() 메서드 : 지정한 class 이름을 가진 요소에 접근합니다. 한 가지 요
  소가 아니라 노드 리스트 형태로 반환합니다.
- getElementsByTagName() 메서드 : 지정한 태그를 사용하는 요소에 접근합니다. 한 가지 요소
  가 아니라 노드 리스트 형태로 반환합니다.

① getElementById 메서드

HTML에서 웹 요소들을 사용할 때 id를 지정하는데 getElementById() 메서드를 이용하면 특정한
id를 가진 요소에 접근할 수 있습니다.

```
node.getElementById("id");
```

아래 예제는 웹 문서에 이미지를 삽입할 때 이미지에 id="logo"라는 아이디를 지정한 후에 스크
립트 소스에서 getElementById("logo") 메서드를 이용해서 해당 요소, 즉 id="logo"인 이미지에
접근한 것입니다. 이미지 요소에 접근할 수 있으므로 해당 이미지의 프로퍼티 중 alt라는 프로퍼
티 값을 가져와 화면에 보여줄 수 있습니다.

예제 폴더명: 예제\ch9\byid.html

```
<body>
    <h1>스터디 회원 모집</h1>
    <img src="logo.png" id="logo" alt="HTML5 공식 로고">
    <script>
        myImg = document.getElementById("logo");
        document.write("<p>이미지 파일의 alt 텍스트는 <span>" + myImg.alt +
```

```
"</span>입니다.</p>");
    </script>
</body>
```

② getElementsByClassName() 메서드

getElementsByClassName() 메서드는 특정한 클래스 이름을 가진 웹 요소에 접근하는 메서드입니다. CSS에서 살펴본 것처럼 id는 웹 문서 안에서 서로 중복되지 않지만 class는 같은 클래스 이름을 여러 요소에서 사용할 수 있습니다. 따라서 getElementsByClassName() 메서드를 사용하면 반환하는 요소가 둘 이상일 수도 있습니다. 그래서 getElementsByIdClassName() 메서드를 사용하면 괄호 안의 클래스 이름을 가진 요소를 하나씩 리스트에 저장해서 반환합니다.

```
node.getElementsByClassName("클래스명")
```

아래 예제는 getElementsByClassName()메서드를 사용해서 "accent"라는 클래스를 사용하는 요소에 접근하는 것입니다. 해당 요소는 "신입생 대상"이라는 텍스트 부분과 마지막 단락의 "웹 표준 기술"이라는 부분입니다. 이 값들을 myList라는 변수에 저장하면 myList[0], myList[1], ... 순으로 "accent" 클래스 이름을 사용한 요소들이 저장됩니다.
여기에서는 myList[i].textContent를 사용해 myList에 있는 요소들에서 텍스트 부분만 꺼내서 화면에 표시합니다.

예제 폴더명: 예제\ch9\byclass.html
```
<body>
    <h1>스터디 회원 모집</h1>
    <p class="accent"> 신입생 대상</p>
    <p><span class="accent">웹 표준 기술</span>에 대해 같이 공부할 스터디 회원을 모집
합니다</p>

    <script>
        myList = document.getElementsByClassName("accent");
        document.write("<hr>");
        document.write("<h3>accent 클래스를 사용하는 요소의 텍스트</h3>");
        for (i = 0; i < myList.length ; i++)
            document.write(myList[i].textContent + "<br>");
    </script>
</body>
```

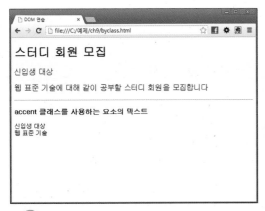

〈p〉신입생 대상〈/p〉이라는 요소가 〈p〉 노드에 해당하지만, 실제 내용은 〈p〉 노드가 아니라 〈p〉 노드의 text 노드에 저장됩니다. 따라서 그 내용을 가져오려면 textContent 프로퍼티를 이용해야 합니다.

③ getElementsByTagName() 메서드

getElementsByTagName() 메서드는 특정 태그를 사용하는 요소에 접근하기 위한 메서드입니다. 웹 문서 안에서 특정 태그를 사용하는 요소 역시 하나가 아니기 때문에 getElementsByTagName 메서드가 반환하는 값은 리스트입니다. 이 메서드는 각 태그에 class나 id를 지정하지 않았을 때 특정 태그를 이용해 요소를 찾아내는 방법입니다.

```
node.getElementsByTagName("태그이름")
```

아래 예제는 getElementsByTagName() 메서드를 이용해 "img" 태그를 사용하는 요소들을 letters 변수에 저장합니다. 그리고 letters 변수의 네 번째 요소, 즉 숫자 4가 들어있는 요소를 다른 이미지로 바꿉니다.

예제 폴더명: 예제\ch9\bytag.html

```
<head>
    <script>
        function change(newSrc){
            letters=document.getElementsByTagName("img");
            letters[4].src=newSrc;
        }
    </script>
</head>
<body>
    <h1>웹 표준 기술은? </h1>
```

```
    <p>숫자 4를 클릭하세요.</p>
    <img src="h.jpg">
    <img src="t.jpg">
    <img src="m.jpg">
    <img src="l.jpg">
    <img src="4.jpg" onclick="change('5.jpg')">
</body>
```

03

HTML DOM 노드 리스트

WEBPROGRAMMING　　HTML DOM에서 한꺼번에 여러 노드를 저장하고 표현하는 노드 리스트는 여러모로 활용됩니다. 왜 노드 리스트를 사용하는지, 리스트에 있는 특정 요소에 접근하려면 어떻게 해야 하는지 알아보겠습니다.

: : HTML DOM 노드 리스트

getElementsByTagName() 메서드나 getElementsByClassName() 메서드를 사용해서 웹 요소에 접근하면 같은 태그나 같은 클래스를 사용하는 요소들이 많기 때문에 반환되는 값은 리스트 형태가 됩니다. 메서드 이름을 자세히 보았다면 눈치챘겠지만 getElementById() 메서드에서 'Element'는 단수형이고 getElementsByClassName과 getElementsByTagName() 메서드에서 'Elements'는 복수형입니다. 즉, 해당되는 요소가 둘 이상일 수 있다는 뜻입니다.

예를 들어, 위의 bytag.html에서는 웹 문서에 5개의 〈img〉 태그를 사용하고 있습니다.

```
<body>
    <h1>웹 표준 기술은?  </h1>
    <p>숫자  4를 클릭하세요.</p>
    <img src="h.jpg">
    <img src="t.jpg">
    <img src="m.jpg">
    <img src="l.jpg">
    <img src="4.jpg" onclick="change('5.jpg')">
</body>
```

각 〈img〉 태그에 id가 지정되지 않았기 때문에 정확하게 어떤 이미지를 가리키는지 알 수가 없습니다. 이럴 때 getElementsByTagName() 같은 메서드를 사용해서 "〈img〉 태그를 사용하는 요소들 중에서 세 번째"라는 식으로 접근할 수 있습니다. 이를 위해서 다음과 같은 스크립트 소스를 사용합니다.

```
<script>
  letters=document.getElementsByTagName("img");
</script>
```

getElementsByTagName("img")이라는 메서드를 실행한 후 letters라는 변수에 저장하게 되는데, 메서드를 실행한 결과가 리스트로 반환되기 때문에 letters 변수 역시 리스트처럼 여러 개의 값을 동시에 가지게 됩니다.

변수에서 여러 값을 동시에 저장하려면 '배열(array)' 형식을 사용해야 합니다. 배열은 여러 개의 방이 일렬로 붙어 있고 각 방마다 번호가 붙어있습니다. 이 번호를 인덱스(index)라고 하는데 인덱스는 0부터 시작합니다.

앞의 예제를 계속 살펴보자면, getElementsByTagName("img") 메서드가 반환한 값은 모두 5개입니다. 그래서 letters라는 배열이 다음과 같이 만들어집니다.

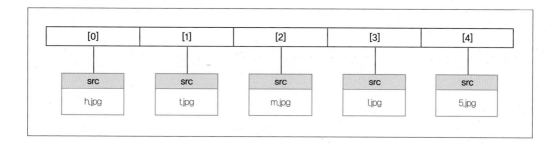

여기서 주의할 것은 인덱스가 0부터 시작한다는 점입니다. 그래서 letters 변수의 세 번째 값에 접근하고 싶다면 letters[2]라고 하면 됩니다.

앞의 bytag.html을 약간 응용하여 각 이미지를 클릭할 때마다 다른 이미지로 바뀌도록 할 수 있습니다.

> **예제** 폴더명: 예제\ch9\domList.html

```
<head>
    <style>
        a, a:visited {
            text-decoration:none;
            color:#222;
        }
    </style>
    <title>DOM 리스트</title>
    <script>
        function change(indx, newSrc) {
            letters = document.getElementsByTagName("img");
            letters[indx].src = newSrc;
        }
    </script>
</head>
<body>
    <h1>웹 표준 기술은?  </h1>
```

```
    <p>아래 이미지를 클릭해 보세요.</p>
    <img src="h.jpg" onclick="change(0, 'h2.jpg')">
    <img src="t.jpg" onclick="change(1, 't2.jpg')">
    <img src="m.jpg" onclick="change(2, 'm2.jpg')">
    <img src="l.jpg" onclick="change(3, 'l2.jpg')">
    <img src="5.jpg" onclick="change(4, '5-2.jpg')">
</body>
```

04

DOM 요소 수정하기

WEBPROGRAMMING 자바스크립트를 이용해서 DOM 요소에 접근하는 것뿐만 아니라 각 요소의 내용이나 속성, 스타일 등을 수정할 수 있습니다. HTML 내용을 삭제할 수도 있습니다. 자바스크립트를 더욱 빛나게 해주는 DOM 요소 수정 기능에 대해 알아봅니다.

:: HTML 내용 가져오기 및 수정하기

HTML 내용을 수정하는 가장 쉬운 방법은 innerHTML 프로퍼티를 이용하는 것입니다. innerHTML 프로퍼티는 HTML 내용을 가져오거나 HTML 내용을 바꾸는 데 가장 편리합니다. 또한 HTML 태그를 바꿀 수도 있습니다.

아래 예제는 innerHTML을 이용해 "quest"라는 id를 가진 요소, 즉 〈span〉 태그가 사용된 부분의 내용을 가져와 화면에 표시하는 것입니다.

> **예제** 폴더명: 예제\ch9\innerhtml1.html

```
<body>
    <p>질문:<span id="quest">웹 표준 기술은?  </span></p>
    <p>해답:<span id="sol">HTML5</span></p>
    <hr>
    <script>
        var txt = document.getElementById("quest").innerHTML;
        document.write("질문의 내용: " + txt);
    </script>
</body>
```

innerHTML을 이용해 내용을 수정할 수도 있습니다. 다음 예제는 id가 "sol"인 요소의 innerHTML을 'newSol'이라는 새로운 문자열로 바꾸는 것입니다. 그래서 원래 해답은 'HTML5'였지만 〈해답 바꾸기〉 버튼을 클릭하면 해답은 'HTML5+CSS3'로 바뀝니다.

예제 폴더명: 예제\ch9\innerhtml2.html

```
<body>
    <p>질문:<span id="quest">웹 표준 기술은? </span></p>
    <p>해답:<span id="sol">HTML5</span></p>
    <form>
        <input type="button" value="해답 바꾸기" onclick="modifySol('HTML
5+CSS3')"
    </form>
    <hr>
    <script>
        function modifySol(newSol) {
            document.getElementById("sol").innerHTML = newSol;
        }
    </script>
</body>
```

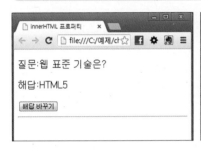
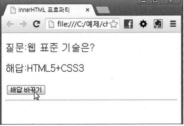

:: HTML 속성 수정하기

자바스크립트를 이용하면 HTML 태그에서 사용하는 속성(attribute)도 수정할 수 있습니다. 예를 들어, 〈img〉 태그에서는 src 속성을 이용해 화면에 이미지를 표시하는데 src 속성 값을 바꾸면 화면에 표시되는 이미지가 달라집니다.

아래 예제는 8장에서 살펴보았던 것과 비슷한데, 이번에는 '2'라는 이미지 위로 마우스 버튼을 올리면 (onmouseover) '4'로 바뀌고, 마우스 버튼을 치우면(onmouseout) '2'로 바뀌는 것입니다. 실행하는 함수는 id가 num인 요소, 즉 〈img〉 태그를 찾아 그 태그의 src 속성을 바꾸는 것입니다

예제 폴더명: 예제\ch9\changeAttr.html

```
<head>
    <script>
        function changeTo(myImg) {
```

```
            document.getElementById("num").src = myImg;
        }
    </script>
</head>
<body>
    <div>
        <img src="two.jpg" id="num" onmouseover="changeTo('four.jpg')"
onmouseout="changeTo('two.jpg')">
    </div>
</body>
```

:: CSS 스타일 수정하기

자바스크립트는 HTML 태그의 내용이나 속성뿐 아니라 CSS 속성도 수정할 수 있습니다. CSS 속성에 접근하려면 해당 스타일이 적용된 HTML 요소 다음에 .style.color처럼 .style이라는 키워드 다음에 css 속성을 적습니다. background-color나 border-radius처럼 가운데 하이픈(-)이 포함된 속성일 경우 자바스크립트에서 사용할 때는 backgroundColor나 borderRadius처럼 두 단어를 합쳐 사용합니다.

아래 예제는 id가 first인 요소, 즉 〈div〉 태그 위로 마우스 포인터를 가져가면 배경색(#222)과 글자색(white), 모서리를 둥글게(80px) 수정합니다.

> **예제** 폴더명: 예제\ch9\changeStyle.html

```
<head>
    <script>
        function changeStyle() {
            var myArea = document.getElementById("first");
            myArea.style.backgroundColor = "#222";
            myArea.style.color = "white";
            myArea.style.borderRadius="80px";
        }
    </script>
</head>
<body>
    <div id="first"  onmouseover="changeStyle()">
        <p>자바스크립트는 HTML 태그의 내용이나 속성뿐 아니라... </p>
    </div>
</body>
```

:: 실습 웹 요소에 접근하여 속성 바꾸기

앞에서 웹 요소에 접근하는 3가지 방법에 대해 살펴보았습니다. 그 중에서 원하는 요소에 쉽고 정확하게 접근하는 방법은 getElementsById() 메서드입니다. 이 메서드를 사용해 꺼져 있는 전구 이미지를 불이 켜진 전구 이미지로 바꾸는 예제를 만들어 보겠습니다.

◉ **준비 파일** : 실습\ch9\Sources\onoff.html
◉ **완성 파일** : 실습\ch9\Results\onoff.html

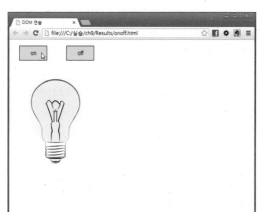 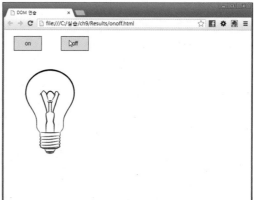

01. 우선 '실습\ch9\Sources\onoff.html' 파일을 웹 브라우저에서 열어보세요. 기본으로 꺼진 전구 이미지가 화면에 표시되어 있고 〈on〉과 〈off〉 두 개의 버튼이 있습니다. 아직까지는 버튼을 눌러 아무 변화가 없네요. 브라우저 창은 그대로 남겨두세요.

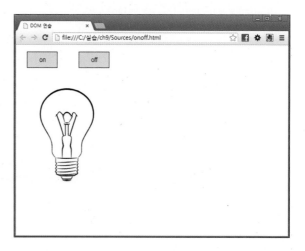

02. 노트 패드에서 '실습\ch9\Sources\onoff.html'를 불러와 소스를 훑어보면 버튼을 만드는 〈input〉 태그와 초기 이미지를 표시하는 〈img〉 태그가 사용되어 있습니다.

03. 우리가 바꾸려고 하는 웹 요소는 이미지이므로 〈img〉 태그에 id를 지정해 주어야 합니다. 〈img〉 태그 안에 id="bulb"라는 소스를 추가합니다.

04. 〈/body〉 태그 앞에 다음과 같이 이미지 소스를 바꾸는 자바스크립트 함수를 추가합니다. 함수로 넘겨진 값 onoff를 체크해서 "on"이면 불이 켜진 이미지로 바꾸고 "off"이면 불이 꺼진 이미지로 바꾸는 것입니다.

```
<script>
    function turnLight(onoff) {
        myImg = document.getElementById("bulb");—①

        if (onoff =="on")—②
            myImg.src = "on.jpg"—③
```

```
        else──❹
            myImg.src = "off.jpg"──❺
    }
</script>
```

❶ getElementById() 메서드를 사용해 id가 bulb인 요소를 가져와 myImg에 저장합니다.
❷ 함수를 실행할 때 넘겨받은 onoff가 "on"이면 (즉, 〈on〉 버튼을 클릭했으면)
❸ myImg 요소(이미지 요소)의 src를 on.jpg로 바꿉니다.
❹ 함수를 실행할 때 넘겨받은 onoff가 "on"이 아니면 (즉, 〈off〉 버튼을 클릭했으면)
❺ myImg 요소(이미지 요소)의 src를 off.jpg로 바꿉니다.

05. 버튼을 클릭했을 때 함수가 실행되도록 두 군데 〈input〉 태그에 다음과 같이 이벤트 핸들러를 사용해 함수를 연결합니다. `Ctrl` + `S` 키를 눌러 문서를 저장합니다.

```
<form>
    <input type="button" value="on" onclick="turnLight('on')">
    <input type="button" value="off" onclick="turnLight('off')">
</form>
```

06. 웹 브라우저 창으로 돌아가 `C` 아이콘을 누르거나 `F5` 키를 눌러 수정한 문서를 불러옵니다. 다시 한 번 〈on〉이나 〈off〉 버튼을 눌러보세요. 이미지가 바뀌는 것을 볼 수 있습니다.

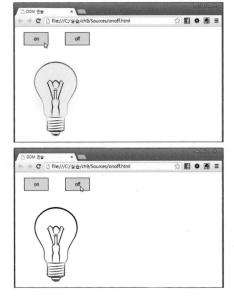

DOM에서 새로운 요소 추가하기

WEBPROGRAMMING　지금까지 HTML DOM을 기반으로 웹 문서에서 웹 요소에 접근하는 방법과 기존의 웹 요소를 수정하는 방법을 살펴보았습니다. 이제 원래는 없었던 웹 요소를 문서에 추가하는 방법에 대해 살펴보겠습니다. 요소를 수정하는 것뿐만 아니라 새로운 요소를 추가하면서 웹 문서를 더욱 생동감있게 만들 수 있습니다.

:: HTML DOM 다시 보기

앞에서 사용했던 예제를 다시 보면서 HTML DOM에 대해 좀 더 자세히 알아보겠습니다.

예제 폴더명: 예제\ch9\dom.html

```html
<!DOCTYPE html>
<html>
<head>
    <meta charset="utf-8">
    <title>간단한 HTML</title>
</head>
<body>
    <h1>회원 모집</h1>
    <img src="logo.png">
</body>
</html>
```

예제를 보면 〈html〉이라는 루트 태그가 있고 그 아래에 〈head〉와 〈body〉 태그가 있습니다. 그리고 〈head〉 태그에는 다시 〈meta〉와 〈title〉이라는 자식 태그가 있지요. 마찬가지로 〈body〉 태그에도 〈h1〉과 〈img〉라는 자식 태그가 있습니다.

DOM은 단지 태그만으로 노드가 구성되지 않습니다. 태그 안에 있는 내용들도 모두 별도의 노드가 됩니다.

웹 문서 내용을 나타내는 〈body〉 태그부터 살펴볼까요? 예를 들어, 〈h1〉이라는 태그는 DOM에서 〈h1〉에 해당하는 노드를 만듭니다. 그리고 〈h1〉의 내용인 "회원 모집"이라는 텍스트는 〈h1〉 태그의 자식 노드가 되어 text라는 노드에 "회원 모집"이라고 저장됩니다.

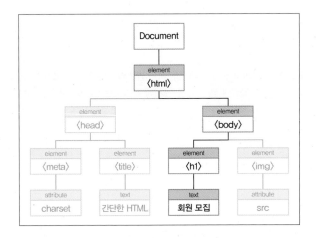

마찬가지로 〈img〉 태그 역시 DOM에서 〈img〉 태그에 해당하는 노드를 만들고, src="logo.png"라는 내용은 〈img〉의 자식 노드인 src라는 attribute 노드로 추가됩니다.

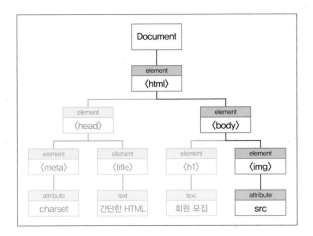

지금까지 살펴본 것처럼 DOM에는 태그에 해당하는 노드가 있고, 태그 내용은 태그 노드의 자식 노드가 됩니다. 태그 노드의 내용은 자식 노드로 따로 구성된다는 점을 기억해 두세요.

:: text 노드를 사용하는 새로운 요소 추가하기

DOM에서 태그 노드가 어떻게 구성되었는지 알았으니 이제부터 새로운 노드를 하나 추가해 보겠습니다. 우선 가장 많이 사용하는 text 내용이 있는 노드를 추가해 보겠습니다. text 노드는 〈p〉 태그나 〈h*n*〉 태그, 〈button〉 태그, 〈li〉 태그 등 텍스트 내용이 들어가는 노드에서는 반드시 필요한 자식 노드입니다.

① createElement()

DOM에 새로운 요소를 추가할 때 사용하는 메서드는 createElement()입니다. 태그에 해당하는 노드를 만드는 것이죠.

```
document.createElement(노드명)
```

아래의 예는 새로운 〈p〉 노드를 만드는 것입니다.

```
예  var newP = document.createElement("p");  // <p> 노드를 만듭니다
```

하지만 createElement() 메서드는 새로운 노드를 만들 뿐 아직 웹 문서에 새로운 노드를 추가한 것은 아닙니다.

② createTextNode

새로운 노드를 만들었다면 text 노드도 만들어서 자식 노드로 연결해 주어야 합니다.
text 노드를 만드는 메서드는 createTextNode()이고 다음과 같은 형식으로 사용합니다.

```
document.createTextNode(텍스트);
```

아래 예는 "최신 웹 기술을 함께 공부할 회원을 모집합니다."라는 내용을 가진 text 노드를 만드는 것입니다. 이 노드는 텍스트 내용을 가지는 어떤 노드에든 자식 노드로 붙일 수 있습니다.

```
예  var txtNode = document.createTextNode("최신 웹 기술을 함께 공부할 회원을 모집합니
    다.");
```

③ appendChild

앞에서 새로운 〈p〉 노드와 거기에 사용할 text 노드를 만들었습니다. text 노드를 〈p〉 노드의 자식 필드로 추가하고, 다시 〈p〉 노드를 웹 문서에 추가해 주어야 합니다. 이때 사용하는 것이 appendChild() 메서드입니다.

```
노드.appendChild(노드)
```

아래의 예는 pNode라는 textNode를 새로운 〈p〉 노드인 newP에 추가하고, 다시 newP를 info라는 id를 가진 노드에 추가하는 것입니다.

```
예  newP.appendChild(pNode);
    document.getElementById("info").appendChild(newP);
```

완성된 소스는 다음과 같습니다.

```html
<!DOCTYPE html>
<html>
<head>
    <meta charset="utf-8">
    <title>새로운 노드 추가</title>
    <script>
        function addParagraph() {
            var newP = document.createElement("p");
            var pNode = document.createTextNode("최신 웹 기술을 함께 공부할 회
원을 모집합니다.");
            newP.appendChild(pNode);

            document.getElementById("info").appendChild(newP);
        }
    </script>
</head>
<body>
    <h1 id="ttl">스터디 회원 모집</h1>
    <a href="#" onclick="addParagraph()"><p>더 보기!</p></a>
    <div id="info"></div>
</body>
</html>
```

:: 속성값이 필요한 새로운 요소 추가하기

HTML 태그에서는 여러 가지 속성을 사용해서 웹 요소를 제어하기 때문에 이런 태그들은 새로운 요소를 만들 때 그와 관련된 속성 노드도 함께 만들어서 자식 노드로 연결해야 합니다. 여기에서는 〈img〉 노드를 새로 추가한 후 src 속성 노드를 자식 노드로 추가해 보겠습니다.

① createElement()

새로운 노드를 추가할 때는 역시 createElement() 메서드를 사용합니다. 아래 예제는 〈img〉 노드를 새로 추가하는 것입니다.

예
```
var newImg = document.createElement("img");
```

② createAttribute()

createAttribute() 메서드는 특정한 이름을 가진 새로운 속성을 만들어 줍니다. 그리고 속성의 값은 value 프로퍼티를 사용해서 지정하면 됩니다.

```
document.createAttribute(속성 이름)
```

아래 예는 attrNode라는 이름을 가진 src 속성을 만들고 attrNode의 value 프로퍼티를 사용해서 src 속성의 값을 지정하는 것입니다. 즉, src="logo.png"라는 속성이 정의된 것입니다.

예
```
var attrNode = document.createAttribute("src");
attrNode.value = "logo.png"
```

③ setAttributeNode()

Attribute 노드를 추가할 때는 setAttributeNode() 메서드를 사용합니다. 만일 추가하려고 하는 속성이 이미 있을 경우에는 기존 attribute 노드를 새로운 attribute 노드로 대체합니다.

```
element.setAttributeNode(노드 이름)
```

아래 예는 src="logo.png"라고 정의된 attrNode를 newImg 요소에 추가하는 것입니다.

예
```
newImg.setAttributeNode(attrNode);
```

같은 방법으로 DOM 요소에서 필요로 하는 속성들을 얼마든지 새로 추가할 수 있습니다.

④ appendChild()

새로운 속성이 추가된 〈img〉 노드는 appendChild() 메서드를 사용해 웹 문서에 추가합니다.

아래 예는 새로 만든 〈img〉 요소, 즉 newImg를 웹 문서에 추가하는 것입니다.

예
```
document.getElementById("info").appendChild(newImg);
```

완성된 소스는 다음과 같습니다.

폴더명: 예제\ch9\newImg.html

```html
<!DOCTYPE html>
<html>
<head>
    <meta charset="utf-8">
    <title>새로운 이미지 추가</title>
    <script>
        function addImage() {
            var newImg = document.createElement("img");
            var attrNode = document.createAttribute("src");
            attrNode.value = "logo.png"
            var altNode = document.createAttribute("alt");
            altNode.value = "HTML5 공식 로고"
            newImg.setAttributeNode(attrNode);
            newImg.setAttributeNode(altNode);

            document.getElementById("info").appendChild(newImg);
        }
    </script>
</head>
<body>
    <h1>스터디 회원 모집</h1>
    <a href="#" onclick="addImage()"><p>이미지 보기</p></a>
    <div id="info"></div>
</body>
</html>
```

:: 실습 **나타났다 사라지는 서브 메뉴 만들기**

웹 사이트에서 메뉴 부분은 여러 형태를 가지고 있지만 좀 더 공간을 활용하기 위해 평소에는 서 브 메뉴를 감추고 있다가 메인 메뉴 위로 마우스 포인터를 올렸을 때만 서브 메뉴가 나타나도록 하는 경우가 많습니다. 이런 메뉴를 만드는 것이 복잡할 것 같지만 조금만 생각해 보면 쉽게 만들 수 있습니다.

◎ **준비 파일** : 실습\ch9\Sources\intro.html
◎ **완성 파일** : 실습\ch9\Results\intro.html

01. 웹 브라우저에서 '실습\ch9\Sources\ intro.html' 파일을 열어봅니다. 메인 메뉴 와 서브 메뉴가 미리 만들어져 있습니다. 그리고 메인 메뉴나 서브 메뉴 위로 마우 스 포인터를 올려놓았을 때 배경색이 바뀌 는 것도 CSS를 이용해 미리 적용해 두었습 니다.

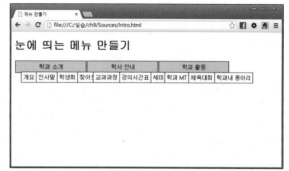

02. 노트 패드에서 '실습\ch9\Sources\ intro.html' 파일을 불러오세요. 소스를 보 면 메인 메뉴에는 'mainMenu'라는 클래스 스타일을 사용했고, 서브 메뉴에는 'subMenu'라는 클래스 스타일을 사용했 습니다. 그리고 서브 메뉴를 만드는 〈table〉에는 각각 sub1과 sub2, sub3라는 id를 지정해 주었습니다.

03. 우리가 해야 할 일은 '학과 소개'라는 메인 메뉴 위로 마우스 포인터를 올려놓으면 sub1이 나타는 것이고, 그 메뉴에서 마우스 포인터를 치우면 sub1이 사라지는 것입니다. 나머지 메인 메뉴에서도 똑같은 동작을 하게 됩니다. 그렇다면 화면에 보여줄 서브메뉴 id만 알려주면 해당하는 서브 메뉴가 열리고, 해당하는 서브 메뉴가 닫히도록 하면 되겠지요?

메인 메뉴가 있는 〈td〉 태그를 다음과 같이 수정합니다.

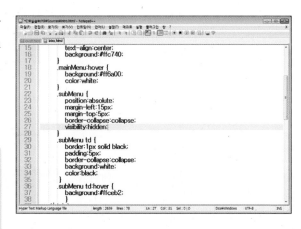

```
<td   class="mainMenu" onmouseover="showSub('sub1')" onmouseout="hideSub('sub1')
">학과 소개 .... </td>
<td   class="mainMenu" onmouseover="showSub('sub2')" onmouseout="hideSub('sub2')
">학사 안내 ....</td>
<td   class="mainMenu" onmouseover="showSub('sub3')" onmouseout="hideSub('sub3')
">학과 활동 ....</td>
```

04. 가장 먼저 서브 메뉴를 화면에서 감추겠습니다. 서브 메뉴를 정의한 subMenu 스타일에 다음과 같은 속성을 추가합니다. subMenu 스타일이 적용되는 요소를 화면에 보이지 않게 하는 것입니다. Ctrl + S 키를 눌러 문서를 저장합니다.

```
.subMenu {
    position:absolute;
    margin-left:15px;
    margin-top:5px;
    border-collapse:collapse;
    visibility:hidden;
}
```

05. 웹 브라우저로 돌아와 C 아이콘을 눌러보세요. 서브 메뉴가 사라져 있을 것입니다. 그리고 메인 메뉴 위로 마우스 포인터를 올려놓아도 아무 변화가 없을 것입니다.

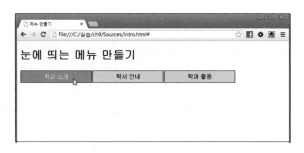

06. 이제 자바스크립트 함수를 만들어 보겠습니다. 〈/head〉 태그 앞에 다음과 같은 자바스크립트 함수를 추가합니다. id가 subname인 요소를 찾아서 sub이라는 변수로 저장한 후, sub의 visibility를 visible로 바꾸는 것입니다. 즉, 원래 visibility:hidden이었던 서브 메뉴를 visible로 바꾸면서 화면에 나타나도록 하는 것입니다.

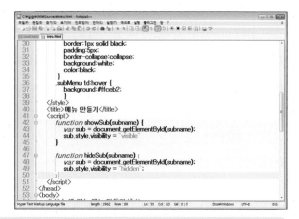

```
<script>
    function showSub(subname) {
        var sub = document.getElementById(subname);
        sub.style.visibility = "visible"
    }
</script>
```

07. 그렇다면 서브 메뉴를 감추는 것도 같은 방법으로 할 수 있겠지요? 방금 추가한 showSub() 함수 다음에 hideSub() 함수도 추가합니다. Ctrl+S 키를 눌러 문서를 저장하세요.

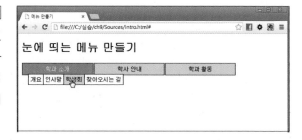

```
function hideSub(subname) {
    var sub = document.getElementById(subname);
    sub.style.visibility = "hidden"
}
```

08. 웹 브라우저로 돌아와 다시 한 번 C 아이콘을 눌러보세요. 서브 메뉴가 사라진 상태에서 메인 메뉴 위로 마우스 포인터를 올려놓으면 서브 메뉴가 나타납니다. 그리고 메뉴에서 마우스 포인터를 옮기면 다시 서브 메뉴가 사라집니다.

❶ DOM(Document Object Model)은 웹 문서에 접근할 수 있도록 정의해 놓은 표준입니다.

❷ HTML DOM에서는 각 HTML 요소를 객체화시키고 객체마다 프로퍼티나 메서드를 두고 있습니다.

❸ HTML DOM에서는 HTML로 작성된 웹 문서를 로딩하면서 문서의 구조를 DOM 트리로 구성하는데 이때 각각의 웹 요소를 하나의 노드(node)로 표현합니다.

❹ DOM 트리는 계층 구조를 이루고 있는데 이런 계층 구조를 기반으로 해서 DOM에서는 각 노드 사이의 관계를 부모와 자식, 형제 간으로 표현합니다.

❺ HTML 객체의 프로퍼티(property)란 객체의 속성들을 가리키는 것이고 메서드(method)는 객체를 가지고 사용자가 조작할 수 있는 것들을 가리킵니다.

❻ 자바스크립트에서 DOM 객체를 이용해 웹 요소를 제어하려고 하면 new 키워드를 사용해 객체를 복제한 후 복제된 객체를 사용합니다.

❼ HTML DOM 요소에 접근하는 방법은 크게 3가지가 있고, 그 때 사용하는 메서드는 다음과 같습니다.

- getElementById() 메서드 : 지정한 id를 가진 요소에 접근합니다.
- getElementsByClassName() 메서드 : 지정한 class 이름을 가진 요소에 접근합니다.
- getElementsByTagName() 메서드 : 지정한 태그를 사용하는 요소에 접근합니다.

❽ HTML 내용을 가져오거나 내용을 수정할 때는 innerHTML 프로퍼티를 이용합니다.

❾ obj.src="logo.png"처럼 속성 이름을 사용해 HTML 태그의 속성도 수정할 수 있습니다.

❿ HTML 요소 다음에 .style.color처럼 .style 키워드 다음에 css 속성을 사용해서 css 속성도 가져오거나 수정할 수 있습니다.

⓫ DOM에 새로운 노드(요소)를 추가할 때는 ① element 노드를 만들고, ② 해당 요소에서 사용할 text 노드나 attribute 노드를 만든 후에 ③ text노드나 attribute 노드를 element 요소의 자식 노드로 추가합니다. ④ 마지막으로 새로 만든 element 노드를 웹 문서에 추가합니다.

⓬ 새로운 element 노드를 만드는 메서드는 createElement() 메서드입니다.

⓭ text 노드를 만드는 메서드는 createTextNode() 메서드이고, 자식 노드를 추가하는 메서드는 appendChild() 메서드입니다.

⓮ 속성을 가진 attribute 노드를 만드는 메서드는 createAttribute() 메서드이고 속성의 값은 value 프로퍼티를 사용해 지정합니다.

⓯ element 노드에 attribute 노드를 추가하는 메서드는 setAttributeNode() 메서드입니다.

01 HTML DOM이 무엇인지, 그리고 자바스크립트에서 어떻게 사용하는지 설명하시오.

02 색상 이름을 클릭할 때마다 문서의 배경색이 바뀌도록 할 것입니다. 아래 소스를 완성하시오.

 tip
> 문서의 배경색은 document.bgColor 프로퍼티에서, 문서의 글자색은 document.fgColor 프로퍼티에서 지정할 수 있습니다.

```html
<!DOCTYPE html>
<html>
<head>
    <meta charset="utf-8">
    <meta name="viewport" content="width=device-width">
    <style>
        input {
            margin:10px
            padding:20px
            background-color:#a9fcff
            border:1px solid black
            font-size:12px
        }
        h1 {
            margin-top:35px
        }
    </style>
    <title>배경색과 글자색 바꾸기</title>
    <script>
        function change(bgcolor, txtcolor) {
            (   배경색 바꾸기   )
            (   글자색 바꾸기   )
```

```
        }
    </script>
</head>
<body>
    <form>
        <input type="button" value="검정 배경, 흰색 글씨" onclick="change('blac
k','white')">
        <input type="button" value="초록 배경, 흰색 글씨" onclick="change('gree
n','white')">
        <input type="button" value="노랑 배경, 파랑 글씨" onclick="change('yell
ow','blue')">
        <input type="button" value="흰색 배경, 검정 글씨" onclick="change('whit
e','black')">
    </form>

    <h1>배경색과 글자색 바꾸기</h1>
    <p>DOM은 Document Object Model의 약자로, 웹 문서에 접근할 수 있도록 정의해 놓은 표준입
니다. </p>
</body>
</html>
```

03 '연습\ch9\zoom.html' 문서에는 이미지가 하나 삽입되어 있습니다. 이 이미지 위로 마우스 포인 터를 올리면 이미지가 확대되고 마우스를 치우면 원래 이미지 크기로 돌아가도록 소스를 완성하 시오.

tip
이미지의 크기는 width 프로퍼티와 height 프로퍼티 값을 조절해서 지정할 수 있습니다.

jQuery

자바스크립트가 차세대 웹 표준 기술을 이야기할 때 중요하게 다
뤄지면서 자바스크립트를 좀 더 쉽게 사용할 수 있도록 만들어진
jQuery 역시 많은 사람들의 관심을 받고 있습니다. 자바스크립트보
다 배우기 쉽고 사용하기 쉬운 자바스크립트 라이브러리인 jQuery
를 이용해 웹 문서를 애플리케이션처럼 만드는 방법에 대해 알아
보겠습니다.

CHAPTER 10 jQuery 기초
  SECTION 01 jQuery란?
  SECTION 02 jQuery 기본 구문
  SECTION 03 jQuery 기본 셀렉터 알아보기
  SECTION 04 기타 셀렉터

CHAPTER 11 jQuery로 웹 문서 수정하기
  SECTION 01 HTML 콘텐츠 수정 및 추가하기
  SECTION 02 attr() 메서드로 문서 속성 편집하기
  SECTION 03 Class 속성 편집하기
  SECTION 04 css() 메서드로 문서 스타일 제어하기
  SECTION 05 HTML DOM을 이용해 웹 요소 편집하기

CHAPTER 12 다양한 효과를 이용해 포토 앨범 만들기
  SECTION 01 선택한 요소를 보여주거나 감추기
  SECTION 02 슬라이드 효과
  SECTION 03 애니메이션

PART 03

CHAPTER

10

jQuery
기초

최근 HTML5와 함께 자바스크립트 비중이 커지면서 jQuery의 중요성도 함께 늘어나고 있습니다. jQuery가 왜 자바스크립트와 함께 거론되고 왜 더욱 중요해지는지 살펴보고 jQuery를 다운로드하는 방법과 기본적인 jQuery 구문까지 살펴보기로 하겠습니다.

| 이 장에서 배울 내용 |

- **jQuery란?** : jQuery는 자바스크립트를 더욱 쉽게 사용하게 해주는 라이브러리입니다. 인터넷에서 js 파일을 다운로드한 후 링크해서 사용하거나 인터넷에서 직접 링크해서 사용할 수 있습니다.

- **jQuery 기본 구문** : jQuery 파일이 준비되었다면 jQuery에서 정의해 놓은 함수들을 자유롭게 가져다 사용할 수 있습니다. 간단한 jQuery 문서를 만들어 보면서 jQuery 구문을 익혀봅니다.

- **기본 셀렉터** : jQuery에서 웹 문서 요소에 접근할 때 가장 많이 사용하는 셀렉터에는 태그, id, 클래스 셀렉터가 있습니다. 그리고 이 셀렉터를 기본으로 두 가지 웹 요소 간의 관계를 이용한 셀렉터도 다양하게 사용됩니다.

- **고급 셀렉터** : 웹 요소의 특정한 속성 값을 이용한 셀렉터와 요소의 위치에 따라 요소를 선택하는 셀렉터도 유용하게 사용할 수 있습니다.

01

jQuery란?

WEBPROGRAMMING   웹 관련 공부를 하다보면 jQuery에 대해 잘 알지 못하더라도 jQuery가 어렴풋이 자바스크립트와 관련이 있다는 것을 알 수 있습니다. 자바스크립트와 jQuery에 대해 알아보고 무엇을 준비해야 할지도 살펴봅니다.

: : jQuery란 무엇인가?

흔히 jQuery를 정의할 때 '자바스크립트 라이브러리(Javascript library)'라고 합니다. 자바스크립트 라이브러리란 자바스크립트로 길게 작성해야 하는 소스를 간단히 하나의 메서드(method)로 줄여서 작성할 수 있게 한 것을 가리킵니다. 자바스크립트 라이브러리를 이용해 프로그래밍을 하면 자바스크립트를 이용할 때보다 코딩은 덜하면서 원하는 결과를 만들어 낼 수 있습니다. 사실 자바스크립트를 배우는 것보다 자바스크립트 라이브러리를 배우는 것이 좀 더 쉬운 편입니다.

자바스크립트는 인터넷 익스플로러 6을 비롯해 대부분의 웹 브라우저에서 지원하고 있고 HTML5와 함께 그 용도가 더욱 다양해지고 있기 때문에 자바스크립트 라이브러리 역시 다양해지고 더욱 많이 사용되고 있습니다. 웹 개발자들이 주로 사용하는 자바스크립트 라이브러리는 jQuery를 비롯해 Prototype이나 Dojo, MooTools 등 여러 가지가 있는데, 개발자마다 자신의 스타일에 맞는 것을 골라 사용할 수 있습니다.

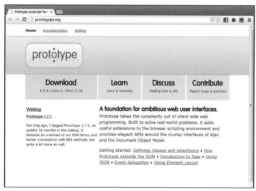

▲ prototype 홈페이지

▲ dojo 홈페이지

이렇게 여러 가지 자바스크립트 라이브러리들이 있는데 왜 많은 사람들이 jQuery를 선택하는 것일까요?

- jQuery 소스는 상대적으로 파일 크기가 작습니다. : 웹을 제작할 때마다 jQuery 소스를 링크해서 사용하게 되는데, 최소화된 소스 파일의 크기는 약 90 Kb 정도로 작습니다. 사용자들이 읽기 쉽게 만들어진 일반 소스 파일 역시 260 Kb 정도입니다.
- 많은 사이트에서 사용하고 있습니다. : Google이나 Dell, NBC, Microsoft, WordPress를 비롯해 아주 유명한 사이트들에서 jQuery를 사용하고 있습니다. 사용이 불편하고 문제가 있었다면 많

은 사이트들에서 사용되진 않겠죠?

- 배우기 쉽습니다. : 아직 자바스크립트에 대해 잘 알지 못하더라도 jQuery는 사용할 수 있을만 큼 배우기 쉽습니다. jQuery는 웹의 각 요소를 노드로 처리하고 노드마다 메서드를 정의하는 이해하기 쉬운 구조로 되어 있습니다.
- 플러그인이 풍부합니다. : 자바스크립트 프로그램에 추가해서 사용할 수 있는 jQuery 플러그인 들이 계속 만들어지고 있습니다. 어떤 작업이나 효과를 추가하고 싶다면 플러그인으로 다 해 결될 수 있을 만큼 유용하고 다양한 플러그인들이 준비되어 있고 지금도 계속해서 만들어지고 있습니다.

▲ jQuery 홈

jQuery가 자바스크립트에 비해 배우기 쉽긴 하지만 단순히 jQuery만 알아서는 웹 개발을 할 수 없습니다. jQuery를 공부하기 전에 HTML과 CSS에 대해서는 알고 있어야 합니다. 그리고 jQuery 가 자바스크립트를 기본으로 하기 때문에 자바스크립트를 알고 있으면 jQuery를 배우기 훨씬 쉽 습니다. 하지만 자바스크립트는 기본적인 것만 알고 있더라도 jQuery를 배울 수는 있습니다. 결 국 jQuery를 하다보면 자바스크립트를 더 공부해야겠다는 생각이 들게 될 겁니다.

: : jQuery로 무엇을 할 수 있을까요?

jQuery로 할 수 있는 것들은 자바스크립트로 할 수 있는 것과 크게 다르지 않습니다. 프로그래밍 을 좀 더 쉽게 만들어주는 라이브러리니까요. 대신 자바스크립트로 길게 작성해야 했던 것들이 jQuery를 이용하면 간단하게 해결되기도 합니다.

jQuery로 할 수 있는 것들은 많지만 그 중에서 가장 많이 사용하고 중요한 것들은 다음과 같습니다.

① 크로스브라우저 스크립트가 가능합니다.

자바스크립트는 아주 예전의 브라우저나 텍스트 방식의 브라우저를 제외하면 웬만한 브라우저에 서 모두 지원됩니다. 하지만 브라우저마다 자바스크립트를 지원하는 방식이 다르기 때문에 자바 스크립트로 개발하기 위해서는 브라우저 호환을 항상 염두에 두어야 합니다. 이런 고민을 해결해

줄 수 있는 것이 jQuery입니다. jQuery로 작성하면 자바스크립트를 지원하는 브라우저에서 똑같이 동작합니다.

② HTML DOM을 제어할 수 있습니다.

jQuery를 이용해 DOM의 값을 가져오거나 수정하는 것이 가능하기 때문에 웹 문서 상에서 특정 요소에 나타나는 내용을 바꾼다거나 하는 것처럼 원하는 형태로 조작할 수 있습니다.

③ CSS를 제어할 수 있습니다.

jQuery로 CSS 속성 값을 변경함으로써 글자 크기를 조절한다거나 사용자의 동작이나 조건에 따라 웹 문서 상에서 CSS를 원할 때마다 수정할 수 있습니다.

④ 각종 효과와 애니메이션을 만들 수 있습니다.

자바스크립트로 웹 문서에 효과를 추가하거나 애니메이션을 만들기 위해서는 꽤 복잡한 소스를 작성해야 합니다. 하지만 jQuery의 경우 소스 작성이 한결 쉽습니다.

⑤ Ajax를 지원합니다.

Ajax(Asynchronous JavaScript and XML)는 브라우저가 실행 중일 때 백그라운드에서 서버와 데이터를 주고 받기 때문에 사용자가 원할 때 서버에서 자료를 가져오지 않고도 브라우저에서 즉시 보여줄 수 있습니다. 대화형 웹 애플리케이션을 가능하게 해줍니다.

:: jQuery 다운로드하고 사용하기

jQuery는 자바스크립트 라이브러리이기 때문에 소스를 가져와서 웹 문서에 연결만 하면 라이브러리 안에 있는 함수들을 가져다 사용할 수 있습니다. jQuery를 사용하기 위해 어떤 준비들이 필요한지 알아보겠습니다.

jQuery는 자바스크립트 라이브러리이므로 파일의 확장자는 '.js'입니다. jQuery 라이브러리 파일은 두 가지 종류가 있는데 이 두 가지 종류 중에서 여러분이 원하는 것을 다운로드할 수 있습니다.

① 최소화 버전 : jQuery 소스 파일에서 주석이나 여백 등을 모두 제외하고 만들어진 파일입니다. 파일 크기는 작기 때문에 jQuery를 사용한 웹 문서의 크기도 같이 작아집니다. 파일 이름은 jquery-1.9.1.min.js처럼 확장자 .js 앞에 .min이 추가됩니다. 여기에서 1.9.1은 jQuery 파일의 버전이므로 여러분이 보고 있는 버전과 다를 수 있습니다.

② 일반 버전 : 개발자들이 소스 파일을 자주 참고할 일이 있다면 압축되지 않은 jQuery 소스 파일을 다운로드하는 것이 좋습니다. 주석이 달려 있고 소스를 읽기 좋게 여백이 포함되어 있습니다. 일반 버전의 파일 이름은 jquery-1.9.1.js처럼 압축 버전의 파일 이름에서 .min이 빠진 형태입니다.

이렇게 다운로드한 js 파일은 다음과 같이 〈head〉 태그 안에 〈script〉 링크를 사용해서 링크합니다.

- **최소화 버전** : 〈script src="jquery-1.9.1.min.js"〉〈/script〉
- **일반 버전** : 〈script src="query-1.9.1.js"〉〈/script〉

jQuery 소스 파일을 다운로드하지 않고 웹 상에서 링크해서 사용할 수도 있습니다. 이렇게 링크를 제공하는 곳을 CDN(Content delivery network)이라고 하는데, CDN에서 링크하게 되면 웹 사이트 방문자가 처음으로 웹 사이트에 방문할 때 jQuery 소스 파일을 방문자의 컴퓨터로 다운로드하게 됩니다. 그리고 다시 방문하게 되면 jQuery 소스 파일은 다시 다운로드하지 않습니다. 단, 이 경우에는 jQuery 소스 파일을 제공하는 네트워크 쪽에서 버전 업그레이드가 늦어질 수도 있습니다.

MediaTemple이라는 곳에서 제공하는 jQuery 소스 파일은 다음과 같이 링크해서 사용합니다.

- **최소화 버전** : 〈script src="http://code.jquery.com/jquery-1.9.1.min.js"〉〈/script〉
- **일반 버전** : 〈script src="http://code.jquery.com/jquery-1.9.1.js"〉〈/script〉

Google에서 제공하는 jQuery 소스 파일의 링크 방법은 다음과 같습니다.

- **최소화 버전** : 〈script src="http://ajax.googleapis.com/ajax/libs/jquery/1.9.1/jquery.min.js"〉〈/script〉
- **일반 버전** : 〈script src="http://ajax.googleapis.com/ajax/libs/jquery/1.9.1/jquery.js"〉〈/script〉

마이크로소프트에서도 jQuery CDN을 제공합니다.

- **최소화 버전** : 〈script src="http://ajax.aspnetcdn.com/ajax/jQuery/jquery-1.9.1.min.js"〉〈/script〉
- **일반 버전** : 〈script src="http://ajax.aspnetcdn.com/ajax/jQuery/jquery-1.9.1.js"〉〈/script〉

> **〈script〉 태그와 유형 지정**
>
> HTML4까지는 〈script〉 태그를 사용할 때 〈script type="text/javascript"〉라고 유형을 꼭 지정해 주어야 했지만 HTML5 부터는 따로 유형을 지정하지 않아도 됩니다. 스크립트를 사용할 경우에는 간단히 〈script〉라고만 하면 됩니다.

:: **실습** jQuery 소스 파일 다운로드하기

jQuery 소스 파일은 다운로드해서 사용할 수도 있고 링크해서 사용할 수도 있지만 나중에 필요할 경우 jQuery 소스 파일을 참고할 수도 있으므로 이 책에서는 라이브러리 파일을 다운로드해 보기로 하겠습니다. 다운로드할 경로는 여러분이 웹 개발에 사용하는 폴더인데 이 책에서는 편의상 실습 폴더에 다운로드합니다.

01. 웹 브라우저에서 jquery.com 사이트에 접속한 후 'Download' 메뉴를 클릭합니다.

02. 최신 버전의 jQuery 소스 파일 외에도 jQuery와 관련해 다운로드할 수 있는 여러 파일들이 설명되어 있습니다. 우리가 찾는 jQuery 소스 파일은 맨 윗부분에 있네요. 'Download the uncompressed development jQuery 1.9.1'을 마우스 오른쪽 버튼으로 클릭하고 '다른 이름으로 링크 저장'을 선택합니다.

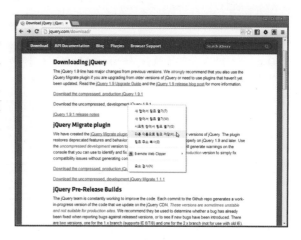

tip

링크를 클릭하면 js 파일의 내용이 그대로 표시됩니다.

03. 다운로드할 경로는 '실습\ch10\Sources' 폴더입니다. 이 파일은 js 파일이므로 웹 문서에서 그냥 사용할 수 있습니다.

04. 노트 패드나 메모장 등에서 방금 다 운로드한 jquery-1.9.1.js 파일을 열어보면 복잡한 자바스크립트 소스들이 보일 것입 니다. 그리고 주석도 많이 달려 있어서 본 격적으로 jQuery를 공부할 사람에게는 아 주 유용한 소스가 될 것입니다.

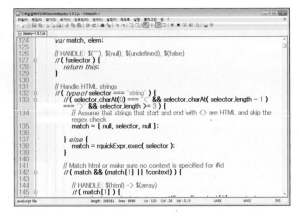

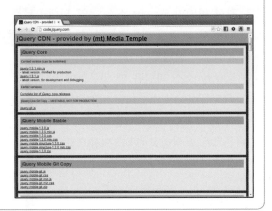

tip

jQuery 관련 CDN 확인하기

http://code.jquery.com 페이지로 가면 Media Temple 에서 제공하는 jQuery CDN이 정리되어 있습니다. jQuery 소스 파일을 비롯해 jQuery Mobile 소스도 여기 에서 링크할 수 있습니다.

02

jQuery 기본 구문

jQuery 소스 파일을 다운로드했다면 이제 jQuery에서 정의해 놓은 함수들을 가져다 사용할 수 있습니다. jQuery를 사용할 때의 기본 구문에 대해 살펴보고 어떻게 코딩하는지 그 방법도 배워보기로 하겠습니다.

:: 문서가 준비되었다면 실행

〈script〉 태그를 사용해 다운로드한 js 파일을 연결하거나 CDN으로 연결했다면 이제부터는 자유롭게 jQuery를 사용할 수 있습니다. jQuery 역시 자바스크립트이기 때문에 〈script〉 태그를 이용하고 다음과 같은 기본 형태를 가집니다.

```
<script src="jquery-1.9.1.js">
<script>
    $(document).ready(function(){
        /* 이곳에 jQuery 소스 코딩 */
    });
</script>
```

첫 번째 〈script〉 태그는 jQuery 소스 파일을 링크하는 부분이고 두 번째 〈script〉가 본격적으로 jQuery를 사용해 프로그래밍하는 부분입니다. 두 번째 부분의 소스를 보면 $(document).ready()라는 문장이 사용되었고 괄호()안에 필요한 함수를 정의하는 식으로 되어 있습니다. 여기에서 $(document).ready()란 웹 페이지를 모두 로딩한 후에 스크립트를 실행하기 위한 대기 명령입니다. jQuery 안에 미리 정의되어 있는 함수죠.

jQuery를 사용하는 것은 글자의 스타일을 조절한다거나 이미지의 속성을 조절해서 화면에서 역동적으로 보이게 하는 등 대부분 웹 문서 안의 요소들을 조작하기 위한 것입니다. 이렇게 웹 요소를 조작하려면 jQuery에서 id나 class, 기타 여러 셀렉터를 이용해서 웹 문서 요소를 가져올 수 있어야 하는데 그러기 위해서는 웹 브라우저에 웹 요소들이 모두 표시되어 있어야 합니다. 즉, 웹 문서를 완전히 로드한 후에야 jQuery 소스를 실행하는 것입니다. 웹 문서가 완전 로드되어 스크립트를 실행할 수 있게 준비되었는지(ready)를 체크하고 준비되었으면 ready(function(){....})의 괄호 안에 정의된 함수를 실행하는 것입니다.

위의 문장을 간단히 줄여서 아래와 같이 쓸 수도 있습니다.

```
<script src="jquery-1.9.1.js">
<script>
    $(function(){
```

```
        // 이곳에 jQuery 소스 코딩
    });
</script>
```

이 외에도 jQuery 소스를 작성하면서 주의해야 할 사항들이 있습니다.

① jQuery 소스 파일을 링크하는 〈script〉 태그가 다른 〈script〉 태그보다 먼저 와야 합니다. 즉, 〈script src="jquery-1.9.1.js"〉〈/script〉 앞에 다른 〈script〉 소스가 있어서는 안 됩니다.

② jQuery 소스는 웹 문서 요소들뿐만 아니라 웹 문서의 스타일도 가져와 원하는 형태로 수정할 수 있습니다. 따라서 웹 문서의 스타일을 정의하는 〈style〉 태그는 jQuery 소스가 있는 〈script〉 태그보다 먼저 와야 합니다. 내부 스타일시트나 외부 스타일시트 모두 해당됩니다.

:: 자바스크립트에서 웹 요소를 가져오는 방법

앞의 9장에서 자바스크립트에서 웹 문서 요소에 접근하는 방법에 대해 설명했습니다. id를 알고 있다면 document.getElementById(id) 메서드를 이용해서 지정한 id를 가진 요소를 찾아냅니다.

아래 소스는 id가 logo인 요소를 찾아내서 myImg라는 객체로 저장합니다. 그리고 myImg 객체의 alt 프로퍼티 값을 가져와 화면에 보여주는 것입니다.

```
<script>
  myImg = document.getElementById("logo");
  document.write("<p>이미지 파일의 alt 텍스트는 <span>" + myImg.alt + "</
span>입니다.</p>");
</script>
```

class를 알고 있다면 document.getElementsByClass(class) 메서드를 이용하고, 태그만 알고 있을 경우에는 document.getElementsByTagName(tag) 메서드를 이용합니다. 클래스와 태그를 이용할 경우에는 한 문서 안에 여러 요소들이 중복될 수 있기 때문에 찾아낸 요소들이 리스트 형태로 저장되고 index 값을 이용해 원하는 요소를 찾아갈 수 있습니다.

다음 예제는 getElementsByClassName()메서드를 사용해서 "accent"라는 클래스를 사용하는 요소에 접근하는 것입니다. myList라는 변수를 만들고 myList[0], myList[1], …. 순으로 "accent" 클래스 이름을 사용한 요소들이 저장됩니다. 그리고 myList[i].textContent를 사용해 myList에 있는 요소들의 텍스트만 꺼내서 화면에 표시합니다.

```
<script>
    myList = document.getElementsByClassName("accent");
    document.write("<hr>");
    document.write("<h3>accent 클래스를 사용하는 요소의 텍스트</h3>");
    for (i = 0; i < myList.length ; i++)
        document.write(myList[i].textContent + "<br>");
</script>
```

9장에서 살펴보았던 또 다른 예제를 다시 확인해 보겠습니다. 아래 소스는 웹 문서에서 〈img〉 태그를 사용하는 요소들을 letters라는 리스트에 저장한 후, letters 리스트의 다섯 번째에 있는 이미지의 src 값을 수정하는 것입니다.

```
<script>
    function change(newSrc){
        letters=document.getElementsByTagName("img");
        letters[4].src=newSrc;
    }
</script>
```

:: jQuery에서 웹 요소를 가져오는 방법

jQuery도 웹 문서 상에서 특정 요소를 가져다 무엇인가 동작을 하는 것이기 때문에 웹 문서 요소를 가져오는 구문이 필요합니다. 자바스크립트에서는 세 가지 방법이 있었지만 jQuery에서 지정한 요소를 가져오는 구문은 다음과 같습니다.

```
$('요소')
```

가져온 웹 요소에서 어떤 동작을 하도록 하려면 그에 해당하는 메서드를 추가하면 됩니다.

```
$('요소').메서드()
```

예를 들어, 웹 문서에 있는 이미지를 화면에서 사라지게 하려면 메서드 hide()를 사용해서 다음과 같이 사용할 수 있습니다. hide() 메서드는 jQuery에 미리 정의되어 있는 메서드입니다.

```
$('img').hide()
```

아래 예제는 〈감추기〉를 클릭하면 화면에서 이미지가 사라지고 〈표시하기〉를 클릭하면 다시 이미지가 화면에 나타나는 예제입니다.

예제 폴더명: 예제\ch10\showhide.html

```html
<head>
    <script src="jquery-1.9.1.js"></script>
    <script>
        function showMe(){
            $('img').show();
        }
        function hideMe() {
            $('img').hide();
        }
    </script>
</head>
<body>
    <h1>jQuery 맛보기</h1>
    <form>
        <input type="button" value="표시하기" onclick="showMe()">
        <input type="button" value="감추기" onclick="hideMe()">
    </form>
    <img src="logo.png">
</body>
```

:: **실습** 첫 번째 jQuery 문서 작성하기

지금까지의 간단한 지식만으로 jQuery 문서를 만들어 보겠습니다. jQuery 파일을 다운로드해서 링크할 것인지, CDN으로 링크할 것인지만 결정하고 이 책 내용을 따라하면 됩니다.

◉ **준비 파일** : 실습\ch10\Sources\myjs.html
◉ **완성 파일** : 실습\ch10\Results\myjs.html

01. '실습\ch10\Sources\myjs.html' 파일을 웹 브라우저에서 확인해 보면 제목과 이미지, 텍스트 한 줄과 빈 영역, 이렇게 4가지 요소가 보일 것입니다. 빈 영역에 간단한 내용을 표시하는 jQuery 소스를 작성해 보겠습니다.

02. 노트 패드에서 '실습\ch10\Sources\myjs.html' 파일을 불러옵니다. ⟨h1⟩ 태그와 ⟨img⟩, ⟨p⟩, ⟨div⟩ 태그가 사용되었고 우리가 내용을 표시하려고 하는 ⟨div⟩ 태그의 id는 detail이군요.

03. jQuery 소스 파일을 링크한 ⟨script⟩ 태그 바로 아래에 다음과 같이 입력합니다. jQuery를 입력하기 위한 가장 기본적인 형태입니다.

```
<script>
    $(document).ready(function() {

    });
</script>
```

04. 이제 실제적인 jQuery 소스를 삽입해 보겠습니다. id가 detail인 요소를 가져와야 하므로 $('#detail')이라는 문을 사용하고, 그 요소에 HTML 소스를 삽입하기 위해 html() 메서드를 사용했습니다. 소스를 삽입한 후 Ctrl + S 키를 눌러 저장하세요.

```
<script>
      $(document).ready(function() {
            $('#detail').html('<p>스터디 주제 : HTML5, CSS3, Javascript</p><p>모
집 대상 : 신입생</p>');
      });
</script>
```

05. 웹 브라우저 창으로 돌아와 〈F5〉를 눌러 문서를 다시 로딩합니다. 비어 있던 영역에 우리가 입력한 내용이 표시될 것입니다. 하지만 문서를 로딩하자마자 내용을 표시하는 것은 jQuery를 사용한 의미가 없습니다. '자세한 내용을 보려면 클릭'이라는 텍스트를 클릭했을 때 내용이 나타나도록 해 보겠습니다.

06. jQuery의 이벤트 처리에 대해서는 나중에 자세히 배우겠지만 특정 요소에서 '클릭' 이벤트가 발생하면 click()이라는 메서드로 처리합니다. 여기에서는 '자세한 내용을 보면 클릭'이라는 요소를 가져와서 click() 메서드를 적용하면 됩니다. 우선 〈p〉 태그에 id="trigger"를 추가해서 쉽게 선택할 수 있도록 합니다.

07. 앞에서 입력했던 jQuery 소스를 다음과 같이 수정합니다. id가 trigger인 요소를 가져오는 $('#trigger') 문 다음에 클릭했을 때 실행하는 메서드 click()을 사용합니다. 즉 #trigger를 클릭하면 click() 안에 정의한 함수, 즉 #detail에 내용을 입력하는 명령을 처리하게 됩니다.

```
<script>
    $(document).ready(function() {
        $('#trigger').click(function() {
            $('#detail').html('<p>스터디 주제 : HTML5, CSS3, Javascript</p><p>모
집 대상 : 신입생</p>');
        })
    });
</script>
```

08. #trigger의 텍스트 부분을 클릭할 수 있다는 것을 사용자가 알 수 있게 하려면 #trigger 위로 마우스 커서를 손 모양으로 바꿔야 합니다. 다음과 같은 스타일 소스를 </style> 앞에 추가합니다. Ctrl + S 키를 눌러 수정한 내용을 저장합니다.

```
#trigger:hover {
    cursor:pointer;
}
```

09. 다시 브라우저로 돌아와 F5 키를 눌러 수정한 내용을 적용합니다. 처음에는 사각 영역 안에 아무것도 없지만 '자세한 내용을 보려면 클릭'이라는 텍스트를 클릭하자마자 사각 영역 안에 텍스트가 표시될 것입니다.

03

jQuery 기본 셀렉터 알아보기

WEBPROGRAMMING 웹 문서 상에서 사용자가 원하는 요소를 선택하기 위해서는 id나 class, 태그 이름 등 여러 가지 방법이 있습니다. 하지만 다이내믹하게 바뀌는 웹 문서에서는 '어디에서 몇 번째 있는 요소'라거나, '어떤 요소들의 마지막 자식 요소'처럼 상대적으로 위치를 지정해 주어야 하는 경우도 있습니다. 웹 문서 상에서 원하는 요소를 찾아가는 여러 가지 다양한 셀렉터들에 대해 살펴봅니다.

: : 기본 셀렉터

333쪽에서 간단한 jQuery 문서를 만들면서 이미지를 감추기 위해 $('img').hide(); 라는 소스를 사용했습니다. 하지만 웹 문서에는 이미지가 하나만 있는 것은 아니기 때문에 이런 방법으로 작성하면 웹 문서의 모든 이미지가 똑같이 반응할 것입니다. 웹 문서에 있는 '어떤' 이미지인지를 정확히 지정해 주어야 하는데 그 때 사용하는 것이 셀렉터(selector)입니다. '선택자'라고도 번역할 수 있는데 jQuery에서 HTML 웹 요소를 선택하기 위해 사용하는 약속된 방식들을 가리킵니다.

jQuery에서 웹 문서의 요소에 접근할 때 가장 많이 사용하는 기본적인 셀렉터들이 있습니다. id 셀렉터와 class 셀렉터, 태그 셀렉터가 그것인데요, 이 셀렉터들의 사용 방법은 앞의 CSS에서 배웠던 것과 같습니다.

① id 셀렉터

웹 요소를 삽입할 때 id를 지정했다면 jQuery에서 id 셀렉터를 사용할 수 있습니다. 즉, id 이름을 보고 웹 요소에 접근하려고 한다면 id 셀렉터를 사용하면 됩니다. 예를 들어, 다음과 같이 id를 지정했다고 가정해 보겠습니다.

```
<img src="sun.jpg" id="sky">
```

HTML의 DOM을 이용해 이 요소에 접근하려면 다음과 같은 방법을 사용할 것입니다.

```
var myImg = document.getElementById("sky");
```

jQuery에서는 다음과 같이 간단하게 줄여서 표현할 수 있습니다.

```
var myImg = $("#sky");
```

'sky'라는 id를 #sky라고 표현하고 있는데 이것은 CSS에서 id 스타일을 정의할 때 id 앞에 파운드(#) 기호를 붙이는 것과 같습니다. $() 안에 셀렉터를 지정할 때는 작은따옴표(' ')나 큰따옴표(" ") 모두 사용할 수 있습니다. 이것은 앞으로 나오는 모든 셀렉터에 똑같이 적용됩니다.

아래 예제는 모두 id 셀렉터가 사용되고 있는데, 어떤 버튼을 눌렀는지 구별하기 위해서 각 버튼의 id를 이용하고 있고, click 메서드에서 이미지를 삽입할 대상을 찾을 때도 id 셀렉터를 사용하고 있습니다.

예제 폴더명: 예제\ch10\idselector.html

```html
<head>
    <script src="jquery-1.9.1.js"></script>
    <script>
        $(function(){
            $('#day').click(function(){    // #day 요소를 클릭했을 때 함수 실행
                $('#imgArea').html('<img src="sun.jpg">');
                // #imgArea 요소에 <img> 태그 삽입
            })
            $('#night').click(function() {
                $('#imgArea').html('<img src="moon.jpg">');
            })
        });
    </script>
</head>
<body>
    <form>
        <input type="button" id="day" value="낮이라면 클릭! ">
        <input type="button" id="night" value="밤이라면 클릭!">
    </form>
    <div id="imgArea"></div>
</body>
```

 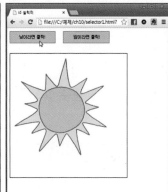 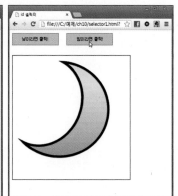

② class 셀렉터

class 셀렉터는 웹 요소에 접근할 때 각 요소에 지정된 클래스 이름을 보고 식별합니다. 한 문서 안에 같은 class를 사용하는 요소들이 여러 개이기 때문에 여러 요소에 한꺼번에 같은 메서드를 적용하려고 할 때 사용할 수 있습니다. class 셀렉터를 사용하려면 다음과 같이 class 셀렉터 이름 앞에 마침표(.)를 붙여 표시합니다.

```
$('.dayNight').hide();
```

다음 예제는 두 개의 그림에 같은 스타일을 적용하기 위해 dayNight라는 class 이름을 사용하고 dayNight 스타일도 정의되어 있습니다. dayNight라는 class를 쓰는 요소를 한꺼번에 감추거나 (hide()) 나타나게(show()) 하는 예제입니다.

예제 폴더명: 예제\ch10\classselector.html

```
<head>
    <style>
        .dayNight {
            width:350px
            margin-top:30px
            margin-right:20px
            border:2px solid #333
            box-shadow:2px 2px 3px #000
            float:left
        }
    </style>
    <script src="jquery-1.9.1.js"></script>
    <script>
        $(function () {
            $('#showHide').click (function() {
                $('.dayNight').hide();
            })
            $('#showAll').click(function () {
                $('.dayNight').show();
            })
        });
    </script>
</head>
<body>
```

```
    <form>
        <input type="button" id="showHide" value="그림을 감추려면 클릭! ">
        <input type="button" id="showAll" value="그림을 보려면 클릭! ">
    </form>
    <div class="dayNight" id="sun">
        <img src="sun.jpg" alt="낮을 나타내는 태양">
    </div>
    <div class="dayNight" id="moon">
        <img src="moon.jpg" alt="밤을 나타내는 달">
    </div>
</body>
```

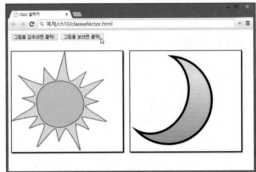

③ 태그 셀렉터

태그 셀렉터는 웹 요소에 접근할 때 태그 이름을 보고 식별하는 것입니다. 한 문서 안에는 같은 태그가 여러 번 사용될 수 있기 때문에 특정한 태그에 한꺼번에 어떤 동작을 하려고 할 때 유용합니다.

태그 셀렉터를 사용할 때는 $() 안에 태그 이름만 지정하면 되는데 작은따옴표('')나 큰따옴표("")로 묶어야 합니다.

```
$('p').hide();
```

라고 하면 웹 문서 안에서 〈p〉 태그를 사용한 텍스트는 모두 사라지게 됩니다.

> **예제** 폴더명: 예제\ch10\tagselector.html

```
<head>
    <script src="jquery-1.9.1.js"></script>
    <script>
        $(function () {
```

```
            $('#hideP').click (function() {
                $('p').hide();
            })
            $('#showP').click(function () {
                $('p').show();
            })
        });
    </script>
</head>
<body>
    <h1>스터디 회원 모집</h1>
    <ul>
        <li id="hideP">텍스트 감추기</li>
        <li id="showP">텍스트 표시하기</li>
    </ul>
    <hr>
    <p>스터디 주제 : HTML5, CSS3, Javascirpt</p>
    <p>모집 대상 : 웹 기술에 관심있는 재학생</p>
    <p>모집 기한 : 4월 중간 고사 이전까지</p>
</body>
```

:: 고급 셀렉터

지금부터 살펴볼 셀렉터들은 앞에서 살펴본 기본 셀렉터를 기본으로 두 가지 요소의 관계를 이용해 웹 문서의 특정 부분을 선택하는 것입니다.

① 유니버설 셀렉터

이 셀렉터는 문서 전체를 선택할 때 사용하는 셀렉터입니다. 아래 예제는 문서 전체의 글자색은 '#222'로, 배경색은 'lightgreen'으로 설정하는 것입니다.

```
<script>
    $(function () {
        $('*').css('color', '#222');
        $('*').css('background-color', 'lightgreen');
    });
</script>
```

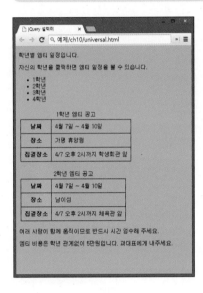

② descendant 셀렉터

descendant 셀렉터는 특정 태그 안에 있는 태그를 선택하기 위한 것인데, 특정 태그의 하위에 있는 자손 노드를 선택하는 것입니다. 기본 형식은 다음과 같이 부모 요소1과 자손 요소2 사이에 공백을 두는 것입니다.

요소1 요소2

예를 들어, 다음 소스는 #container 요소 다음에 오는 모든 〈p〉 태그의 글자색을 red로 지정하는 것입니다.

```
<head>
    <script src="jquery-1.9.1.js"></script>
    <script>
        $(function () {
```

```
                $('#container p').css('color', 'red');
            });
        </script>
    </head>
    <body>
        <div id="container">
            <p> 학년별 엠티 일정입니다.</p>
            <p> 자신의 학년을 클릭하면 엠티 일정을 볼 수 있습니다. </p>
            <ul>
                <li>1학년</li>
                <li>2학년</li>
                <li>3학년</li>
                <li>4학년</li>
            </ul>
            <table class="schedule" id="first">
                <caption>1학년 엠티 공고</caption>
                <tr> ... </tr>
            </table>
            <table class="schedule" id="secon">
                <caption>2학년 엠티 공고</caption>
                <tr> ... </tr>
            </table>
            <div id="memo">
                <p> 여러 사람이 함께 움직이므로 반드시 시간 엄수해 주세요.</p>
                <p> 엠티 비용은 학년 관계없이  5만원입니다.  과대표에게 내주세요.</p>
            </div>
        </div>
    </body>
</html>
```

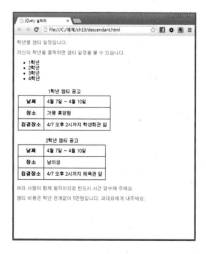

③ child 셀렉터

childe 셀렉터는 descendant와 마찬가지로 특정 태그 안에 포함된 태그들 중에서 선택하는 방법입니다. descendant가 특정 태그 다음에 오는 모든 자손 태그들을 선택했다면 child 셀렉터는 특정 태그의 자식 태그, 즉 자신과 직접 연결된 직계 자손을 선택하는 방법입니다.

> 요소1 > 요소2

다음은 #container 요소 다음에 오는 여러 〈p〉 태그 중 #container의 자식 요소만 가져와서 스타일을 지정하는 것입니다.

예제 폴더명: 예제\ch10\child.html

```html
<head>
    <script src="jquery-1.9.1.js"></script>
    <script>
        $(function () {
            $('#container > p').css('color', 'red');
        });
    </script>
</head>
<body>
    <div id="container">
        <p> 학년별 엠티 일정입니다.</p>
        <p> 자신의 학년을 클릭하면 엠티 일정을 볼 수 있습니다. </p>
        <ul>
            <li>1학년</li>
            <li>2학년</li>
            <li>3학년</li>
            <li>4학년</li>
        </ul>
        <table class="schedule" id="first">
            <caption>1학년 엠티 공고</caption>
            <tr> ... </tr>
        </table>
        <table class="schedule" id="secon">
            <caption>2학년 엠티 공고</caption>
            <tr> ... </tr>
        </table>
        <div id="memo">
```

```
            <p> 여러 사람이 함께 움직이므로 반드시 시간 엄수해 주세요.</p>
            <p> 엠티 비용은 학년 관계없이  5만원입니다.  과대표에게 내주세요.</p>
        </div>
    </div>
</body>
```

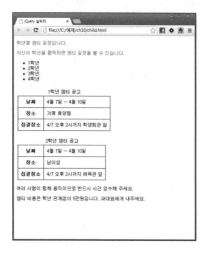

④ sibling 셀렉터

sibling 셀렉터는 DOM 구조 중에서 현재 요소 다음에 오면서 같은 레벨을 가진 요소를 가리킵니다. 형제 관계를 가진 요소들이죠.

```
요소1 ~ 요소2
```

아래 예제는 ⟨ul⟩ 요소의 형제 요소들 중에서 동생들, 즉 ⟨ul⟩ 다음에 오는 모든 ⟨table⟩ 요소의 글자색을 red로 바꾼 것입니다. 두 개의 ⟨table⟩ 요소 모두에 적용됩니다.

예제 폴더명: 예제\ch10\sibling.html

```
<head>
    <script src="jquery-1.9.1.js"></script>
    <script>
        $(function () {
            $('ul~table').css('color', 'red');
        });
    </script>
</head>
<body>
```

```
<div id="container">
    <p> 학년별 엠티 일정입니다.</p>
    <p> 자신의 학년을 클릭하면 엠티 일정을 볼 수 있습니다. </p>
    <ul>
        <li>1학년</li>
        <li>2학년</li>
        <li>3학년</li>
        <li>4학년</li>
    </ul>
    <table class="schedule" id="first">
        ...
    </table>
    <table class="schedule" id="secon">
        ...
    </table>
    <div id="memo">
        <p> 여러 사람이 함께 움직이므로 반드시 시간 엄수해 주세요.</p>
        <p> 엠티 비용은 학년 관계없이 5만원입니다. 과대표에게 내주세요.</p>
    </div>
</div>
</body>
```

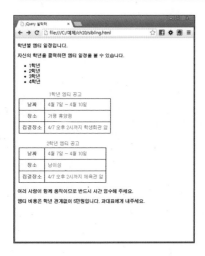

⑤ adjacent 셀렉터

adjacent 셀렉터는 현재 요소의 동생 요소들 중에서 바로 다음에 오는 요소, 즉 첫 번째 동생 요소를 선택합니다.

```
요소1 + 요소2
```

다음 예제는 〈ul〉 요소의 동생 요소들 중에서 첫 번째 〈table〉 요소를 선택해서 글자색을 red로 바꾼 것입니다. 두 개의 〈table〉 요소 중 첫 번째 〈table〉에만 적용됩니다.

예제 폴더명: 예제\ch10\adjacent.html

```
<head>
    <script src="jquery-1.9.1.js"></script>
    <script>
        $(function () {
            $('ul+table').css('color', 'red');
        });
    </script>
</head>
<body>
    <div id="container">
        <p> 학년별 엠티 일정입니다. </p>
        <p> 자신의 학년을 클릭하면 엠티 일정을 볼 수 있습니다. </p>
        <ul>
            <li>1학년</li>
            <li>2학년</li>
            <li>3학년</li>
            <li>4학년</li>
        </ul>
        <table class="schedule" id="first">
            ...
        </table>
        <table class="schedule" id="secon">
            ...
        </table>
        <div id="memo">
            <p> 여러 사람이 함께 움직이므로 반드시 시간 엄수해 주세요.</p>
            <p> 엠티 비용은 학년 관계없이 5만원입니다. 과대표에게 내주세요.</p>
        </div>
    </div>
</body>
```

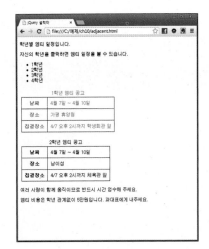

04

기타 셀렉터

WEBPROGRAMMING 앞에서 살펴본 기본 셀렉터 외에도 jQuery에서 사용하는 셀렉터들은 아주 많습니다. 속성값을 체크하거나 요소의 위치에 따라서 선택할 수도 있고 jQuery에서 제공하는 키워드를 이용해 여러 요소 중에서 한 가지만 지정해서 선택할 수 있습니다.

:: attribute 셀렉터

웹 요소에서 사용하는 속성값을 이용한 셀렉터입니다. 속성값과 같은지, 혹은 일부 값이 같은지 등 여러 가지 조건에 따라 웹 문서 안에서 요소를 선택하는 방법입니다.

① [속성]

해당 속성이 있는 요소를 찾는 셀렉터입니다. 다음 예제는 〈파일이나 문서 링크하는 요소〉 버튼을 클릭했을 때 〈a〉 태그 중에서 "href"라는 속성이 있는 요소를 찾아서 노란색 배경을 깔고 글자를 진한 파란색으로 바꾸는 것입니다. 문서 맨 위에 있는 〈a id="top"〉〈/a〉는 포함되지 않습니다.

> **예제** 폴더명: 예제\ch10\attribute1.html

```
<script>
$(function () {
  $('#link1').click(function() {
      $('a[href]').css({'background-color':'yellow', 'font-
weight':'bold', 'text-decoration':'none'});
  })
});
</script>

<body>
    <a id="top"></a>
    <div id="container">
        <p> 학년별 엠티 일정입니다.</p>
        <p> 자신의 학년을 클릭하면 엠티 일정을 볼 수 있습니다. </p>
        <ul>
            <li><a href="1st.html">1학년</a></li>
            <li><a href="2nd.pdf">2학년</a></li>
            <li><a href="http://www.domain.com/3rd.html">3학년</a></li>
            <li>4학년</li>
        </ul>
```

```
        <div id="memo">
            <p> 여러 사람이 함께 움직이므로 반드시 시간 엄수해 주세요.</p>
            <p> 엠티 비용은 학년 관계없이 5만원입니다. 과대표에게 내주세요.</p>
            <p> 기타 궁금한 사항은 <a href="mailto:comeng@abc.ac.kr">학과사무실
</a>로 문의바랍니다.</p>
        </div>
    </div>
</body>
```

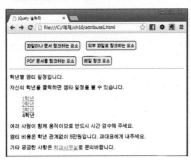 

② [속성=값]

특정 속성이 주어진 값에 일치하는 요소를 찾는 셀렉터입니다. 예를 들어, ('a[target="_blank"]')
라고 하면 〈a〉 태그의 target 속성값이 정확히 "_blank"인 요소를 찾는 것입니다. [속성!=값]을 사
용하면 특정 속성이 주어진 값이 아닌 요소를 찾는 셀렉터입니다.

예제   폴더명: 예제\ch10\attribute2.html

```
<script>
    $(function () {
        $('#link2').click(function () {
                $('a[target="_blank"]').css({ 'background-color':
'yellow', 'font-weight': 'bold', 'text-decoration': 'none' });
        })
    });
</script>
```

③ [속성$=값]

특정 속성이 주어진 값으로 끝나는 요소를 찾는 선택자입니다. 예를 들어, $('a[href$="pdf"]')라고 하면 링크하는 값의 확장자가 pdf인 요소를 찾는 것입니다.

예제 폴더명: 예제\ch10\attribute3.html

```
<script>
$(function () {
    $('#link3').click(function() {
        $('a[href$="pdf"]').css({'background-color':'yellow', 'font-
weight':'bold', 'text-decoration':'none'});
    })
});
</script>
```

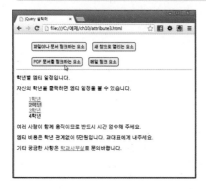

④ [속성^=값]

특정 속성이 주어진 값으로 시작하는 요소를 찾는 선택자입니다. 예를 들어, $('a[href^="mailto:"]')라고 한다면 링크하는 값이 mailto:로 시작하는 요소, 즉 메일 링크 요소를 찾는 것입니다.

예제 폴더명: 예제\ch10\attribute4.html

```
<script>
$(function () {
    $('#link4').click(function() {
        $('a[href^="mailto:"]').css({'background-color':'yellow',
'font-weight':'bold', 'text-decoration':'none'});
    })
});
</script>
```

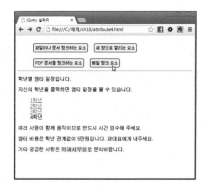

: : 위치에 따른·셀렉터

셀렉터 중에는 요소의 위치를 기준으로 지정할 수 있는 셀렉터도 있습니다. 첫 번째에 있는 요소를 가져오거나 세 번째나 네 번째 위치를 정해서 가져오는 것도 가능하고 짝수 번째, 홀수 번째 있는 요소들을 함께 묶어서 가져오는 것도 가능합니다.

① :first, :last

해당 요소의 첫 번째 항목이나 마지막 항목을 가져옵니다. 예를 들어, 메뉴를 구성하는 여러 항목 중에서 첫 번째 메뉴 항목을 가져오려면 li a:first라고 지정하고 마지막 항목을 가져오려면 li a:last라고 할 수 있습니다.

② :first-child, :last-child, only-child

:first-child와 :last-child 셀렉터는 첫 번째 자식이나 마지막 자식이 되는 요소를 가져오는 것입니다. li:first-child는 〈ul〉 안에 있는 여러 개의 〈li〉 태그 중에서 가장 처음에 있는 〈li〉를 가져오는 것입니다. :only-child는 형제 요소가 없는 항목을 가져옵니다. 문서 안에 여러 〈ul〉 태그가 있을 때 〈li〉 태그가 하나만 사용된 목록을 가져오려면 li:only-child 셀렉터를 사용합니다.

③ :nth-child(n), nth-child(even), nth-child(odd)

여러 항목들 중에서 n번째 있는 요소를 가져옵니다. 예를 들어, 〈ul〉 태그 안에 〈li〉가 네 개 있을 때 두 번째 있는 항목을 가져오려면 li:nth-child(2)라고 지정합니다. 짝수 번째, 혹은 홀수 번째 있는 항목들을 가져오려면 li:nth-child(even)이나 li:nth-child(odd)를 사용하거나 :even, :odd 선택자를 사용합니다.

④ :nth-child(수식)

셀렉터를 지정할 때 그 위치를 수식으로 사용할 수도 있습니다. li:nth-child(2n)이라고 하면 짝수 번째 항목들을 가져올 수 있고, 첫 번째 항목부터 시작해서 3개씩 건너뛰고 싶다면, 즉, 1, 4, 7...식으로 가져오려면 li:nth-child(3n+1)이라고 지정합니다.

❶ jQuery는 자바스크립트 라이브러리입니다.

❷ jQuery로 할 수 있는 일들은 ① 크로스 브라우저 스크립팅과 ② HTML DOM 제어, ③ CSS 제어, ④ 각종 효과와 애니메이션 제작, ⑤ Ajax 등입니다.

❸ jQuery 소스 파일은 두 가지 종류가 있습니다.
　① 최소화 버전 : 주석이나 여백 등을 제외한 소스 파일
　② 일반 버전 : 사람이 읽기 쉽도록 주석과 여백을 사용한 소스 파일

❹ jQuery 소스 파일의 확장자는 .js입니다.

❺ 다운로드한 소스 파일은 〈script src="jquery-1.9.1.min.js"〉처럼 〈script〉 태그를 사용해 링크합니다.

❻ jQuery 소스 파일을 다운로드하지 않고 CDN에서 링크해서 사용할 수도 있습니다. Media Temple이나 Google, Microsoft 등에서 CDN으로 링크할 수 있습니다.

❼ HTML5에서는 〈script〉 태그를 사용할 때 type="text/css" 속성 없이 간단히 〈script〉라고만 하면 됩니다.

❽ jQuery는 웹 페이지를 모두 로딩한 후에 실행해야 하기 때문에 ready() 메서드를 이용해 웹 페이지가 모두 로딩될 때까지 대기합니다.

❾ jQuery 소스 파일을 링크하는 〈script〉 태그 앞에 다른 〈script〉 태그가 있으면 안 됩니다.

❿ 웹 문서의 스타일 정의는 jQuery 소스 이전에 와야 합니다.

⓫ jQuery에서 웹 요소를 가져올 때는 $() 문을 이용하고 가져온 웹 요소에서 어떤 동작을 하도록 하려면 그에 해당하는 메서드를 추가하면 됩니다.

⓬ jQuery에서 웹 문서의 요소에 접근할 때 가장 많이 사용하는 기본적인 셀렉터들은 id 셀렉터와 class 셀렉터, 태그 셀렉터입니다.

⓭ descendant 셀렉터나 child 셀렉터, sibling 셀렉터, adjacent 셀렉터 등 기본 셀렉터를 기본으로 두 요소 사이의 관계를 이용해 웹 문서의 특정 부분을 선택할 수도 있습니다.

⓮ [attr]이나 [attr=value], [attr!=value] 등 태그 안의 속성(attr)과 속성값(value)을 이용해 셀렉터로 사용할 수도 있습니다.

⓯ 사용자가 웹 문서 상에서 할 수 있는 동작들을 '이벤트(event)'라고 하고 jQuery에서는 이벤트 메서드를 통해 이벤트에 반응할 수 있습니다.

⓰ $('p').click(function() { ....}); 처럼 웹 요소 다음에 마침표로 이벤트 메서드를 표시하고 괄호 안에서 이벤트 핸들러를 정의합니다.

⓱ 대부분의 이벤트 메서드는 하나의 핸들러를 정의하지만 .hover() 메서드는 요소 위로 마우스 포인터를 올려놓았을 때의 핸들러와 마우스 포인터를 치웠을 때의 핸들러, 이렇게 두 개의 핸들러를 정의합니다.

01 jQuery의 js 파일은 두 가지 형태가 있습니다. 두 가지 js 파일의 차이점과 각각 어떤 용도로 사용하는지 설명하시오.

02 sports1.html 문서에는 세 개의 버튼이 삽입되어 있습니다. 첫 번째 버튼을 클릭하면 화면 아래쪽에 'ball1.jpg' 이미지가 나타나고 두 번째 버튼을 클릭하면 'ball2.jpg' 이미지가 나타나도록 수정하세요. html() 메서드를 이용합니다.

03 jQuery에는 웹 요소의 스타일을 가져오거나 수정하는 css() 메서드가 있습니다. 이 메서드를 이용하여 다음 조건에 맞도록 sports2.html 문서를 수정하시오.

[조건]
① ⟨h1⟩ 태그를 사용한 제목 부분의 너비를 410px로 지정합니다.
② ⟨h1⟩ 태그를 사용한 제목 부분의 배경색을 blue로 지정합니다.
③ ⟨h1⟩ 태그를 사용한 제목의 글자색은 white로 지정합니다.
④ 제목에 가로 오프셋, 세로 오프셋의 크기가 각각 1px이면서 검은색 그림자를 가진 테두리 글자 효과를 추가합니다.

CHAPTER

11

jQuery로
웹 문서
수정하기

jQuery는 사용자의 동작에 반응해서 문서 내용을 바꿔서 보여주거나 특정 요소의 스타일을 바꿔서 보여줄 수 있기 때문에 많은 개발자들이 사용하고 있습니다. jQuery로 HTML 콘텐츠를 가져오고 수정하는 방법과 CSS를 가져와서 수정하는 방법을 알아보겠습니다. 그리고 jQuery로 새로운 요소를 추가하거나 기존의 요소를 삭제하는 방법도 알아봅니다.

| 이 장에서 배울 내용 |

- **HTML 콘텐츠 수정 및 추가하기** : 텍스트 콘텐츠는 해당 노드의 자식 노드로 추가되므로 DOM을 이용해 콘텐츠 노드를 수정, 추가, 삭제할 수 있습니다.

- **attr() 메서드** : attr() 메서드는 문서를 편집할 수 있는 메서드 중 하나로, attr() 메서드를 이용하면 각 태그의 속성값을 알아낼 수도 있고 기존 값을 다른 값으로 대체할 수 있습니다.

- **class 속성 편집하기** : 클래스 스타일을 이용해 class 이름을 추가하거나 기존의 class 이름을 이용해 웹 문서의 스타일을 변경할 수 있습니다. 또한 class를 삭제하는 것도 가능합니다.

- **css() 메서드** : css() 메서드를 이용하면 웹 요소의 css 속성값을 수정할 수 있어서 클래스 스타일뿐만 아니라 웹 문서 안의 모든 요소의 스타일을 가져오거나 수정할 수 있습니다.

- **HTML DOM을 이용해 웹 요소 편집하기** : jQuery를 이용하면 몇 가지 메서드만 이용해서 HTML DOM 트리에 새로운 노드를 추가할 수 있고 추가하는 위치도 지정할 수 있습니다.

01

HTML 콘텐츠 수정 및 추가하기

WEBPROGRAMMING   jQuery에서 HTML 콘텐츠를 가져오거나 수정하기 위해서 HTML DOM에 대해 이해하고 있어야 합니다. HTML DOM이란 웹 문서의 콘텐츠나 구조, 스타일 등에 접근하고 수정하기 위한 표준 문서 모델입니다. HTML DOM을 이용해 HTML 콘텐츠를 가져오고 수정하는 방법을 살펴보겠습니다.

:: text() 메서드 – 텍스트 콘텐츠 가져오기 및 수정하기

text() 메서드는 선택한 요소의 텍스트 콘텐츠를 가져오거나 선택한 요소의 텍스트 콘텐츠를 새로운 콘텐츠로 수정하는 메서드입니다. 아래 HTML DOM에서 보는 것처럼 텍스트를 사용하는 〈title〉이나 〈h1〉 같은 태그에는 'text' 노드가 함께 생성됩니다. text() 메서드는 'text' 노드의 값을 가져오는 것입니다.

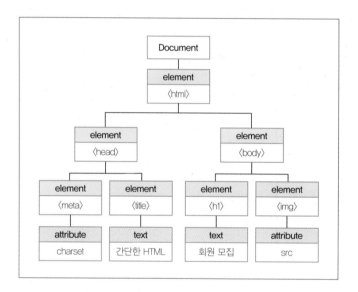

아래 예제는 〈ul〉 태그를 사용해 목록으로 표시되어 있던 내용 중에서 마지막에 있는 〈li〉 태그, 즉 행사일 콘텐츠를 가져와 알림 창(alert window)에 표시하는 것입니다. 여기에서는 :last-child라는 셀렉터를 사용했지만 셀렉터는 상황에 따라 다양하게 사용할 수 있습니다.

> **예제** 폴더명: 예제\ch11\notice1.html

```
<head>
    <script>
        $(document).ready(function () {
            $('#bttn1').click(function () {
                alert($('ul li:last-child').text());
            });
        });
```

```
        });
    </script>
</head>
<body>
    <h1>새내기들과 함께하는 학과 전체 MT</h1>
    <p>안녕하십니까? .....</p>
    <ul>
        <li><b>행사명</b> : Mebership Training</li>
        <li><b>행사 목적</b> : 선후배간, 사제간의 유대 관계 형성과 친목을 위함</li>
        <li><b>행사일</b> : 3월 25일(금)~3월 27일(일)</li>
    </ul>
    <hr>
    <form>
        <input type="button" value="행사일 확인하기" id="bttn1">
    </form>
</body>
```

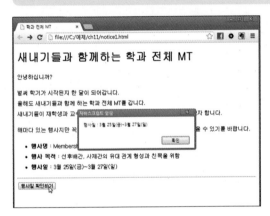

text() 메서드는 선택한 요소의 텍스트 콘텐츠를 가져오는 것뿐만 아니라 선택한 요소의 텍스트 콘텐츠를 지정하는 것도 가능합니다. 이때 선택한 요소에 텍스트 콘텐츠가 없다면 지정한 텍스트를 추가하게 되고 이미 텍스트가 콘텐츠가 있다면 지정한 텍스트 콘텐츠로 수정됩니다.

아래 예제는 text() 메서드를 이용해 '새내기들과 함께하는 학과 전체 MT'라는 문서의 제목을 '컴퓨터공학과 전체 MT'라고 바꾸는 것입니다.

> **예제** 폴더명: 예제\ch11\notice2.html

```
<head>
    <script>
        $(document).ready(function () {
```

```
        $('#bttn1').click(function () {
            $('h1').text("컴퓨터공학과 전체 MT");
        });
    });
</script>
</head>
<body>
    <h1>새내기들과 함께하는 학과 전체 MT</h1>
    <p>안녕하십니까? .....</p>
    ....
</body>
```

: : html() 메서드 – 태그와 함께 텍스트 콘텐츠 가져오기 및 수정하기

html() 메서드는 선택한 요소의 콘텐츠를 가져오되 〈html〉 태그까지 함께 가져오는 것입니다. 앞에서 text() 메서드를 이용해 텍스트 콘텐츠를 가져왔던 notice1.html에서 text() 메서드를 html() 메서드로 바꾸면 선택한 요소에서 태그도 함께 가져올 수 있습니다.

예제 폴더명: 예제\ch11\notice3.html

```
<head>
    <script>
        $(document).ready(function () {
            $('#bttn1').click(function () {
                alert($('ul li:last-child').html());
            });
        });
    </script>
</head>
```

```
<body>
    <h1>새내기들과 함께하는 학과 전체  MT</h1>
    <p>안녕하십니까?  .....</p>
    <ul>
        <li><b>행사명</b>  :  Mebership  Training</li>
        <li><b>행사 목적</b>  :  선후배간,  사제간의 유대 관계 형성과 친목을 위함</li>
        <li><b>행사일</b>  :  3월  25일(금)~3월  27일(일)</li>
    </ul>
    <hr>
    <form>
        <input type="button"  value="행사일 확인하기"  id="bttn1">
    </form>
</body>
```

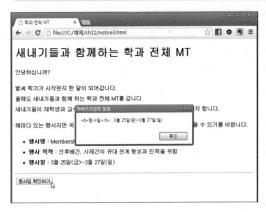

선택한 요소에 html 태그와 함께 텍스트 콘텐츠를 추가하려고 하면 html() 메서드를 이용하면 될 것입니다. 다음 예제는 〈ul〉 태그의 첫번째 〈li〉 태그에 태그와 함께 텍스트 콘텐츠를 추가하는 것입니다.

예제 폴더명: 예제\ch11\notice4.html

```
<head>
    <script>
        $(document).ready(function () {
            $('#bttn1').click(function () {
                    $('ul li:first-child').html('<b>행사명</b>  :  <span
style="color:blue"> 컴공과 전체  MT</span>');
            });
        });
    </script>
```

```
</head>
<body>
    <h1>새내기들과 함께하는 학과 전체 MT</h1>
    <p>안녕하십니까? .....</p>
    <ul>
        <li><b>행사명</b> : Mebership Training</li>
        <li><b>행사 목적</b> : 선후배간, 사제간의 유대 관계 형성과 친목을 위함</li>
        <li><b>행사일</b> : 3월 25일(금)~3월 27일(일)</li>
    </ul>
    <hr>
    <form>
        <input type="button" value="행사일 확인하기" id="bttn1">
    </form>
</body>
```

:: val() 메서드 – 폼의 값 가져오기

val() 메서드는 폼에서 사용자가 입력한 값이나 선택한 값을 가져오는 메서드입니다. 예를 들어, 아래 예제는 〈신청하기〉 버튼을 클릭하면 사용자가 입력한 '학년'과 '이름'을 가져와 알림 창에 보여주는 것입니다.

예제 폴더명: 예제\ch11\notice5.html

```
<head>
    <script>
        $(document).ready(function () {
            $('#register').click(function () {
                alert($('#class').val()+"학년 "+ $('#sname').val() +"
신청 완료!!");
```

```
            });
        });
    </script>
</head>
<body>
    <h2>MT 신청하기</h2>
        <form>
            <input type="text" id="class" size="2" maxlength="2" required>
            <label for="class">학년</label>
            <label for="sname">이름</label>
            <input type="text" id="sname" size="10" maxlength="20" required>
            <label><input type="submit" value="신청하기" id="register">
</label>
        </form>
    <p>궁금한 점은 <a href="http://html.ac.kr/comeng.html">학과 사무실</a>로
문의하세요.</p>
</body>
```

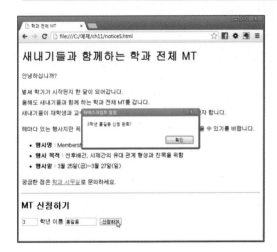

02

attr() 메서드로 문서 속성 편집하기

attr() 메서드는 각 태그에서 사용한 속성값을 알아낼 수 있을 뿐만 아니라 기존 값을 원하는 다른 값으로 대체할 수도 있기 때문에 손쉽게 문서를 편집할 수 있는 메서드 중 하나입니다. attr() 메서드를 이용해서 속성값을 가져오는 방법과 원래 있던 값을 다른 값으로 바꾸는 방법에 대해 알아봅니다.

: : attr() 메서드

흔히 속성이라고 하면 HTML 태그에서 사용하는 속성(attribute)과 HTML DOM에서 말하는 속성 (property)이 있습니다. 이 두 가지는 한글로 옮겨놓으면 같은 말이 되지만 실제로는 약간의 차이가 있습니다.

HTML 태그의 속성(attribute)은 태그를 사용할 때 속성 이름 다음에 따옴표로 그 값을 표시하는 반면 HTML DOM의 속성은 자바스크립트나 jQuery에서 값을 가져오거나 수정하는 것입니다. 대부분의 경우 HTML 태그의 속성이나 HTML DOM에서의 속성은 서로 같게 사용되지만 다르게 사용되는 것도 있습니다.

예를 들어,

```
<p class="normal-text">컴퓨터공학과를 소개합니다.</p>
```

에서 〈p〉 태그의 class 속성값은 "normal-text"입니다. 그리고 HTML DOM에서는 〈p〉 요소에 attr 노드가 추가되면서 class 속성의 값이 "normal-text"라고 저장됩니다.

하지만 다음과 같은 소스에서는 이야기가 달라집니다.

```
<form>
    <input type="checkbox" value="option1" checked> 옵션1
    <input type="checkbox" value="option2"> 옵션2
</form>
```

체크 박스를 삽입할 때 〈input〉 태그에 사용된 checked는 checked="checked"를 줄인 것입니다. 즉, 태그에서 checked 속성의 값은 "checked"라는 문자열입니다. 하지만 HTML DOM에서 checked라는 속성은 체크되었나를 확인하는 속성으로 true나 false 값을 가지는 boolean입니다.

jQuery에서는 attr() 메서드를 사용해 지정한 속성의 값을 가져오거나 수정할 수 있습니다. 속성을 지정하고 값을 가져올 때 같은 속성을 가진 요소들이 여러 개라면 지정한 속성을 가진 첫 번째 요소를 가져옵니다.

: : 태그의 속성값 가져오기

attr() 메서드를 이용하면 지정한 속성의 값을 가져올 수 있습니다. attr() 메서드에서 속성 이름을
지정하면 해당 속성의 값을 가져옵니다.

```
$(selector).attr(attribute)
```

아래 예제는 이미지를 클릭했을 때의 〈img〉 태그에서 사용한 alt 속성의 값을 가져와 보여주는 것
입니다.

예제 폴더명: 예제\ch11\notice6.html

```
<head>
    <script>
        $(document).ready(function () {
            $("#nami").click(function () {
                alert($("#nami").attr("alt"));
            });
        });
    </script>
</head>
<body>
     <img src="nami.png" id="nami" alt="MT 장소인 남이섬의 멋진 메타세콰이어 길입
니다 ">
</body>
```

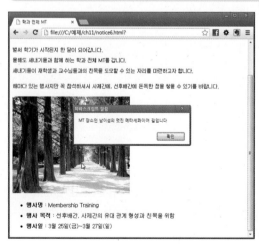

attr() 메서드는 속성값을 가져오는 것뿐만 아니라 기존 값을 바꿀 수도 있습니다. attr() 메서드를
사용할 때 속성 이름과 함께 값을 지정하면 해당 속성에 값을 설정합니다. 이미 값이 있을 경우 기
존 값을 새로운 값으로 덮어쓰게 됩니다. 함수의 실행 결과를 속성값으로 사용할 수도 있고, 여러
속성에 여러 속성값을 함께 지정할 수도 있습니다.

```
$(selector).attr(attribute, value)
$(selector).attr(attribute, function(index, currentvalue))
$(selector).attr({attribute1:value1, attribute2:value2, ...})
```

다음 예제는 '텍스트를 이탤릭체로'라는 버튼을 클릭했을 때 〈p〉 태그의 class 속성의 값을 'italic-
text'로 바꾸는 것입니다. 〈p class="normal-text"〉처럼 이미 class 속성이 있을 경우에는 그 값을
'italic-text'로 수정하고, 〈p〉처럼 class 속성이 없으면 새로 class="italic-text"라는 속성과 속성값
을 추가합니다.

예제 폴더명: 예제\ch11\intro1.html

```
<head>
    <script src="jquery-1.9.1.js"></script>
    <script>
        $(document).ready(function () {
            $("#bttn1").click(function () {
                $("p").attr("class", "italic-text");
            });
        });
    </script>
</head>
<body>
    <form id="topform">
        <input type="button" id="bttn1" value="텍스트를 이탤릭체로">
        <input type="button" id="bttn2" value="링크를 새 창으로 열기">
    </form>
    <nav> ...... </nav>
    <header> ...... </header>
    <section>
        <article id="intro1">
            <p class="normal-text">컴퓨터 공학전공에서는 ...... </p>
            <p><a href="http://www.infinitybooks.co.kr" >[교재 확인하기]</
```

```
a></p>
        </article>
    .......
</body>
```

다음 예제는 한 번에 여러 개의 속성을 설정하는 것입니다. { } 안에 '속성:속성값'의 형태로 여러 개를 나열할 수 있는데 각 속성과 속성 사이는 쉼표(,)로 구분합니다.

```
$("#intro1 a").attr({ "rel": "external", "target": "_blank", "title":
"인피니티북스 홈페이지로 연결합니다." });
```

위와 같이 나열해도 되지만 좀 더 직관적으로 표현하기 위해 다음과 같이 사용하는 경우도 많습니다. 다음은 둘 다 사용 가능한 방법입니다.

```
$("#intro1 a").attr({
    "rel": "external",
    "target": "_blank",
    "title": "인피니티북스 홈페이지로 연결합니다."
});
```

:: 필요할 때만 링크를 새 창으로 열기

⟨a⟩ 태그에 대한 스타일을 지정하거나 ⟨a⟩ 태그에서 target 속성을 이용해서도 링크를 새 창으로 열리게 할 수 있지만 필요할 때만 새 창으로 열리도록 할 수도 있습니다.

브라우저에서 intro2.html 문서를 불러와 '[교재 확인하기]' 링크를 클릭하면 현재 보고 있는 창에 열립니다. 따라서 원래 보고 있던 내용을 보려면 브라우저 창에서 '뒤로' 버튼을 클릭해야 합니다.

여기에서 〈모든 링크를 새 창으로 열기〉 버튼을 클릭하면 '링크' 태그인 〈a〉 태그의 속성이 바뀌면서 새 창으로 열리도록 할 수 있습니다.

예제 폴더명: 예제\ch11\intro2.html

```
<head>
    <script src="jquery-1.9.1.js"></script>
    <script>
        $(document).ready(function () {
            $("#bttn2").click(function () {
                $("#intro1 a").attr({ "rel": "external", "target": "_
blank", "title": "인피니티북스 홈페이지로 연결합니다." });
            });
        });
    </script>
</head>
<body>
    <form id="topform">
        <input type="button" id="bttn1" value="텍스트를 이탤릭체로">
        <input type="button" id="bttn2" value="링크를 새 창으로 열기">
    </form>
    <nav> ...... </nav>
```

```
<header> ...... </header>
<section>
    <article id="intro1">
        <p class="normal-text">컴퓨터 공학전공에서는 ...... </p>
        <p><a href="http://www.infinitybooks.co.kr" >[교재 확인하기]</
a></p>
    </article>
    .......
</body>
```

이제 문서를 불러와 〈링크를 새 창으로 열기〉 버튼을 클릭하면 눈에 보이지는 않아도 지정한 속
성들이 〈a〉 태그에 적용됩니다. 그리고 다시 '교재 확인하기' 링크 위로 마우스 포인터를 가져가
면 지정한 title 속성값이 말풍선으로 표시되고, 링크를 클릭하면 이번에는 새로운 탭에 링크가 열
리는 것을 확인할 수 있습니다.

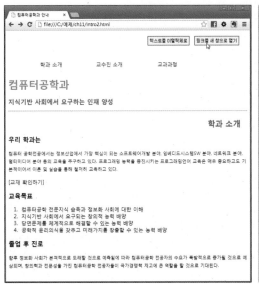 

속성이 바뀌는 것을 눈으로 확인할 수도 있습니다. 크롬 브라우저의 경우 '크롬 개발자 도구'를 통
해, 파이어폭스라면 'Firebug'를 통해 살펴볼 수 있습니다.

intro2.html 문서를 새로 불러온 후 문서에서 링크 부분을 마우스 오른쪽 버튼으로 클릭한 후 '요
소 검사'를 선택합니다. 개발자 도구 창에서 반전되는 부분을 보면 〈a〉 태그와 href 속성만 표시될
것입니다. 처음 문서를 만들 때의 모습이죠.

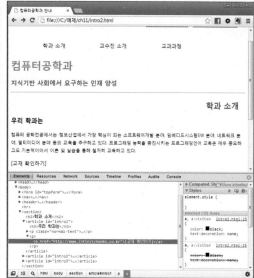

이 상태에서 〈링크를 새 창으로 열기〉 버튼을 클릭해 보세요. 〈a〉 태그 부분에 새로운 속성들이 추가되는 것을 볼 수 있습니다.

03

Class 속성 편집하기

jQuery에서 CSS의 class 속성을 이용하면 웹 문서의 겉모습을 언제든 변경할 수 있습니다. class 속성을 가져오고 수정하는 방법뿐만 아니라 필요할 때 class를 추가하거나 불필요한 class 속성을 삭제하는 방법까지 살펴보겠습니다.

:: addClass() 메서드 - 새로운 스타일 속성 추가하기

addClass() 메서드는 선택된 요소에 class 이름을 추가하는데 한꺼번에 둘 이상의 클래스 이름을 추가할 수 있습니다. 하지만 기존의 class 속성은 삭제하지 못합니다.

```
$(selector).addClass(classname);
    → classname라는 이름을 가진 새로운 class 스타일을 추가합니다.

$(selector).addClass(classname1 classname2 ....);
    → 여러 class 스타일을 한꺼번에 지정하려면 각 이름을 공백(space)으로 구분합니다.

$(selector).addClass(classname, function(index,oldclass));
    → 함수에서 반환한 값으로 class 속성의 값을 설정합니다.
```

다음 예제는 〈첫 단락을 파란색으로〉라는 버튼을 클릭하면 첫 번째 〈article〉 영역 안에 있는 〈p〉 태그에 미리 만들어 놓은 .bluetxt 클래스 스타일을 추가하는 것입니다.

예제 폴더명: 예제\ch11\intro3.html

```
<head>
    <script src="jquery-1.9.1.js"></script>
    <script>
        $(document).ready(function () {
            $("#bttn1").click(function () {
                $("article:first p").addClass("bluetxt");
            });
        });
    </script>
</head>
<body>
    <form id="topform">
        <input type="button" id="bttn1" value="첫 단락을 파란색으로">
```

```
    </form>
    <nav> ...... </nav>
    <header> ...... </header>
    <section>
        <article>
            <p class="normal-text">컴퓨터 공학전공에서는 ...... </p>
            <p><a href="http://www.infinitybooks.co.kr" >[교재 확인하기]</
a></p>
        </article>
    .......
</body>
```

다음은 함수를 이용해 class 속성에 지정할 값을 설정하는 예제로, i 값이 0부터 점점 커지면서 function(i) 함수는 "block0", "block1", ... 식으로 값을 반환합니다. 반환된 값을 받아서 선택자 article에 순서대로 설정합니다.

```
$("article").addClass(function (i) {
    return "block" + i;
});
```

```
<head>
    <style>
    .block0 {
        color:blue
    }
    .block1 {
        color:orange
    }
    .block2 {
        color:green
    }
    </style>
    <script src="jquery-1.9.1.js"></script>
    <script>
        $(document).ready(function () {
            $("#bttn2").click(function () {
                $("article").addClass(function (i) {
                    return "block" + i;
                });
            });
        });
    </script>
</head>
<body>
    <form id="topform">
        <input type="button" id="bttn1" value="첫 단락을 파란색으로">
        <input type="button" id="bttn2" value="단락의 색상을 각각 다르게">
    </form>
    <nav> ...... </nav>
    <header> ...... </header>
    <section>
        <article>
            <p class="normal-text">컴퓨터 공학전공에서는 ...... </p>
            <p><a href="http://www.infinitybooks.co.kr" >[교재 확인하기]</
a></p>
        </article>
        .......
</body>
```

처음에는 모든 단락의 글자색이 같지만 〈단락의 색상을 각각 다르게〉 버튼을 클릭하면 첫 번째 article에는 block0을, 두 번째 article에는 block1, 세 번째 단락에는 block2가 적용되어 각 단락의 글자색이 달라집니다.

:: removeClass() 메서드 - 클래스 스타일 제거하기

removeClass() 메서드는 addClass() 메서드와 반대로 선택한 요소에서 지정한 class 이름을 제거합니다. 둘 이상의 class 이름을 제거할 수도 있습니다. 메서드 안에 class 이름을 지정하지 않는다면 선택된 요소의 class 이름을 모두 지웁니다.

```
$(selector).removeClass(classname);
$(selector).removeClass(classname, function(index, current);
```

아래 예제는 〈p〉 태그에 적용되었던 두 개의 class를 하나씩 제거하는 것입니다. 〈첫 단락에서 파란색 빼기〉 버튼을 클릭하면 bluetxt라는 class가 제거되고, 〈첫 단락의 이탤릭체를 원래대로〉를 클릭하면 italic-text라는 class가 제거됩니다. 이때 class를 제거하면서 다른 class를 적용할 수도 있습니다. 두 번째 버튼을 클릭하면 italic-text라는 class는 제거하고 normal-text라는 class를 추가합니다.

예제 폴더명: 예제\ch11\intro5.html

```
<head>
    <script src="jquery-1.9.1.js"></script>
    <script>
```

```
        $(document).ready(function () {
            $("#bttn1").click(function () {
                $("article:first p").removeClass("bluetxt");
            });
            $("#bttn2").click(function () {
                    $("article:first p").removeClass("italic-text").
addClass("normal-text");
            });
        });
    </script>
</head>
<body>
    <form id="topform">
        <input type="button" id="bttn1" value="첫 단락을 파란색으로">
        <input type="button" id="bttn2" value="단락의 색상을 각각 다르게">
    </form>
    <nav> ...... </nav>
    <header> ...... </header>
    <section>
        <article>
            <p class="bluetxt italic-text">컴퓨터 공학전공에서는 ...... </p>
            <p><a href="http://www.infinitybooks.co.kr" >[교재 확인하기]</
a></p>
        </article>
    .......
</body>
```

예제 파일 intro5.html 문서를 불러오면 첫 번째
단락이 파란색 이탤릭체로 표시되어 있을 것
입니다.

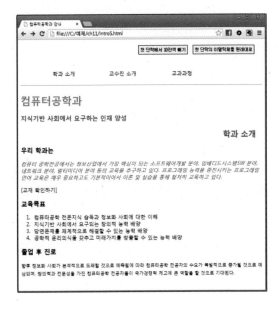

〈첫 단락에서 파란색 빼기〉를 클릭하면 파란색을 적용한 클래스가 제거되어 기본 색상인 검정으로 표시됩니다. 이어서 〈첫 단락의 이탤릭체를 원래대로〉를 클릭하면 이탤릭체로 표시하던 클래스가 제거됩니다. 제거된 후 기본값 그대로 둬도 되고 다른 스타일을 적용하고 싶다면 addClass() 메서드를 이용해 추가할 수 있습니다.

 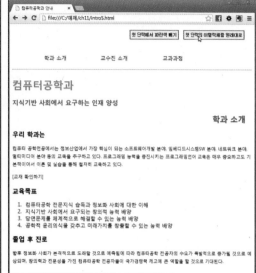

:: 실습 toggleClass() 메서드를 이용해 문서 스타일 토글하기

토글이란 두 가지 옵션을 왔다갔다하는 것을 가리키는데, toggleClass() 메서드는 두 개의 클래스를 번갈아가면서 적용하는 것을 말합니다. 이번 실습에서는 toggleClass() 메서드를 이용해 흰색 배경에 검정색 글씨와 짙은 회색 배경에 흰색 글씨를 번갈아 적용하도록 해보겠습니다.

◎ **준비 파일** : 실습\ch11\Sources\toggle.html
◎ **완성 파일** : 실습\ch11\Results\toggle.html

01. 웹 브라우저 창에서 toggle.html 문서를 불러오면 흰색 바탕에 검은색 글씨가 있는 문서가 보일 것입니다. 이 문서에 버튼을 하나 추가하고 그 버튼을 클릭할 때마다 문서 배경색과 글자색이 토글되도록 해보겠습니다.

02. 노트 패드에서 toggle.html 문서를 연 후 가장 먼저 토글시킬 새로운 클래스를 정의합니다. 〈/style〉 태그 앞에 .newClass 라는 클래스 스타일을 추가합니다.

```
<style>
...
.newClass {
    background-color:#222
    color:white
}
</style>
```

03. toggleClass() 메서드를 실행시킬 버튼을 본문에 삽입합니다. 아래 소스를 〈body〉 태그 바로 다음에 삽입합니다.

```
<form id="topform">
        <input type="button"
id="bttn" value="배경색과 글자색 전
환하기">
</form>
```

04. #bttn을 클릭했을 때 toggleClass() 메서드를 실행하는 스크립트 소스를 작성합니다. body 태그와 링크에 새로운 스타일이 적용되도록 〈/head〉 태그 바로 이전에 삽입합니다. Ctrl+S 키를 눌러 문서의 변경 내용을 저장합니다.

```
<script>
    $(document).ready(function() {
        $("#bttn").click(function () {
            $("body, a:link, a:visited").toggleClass("newClass");
        });
    });
</script>
```

05. 브라우저 창에서 F5 키를 누르거나 C 아이콘을 클릭해 변경한 내용을 불러옵니다. 그리고 〈배경색과 글자색 전환하기〉 버튼을 클릭하면 .newClass 스타일에서 정의한 대로 짙은 회색 배경에 흰색 글자 스타일이 적용되었다가 다시 한 번 클릭하면 원래 스타일로 돌아가게 됩니다.

04 css() 메서드로 문서 스타일 제어하기

WEBPROGRAMMING 앞서 살펴본 addClass() 메서드나 removeClass() 메서드는 문서에 새로운 클래스 스타일을 추가하거나 삭제해서 문서의 스타일을 수정하는 방법이었습니다. 이외에 css() 메서드를 이용하면 직접 웹 요소의 css 속성값을 수정할 수 있기 때문에 클래스 스타일뿐만 아니라 웹 문서 안의 모든 셀렉터를 통해 문서의 스타일을 가져오거나 수정할 수 있습니다.

:: CSS 속성값 가져오기 – css() 메서드

css() 메서드를 이용하면 글자색(color)이나 폰트 크기(font-size) 등 웹 요소에 적용된 스타일의 속성값을 가져올 수 있습니다. css() 메서드를 이용해 속성값을 가져오려면 css() 메서드에서 셀렉터와 함께 속성 이름을 지정합니다. css() 메서드는 해당 셀렉터로 찾아가 지정한 속성의 값을 반환합니다.

```
$(selector).css(property)
```

예
```
$('h1').css('font-size')      // CSS에서 정의한 <h1> 요소의 글자 크기 알아내기
```

다음 예제는 #content 영역에 공지사항 내용이 표시되어 있고, 버튼을 클릭했을 때 css() 메서드를 이용해 #content 영역의 배경색과 글자색을 알아내는 것입니다. 배경색은 css('background-color')를 이용해, 글자색은 css('color')를 이용해 알아낼 수 있습니다.

예제 폴더명: 예제\ch11\mt-1.html
```
<head>
    <script src="jquery-1.9.1.js"></script>
    <script>
      $(document).ready(function () {
        $('#knowbg').click(function () {
            alert("공지사항의 배경색은 " + $('#content').css('background-
color') + "입니다.");
        });
        $('#knowcolor').click(function () {
            alert("공지사항의 글자색은 " + $('#content').css('color') + "입
니다.");
        });
      });
    </script>
```

```
</head>

<body>
    <h1>새내기들과 함께하는 학과 전체 MT</h1>
    <div id="content">
        <p>안녕하십니까?</p>
        <p> ....</p>
        <ul> .... </ul>
    </div>
    <button class="mybttn" id="knowbg">배경색은?</button>
    <button class="mybttn" id="knowcolor">글자색은?</button>
</body>
```

:: 스타일 속성값 수정하기

css() 메서드는 스타일 속성값을 가져오는 것뿐만 아니라 특정한 속성의 값을 수정할 수도 있습니다. 이렇게 사용하려면 css() 메서드에서 속성 이름과 함께 값을 지정하면 해당 속성에 원하는 값을 설정합니다.

```
$(selector).css(property, value)
```

예
```
$('#wrapper').css('width', '500px')   // #wrapper의 너비를 500px로 조절
```

다음 예제는 버튼을 클릭하면 #content 영역의 배경색을 바꾸거나 글자색을 바꾸는 것입니다. #content 영역의 배경색을 바꾸기 위해서 $('#content').css('background-color', 'orange')처럼 셀렉터를 지정한 후 css() 메서드에서 속성과 속성값을 함께 지정하면 됩니다.

```
<head>
    <script src="jquery-1.9.1.js"></script>
    <script>
        $(document).ready(function () {
            $('#changebg').click(function () {
                $('#content').css('background-color', 'orange');
            });
            $('#changecolor').click(function () {
                $('#content').css('color', 'black');
            });
        });
    </script>
</head>


<body>
    <h1>새내기들과 함께하는 학과 전체 MT</h1>
    <div id="content">
        <p>안녕하십니까?</p>
        <p> ....</p>
        <ul> .... </ul>
    </div>
    <button class="mybttn" id="changebg">배경색을 바꿔줘!</button>
    <button class="mybttn" id="changecolor">글자색을 바꿔줘!</button>
</body>
```

: : **실습** 학년에 따라 다른 배경색으로 표시해 보자

학과 웹 사이트에 같은 내용을 공지하더라도 jQuery를 이용하면 학년에 따라 각각 다른 스타일을 적용할 수 있습니다. 앞에서 예로 들었던 MT 공지 페이지에 학년을 구별할 수 있는 이미지를 삽입한 후 학년 이미지를 클릭할 때마다 각각 다른 배경색과 글자색으로 표시되도록 해 보겠습니다.

◎ **준비 파일** : 실습\ch11\Sources\mt.html
◎ **완성 파일** : 실습\ch11\Results\mt.html

01. 웹 브라우저 창에서 '실습\ch11\Sources\mt.html' 파일을 불러오세요. 화면 가운데 공지사항 내용이 표시되어 있고 화면 오른쪽 위에는 학년을 나타내는 4개의 이미지가 있습니다. 이 이미지들을 클릭할 때마다 공지사항 부분의 배경색과 글자색을 바꿔보겠습니다. 아직 브라우저 창을 닫지 마세요.

02. 노트 패드에서 '실습\ch11\Sources\mt.html' 파일을 불러오세요. 화면을 아래로 스크롤하여 〈img〉 태그가 삽입된 부분을 살펴봅니다. 모두 4개의 〈img〉 태그가 사용되었고 각 이미지는 첫 번째부터 id="1", id="2"처럼 id가 지정되어 있습니다.

03. 〈/head〉 태그 앞에 다음과 같은 소스를 추가합니다. id=1인 요소를 클릭했을 때 공지사항 부분(#content)의 배경색과 글자색을 바꾸는 소스입니다. Ctrl + S 키를 눌러 수정 내용을 저장합니다.

```
<script>
    $(document).ready(function () {
        $('#1').click(function () {
            $('#content').css('background-color', '#ffe100');
            $('#content').css('color', 'black');
        });
    });
</script>
```

04. 웹 브라우저로 돌아가 F5 키를 눌러 수정 내용을 반영합니다. '1' 이미지 위로 마우스 포인터를 가져가면 title 속성에서 지정한 말풍선 내용이 표시되고, '1' 이미지를 클릭하면 #content 영역의 배경색이 바뀔 것입니다.

05. 노트 패드로 돌아와 〈div id="content"〉 영역을 보면 영역의 첫 부분에 내용이 없는 〈h2〉 태그가 있을 것입니다. 이 부분에는 학년 이미지를 클릭했을 때 몇 학년 공지사항인지 표시하려고 합니다.

06. 앞에서 입력했던 jQuery 소스 부분에 다음과 같이 한 줄을 추가합니다.

```
$(document).ready(function () {
    $('#1').click(function () {
        $('#content').css('background-
color', '#ffe100');
        $('#content').css('color', 'black');
        $('#content>h2').html('<span id=
"class">1</span>학년 공지사항');
    });
})
```

07. 방금 입력한 소스에는 학년을 나타내는 숫자 부분을 좀 더 강조하기 위해 〈span id="class"〉라는 소스가 추가되어 있습니다. class라는 스타일을 사용한 것이죠. 〈/style〉 태그 앞에 다음과 같은 #class 스타일을 추가하고 Ctrl + S 키를 눌러 문서를 저장합니다.

```
<style>
...
    #class {
        font-family:Arial;
        font-size:1.5em;
        font-weight:bold;
    }
</style>
```

08. 브라우저 창에서 다시 한 번 '1' 이미지를 클릭하면 #content 영역 위에 '1학년 공지사항'이라고 표시되면서 "1"이라는 학년 숫자는 좀 더 진하게 표시될 것입니다.

09. 같은 방법으로 '2'와 '3', '4' 이미지에 대한 소스를 완성합니다. Ctrl + S 키를 눌러 문서를 저장하세요.

```
<script>
    $(document).ready(function () {
        $('#1').click(function () {
            $('#content').css('background-color', '#ffe100');
            $('#content').css('color', 'black');
            $('#content>h2').html('<span id="class">1</span>학년 공지사항');
        });
        $('#2').click(function () {
            $('#content').css('background-color', '#aa00ff');
            $('#content').css('color', 'white');
            $('#content>h2').html('<span id="class">2</span>학년 공지사항');
        });
        $('#3').click(function () {
            $('#content').css('background-color', '#84de81');
            $('#content').css('color', 'black');
            $('#content>h2').html('<span id="class">3</span>학년 공지사항');
        });
        $('#4').click(function () {
            $('#content').css('background-color', '#80d4ff');
            $('#content').css('color', 'black');
            $('#content>h2').html('<span id="class">4</span>학년 공지사항');
        });
    });
</script>
```

10. 웹 브라우저로 돌아와 각 학년에 해당하는 이미지를 클릭할 때마다 #content 영역의 배경색과 글자색이 바뀌는 것을 볼 수 있습니다.

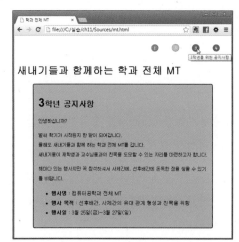

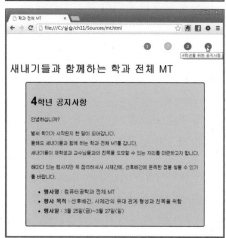

05 HTML DOM을 이용해 웹 요소 편집하기

WEBPROGRAMMING 앞에서 자바스크립트를 이용해 웹 문서에 새로운 요소를 추가하거나 삭제하는 방법을 알아보았는데 jQuery를 이용하면 좀 더 수월하게 처리할 수 있습니다. 여기에서는 jQuery를 이용해 웹 요소를 추가하는 방법과 웹 문서 상의 요소를 삭제하는 방법을 살펴봅니다.

:: 요소의 끝이나 시작 부분에 새로운 내용 추가하기 – append(), prepend() 메서드

웹 문서에서 새로운 요소를 추가하는 것은 HTML DOM 트리에 새로운 노드를 하나 추가하는 것입니다. 기존 요소 끝에 새로운 내용을 추가할 경우에는 append() 메서드를 사용하고, 기존 요소 시작 부분에 새로운 내용을 추가할 때는 prepend() 메서드를 사용합니다.

```
$(selector).append(content);
$(selector).prepend(content);
```

셀렉터를 이용해 기존 요소를 선택한 후 그 뒤나 시작 부분에 새로운 content를 추가하는 것인데, content는 HTML 태그가 될 수도 있고 DOM 요소나 jQuery 객체가 될 수도 있습니다.

예를 들어, 〈p〉안녕하세요? 〈/p〉라는 요소가 있고 〈p〉 태그 끝 부분에 '만나서 반갑습니다.'라는 내용을 추가하고 싶다면 다음과 같이 셀렉터를 'p'로 지정하고 append() 메서드를 적용합니다. 결과 문장은 "안녕하세요? 만나서 반갑습니다."가 될 것입니다.

예
```
$('p').append('만나서 반갑습니다');
```

특정 요소의 끝 부분뿐만 아니라 시작 부분에도 새로운 내용을 추가할 수 있습니다. 이때 사용하는 메서드는 prepend() 메서드입니다. 예를 들어, 〈p〉안녕하세요? 〈/p〉라는 요소가 있을 때, 〈p〉 요소의 시작 부분에 '과대표입니다.'라는 새로운 내용을 추가하고 싶다면 $('p')에서 prepend() 메서드를 사용해 '과대표입니다.'를 지정합니다.

예
```
$('p').prepend('과대표입니다.');
```

append() 메서드나 prepend() 메서드 외에 appendTo() 메서드나 prependTo() 메서드를 이용해서도 요소의 시작 부분이나 끝 부분에 새로운 내용을 추가할 수 있습니다. 이때 append()와 appendTo(), 또는 prepend()와 pretendTo()의 차이는 무엇이 기준이 되는가 하는 것입니다.

append() 메서드의 경우 객체가 기준이 되고 이 객체의 끝에 내용을 추가하는 것입니다. 따라서 기본 형식도 selector가 먼저 오고 그 뒤에 추가할 content가 옵니다.

```
$(selector).append(content);
```

이와 달리 appendTo() 메서드는 추가하는 내용이 기준이 됩니다. 추가할 내용을 어떤 객체의 끝부분에 추가할 것인지를 결정하는 것이죠. appendTo() 메서드의 기본 형식을 보면 content가 먼저 오고 그 다음에 selector가 옵니다.

appendTo() 메서드와 pretendTo() 메서드의 기본 형식은 다음과 같습니다.

```
$(content).appendTo(selector)
$(content).pretendTo(selector)
```

여기에서 content는 새로 추가할 내용이고 selector는 기존 태그입니다. 즉 지정한 셀렉터 앞이나 뒤에 content를 추가하는 것입니다.

예를 들어 다음과 같은 예제는 "p" 태그 끝에 ⟨button⟩ 태그를 사용해 "자세히 보기"라는 버튼을 추가하는 것입니다.

예
```
$('<button>자세히 보기</button>').appendTo('p');
```

또한 prependTo() 메서드를 이용하면 ⟨p⟩ 태그를 사용한 요소 앞에 새로운 단락을 추가할 수 있습니다.

예
```
$('<p>안녕하십니까? </p>').pretendTo('p');
```

다음 예제는 ⟨내용 추가⟩ 버튼을 클릭하면 #date 요소 다음에 '(2박 3일)'이라는 요소를 추가하고, ⟨자세히 보기 추가⟩를 클릭하면 각 ⟨li⟩ 태그에 "자세히 보기"라는 버튼을 삽입하는 것입니다.

예제 폴더명: 예제\ch11\mt-3.html
```
<script src="jquery-1.9.1.js"></script>
<script>
    $(document).ready(function () {
        $('#bttn1').click(function () {
            $("#date").append(" (2박 3일)");
        });
        $('#bttn2').click(function () {
                $("<button class='detail'>자세히 보기</button>").
```

```
appendTo("li");
        });
    });
</script>
</head>
<body>
    <h1>새내기들과 함께하는 학과 전체 MT</h1>
    <div id="content">
        <p> ...... </p>
        <ul>
            <li id="titl"><b>행사명</b> : 컴퓨터공학과 전체 MT</li>
            <li id="subj"><b>행사 목적</b> : 선후배간, 사제간의 유대 관계 형성과 친
목을 위함</li>
            <li id="date"><b>행사일</b> : 3월 25일(금)~3월 27일(일)</li>
        </ul>
    </div>
    <button class="mybttn" id="bttn1">내용 추가</button>
    <button class="mybttn" id="bttn2">자세히 보기 추가</button>
</body>
```

처음에 문서를 불러오면 #content 영역 안에 '행사명'과 '행사 목적', '행사일'이 표시되어 있습니다. 〈내용 추가〉라는 버튼을 클릭하면 append() 메서드가 적용되어 #date 요소, 즉 행사일 내용 끝에 새로운 내용이 추가됩니다.

〈자세히 보기 추가〉 버튼을 클릭하면 appendTo() 메서드가 적용되어 각 〈li〉 태그 끝에 '〈button〉 자세히 보기〈/button〉' 내용이 추가됩니다. 결국 각 항목 끝에 버튼이 추가되는 것입니다.

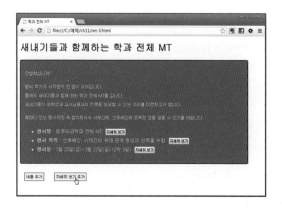

다음 예제는 〈내용 추가〉 버튼을 클릭하면 #content 영역의 여러 단락들 중에서 첫 번째 단락 앞에 '안녕하십니까? '를 추가하고, 〈h2를 사용한 소제목 추가〉 버튼을 클릭하면 #content 영역의 시작 부분에 '〈h2〉1학년을 위한 공지〈/h2〉'라는 내용이 추가되도록 하는 것입니다.

예제 폴더명: 예제\ch11\mt-4.html

```
<script src="jquery-1.9.1.js"></script>
<script>
    $(document).ready(function() {
        $('#bttn1').click(function () {
            $("#content p:first-child").prepend("안녕하십니까? ");
        });
        $('#bttn2').click(function() {
            $("<h2>1학년을 위한 공지</h2>").prependTo("#content");
        });
    });
</script>
</head>
<body>
    <h1>새내기들과 함께하는 학과 전체 MT</h1>
    <div id="content">
        <p> ...... </p>
        <ul> ...... </ul>
    </div>
    <button class="mybttn" id="bttn1">내용 추가</button>
    <button class="mybttn" id="bttn2">h2를 사용한 소제목 추가</button>
</body>
```

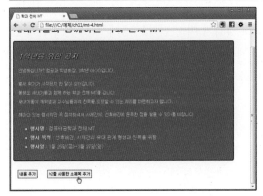

:: 요소의 앞이나 뒤에 새로운 내용 추가하기 – before(), after(), insertBefore(), insertAfter() 메서드

append() 메서드나 prepend() 메서드가 기존 요소 안에서 끝 부분이나 시작하는 부분에 새로운 내용을 추가하는 것이라면 before() 메서드와 after() 메서드는 선택한 요소의 앞이나 뒤에 새로운 내용을 추가하는 것입니다.

즉, append()나 prepend() 메서드를 사용할 경우에는 새로운 내용이 셀렉터 영역 안에 포함되지만 after()나 before() 메서드에서는 셀렉터 영역 바깥의 앞이나 뒤에 추가됩니다.

```
$(selector).before(content)
$(selector).after(content)
```

insertBefore() 메서드나 insertAfter() 메서드 역시 before() 메서드나 after() 메서드와 같은 동작을 하지만 그 차이는 셀렉터가 기준이 되는지, 아니면 내용이 기준이 되는지입니다. before() 메서드와 after() 메서드는 셀렉터가 앞에 오고 그 다음에 내용이 오지만, insertBefore() 메서드와 insertAfter() 메서드는 내용이 먼저 오고 그 다음에 셀렉터가 옵니다.

```
$(content).insertAfter(selector)
$(content).insertBefore(selector)
```

다음 예제는 after("h1") 메서드를 적용해 〈h1〉 요소 다음에 새로운 내용을 추가하고, before("ul") 메서드를 적용해 목록 이전에 새로운 내용을 추가하는 것입니다.

```
예제  폴더명: 예제\ch11\mt-5.html
```

```html
<script src="jquery-1.9.1.js"></script>
<script>
    $(document).ready(function () {
        $('#bttn1').click(function () {
            $("h1").after("<h2>1학년을 위한 공지</h2>");
        });
        $('#bttn2').click(function () {
            $("ul").before("<p class='accent'>학우분들의 많은 참여를 바랍니다
</p>");
        });
    });
</script>
</head>
<body>
    <h1>새내기들과 함께하는 학과 전체 MT</h1>
    <div id="content">
        <p> ...... </p>
        <ul> ...... </ul>
    </div>
    <button class="mybttn" id="bttn1">큰 제목 다음에 소제목 추가</button>
    <button class="mybttn" id="bttn2">목록 앞에 내용 추가</button>
</body>
```

브라우저에 처음 문서를 불러오면 큰 제목과 사각 영역 안의 텍스트만 표시되어 있습니다. 〈큰 제목 다음에 소제목 추가〉 버튼을 클릭하면 after() 메서드를 사용했기 때문에 〈h1〉 태그를 사용한 큰 제목 바로 다음에 새로운 내용, 즉 소제목이 표시됩니다.

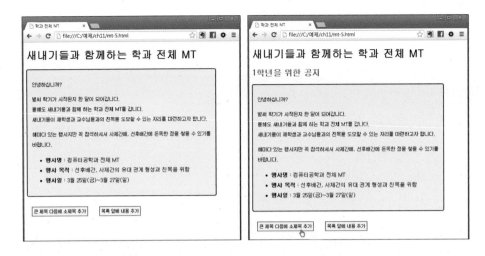

〈목록 앞에 내용 추가〉를 클릭하면 before() 메서드를 이용했으므로 〈ul〉 태그를 사용한 목록 앞에 새로운 내용이 표시됩니다.

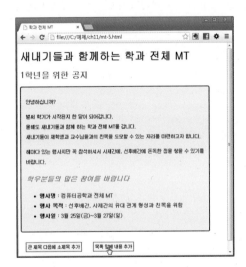

:: 웹 문서에서 특정 요소 삭제하기

웹 문서에서 특정 요소를 삭제한다는 의미는 해당 요소와 그 안의 모든 내용을 삭제하는 것과 해당 요소 안의 내용들만 삭제하는 것으로 나눌 수 있습니다.

remove() 메서드를 이용하면 선택한 요소뿐만 아니라 그 아래의 텍스트 요소나 자식 요소들까지 함께 삭제합니다. 결과적으로 해당 요소와 그 안의 콘텐츠가 모두 삭제되는 것이죠. remove() 메서드를 사용하면 셀렉터에 있는 데이터뿐만 아니라 이벤트들까지 모두 삭제됩니다.

```
$(selector).remove()
```

다음 예제에서는 #detail이라는 요소를 찾아 remove() 메서드를 적용한 것입니다. #detail 요소, 즉 〈div〉 태그뿐만 아니라 그 아래에 있는 〈h3〉, 〈ul〉, 〈li〉 태그가 모두 삭제됩니다.

예제 폴더명: 예제\ch11\mt-6.html

```
<head>
.....
    <script src="jquery-1.9.1.js"></script>
    <script>
        $(document).ready(function () {
          $('#bttn').click(function() {
              $("#detail").remove();
          });
        });
    </script>
</head>
<body>
    ......
    <div id="detail">
        <h3>세부사항</h3>
        <ul>
            <li id="titl"><b>행사명</b> : 컴퓨터공학과 전체 MT</li>
          , <li id="subj"><b>행사 목적</b> : 선후배간, 사제간의 유대 관계 형성과 친
목을 위함</li>
            <li id="date"><b>행사일</b> : 3월 25일(금)~3월 27일(일)</li>
        </ul>
    </div>
    <button class="mybttn" id="bttn"> 세부 사항 전체 삭제</button>
</body>
```

〈세부 사항 전체 삭제〉 버튼을 클릭하면 #detail 요소에 remove() 메서드가 적용되어 세부 사항 영역과 그 내용이 모두 삭제됩니다.

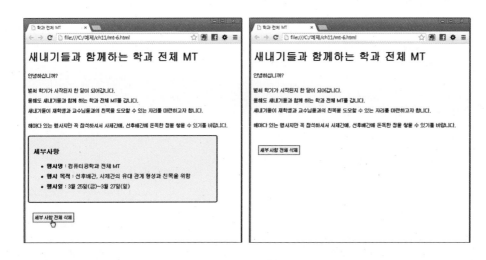

이에 비해 empty() 메서드는 선택한 요소는 남기고 그 아래에 있는 텍스트 요소나 자식 요소 등의 콘텐츠만 삭제할 수 있습니다. 이 경우에는 셀렉터로 선택한 요소는 남아있게 됩니다.

```
$(selector).empty()
```

다음 예제는 #detail 요소에 empty() 메서드가 적용되었기 때문에 #detail 요소 안에 있는 〈h3〉 요소와 〈ul〉, 〈li〉 요소들은 모두 삭제되지만 #detail 요소 자체는 그대로 남아있습니다.

예제 폴더명: 예제\ch11\mt-7.html

```
<head>
.....
    <script src="jquery-1.9.1.js"></script>
    <script>
        $(document).ready(function () {
            $('#bttn').click(function() {
                $("#detail").empty();
            });
        });
    </script>
</head>
<body>
    ......
    <div id="detail">
        <h3>세부사항</h3>
        <ul>
            <li id="titl"><b>행사명</b> : 컴퓨터공학과 전체 MT</li>
```

```
            <li id="subj"><b>행사 목적</b> : 선후배간, 사제간의 유대 관계 형성과 친
목을 위함</li>
            <li id="date"><b>행사일</b> : 3월 25일(금)~3월 27일(일)</li>
        </ul>
    </div>
    <button class="mybttn" id="bttn">세부 사항 내용만 삭제</button>
</body>
```

위 예제를 실행한 후 〈세부 사항 내용만 삭제〉 버튼을 클릭하면 #detail 영역 안의 콘텐츠는 모두
삭제되고 〈div〉 요소만 남습니다.

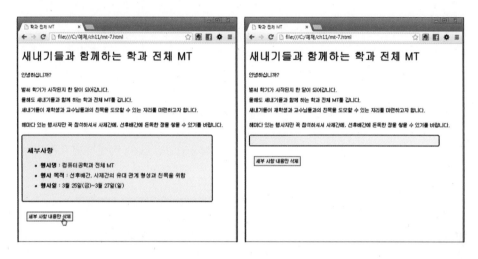

:: 웹 요소에서 속성이나 class 스타일 제거하기

remove() 메서드를 이용해 웹 요소를 삭제하는 것처럼 removeAttr() 메서드와 removeClass() 메
서드를 사용해 특정 속성이나 class 스타일을 제거할 수 있습니다.

removeAttr() 메서드는 셀렉터로 선택한 요소에서 특정 속성을 제거하는 것으로, 한꺼번에 여러
속성을 제거할 수도 있습니다. 여러 속성을 지정할 때는 공백으로 구별하며 속성을 나열합니다.

```
$(selector).removeAttr(attribute)
```

다음 예제는 〈h1〉 태그에 적용되어 있던 class 속성과 id 속성을 제거하는 것입니다.

```
<head>
    <script src="jquery-1.9.1.js"></script>
    <script>
        $(document).ready(function () {
            $('#heading').click(function () {
                $("#heading").removeAttr("class id");
            });
        });
    </script>
</head>
<body>
    <h1 class="bluetxt" id="heading">새내기들과 함께하는 학과 전체 MT</h1>
        ...
</body>
```

브라우저 창에서 '#heading' 영역을 클릭하면 '#heading'에 적용되었던 class 속성과 id 속성이 제거됩니다.

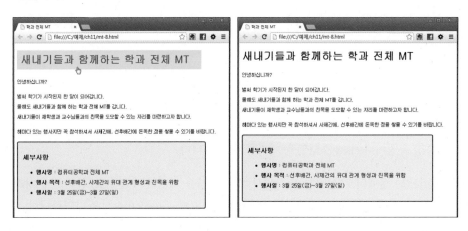

removeAttr() 메서드를 실행해서 속성을 제거한 후에 attr() 메서드를 이용해 새로운 속성을 지정할 수도 있습니다. 다음 예제는 #detail 요소에서 id 속성을 제거한 후 newDetail이라는 새로운 id를 추가하는 것이고, 두 번째 소스는 "#heading" 영역에서 id와 class 속성을 제거한 후에 새로운 요소, #heading과 .whitetxt를 추가하는 것입니다.

```
<style>
    .bluetxt{
        color:blue
        text-shadow:1px 1px 1px white
    }
    .whitetxt {
        color:white
    }
    #heading {
        width:550px
        background-color:yellow
        padding:10px
    }
    #heading2 {
        width:550px
        background-color:#222
        padding:10px
    }
    #detail {
        width:550px
        border:2px solid #222
        border-radius:5px
        padding:15px
        background-color:#d6fcff
    }
    #newDetail {
        width:550px
        border:2px dotted red
        border-radius:5px
        padding:15px
    }
</style>
<script>
......
    $(document).ready(function () {
        $("#detail").click(function () {
            $("#detail").removeAttr("id").attr("id",
"#newDetail");
```

```
        });
        $('#heading').click(function () {
                $("#heading").removeAttr("class id").attr({ "id":
"#heading2", "class": "whitetxt" });
        });
    });
</script>
```

웹 브라우저에서 제목 부분이나 #detail 영역을 클릭하면 기존의 스타일이 없어지고 새로운 스타일이 적용될 것입니다.

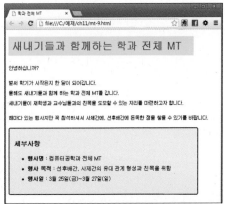

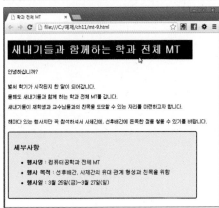

❶ jQuery에서 HTML 콘텐츠를 가져오거나 수정하기 위해서 HTML DOM에 대해 이해하고 있어야 하는데, HTML DOM은 웹 문서의 콘텐츠나 구조, 스타일 등에 접근하고 수정하기 위한 표준 문서 모델입니다.

❷ text() 메서드는 선택한 요소의 텍스트 콘텐츠를 가져오거나 선택한 요소의 콘텐츠를 새로운 콘텐츠로 수정하는 메서드입니다.

❸ html() 메서드는 선택한 요소의 콘텐츠를 가져오되 〈html〉 태그까지 함께 가져오는 것입니다.

❹ attr() 메서드를 사용해 지정한 속성의 값을 가져오거나 수정할 수 있습니다.

❺ addClass() 메서드를 사용해 선택한 요소에 지정한 class를 추가하고, removeClass() 메서드는 선택한 요소에서 지정한 class 이름을 제거하는 것입니다.

❻ toggleClass() 메서드를 이용하면 문서 스타일을 번갈아 표시할 수 있습니다.

❼ css() 메서드를 이용하면 글자색(color)이나 폰트 크기(font-size) 등 웹 요소에 적용된 스타일의 속성값을 가져오거나 원하는 속성값으로 수정할 수 있습니다.

❽ 웹 문서에 새로운 요소를 추가할 때 기존 요소 끝에 내용을 추가할 때는 append() 메서드를, 태그를 추가할 때는 appendTo() 메서드를 사용하고, 기존 요소 앞에 내용을 추가할 때는 prepend() 메서드를, 태그를 추가할 때는 prependTo() 메서드를 사용합니다.

❾ 선택한 요소의 앞이나 뒤에 새로운 내용을 추가하려면 before() 메서드나 after() 메서드, insertBefore(), insertAfter() 메서드를 사용합니다.

❿ 특정 요소를 삭제할 때는 remove() 메서드를 사용하고, 요소는 남기고 그 아래 있는 텍스트 요소나 자식 요소만 삭제할 때는 empty() 메서드를 사용합니다.

⓫ removeAttr() 메서드와 removeClass() 메서드를 사용하면 특정 속성이나 class 스타일을 제거할 수 있습니다.

01 웹 문서에서 〈h1〉 태그를 사용한 부분의 콘텐츠를 수정하려고 합니다. 이때 text() 메서드와 html() 메서드를 사용할 수 있는데 두 가지 메서드의 차이점에 대해 설명하시오.

02 웹 문서에 이미지가 삽입되어 있고 미리 만들어 둔 "myBorder"라는 클래스 스타일을 필요에 따라 적용하거나 제거하려고 합니다. 〈테두리 그리기〉 버튼을 클릭하면 클래스 스타일을 적용하고 〈테두리 없애기〉 버튼을 클릭하면 적용했던 클래스를 제거하려고 할 때 prob2.html 문서의 소스를 완성하세요. 여기에서는 버튼을 따로 만들었으므로 toggleClass() 메서드는 사용하지 않습니다.

```html
<head>
    <meta charset="utf-8">
    <meta name="viewport" content="width=device-width">
    <title></title>
    <style>
        ......
        .myBorder{
            border:5px solid white;
            border-radius:10px;
            box-shadow:3px 3px 5px black;
        }
    </style>
    <script src="jquery-1.9.1.js"></script>
    <script>
        $(document).ready(function() {
            $("#bttn1").click(function() {
                (                ①                )
            });
            $("#bttn2").click(function(){
                (                ②                )
            });
        });
    </script>
</head>
<body>
    <form>
        <input type="button" id="bttn1" value="테두리 그리기">
        <input type="button" id=(      ③      ) value="테두리 없애기">
    </form>
    <img src="spring1.jpg" id=(      ④      )>
```

```
</body>
</html>
```

03 append() 메서드와 appendTo() 메서드를 이용해서 기존 태그 뒷부분에 새로운 내용을 추가하려고 합니다. 아래 조건에 맞도록 prob3.html 문서에 jQuery 소스를 추가하시오.

```
<body>
<form>
        <input type="button" id="bttn" value="소제목 추가">
</form>
<h1>바로크 시대의 작곡가
<ul>
        <li id="bach">바흐(Johann Sebastian Bach, 1685~1750)  </li>
        <li id="handel">헨델(Georg Friedrich Handel, 1685~1759) </li>
        <li id="vivaldi">비발디(Antonio Lucio Vivaldi, 1678~1741) </li>
</ul>
</body>
```

[조건]
① append() 메서드를 이용해 #bach 뒷부분에 "〈span〉서양 음악의 아버지. 바로크 시대의 대작곡가〈/span〉"를 추가한다.
② appendTo() 메서드를 이용해 #handel 뒷부분에 "〈span〉서양 음악의 어머니. 항상 간결 명쾌하며 밝게 표현〈/span〉"를 추가한다.

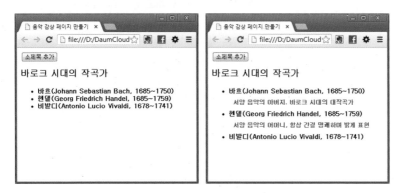

12
다양한 효과를
이용해 포토
앨범 만들기

jQuery는 뭐니뭐니해도 사용하기 편리하다는 점이 가장 큰 장점입니다. 특히 동적인 웹 문서를 만들어야 할 경우 웬만한 효과들은 jQuery에 포함되어 있기 때문에 이 메서드들을 적절하게 함께 사용하면 됩니다.

여기에서는 jQuery의 효과 메서드를 이용해 간단하면서도 유용한 포토 앨범을 만들어 볼 것입니다. 여러분의 추억이 담긴 사진들을 모아서 친구들과 함께 볼 수 있도록 자신만의 포토 앨범을 만들어 보세요.

| 이 장에서 배울 내용 |

- **선택한 요소를 보여주거나 감추기** : show() 메서드와 hide() 메서드를 이용하면 필요할 때마다 특정 요소를 화면에 표시하거나 감출 수 있습니다. hide() 메서드를 이용하면 요소가 차지하던 공간까지 사라집니다.

- **슬라이드 효과** : jQuery의 메서드를 이용하면 웹 문서의 특정 요소를 위나 아래로, 혹은 좌우로 미끄러지게 해서 동적인 느낌을 추가할 수 있습니다.

- **애니메이션** : jQuery의 animate 속성을 이용해 사용자가 원하는 형태로 애니메이션을 만들 수 있습니다. 같은 요소에 여러 가지 애니메이션을 적용하는 것도 가능합니다.

01

선택한 요소를 보여주거나 감추기

WEBPROGRAMMING

웹 문서를 동적으로 만들 때 가장 자주 사용하는 것이 선택한 요소를 화면에 표시하거나 화면에서 사라지게 하는 것입니다. 그리고 여기에 페이드인 효과나 페이드아웃 효과를 추가해서 다른 느낌을 줄 수 있습니다. 화면에서 웹 요소를 감추거나 나타나게 하는 방법을 알아봅니다.

:: hide()와 show() - 화면에서 감추기 및 화면에 표시하기

show()와 hide() 메서드는 앞에서도 여러 번 사용했었기 때문에 대충 이름만 보고도 무엇을 하는 메서드인지 알 수 있을 것입니다. hide()는 선택한 요소를 화면에서 감추는 메서드입니다. hide() 메서드를 이용해 화면에서 감춰버린 요소는 그 공간까지 함께 사라지기 때문에 원래부터 없었던 것처럼 레이아웃이 만들어집니다.

css에서 display:none;이라고 지정해도 해당 요소를 화면에서 감출 수 있습니다.

이에 비해 show() 메서드는 화면에서 감추었던 요소를 다시 화면에 표시하기 위한 것입니다. show() 메서드의 기본 구문이나 함께 사용하는 옵션들은 hide() 메서드와 같습니다.

```
$(selector).hide([speed, easing, callback])
$(selector).hide([speed, easing, callback])
```

hide() 메서드나 show() 메서드는 아무 옵션 없이 사용할 수도 있지만 위의 기본 구문에서 보듯이 다양한 옵션을 지정할 수도 있습니다.

① speed

선택한 요소에서 효과가 실행되는 데 걸리는 시간을 지정할 수 있습니다. 사용할 수 있는 값은 "slow"나 "fast" 같은 키워드와 실제 시간입니다.

- slow : 천천히 사라지거나 나타나도록 합니다.
- fast : 빨리 사라지거나 나타나도록 합니다.
- 시간 : 사라지거나 나타나는 데 걸리는 시간을 밀리세컨드 단위로 지정할 수 있습니다.

밀리세컨드(milliseconds)는 1/1000 초를 말합니다.

예

```
$("p").hide("fast");
$("p").show("slow");
$("p").show(1000);
```

아래의 두 예제는 hide() 메서드를 사용해 이미지가 사라지도록 하는 것인데 옵션에 따라 어떻게 달라지는지 비교해 보세요. 첫 번째 예제에서는 "fast"라는 키워드를 사용하고 있기 때문에 이미 지를 클릭하면 순식간에 이미지가 사라집니다.

예제 폴더명: 예제\ch12\hide-fast.html

```
$("img").click(function () {
    $("img").hide("fast");
});
```

다음 예제에서는 효과 진행 시간을 1000ms, 즉 1초로 지정했기 때문에 이미지를 클릭했을 때 1초 에 걸쳐 서서히 사라집니다.

예제 폴더명: 예제\ch12\hide-1000ms.html

```
$("img").click(function () {
    $("img").hide(1000);
});
```

② easing

속도를 지정해 사라지게 할 때 시작과 중간, 끝 부분에서의 속도를 따로 지정하는 방법으로 사용할 수 있는 값은 swing과 linear입니다. 진행 시간이 길지 않을 경우 두 가지 값의 차이를 느끼지 못할 수도 있습니다.

- swing : 사라지는 효과 시작과 끝에는 천천히 진행하고 중간에는 빨리 진행합니다.
- linear : 처음부터 끝까지 같은 속도로 진행합니다.

예

```
$("p").hide("swing");
```

③ callback

hide() 메서드가 끝난 후에 실행할 함수를 지정할 수도 있습니다. 예를 들어, 다음 예제는 hide() 메서드를 이용해 이미지가 사라지게 한 후 남은 영역의 배경색을 바꾸도록 콜백 함수를 지정한 것입니다.

예제 폴더명: 예제\ch12\hide-callback.html

```
$("img").click(function () {
    $("img").hide("fast", function () {
        $("#gallery").css("background-color", "pink");
    });
});
```

다음 예제에서는 〈hide〉를 클릭했을 때 이미지와 캡션이 화면에서 사라지도록 하기 위해 figrue 요소에 hide() 메서드를 적용합니다. 그리고 이어서 #gallery 영역의 테두리 역시 화면에서 사라지게 합니다. 〈show〉를 클릭하면 화면에서 사라졌던 figure 요소가 화면에 표시되고 테두리도 다시 그려지게 한 것입니다.

```
$("#bttn1").click(function () {
    $("figure").hide(1000);
    $("#gallery").css("border", "none");
});
$("#bttn2").click(function () {
    $("figure").show(1000);
    $("#gallery").css({ "border": "2px solid black", "border-radius":
"10px" });
});
...
```

hide() 메서드에서 속도 1000을 사용했기 때문에 〈hide〉 버튼을 클릭했을 때 이미지와 캡션이 서서히 사라집니다.

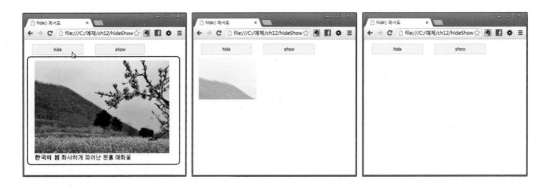

화면에 표시되는 속도 역시 1000 ms로 지정했기 때문에 〈show〉 버튼을 클릭했을 때 이미지와 캡션이 서서히 나타납니다.

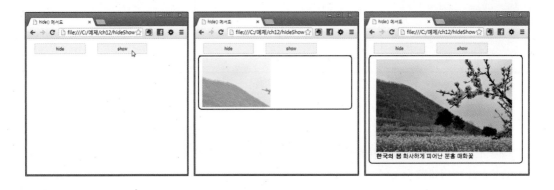

:: fadeIn(), fadeOut() – 점차 밝게 표시하거나 점차 어둡게 표시하기

fadeIn() 메서드와 fadeOut() 메서드는 선택한 요소의 불투명도(opacity)를 시간에 따라 조절해서 보이는 요소를 서서히 안 보이게 하거나, 안 보이는 요소를 서서히 보이게 하는 것입니다.

```
$(selector).fadeIn([speed, easing, callback])
$(selector).fadeOut([speed, easing, callback])
```

fadeIn() 메서드와 fadeOut() 메서드는 아무 옵션 없이 사용할 수도 있지만 옵션을 함께 사용할 수도 있습니다.

① speed

선택한 요소에서 페이드인이나 페이드아웃 효과 지속 시간을 지정할 수 있습니다. 사용할 수 있는 값은 "slow"나 "fast" 같은 키워드나 시간입니다.

- slow : 효과가 천천히 적용되도록 합니다.
- fast : 효과가 빨리 적용되도록 합니다.
- 시간 : 효과 적용 시간을 밀리세컨드 단위로 지정할 수 있습니다.

예
```
$("img").fadeOut(slow);
```

② easing

속도를 지정해 사라지게 할 때 시작과 중간, 끝 부분에서의 속도를 따로 지정하는 방법으로 사용할 수 있는 값은 swing과 linear입니다. 진행 시간이 길지 않을 경우 두 가지 값의 차이를 느끼지 못할 수도 있습니다.

- swing : 사라지는 효과 시작과 끝에는 천천히 진행하고 중간에는 빨리 진행합니다.
- linear : 처음부터 끝까지 같은 속도로 진행합니다.

③ callback

hide() 메서드가 끝난 후에 실행할 함수를 지정할 수도 있습니다.

예
```
$("img").fadeOut(1000, function() {
    alert("이미지가 사라졌습니다.");
});
```

다음 예제는 〈Fade Out〉 버튼을 클릭하면 이미지와 캡션이 점차 투명해지면서 화면에서 사라지고, 〈Face In〉 버튼을 클릭하면 이미지와 캡션이 서서히 나타나는 것입니다.

예제 폴더명: 예제\ch12\fade.html

```
$("#bttn1").click(function () {
    $("figure").fadeOut("slow");
});
$("#bttn2").click(function () {
    $("figure").fadeIn("slow");
});
```

▲ 〈Fade Out〉 버튼을 클릭했을 때

▲ 〈Fade In〉 버튼을 클릭했을 때

:: 메서드 연결해서 사용하기

지금까지는 한 문장에서 하나의 메서드를 사용했지만 같은 웹 요소에 순서대로 적용하는 메서드라면 문장 하나로 표시할 수도 있습니다. 이것을 jQuery에서는 체이닝(chaining)이라고 합니다. 체인처럼 연결한다는 뜻이지요.

예를 들어, 페이드 효과를 이용해 이미지를 화면에서 감췄다가 바로 다시 화면에 표시하려고 할 경우 다음과 같이 fadeOut() 메서드와 fadeIn() 메서드를 순서대로 사용하면 됩니다.

```
$("#bttn").click(function () {
    $("figure").fadeOut(1000);
    $("figure").fadeIn(1500);
    $("figure").fadeOut(1000);
});
```

위의 소스를 보면 두 가지 메서드 모두 같은 요소에 적용되고 있습니다. 이럴 경우 위 소스를 다음 과 같이 한 문장으로 바꿀 수 있습니다.

```
$("#bttn").click(function () {
    $("figure").fadeOut(1000).fadeIn(1500).fadeOut(1000);
});
```

또한 좀 더 알아보기 쉽게 다음과 같이 사용할 수도 있습니다.

```
$("#bttn").click(function () {
    $("figure").fadeOut(1000)
        .fadeIn(1500);
        .fadeOut(1000);
});
```

: : 실습 간단한 포토 앨범 만들기

여기에서는 지금까지 배운 몇 가지 메서드만 이용해서 포토 앨범을 만들어 보겠습니다. 화면에는 썸네일 이미지만 표시되게 하고 썸네일 이미지를 클릭하면 큰 이미지가 표시되도록 할 것입니다. 그리고 큰 이미지를 클릭하면 화면에 보였던 큰 이미지가 닫히도록 할 것입니다.

⊚ **준비 파일** : 실습\ch12\Sources\albumn.html
⊚ **완성 파일** : 실습\ch12\Results\albumn.html

이미지 배치하기

01. 가장 먼저 썸네일 이미지들을 올려놓을 영역을 만들어 보겠습니다. id는 gallery 입니다. 〈/body〉 태그 앞에 다음과 같은 소스를 삽입합니다.

```
<div id="gallery">

</div>
```

02. 모두 네 개의 썸네일 이미지를 올려놓을 것이므로 썸네일 이미지의 크기를 고려하여 #gallery의 너비와 높이 및 스타일을 결정합니다. 썸네일 이미지 크기가 200×132이므로 대략 너비를 900픽셀 내외로 하고 높이는 180~200픽셀 정도로 지정해놓고, 나중에 조금씩 크기를 조절하면 됩니다. 아래의 소스는 제가 여러 번 수정을 거쳐 결정한 크기입니다.

〈/style〉 태그 앞에 다음과 같이 #gallery 에 대한 스타일을 지정합니다.

```
#gallery{
    width:920px;
    height:190px;
    position:relative;
    background:#808080;
    border:2px solid black;
    border-radius:10px;
}
```

03. 이제 문서 안에 썸네일 이미지와 큰 이미지를 함께 표시한 후 큰 이미지를 화면에서 사라지도록 할 것입니다. 여러 이미지를 나열하는 것이므로 〈ul〉 태그와 〈li〉 태그를 사용해서 목록으로 나열하겠습니다. 두 개의 〈img〉 태그를 사용하는데 처음은 썸네일 이미지, 두 번째는 큰 이미지입니다. 〈div id="gallery"〉 태그 다음에 다음과 같이 입력하세요.

```
<ul>
    <li>
        <img src="spring-s.jpg" id="small1">
        <img src="spring.jpg" id="big1" class="bigPic" width="800" height="530"
alt="한국의 봄">
    </li>
</ul>
```

04. 방금 입력한 소스의 〈li〉부터 〈/li〉까지 선택한 후 Ctrl+C 키를 눌러 복사합니다. 그리고 〈/li〉 다음에 빈 줄을 만들고 Ctrl+V 키를 눌러 붙여넣습니다. 같은 방법으로 2번 더 복사해서 모두 4개의 〈li〉를 만듭니다. 그리고 붙여넣은 소스에서 다음과 같이 수정합니다. 썸네일 이미지와 큰 이미지의 파일 경로를 수정하고 각 이미지의 id를 수정합니다. 썸네일 이미지에는 "#small1", "#small2", ... 순으로 붙이고 큰 이미지에는 "#big1", "#big2", ...처럼 id를 붙일 것입니다. Ctrl+S 키를 눌러 수정 내용을 저장합니다.

```
<ul>
    <li>
        <img src="spring-s.jpg" id="small1">
        <img src="spring.jpg" id="big1" class="bigPic" width="800" height="530"
alt="한국의 봄">
    </li>
    <li>
        <img src="summer-s.jpg" id="small2">
        <img src="summer.jpg" id="big2" class="bigPic" width="800" height="530"
alt="한국의 여름">
    </li>
    <li>
        <img src="fall-s.jpg" id="small3">
        <img src="fall.jpg" id="big3" class="bigPic" width="800" height="530"
alt="한국의 가을">
    </li>
    <li>
        <img src="winter-s.jpg" id="small4">
        <img src="winter.jpg" id="big4" class="bigPic" width="800" height="530"
alt="한국의 겨울">
    </li>
</ul>
```

05. 웹 브라우저 창에서 "실습\ch12\
Sources\album.html" 파일을 불러오세
요. 목록을 이용했기 때문에 작은 이미지
와 큰 이미지가 하나의 항목으로 되어 있
고 각 항목 앞에는 불릿이 표시되어 있습
니다. 브라우저 창을 아직 닫지 마세요.

06. 목록에 대한 스타일을 만들어 보겠습
니다. 〈/style〉 태그 앞에 다음과 같은 css
소스를 삽입합니다.

```
ul {
    list-style:none;
    margin-left:-20px;
}
ul li{
    display:inline;
    float:left;
    padding:10px;
}
```

07. 큰 이미지도 처음에는 화면에 표시되
지 않아야 합니다. 큰 이미지를 삽입하는
〈img〉 태그를 보면 class="bigPic"이라고
되어 있을 것입니다. 큰 이미지에 대한 클
래스 스타일입니다. 〈/style〉 태그 앞에 다
음과 같은 css 소스를 추가한 후 Ctrl + S
키를 눌러 문서를 저장합니다.

```
.bigPic {
        position:absolute;
        display:none;
}
```

08. 다시 브라우저 창으로 돌아가  아이콘을 클릭해 보세요. 큰 이미지가 사라지면서 썸네일 이미지만 #gallery 영역 위에 나열되어 있을 것입니다

fadeIn() 메서드와 fadeOut() 메서드 적용하기

09. 썸네일 이미지를 클릭했을 때 큰 이미지가 나타나도록 jQuery 소스를 작성해 보겠습니다. 노트 패드++로 돌아온 후 〈/head〉 태그 앞에 다음과 같은 소스를 삽입합니다. 이제부터 작성할 jQuery 소스들은 저 빈 줄에 입력할 수 있습니다.

```
<script>
    $(document).ready(function(){



    });
</script>
```

10. 첫 번째 썸네일 이미지(#small1)를 클릭했을 때 첫 번째 큰 이미지(#big1)가 나타나도록 다음과 같은 소스를 추가합니다.

```
<script>
    $(document).ready(function(){
        $("#small1").click
(function() {
            $("#big1").fadeIn (1000);
        });
    });
</script>
```

11. 첫 번째 큰 이미지(#big1)가 열렸다면 그 큰 이미지를 클릭했을 때 부드럽게 사라지도록 위 소스에 바로 이어서 다음과 같은 소스를 추가합니다. `Ctrl` + `S` 키를 눌러 문서를 저장합니다.

```
<script>
    $(document).ready(function(){
        $("#small1").click(function() {
            $("#big1").fadeIn(1000);
        });
        $("#big1").click(function(){
            $("#big1").fadeOut(1000);
        });
    });
</script>
```

12. 브라우저 창으로 돌아가 ⓒ 아이콘을 클릭합니다. 그리고 첫 번째 썸네일 이미지를 클릭해 보세요. 썸네일 이미지 바로 아래에 부드럽게 큰 이미지가 나타날 것입니다. 큰 이미지를 클릭하면 사라질 것이고요. 하지만 큰 이미지의 위치가 썸네일 이미지 바로 아래에 있어서 그다지 보기 좋지 않네요. css로 위치를 조절해 보겠습니다.

13. 노트 패드++로 돌아와 앞에서 정의했던 .bigPic 스타일에 다음과 같은 속성을 추가합니다. 현재 표시되는 큰 이미지의 위치보다 오른쪽 위로 옮기고 큰 이미지를 오른쪽 정렬시킵니다. `Ctrl` + `S` 키를 눌러 문서를 저장하세요.

```
<style>
....
    .bigPic {
        position:absolute;
        display:none;
        margin-left:100px;
        margin-top:-50px;
        float:right;
    }
</style>
```

14. 브라우저 창으로 돌아가 [C] 아이콘을 클릭한 후 첫 번째 썸네일 이미지를 클릭해 보세요. 썸네일 이미지를 살짝 가리면서 오른쪽 기준으로 정렬되어 표시되지요? 아까보다 조금 보기가 낫네요.

15. 제대로 동작하는 것을 확인했으니 먼저 입력한 소스를 복사해서 사용하면 쉬울 것입니다. 10번과 11번 단계에서 입력했던 소스 부분을 선택한 후 복사해서 3번 붙여주세요.

16. 붙여진 소스를 다음과 같이 수정하고 [Ctrl]+[S] 키를 눌러 문서를 저장하세요.

```
$("#small1").click(function() {
    $("#big1").fadeIn(1000);
});
$("#big1").click(function(){
```

```
        $("#big1").fadeOut(1000);
});
$("#small2").click(function() {
        $("#big2").fadeIn(1000);
});
$("#big2").click(function(){
        $("#big2").fadeOut(1000);
});
$("#small3").click(function() {
        $("#big3").fadeIn(1000);
});
$("#big3").click(function(){
        $("#big3").fadeOut(1000);
});
$("#small4").click(function() {
        $("#big4").fadeIn(1000);
});
$("#big4").click(function(){
        $("#big4").fadeOut(1000);
});
```

17. 브라우저 창으로 돌아가 C 아이콘을 클릭한 후 아무 썸네일 이미지나 클릭하면 큰 이미지가 표시될 것입니다. 그리고 큰 이미지를 클릭했을 때 큰 이미지가 닫힌다면 포토 앨범을 성공적으로 만들었네요.

02

슬라이드 효과

WEBPROGRAMMING   jQuery에서 애니메이션을 만들 때 자주 사용하는 효과 중 하나가 슬라이드 효과입니다. 선택한 웹 요소를 위나 아래로, 혹은 좌우로 미끄러지게 해서 동적인 느낌을 줄 수 있습니다. 슬라이드 효과를 만들기 위한 메서드들을 살펴보겠습니다.

: : slideUp(), slideDown() – 위나 아래로 슬라이드

slideUp() 메서드는 선택한 요소를 위쪽 방향으로 슬라이드해서 보이지 않도록 감추는 메서드입니다. 이 메서드를 이용해 화면에서 감추게 되면 그 영역은 화면에서 사라집니다.

이와 반대로 slideDown() 메서드는 화면에서 감춰져 있던 요소를 아래쪽 방향으로 슬라이드해서 보여줍니다.

slideUp() 메서드나 slideDown() 메서드는 모두 앞서 살펴보았던 fadeIn() 메서드나 fadeOut() 메서드와 똑같은 구문을 사용하며 허용된 옵션들도 모두 같습니다.

```
$(selector).slideUp([speed, easing, callback])
$(selector).slideDown([speed, easing, callback])
```

① speed
선택한 요소에서 슬라이드 효과를 얼마나 오랫동안 실행한 것인지 지정할 수 있습니다. 사용할 수 있는 값은 "slow"나 "fast" 같은 키워드를 사용해도 되고 직접 시간을 지정해도 됩니다. 시간 단위는 밀리세컨드(ms)입니다.

② easing
슬라이드 효과를 적용할 때 효과의 시작과 중간, 끝 부분에서의 속도를 따로 지정할 수 있습니다. swing과 linear입니다.

- swing : 효과 시작과 끝에는 천천히 진행하고 중간에는 빨리 진행합니다.
- linear : 처음부터 끝까지 같은 속도로 진행합니다.

③ callback
slideUp() 메서드나 slideDown() 메서드가 끝난 후에 실행할 함수를 지정할 수 있습니다.

```
$("img").slideUp("slow");
    $("img").slideDown(1500);
```

다음 예제는 〈Slide Up〉 버튼을 클릭하면 이미지와 캡션이 위쪽으로 슬라이드 되며 화면에 안 보이게 되고 〈Slide Down〉 버튼을 클릭하면 이미지와 캡션이 아래쪽으로 슬라이드 되며 화면에 나타나도록 slideUp() 메서드와 slideDown() 메서드를 사용한 것입니다.

예제 폴더명: 예제\ch12\slide.html

```
$("#bttn1").click(function () {
    $("figure").slideUp(1000);
});
$("#bttn2").click(function () {
    $("figure").slideDown(1000);
});
```

〈Slide Up〉 버튼을 클릭하면 이미지와 캡션이 위로 슬라이드 되면서 사라지는데 화면에서 사라지고 나면 그 영역까지도 사라집니다.

〈Slide Down〉 버튼을 클릭하면 사라졌던 이미지와 캡션이 아래로 슬라이드 되는 것을 확인할 수 있습니다.

:: slideToggle() – slideUp()과 slideDown()을 번갈아 적용하기

슬라이드 효과는 Up을 적용하면 화면에서 사라지고 Down을 적용하면 화면에 나타나게 되는데 이것을 클릭할 때마다 반복할 수 있게 하는 메소드가 있습니다. 바로 slideToggle() 메서드입니다.

slideToggle()은 slideUp() 메서드와 slideDown() 메서드를 번갈아 적용하는 것이기 때문에 기본 구문과 사용하는 옵션은 slideUp() 메서드나 slideDown() 메서드와 같습니다.

```
$(selector).slideToggle([speed, easing, callback])
```

① speed
선택한 요소에서 슬라이드 효과를 얼마나 오랫동안 실행한 것인지 지정할 수 있습니다. 사용할 수 있는 값은 "slow"나 "fast" 같은 키워드를 사용해도 되고 직접 시간을 지정해도 됩니다. 시간 단위는 밀리세컨드(ms)입니다.

② easing
슬라이드 효과를 적용할 때 효과의 시작과 중간, 끝 부분에서의 속도를 따로 지정할 수 있습니다. swing과 linear입니다.

- swing : 효과 시작과 끝에는 천천히 진행하고 중간에는 빨리 진행합니다.
- linear : 처음부터 끝까지 같은 속도로 진행합니다.

③ callback
slideToggle() 메서드가 끝난 후에 실행할 함수를 지정할 수 있습니다.

다음 예제는 〈큰 이미지 보기/닫기〉 버튼을 클릭하면 큰 이미지가 화면에 표시되었다가 다시 〈큰 이미지 보기/닫기〉 버튼을 클릭하면 화면에서 사라지게 한 것입니다. 즉, 버튼을 클릭할 때마다 화면에 나타났다 사라지기를 반복합니다. 아래 소스에서 #tog1과 #tog2는 각 버튼을 가리키는 것입니다.

예제 폴더명: 예제\ch12\slide2.html

```
$("#tog1").click(function () {
    $("#big1").slideToggle(1000);
});
$("#tog2").click(function () {
    $("#big2").slideToggle(1000);
});
```

첫 번째 큰 이미지(#big1)와 두 번째 큰 이미지(#big2)는 CSS에서 초기 상태를 display:none;으로 지정했기 때문에 화면에 보이지 않습니다.

첫 번째 버튼(#tog1)을 클릭하면 #big1의 현재 화면에 없기 때문에 slideDown()을 적용하여 화면에 큰 이미지를 아래로 슬라이드합니다. 다시 첫 번째 버튼(#tog1)을 클릭하면 이번에는 큰 이미지가 화면에 있는 상태이므로 slideUp()을 적용하여 큰 이미지가 위로 슬라이드 됩니다.

두 번째 버튼을 클릭했을 때도 같은 방법이 사용됩니다.

애니메이션

지금까지 살펴본 페이드 효과나 슬라이드 효과 외에 사용자가 직접 자신이 원하는 애니메이션을 만들 수도 있습니다. jQuery에서 자신만의 애니메이션을 만드는 방법에 대해 살펴봅니다.

∷ animate() - 애니메이션 정의하기

jQuery에서 애니메이션이란 웹 요소의 특정 스타일을 동적으로 바꾸는 것을 말합니다. 예를 들어 현재 이미지의 크기가 200*120인데 이것을 500*300으로 바꾸면 jQuery에서 현재 크기에서 새로운 크기로 한 번에 바꾸는 것이 아니라 조금씩 바꾸면서 애니메이션 효과를 만듭니다.

```
$(selector).animate({styles}, [speed, callback])
```

① styles

웹 요소의 어떤 스타일을 동적으로 바꿀 것인지 "스타일 속성:값" 형태로 지정합니다. 예를 들어, 너비를 500px로 바꾸고 싶다면 {width:"500px"}이라고 지정합니다.

스타일 속성을 지정할 때 width나 height 같은 속성은 그냥 사용하면 되지만 padding-left나 border-radius처럼 2개의 단어로 이루어진 속성일 경우에는 중간의 하이픈(-)을 없애고 두 개의 단어를 하나의 단어로 만들어서 사용합니다. 이때 paddingLeft나 borderRadius처럼 두 번째 단어의 첫 글자는 대문자로 표시해서 두 개의 단어가 하나로 합쳐졌다는 것을 알 수 있게 합니다.

> 예
> ```
> $("div").animate({height:"300px"});
> $("img").animate({borderWidth:"3px"});
> ```

애니메이션을 위한 스타일 속성을 조절할 때 주의할 점이 있습니다. 스타일의 속성값이 숫자로 되어 있을 경우에만 애니메이션 효과를 만들 수 있다는 것입니다. $("div").animate({height:"300px"});일 경우 div의 너비값을 1px씩 늘려갈 수 있기 때문에 애니메이션 효과가 가능하지만 $("div").animate({backgroundColor:"#ff0000"});처럼 지정할 경우 스타일 속성값이 숫자가 아닌 문자열이라서 애니메이션을 만들 수 없습니다.

다음 예제는 〈확대하기〉 버튼을 클릭하면 이미지의 너비(width)와 높이(height)를 차례로 확대한 후 이미지의 모서리 부분을 둥글게 처리하는 애니메이션입니다.

```
$("#bttn").click(function () {
    $("img").animate({ width: "600px" });
    $("img").animate({ height: "398px" });
    $("img").animate({ borderRadius: "50px" });
});
```

방금 예로 들었던 예제:\ch12\ani1.html 문서에서는 다음과 같은 소스가 사용됐습니다.

```
$("#bttn").click(function () {
    $("img").animate({ width: "600px" });
    $("img").animate({ height: "398px" });
    $("img").animate({ borderRadius: "50px" });
});
```

"img" 요소에 너비와 높이, 그리고 border-radius를 변경하는 세 개의 animate() 메서드가 사용되고 있군요. 모두 같은 요소에 적용할 경우 세 개의 문장을 하나의 문장으로 합쳐서 표현할 수 있습니다.

```
$("#bttn").click(function () {
    $("img").animate({ width: "600px", height: "398px", borderRadius:
"50px"});
});
```

또는

```
$("#bttn").click(function () {
    $("img").animate({
        width: "600px",
        height: "398px",
        borderRadius: "50px"
    });
});
```

처럼 표현하면 간단합니다.

② speed, callback

이 옵션들을 필수 옵션이 아니라 원할 경우에만 사용할 수 있습니다. speed 옵션은 애니메이션의 진행 속도를 지정하는 것으로 "slow"나 "fast", 또는 밀리세컨드 단위의 시간을 지정할 수 있습니다. callback은 애니메이션이 모두 끝난 후 실행할 콜백 함수를 지정합니다.

예
```
$("img").animate({width:"350px"}, "slow");
$("img").animate({height:"300Px"}, 1500);
```

: : 속성값을 다양하게 바꾸기

animate() 메서드에서는 어떤 스타일 속성에 애니메이션 효과를 적용할 것인지, 속성과 속성값을 쌍으로 하여 지정합니다. 예를 들어,

```
$("img").animate({width:"200px"});
```

라고 지정하게 되면 이미지 태그를 사용하는 요소의 너비를 200px로 바꾸게 됩니다. 이미지의 현재 너비 값이 400px이라 해도 무조건 200px이 되는 거죠.

① 상대적인 크기만큼 조절하기

하지만 현재 너비 값을 기준으로 해서 지정한 크기만큼 커지거나 작아지도록 할 수 있습니다. 예를 들어 현재 너비 값이 400px이라면 200px만큼 더 크게 해서 최종 너비 값을 600px로 만들 수 있습니다.

```
예) $("img").animate({width:"+=200px"});
```

② show나 hide, toggle 값 사용하기

애니메이션을 적용할 속성에 숫자 값 대신 키워드를 지정할 수도 있습니다. show 값을 사용하면 지정한 속성을 화면에 표시하는 것이고 hide 값은 지정한 요소를 화면에서 감추는 것입니다. toggle을 사용하면 지정한 요소가 화면에 나타났다 사라졌다 할 것입니다.

예를 들어, 다음과 같이 width 속성에 대한 animate() 메서드를 지정하면

```
$("img").animate({width:"hide"});
```

너비가 사라지는 애니메이션 효과, 즉 width:"0px"과 같은 효과를 만들 수 있습니다.

toggle을 사용하면 어떨까요? marginLeft 속성의 값을 toggle로 하면 버튼을 클릭할 때마다 해당 요소의 왼쪽 마진이 사라졌다 나타났다 합니다.

```
$("img").animate({marginLeft: "toggle"});
```

다음 예제는 margin-left 속성값을 조절해서 이미지를 오른쪽으로 이동했다가 다시 왼쪽으로 이동시키는 예제입니다. 그리고 이미지의 height 속성에 "toggle" 값을 지정하여 height 속성이 나타났다 사라졌다 하도록 만들 것입니다.

예제 폴더명: 예제\ch12\ani2.html

```
$("#bttn1").click(function () {
    $("figure").animate({ marginLeft: "+=300px" }, "slow");
    $("figure").animate({ marginLeft: "-=300px" }, "slow");
});
$("#bttn2").click(function(){
    $("img").animate({ height: "toggle" }, 1000);
});
```

〈좌우 이동〉 버튼(#bttn1)을 클릭하면 현재보다 300px 오른쪽에 표시되는데 animate() 메서드를 사용했기 때문에 조금씩 오른쪽으로 이동하게 됩니다. 이어서 다시 왼쪽으로 300px만큼 이동합니다.

〈이미지 토글〉 버튼(#bttn2)을 클릭하면 이미지 부분의 height 속성이 사라집니다.

다시 한 번 〈이미지 토글〉 버튼(#bttn2)을 클릭하면 height 속성이 다시 나타나죠. 이렇게 height 속성에 hide와 show를 반복해 적용합니다.

: : 애니메이션과 큐(queue)

animate() 메서드를 이용해 애니메이션을 만들다보면 같은 요소에 여러 개의 animate() 메서드를 사용하게 됩니다. 이런 일련의 애니메이션은 '큐'라는 공간에 저장해 두고 차례로 실행하게 되는데요, 우선 큐라는 저장 공간의 특징부터 알아볼까요?

① 큐와 스택

컴퓨터가 사용하는 임시 기억 장소에는 "스택(stack)"과 "큐(queue)"가 있습니다. 스택과 큐의 큰 차이점은 입구와 출구입니다.

스택은 입구가 하나뿐이기 때문에 들어가는 곳과 나오는 곳이 같습니다. 만일 1부터 5까지의 작업을 순서대로 저장했다고 가정해 보겠습니다. 스택은 입구와 출구가 같기 때문에 저장한 작업을 꺼내려면 가장 나중에 작업한 것부터 꺼내야 합니다. 이것은 LIFO(Last In First Out) 방식이라 하는데 가장 나중의 것을 가장 먼저 꺼낸다는 뜻입니다.

스택과 달리 큐는 입구와 출구가 다릅니다. 스택과 마찬가지로 1부터 5까지 순서대로 작업을 저장했다고 가정해 보죠. 작업을 저장할 때는 입구로 들어가지만 저장된 작업을 꺼낼 때는 반대편에 있는 출구로 꺼내기 때문에 가장 먼저 저장한 것부터 꺼냅니다. 이것을 FIFO(First In First Out) 방식이라고 합니다.

작업이나 데이터를 저장할 때 가장 최근에 저장한 것부터 꺼내 써야 한다면 스택에 저장하고, 저장한 순서대로 꺼내 써야 한다면 큐에 저장하면 됩니다.

jQuery에는 기본으로 애니메이션을 위한 큐 기능이 포함되어 있어서 여러 개의 animate() 메서드를 만나게 되면 큐를 만들고 거기에 애니메이션을 차례로 저장합니다. 예제:\ch12\ani1.html 문서의 경우에도 다음과 같이 3개의 애니메이션이 사용되고 있는데, jQuery 큐에는 그림과 같은 순서로 저장되고, 가장 먼저 저장된 것부터 실행됩니다.

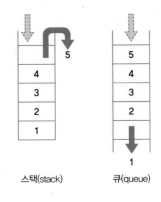

스택(stack)   큐(queue)

```
$("#bttn").click(function () {
    $("img").animate({ width: "600px" });
    $("img").animate({ height: "398px" });
    $("img").animate({ borderRadius: "50px" });
});
```

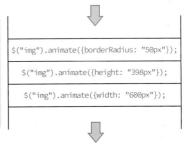

이렇게 큐에 저장되는 것을 큐잉(queuing)이라 하고, 큐에 저장된 작업들을 저장된 순서대로 하나씩 꺼내와서 실행하는 과정을 디큐잉(dequeuing)이라고 합니다. animate() 메서드가 둘 이상 사용되면 따로 지정하지 않아도 큐잉과 디큐잉은 자동으로 일어납니다.

② queue(), dequeue() – 큐에 저장하기 및 꺼내기

animate()메서드를 사용한 애니메이션의 경우에는 jQuery에서 자동으로 큐에 저장해 주지만, 애니메이션 외의 다른 작업을 해야 할 경우에는 그 작업을 직접 큐에 저장하고 꺼내서 실행해야 합니다. 애니메이션들은 자동으로 큐에 저장되지만 중간의 작업은 그렇지 못하거든요.

큐에 저장할 때 사용하는 메서드는 queue()이고, 큐에 저장된 작업을 꺼내와 실행하는 메서드는 dequeue() 메서드입니다.

```
$(selector).queue()
$(selector).dequeue()
```

위의 기본 구문에서 queue() 메서드와 dequeue() 메서드를 사용할 때 큐 이름을 옵션으로 사용할 수 있습니다. 하지만 대부분 jQuery의 기본 큐를 사용하기 때문에 따로 큐 이름을 지정하지 않아도 됩니다. 참고로 jQuery 기본 큐의 이름은 fx 큐입니다.

그렇다면 언제 queue() 메서드와 dequeue() 메서드를 사용하는 것일까요? 예를 들어, CSS의 background-color 속성은 그 값을 숫자로 표시할 수 없기 때문에 animate() 메서드에서 사용할 수 없습니다. 그래서 애니메이션 중간에 테두리 색을 바꾸고 싶다면 다음과 같이 큐에 저장했다가 꺼내 실행합니다.

```
$("div").animate("......");
$("div").queue(function(){
    $("div").css("border-color", "blue");
    $("div").dequeue();
});
$("div").animate("......");
```

③ clearQueue - 큐에 있는 내용 한꺼번에 삭제하기

애니메이션은 큐에 저장된 것을 하나씩 꺼내 실행하는 것이기 때문에 애니메이션을 멈추고 싶다면 큐에 있는 내용을 지우면 됩니다. 큐에 있는 내용을 한꺼번에 삭제하는 메서드는 clearQueue() 메서드입니다.

```
$(selector).clearQueue()
```

jQuery의 기본 큐가 아닌 다른 큐를 사용했다면 clearQueue() 메서드에서 큐 이름을 지정합니다.

'예제\ch12\ani3.html' 문서는 〈멈추기〉라는 버튼(#bttn2)을 클릭했을 때 clearQueue()를 실행하도록 한 것입니다. clearQueue()를 실행하면 아직 실행되지 않고 큐에 저장되어 있는 작업들을 모두 삭제합니다.

④ stop(), finish() 메서드 - 애니메이션 중지하기

clearQueue() 메서드를 사용해서 직접 큐에 있는 작업을 삭제해도 애니메이션을 멈출 수 있지만, 애니메이션을 멈추는 별도의 메서드, stop() 메서드와 finish() 메서드를 사용해도 됩니다.

stop() 메서드는 선택된 요소에서 현재 진행 중인 애니메이션을 멈추는 것입니다.

```
$(selector).stop([stopAll, goToEnd]);
```

❶ stopAll : 큐에 있는 애니메이션들까지 멈출 것인지 부울 값(true, false)으로 지정합니다.
❷ goToEnd : 애니메이션을 모두 완료할 것인지 부울 값(true, false)로 지정합니다.

이에 비해 finish() 메서드는 현재 실행 중인 애니메이션을 멈출 뿐 아니라 큐에 있는 애니메이션까지 모두 삭제합니다. 따라서 finish() 메서드를 실행하면 모든 애니메이션이 다 끝난 상태로 표시됩니다.

```
$(selector).finish();
```

clearQueue() 메서드와 stop() 메서드는 실행하던 애니메이션을 멈춘다는 점에서 같지만, clearQueue() 메서드는 실행 중이던 작업이 끝나면서 애니메이션을 멈추지만 stop() 메서드는 현재 진행 중인 작업 중간에 멈춘 후 다음 작업을 계속 이어갑니다. 만일 stop() 메서드를 클릭하는 순간 실행 중인 작업을 중단하고 더 이상 진행하지 않으려면 stop(true, true)로 지정합니다.

clearQueue() 메서드와 finish() 메서드는 큐에 있던 작업들을 모두 삭제한다는 점에서는 공통점이 있지만 finish() 메서드는 애니메이션이 완전히 종료된 상태로 끝냅니다.

세 가지 메서드의 용도를 다음과 같이 정리할 수 있습니다.

멈추는 시점	큐 삭제 여부	화면에 표시되는 모습	선택할 메서드
현재 진행 중인 상태에서 멈춤	큐의 내용 삭제 안 함	나머지 작업을 이어서 함	stop()
현재 진행 중인 작업은 끝내고 멈춤	큐에 있는 작업을 모두 삭제	전체 애니메이션이 완성된 상태로 표시	finish()
		현재 애니메이션이 완료된 상태로 표시	clearQueue()

다음 예제는 사각형을 확대하는 애니메이션에서 clearQueue() 메서드를 사용했을 때와, stop() 메서드를 사용했을 때, finish() 메서드를 사용했을 때의 차이를 비교하기 위한 것입니다.

```
<script>
    $(document).ready(function () {
        $("#bttn1").click(function () {
            $("#gallery").animate({ width: "300px" },1500);
            $("#gallery").animate({ height: "300px" }, 1500);
            $("#gallery").queue(function () {
                $("#gallery").css("border-color", "red");
                $("#gallery").css("background-color", "orange");
                $("#gallery").dequeue();
            });
            $("#gallery").animate({ borderRadius: "20px" }, 1500);
        });
        $("#bttn2").click(function () {
            $("#gallery").clearQueue();
        });
        $("#bttn3").click(function () {
            $("#gallery").stop();
        });
        $("#bttn4").click(function () {
            $("#gallery").finish();
        });
    });
</script>
```

예제에서 〈확대하기〉를 클릭한 후 중간에 멈추지 않고 계속 진행하면, 사각형의 너비와 높이 값이 점점 커지다가 사각형의 배경색과 테두리색이 바뀐 뒤 모서리 부분이 둥글게 처리됩니다. 여기에서 배경색과 테두리색을 변경한 것은 animate() 메서드가 아니라 css() 메서드입니다.

> **tip**
> 각 버튼에 따라 어떻게 반응하는지 체크할 때마다 〈F5〉 키를 눌러 웹 문서를 새로 읽어온 후에 시작합니다.

예제 ani3.html에서 애니메이션을 멈추기 위해 세 가지 메서드가 사용되었습니다. 각 메서드가 어떻게 동작하는지 살펴볼까요?

(가) clearQueue() 메서드를 사용해 멈출 때

〈확대하기〉 버튼을 클릭해서 애니메이션이 시작되면 즉시 〈멈추기(clearQueue)〉 버튼을 클릭해 보세요. clearQueue()는 현재 진행 중인 작업은 마치고 나서 애니메이션을 멈춥니다. 예를 들어, 아래 그림은 animate({width:"300px"})을 사용해 사각형의 너비를 넓히는 중에 〈멈추기〉 버튼을 클릭했는데 현재 진행 중인 작업, 즉 너비가 300px이 돼야 애니메이션을 멈춥니다.

(나) stop() 메서드를 사용해 멈출 때

〈확대하기〉 버튼을 눌러 애니메이션을 진행하는 도중에 〈멈추기(stop)〉 버튼을 클릭하면 현재 진행하던 작업(아래 그림에서는 width 값을 300px로 만드는 작업)을 중간에 멈추고 그 다음 작업을 이어 진행합니다. 이것은 큐에 저장된 나머지 작업을 삭제하지 않았기 때문에 가능한 것입니다.

(다) finish() 메서드를 사용해 멈출 때

〈확대하기〉 버튼을 눌러 애니메이션을 실행한 후 〈끝내기(finish)〉 버튼을 클릭하면 그 순간에 하던 작업을 멈추고 모든 애니메이션이 완료된 형태로 화면에 표시합니다. 다음 그림에서 사각형의 색상과 테두리 색상이 바뀌지 않은 것은 이 속성들이 animate() 메서드가 아니라 css() 메서드로 조절한 것이기 때문입니다.

: : 실습 애니메이션 중간에 CSS 속성 바꾸기

animate() 메서드로 CSS의 속성들 값을 조절하여 애니메이션 효과를 만들 수 있지만 CSS 속성 중에는 animate() 메서드를 사용할 수 없는 것도 있습니다. 이런 CSS 속성들은 직접 큐에 넣거나 꺼내와서 그 값을 변경할 수 있습니다. 단, 이 경우에는 애니메이션 효과 없이 값만 바뀝니다.

◎ **준비 파일** : 실습\ch12\Sources\animation.html
◎ **완성 파일** : 실습\ch12\Results\animation.html

01. 웹 브라우저에서 '실습\ch12\Sources\animation.html' 파일을 열어보세요. 〈확대하기〉 버튼을 클릭하면 이미지가 서서히 확대되고 이미지 아래에 있는 캡션의 글자 크기도 바뀔 것입니다. 아직 브라우저 창을 닫지 마세요.

02. 노트 패드++에서 animation.html 문서를 열어 jQeury 부분을 살펴보세요. 이미지의 width와 height, borderRadius 속성을 조절하는 animate() 메서드와 캡션의 fontSize를 조절하는 animate() 메서드가 사용된 것을 알 수 있습니다.

```
<script>
    $(document).ready(function () {
        $("#bttn").click(function () {
            $("img").animate({ width: "600px" },"slow");
            $("img").animate({ height: "398px" }, "slow");
            $("img").animate({ borderRadius: "50px" }, "slow");
            $("figcaption").animate({ fontSize: "1.5em" }, 1000);
        });
    });
</script>
```

03. 이 실습에서는 borderRadius를 적용하기 전에 이미지의 테두리 색상과 테두리 두께를 바꾸고 이미지에 그림자 효과를 추가해 보겠습니다. $("img").animate({ borderRadius: "50px" }, "slow"); 다음에 빈 줄을 만들고 다음과 같은 소스를 입력하세요. img의 border-color와 border-width, box-shadow 속성을 바꾸는 작업을 큐에 저장하는 것입니다. `Ctrl`+`S` 키를 눌러 수정 내용을 저장하세요.

```
<script>
    $(document).ready(function () {
        $("#bttn").click(function () {
            $("img").animate({ width: "600px" },"slow");
            $("img").animate({ height: "398px" }, "slow");
            $("img").animate({ borderRadius: "50px" }, "slow");
            $("img").queue(function () {
                $("img").css("border-color", "green");
                $("img").css("border-width", "5px");
                $("img").css("box-shadow", "5px 5px 5px black");
                $("img").dequeue();
            });
            $("figcaption").animate({ fontSize: "1.5em" }, 1000);
        });
    });
</script>
```

04. animation.html 문서가 열려있는 브라우저 창으로 가서 F5 키를 누르거나 C 아이콘을 누른 후 〈확대하기〉 버튼을 눌러 어떻게 바뀌었는지 확인해 보세요.

05. 테두리 색상과 두께, 그림자 이미지 등 큐에 넣었던 CSS 속성 변경 값들이 적용되어 나타날 것입니다.

06. 캡션의 글자 스타일을 이탤릭체로 바꾸려면 어떻게 해야 할까요? figcaption에 대한 animate() 메서드 다음에 글자 스타일을 바꾸는 명령을 큐에 넣고, 다시 큐에서 꺼내어 실행하도록 지정하면 됩니다. Ctrl + S 키를 눌러 문서를 저장합니다.

```
$("figcaption").animate({ fontSize: "1.5em" }, 1000);
$("figcaption").queue(function(){
    $("figcaption").css("font-style","italic");
    $("figcaption").dequeue();
});
```

07. 다시 브라우저 창으로 가서 🄲 아이콘을 누른 후 〈확대하기〉 버튼을 눌러 보세요. 가장 마지막에 캡션의 글자 스타일이 이탤릭체로 바뀔 것입니다. 지금까지 살펴본 것처럼 animate() 메서드를 이용해 자동으로 큐에 넣지 못하는 작업들은 queue() 메서드와 dequeue() 메서드를 이용해 직접 큐에 넣거나 뺄 수 있습니다.

❶ 나타나거나 사라지는 jQuery 효과 메서드는 show()와 hide(), fadeIn(), fadeOut(), slideUp(), slideDown(), slideToggle() 메서드가 있습니다.

- hide() : 선택한 요소를 화면에서 감춥니다. 화면에서 감춰버린 요소는 그 공간까지 함께 사라지기 때문에 원래부터 없었던 것처럼 레이아웃이 만들어집니다.
- show() : 화면에서 감추었던 요소를 다시 화면에 표시합니다.
- fadeOut() : 불투명도(opacity)를 조절하여 선택한 요소를 화면에서 점차 사라지도록 합니다.
- fadeIn() : 선택한 요소를 점차 화면에 나타나도록 합니다.
- slideUp() : 선택한 요소를 위쪽 방향으로 슬라이드해 화면에서 사라지게 합니다.
- slideDown() : 사라지게 했던 요소를 아래 방향으로 슬라이드해 화면에 표시합니다.
- slideToggle() : slideUp() 메서드와 slideDown() 메서드를 번갈아가며 적용합니다.

❷ 나타나거나 사라지는 메서드에서는 속도를 지정할 수도 있는데 이때 "slow"나 "fast"라는 키워드 외에도 밀리세컨드 단위의 시간을 지정할 수 있습니다.

❸ 메서드 체이닝(method chaining)은 같은 웹 요소에 여러 개의 메서드가 순서대로 적용될 경우에 하나의 문장으로 표시하는 것입니다.

❹ 자신만의 애니메이션을 만들기 위해서는 animate() 메서드를 사용하는데, CSS 속성 중 어떤 속성을 바꿀 것인지 지정합니다.

❺ css 속성값을 숫자로 표시할 수 있을 경우에만 animate() 메서드를 적용할 수 있습니다.

❻ animate() 메서드에서는 어떤 스타일 속성에 애니메이션 효과를 적용할 것인지, 속성과 속성값을 쌍으로 하여 지정합니다.

❼ animate() 메서드에서의 속성값은 직접 수치를 입력해도 되고 상대적인 크기만큼 조절해도 됩니다. 또는 jQuery에 미리 만들어져 있는 키워드(show, hide, toggle)를 사용해도 됩니다.

❽ 같은 요소에 여러 개의 animate() 메서드를 적용할 경우 자동으로 '큐(queue)'라는 임시 저장 공간에 애니메이션 작업들을 저장해 두고 하나씩 차례로 꺼내어 실행합니다.

❾ animate()메서드를 사용한 애니메이션의 경우에는 jQuery에서 자동으로 큐에 저장합니다.

❿ 애니메이션 외의 다른 작업을 해야 할 경우에는 그 작업을 직접 큐에 저장하고 꺼내서 실행해야 합니다.

- queue() : 큐에 원하는 작업을 저장합니다.
- dequeue() : 큐에 저장된 작업을 꺼내 실행합니다.

01 '연습\ch12\profile.html' 문서를 열어보면 "홍길동 교수"와 "한라산 교수"라는 텍스트만 보일 것입니다. 각 교수에 대한 소개글은 감춰진 상태입니다. 주어진 소스를 보고 다음과 같은 조건을 만족하도록 jQuery 소스를 작성하시오.

```html
<!DOCTYPE html>

<html lang="ko">
<head>
...
    <script src="jquery-1.9.1.js"></script>
    <script>
        $(document).ready(function(){
            (이 곳의 소스를 작성하시오)
        });
    </script>
</head>
<body>
    <h1>컴퓨터 공학과 교수 소개</h1>
        <ul>
            <li>
                <h2 id="prof1"> 홍길동 교수 </h2>
                <div id="intro1" class="card">
                    <ul>
                        <li>소속 : 컴퓨터공학과</li>
                        <li>전공 : 프로그래밍 언어</li>
                        <li>전화 : xxx-xxx-xxxx</li>
                        <li>연구실 : 공학관 103호</li>
                    </ul>
                </div>
            </li>
            <li>
                <h2 id="prof2"> 한라산 교수 </h2>
                <div id="intro2" class="card">
                    <ul>
                        <li>소속 : 컴퓨터공학과</li>
                        <li>전공 : 분산처리</li>
                        <li>전화 : xxx-xxx-xxxx</li>
                        <li>연구실 : 공학관 101호</li>
                    </ul>
                </div>
            </li>
```

```
        </ul>
    </body>
</html>
```

[조건]

① "홍길동 교수"를 클릭하면 감춰져 있던 소개글이 나타나도록 합니다. 단, 슬라이드 효과를 사용해야 하고 "홍길동 교수"를 클릭할 때마다 나타났다 사라졌다 해야 합니다. 효과가 적용되는 시간은 1000ms입니다.

② "한라산 교수"를 클릭하면 역시 감춰져 있던 소개글이 나타나는데 여기에서는 페이드인 효과와 페이드아웃 효과를 사용합니다. "한라산 교수"를 클릭할 때마다 나타났다 사라졌다 해야 하고 효과가 적용되는 시간은 "slow"입니다.

02 "연습\ch12\car.html" 문서에는 작은 자동차 이미지가 있습니다. 다음과 같은 조건을 만족하도록 jQuery 소스를 추가하시오.

[조건]

① 자동차 이미지를 클릭하면 자동차와 텍스트가 함께 현재 위치에서부터 오른쪽으로 500px 이동합니다.
② 자동차 이미지의 현재 크기에서 너비는 150px만큼, 높이는 100px만큼 커졌다가 다시 원래 크기로 돌아옵니다.
③ 자동차 이미지가 페이드 아웃됩니다.
④ 텍스트의 글자 크기를 2.0으로 바꾸고 글자색도 빨간색으로 바꿉니다.

 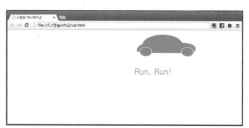

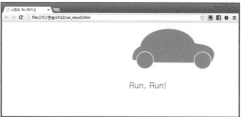 

03 "연습\ch12\slide.html" 문서를 열면 큰 제목 아래에 설명 글이 표시됩니다. 이 문서의 소스를 수정하여 〈상세보기/닫기〉 버튼을 클릭하면 설명글이 나타나거나 사라지게 만들어 보세요.

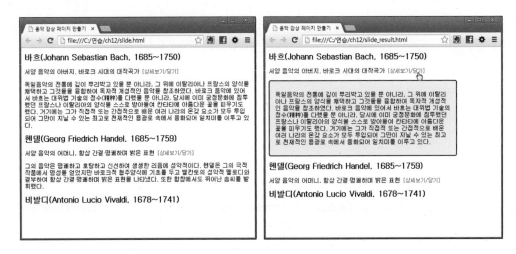

[조건]

① 설명글의 스타일을 새로 만들고 적용하시오.

- 너비는 450px, 배경색은 #eee, 위아래 패딩은 10px, 좌우 패딩은 15px, 설명글 주변에 모서리가 둥글고, 두께가 2px이고 색상이 #333인 실선 테두리를 만든다.
- 처음 페이지를 불러왔을 때 설명글이 화면에 보이지 않아야 한다.
- 정의한 스타일은 설명글에 적용한다.

② 〈상세보기/닫기〉 버튼을 클릭하면 해당 설명글이 slideDown 되거나 slideUp 되도록 한다.

- slideToggle() 메서드를 이용한다.
- 슬라이딩 속도는 1000ms이다.

04

실전 프로젝트

지금까지 HTML 태그와 CSS 속성, 그리고 jQuery의 기본 문법을 살펴보았습니다. 이 내용들은 하나의 웹 사이트를 만들 때 뼈대를 만들고 치장을 하고 기능을 원활하게 돌아가도록 유지해 주는 역할을 합니다. 즉, 세 가지 요소를 모두 함께 사용해야 제대로 된 사이트를 만들 수 있는 것이죠. 특히 사이트를 만들 때 가장 많이 사용하게 되는 메뉴와 이미지 슬라이드 쇼에는 HTML과 CSS, jQuery가 모두 동원되는데요 여기에서는 가장 많이 사용하는 메뉴와 이미지 슬라이드 쇼를 만드는 방법에 대해 알아보도록 하겠습니다.

CHAPTER 13 실전 웹 사이트 만들기
SECTION 01 CSS를 이용한 메뉴 만들기
SECTION 02 jQuery 플러그인을 이용한 이미지 슬라이드 쇼 만들기

CHAPTER

13
실전
웹 사이트
만들기

CSS는 여러 용도로 사용되고 있지만, 몇 줄의 소스만으로도 동적인 효과를 만들 수 있기 때문에 n-screen을 고려한 사이트를 제작할 때는 플래시 메뉴 대신 CSS를 이용한 메뉴를 주로 사용합니다. 다양한 메뉴들 중 최근에 많이 사용하는 메뉴를 만드는 방법에 대해 알아보겠습니다. 또한 jQuery를 더욱 강력하게 만들어 주는 jQuery 플러그인을 이용해 웹 사이트에 들어갈 이미지 슬라이드 쇼를 만드는 방법에 대해서도 함께 알아봅니다.

| 이 장에서 배울 내용 |

• **CSS를 이용한 메뉴 만들기** : 문서 전체에 배경 이미지를 깔고 반투명한 메뉴를 만드는데 메뉴 위치와 메뉴 각 항목의 스타일, 그리고 마우스 오버했을 때와 선택되었을 때의 스타일을 각각 다르게 지정할 수 있습니다.

• **jQuery 플러그인을 이용한 이미지 슬라이드 쇼 만들기** : jQuery에는 사용자들이 자주 사용하는 기능들을 '플러그인' 형태로 구현해 놓기 때문에 몇 가지 옵션들만 수정해서 손쉽게 원하는 기능을 웹 사이트에 추가할 수 있습니다.

01

CSS를 이용한 메뉴 만들기

WEBPROGRAMMING   최근 대부분 사이트의 메뉴들은 CSS를 이용해 제작하고 있습니다. 서브 메뉴가 펼쳐지는 메뉴라 하더라도 CSS를 이용하면 원하는 효과를 만들 수 있죠. 여기에는 이미지나 플래시 무비 같은 멀티미디어 파일이 포함되지 않기 때문에 어떤 스마트 기기에서나 빠르게 다운로드해서 화면에 표시할 수 있다는 장점이 있습니다.

📁 **실습 폴더** : 실습\ch13\Sources
📁 **완성 폴더** : 실습\ch13\Result

: : 만들어 볼 페이지는

함께 만들 페이지는 문서 전체에 배경 이미지가 깔려있고 배경 이미지가 살짝 비치는 상태로 그 위에 내용이 표시되도록 할 것입니다. 여기에서 주의해서 볼 부분은 메뉴입니다. CSS를 이용해서 메뉴 위치뿐만 아니라 각 메뉴 항목 위로 마우스 포인터를 올렸을 때 스타일이나 현재 선택된 메뉴를 활성화시키는 것도 가능합니다.

: : HTML로 콘텐츠 작성하기

우선 가장 기본적인 HTML 소스 코드를 작성한 후 '실습\ch13\Sources' 폴더에 intro.html로 저장합니다. 편집기는 여러분이 편하게 사용할 수 있는 어떤 편집기여도 상관없습니다. 단, 메모장을 편집기로 사용하고 있다면 '인코딩 형식'을 반드시 'utf-8'로 지정해야 합니다.

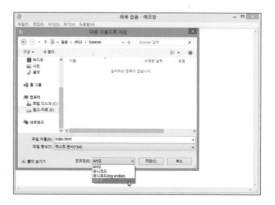

```
<!doctype html>
<html>
<head>
    <meta charset="utf-8">
    <title>String 동아리 소개</title>
</head>
<body>


</body>
</html>
```

이제 〈body〉~〈/body〉 태그에 들어갈 내용을 입력해야 하는데 책만 보고 입력하기에는 너무 양이 많기 때문에 따로 내용을 준비해 놓았습니다. '실습\ch13\Sources\context.txt' 파일을 불러와 그 안의 내용을 모두 복사한 후 intro.html의 〈body〉 태그 다음에 붙여넣습니다.

```
<body>
    <h1>String</h1>
        <ul>
            <li><a href="index.html">홈</a></li>
            <li><a href="intro.html" class="current">String 소개</a></li>
            <li><a href="act.html">String의 활동</a></li>
            <li><a href="plan.html">올해 활동계획</a></li>
        </ul>
        <h2>String 소개</h2>
        <p>안녕하세요?</p>
        <p>String은 우리 대학교 중앙동아리로 기타를 좋아하는 사람들이 모여 기타를 치고 연습하
는 동아리입니다.</p>
        <img src="b3.png" class="boxImg">
        <p>우리학교 학생이라면 누구나 가입할 수 있고 체계적인 레슨을 받을 수 있으며,해마다 정기
연주회를 열고 있습니다.</p>
        <p>현재 신입생을 포함한 회원은 146명입니다.</p>
        <ol>
            <li>위치: 학생회관 420호</li>
            <li>정기 레슨 : 매주 화요일 19:00~21:00</li>
        </ol>
        <p>아무시 아무동 111-11번지 우리대학교 학생회관 420호   <b>전화:</b> 246-
2220 (교) 3420 </p>
        <address>관리자 : stringAdmin@uri.ac.kr</address>
</body>
```

여기까지 작성하고 저장한 후 웹 브라우저에서 확인하면 콘텐츠만 표시됩니다. 여기에 시맨틱 태그를 더해 웹 표준 문서를 만들어야겠지요? ⟨header⟩와 ⟨section⟩, ⟨artice⟩, ⟨footer⟩ 태그를 사용할 것입니다.

방금 복사해 넣은 소스에 시맨틱 태그를 이용해 레이아웃을 만듭니다.

```
<body>
<div id="wrapper">
    <header>
        <h1>String</h1>
    </header>

    <section>
        <nav>
            <ul>
                <li><a href="index.html">홈</a></li>
                <li><a href="intro.html">String 소개</a></li>
                <li><a href="act.html">String의 활동</a></li>
                <li><a href="plan.html">올해 활동계획</a></li>
            </ul>
        </nav>
        <article>
            <h2>String 소개</h2>
            <p>안녕하세요?</p>
            <p>String은 우리 대학교 중앙동아리로 기타를 좋아하는 사람들이 모여 기타를 치고 연
습하는 동아리입니다.</p>
            <img src="b3.png" class="boxImg">
            <p>우리학교 학생이라면 누구나 가입할 수 있고 체계적인 레슨을 받을 수 있으며,해마다 정
```

```
기 연주회를 열고 있습니다.</p>
        <p>현재 신입생을 포함한 회원은 146명입니다.</p>


        <ol>
          <li>위치: 학생회관 420호</li>
          <li>정기 레슨 : 매주 화요일 19:00~21:00</li>
        </ol>
      </article>
    </section>
    <footer>
        <p>아무시 아무동 111-11번지 우리대학교 학생회관 420호    <b>전화:</b> 246-
2220 (교) 3420 </p>
        <address>관리자 : stringAdmin@uri.ac.kr</address>
    </footer>
</div>
</body>
```

여기까지 저장한 후 웹 브라우저로 확인해도
시맨틱 태그를 사용하지 않았을 때와 아무것
도 달라져 있지 않을 것입니다. 웹 표준이란
화면에 어떻게 보이는가가 중요한 것이 아니
라 각 요소마다 어떤 내용을 담고 있는지, 같
은 텍스트라도 메뉴인지, 내용인지를 구별하
여 입력하기 때문입니다.

:: CSS로 레이아웃 만들기

사이트 내용이 화면 중앙에 오도록 배치하고, 사이트 내용 전체 너비는 750px이 되도록 할 것입
니다. 아래 소스 중 주석 부분(/* */)은 입력하지 않아도 됩니다.

```
<head>
    <meta charset="utf-8">
    <title>String 동아리 소개</title>
    <style>
        body{
            font-family:"맑은 고딕", "돋움", "굴림";   /* 문서 전체의 글꼴 지정 */
```

```
        }
        wrapper{
            margin:30px auto;        /* wrapper 영역을 화면 중앙에 배치 */
            width:750px;             /* 전체 화면 너비  750px */
        }
        section {
            display:block;           /* section 을 블록 콘텐츠로 지정 */
            margin:15px auto 0;      /* 상단 여백 15px, 좌우 여백 자동, 하단 여백 0 */
        }
        nav {
            width:100%;              /* 메뉴 너비는 부모 요소(section)의 너비와 같게 */
            height:40px;             /* 메뉴 높이 */
            background-color:#222;     /* 메뉴 색상 */
        }
        article {
            padding:5px 20px;              /* 상하 패딩 5xp, 좌우 패딩 20px */
            border-left:2px solid #222;  /* 내용 왼쪽에  2px짜리 실선 */
            border-right:2px solid #222; /* 내용 오른쪽에  2px짜리 실선 */
        }
        footer {
            margin:0 auto;                /* 푸터를 화면 중앙에 배치 */
            padding:20px;                 /* 상하좌우 패딩 20px */
            font-size:9px;                /* 글자 크기를 본문보다 작게 */
            background-color:#666;        /* 푸터의 배경색 */
            color:white;                  /* 푸터의 글자색 */
            border:2px solid #222;        /* 푸터의 네방향에  2px 짜리 실선 */
        }
    </style>
</head>
```

:: CSS로 원하는 형태의 메뉴 만들기

우선 메뉴의 각 항목은 가로로 배치해야 하고 각 항목 사이에 적절하게 마진 값을 지정해야 합니다. 배경색에 어울리는 글자색도 지정합니다. nav 스타일 다음에 아래의 스타일을 추가합니다.

```
nav ul {
    list-style:none;                      /* 불릿 기호 없애기 */
}
nav ul li {
    display:inline;                       /* 각 항목은 인라인 콘텐츠로 설정 */
    float:left;                           /* 가로로 배치 */
    margin:10px;                          /* 각 항목 사이의 마진 10px */
}
nav a {
    padding:6px 40px 9px;                 /* 메뉴 항목의 패딩 값 */
    color:white;                          /* 메뉴 항목의 글자색 */
    text-decoration:none;                 /* 링크 밑줄 없애기 */
    text-shadow:0 1px 1px black;          /* 메뉴 텍스트에 그림자 효과 추가 */
}
```

이제 각 메뉴 항목 위로 마우스 포인터를 올려놓았을 때 메뉴 항목이 바뀌도록 다음과 같은 스타일을 앞의 소스에 이어 추가합니다.

```
nav a:hover{
    background-color: #ffd800;        /* 배경색 */
    color: black;                     /* 글자색 */
    text-shadow:none;                 /* 그림자 효과 없애기 */
    border-top-left-radius:5px;       /* 윗부분에 둥그런 모서리 처리 */
    border-top-right-radius:5px;      /* 윗부분에 둥그런 모서리 처리 */
}
```

현재 어떤 메뉴가 열려있는지 표시하려고 할 경우 CSS를 이용해 지정할 수 있습니다. 예를 들어, intro.html 페이지에서는 "String 소개" 부분이 반전되어 표시되고 다른 페이지에서는 또 다른 메뉴 항목이 활성화되도록 하는 것입니다. 다음 소스를 이전의 CSS 소스 다음에 추가합니다.

```css
nav a.current {
    background-color: white;        /* 배경색 */
    color: black;                   /* 글자색 */
    text-shadow:none;               /* 그림자 효과 없애기 */
    border-top-left-radius:5px;     /* 윗부분에 둥그런 모서리 처리 */
    border-top-right-radius:5px;    /* 윗부분에 둥그런 모서리 처리 */
}
```

또한 메뉴 항목 중에서 intro.html로 링크하는 메뉴 항목에 class="current"를 추가합니다.

```html
<nav>
    <ul>
        <li><a href="index.html">홈</a></li>
        <li><a href="intro.html" class="current">String 소개</a></li>
        <li><a href="act.html">String의 활동</a></li>
        <li><a href="plan.html">올해 활동계획</a></li>
    </ul>
</nav>
```

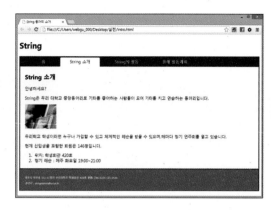

:: 배경 이미지와 배경색 처리하기

문서 전체의 배경 이미지와 내용 부분의 배경을 처리해 보겠습니다. 앞의 CSS 소스 코드 중에서 body 스타일과 article 스타일을 다음과 같이 수정해서 배경 이미지를 삽입합니다.

```css
body {
    font-family:"맑은 고딕", "돋움", "굴림";  /* 문서 전체의 글꼴 지정 */
    background:url(bg.jpg) no-repeat left top fixed;   /* 문서에 배경 이미지
                                                            삽입 */
    background-size:cover; /* 문서 크기에 따라 배경 이미지 크기도 조절 */
}

article {
    padding:5px 20px;              /* 상하 패딩 5xp, 좌우 패딩 20px */
    border-left:2px solid #222;   /* 내용 왼쪽에 2px짜리 실선 */
    border-right:2px solid #222;  /* 내용 오른쪽에 2px짜리 실선 */
    background-color:rgba(255,255,255,.9); /* 약간 비치는 흰색 배경 */
}
```

내용의 제목에 사용한 〈h2〉 태그에도 배경 이미지를 사용해서 제목 왼쪽에 이미지가 표시되도록 합니다. 아래 소스를 nav 스타일 다음에 추가합니다. CSS 스타일의 순서는 크게 중요하지 않지만 웹 문서 내용이 나열된 순서대로 CSS 스타일을 나열해 주면 나중에 스타일 정보를 찾기 쉽습니다.

```css
h2 {
    margin-left:10px;                                /* 왼쪽에 마진 두기 */
    background:url(icon.png) no-repeat left top; /* 배경 이미지 */
    background-size:contain;  /* 여백 크기에 맞춰 배경 이미지 자동 조절 */
```

```
        padding-left:50px;              /* 제목 왼쪽 패딩 여백 – 배경 이미지 들어갈 영역 */
        padding-top:10px;               /* 제목 위쪽 패딩 여백 */
        padding-bottom:10px;            /* 제목 아래쪽 패딩 여백 */
}
```

:: 외부 스타일 시트 파일로 만든 후 연결하기

현재 만들고 있는 문서는 intro.html이지만 메뉴에서 'String의 활동'이나 '올해 활동계획'을 클릭
해 보면 act.html 문서와 plan.html 문서로 연결될 것입니다. 하지만 아직도 이 문서들에는 CSS가
적용되지 않았기 때문에 콘텐츠만 표시될 것입니다. 지금까지 만들었던 CSS를 외부 파일로 저장
한 후 다른 문서에서도 링크해서 사용하도록 해보겠습니다.

앞에서 작성했던 CSS 소스 중에서 〈style〉 태
그 바로 다음부터 〈/style〉 태그 바로 직전까
지 선택한 후 오려냅니다. 그리고 편집기에서
새 파일을 열고 붙여 넣은 후 파일을 저장합니
다. 이때 저장하는 파일의 확장자는 .css여야
합니다. 예를 들어 여기에서는 style.css로 저
장했습니다. 이렇게 CSS 정보만 따로 저장한
파일이 외부 스타일 시트 파일입니다.

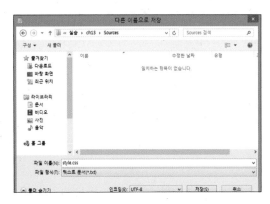

intro.html 문서에 남은 〈style〉 태그와 〈/style〉 태그는 지우고, 그 자리에 방금 저장한 외부 스타일
시트 파일을 링크하는 소스를 추가합니다.

```
<link href="style.css" rel="stylesheet" type="text/css">
```

이어서 '실습\ch13\Sources\act.html' 문서와 '실습\ch13\Sources\plan.html' 문서도 불러와 〈/
head〉 태그 이전에 똑같은 소스를 추가합니다.

이제 intro.html 문서에서 각 메뉴를 클릭해 보면 intro.html에서와 똑같은 디자인이 적용된 것을 볼 수 있습니다.

 tip

"홈" 메뉴에 연결된 index.html 문서는 앞으로 만들 문서이기 때문에 클릭하면 파일을 찾을 수 없다는 메시지가 나타날 것입니다.

: : 페이지마다 따로 사용된 요소는 내부 스타일 시트로

각 페이지마다 다르게 사용한 요소들은 해당 페이지에서 스타일을 지정하면 됩니다. 예를 들어, intro.html에 삽입된 이미지의 스타일을 바꾸고 싶다면 intro.html 문서에서 〈/head〉 태그 이전에 다음과 같은 CSS 소스를 추가합니다.

```
<style>
    .boxImg{
        float:right;                        /* 오른쪽 배치 */
        margin:15px;                        /* 네 방향의 마진 15px */
        border:1px solid black;             /* 1px짜리 실선 테두리 */
        box-shadow:2px 2px 2px black;       /* 그림자 효과 추가 */
        transform:rotate(-10deg);           /* 이미지 회전 */
        -webkit-transform:rotate(-10deg);
        -moz-transform:rotate(-10deg);
        -o-transform:rotate(-10deg);
        -ms-transform:rotate(-10deg);
    }
</style>
```

plan.html에는 표가 사용되었는데 표에 대한 스타일 역시 plan.html 문서의 소스에서 〈/head〉 태그 앞에 다음과 같은 소스를 추가해서 원하는 형태로 바꿀 수 있습니다.

```
<style>
    table {
        margin:10px auto 30px;
        width:500px;
        border:1px solid black;
        border-collapse:collapse;
    }
    th, td {
        padding:15px;
        border:1px solid black;
    }
    th {
        background-color:#ddd;
    }
</style>
```

02

jQuery 플러그인을 이용한 이미지 슬라이드 쇼 만들기

WEBPROGRAMMING   jQuery는 직접 소스를 작성해서 사용하기도 하지만 인터넷 상에서 무료로 다운로드할 수 있는 플러 그인을 가져다 사용할 때도 유용하게 쓰입니다. jQuery 플러그인은 웹 사이트를 제작할 때 자주 사 용하는 기능들을 jQuery로 구현한 것으로, 동작을 위한 소스는 만들어져 있기 때문에 몇 가지 변수 와 옵션들만 수정해서 똑같은 기능을 웹 사이트에 삽입할 수 있습니다. 여기에서는 이미지 슬라이 드 쇼 플러그인을 다운로드해서 수정하는 방법을 알아봅니다.

📁 **실습 폴더** : 실습\ch13\Sources2
📁 **완성 폴더** : 실습\ch13\Results2

: : 만들어 볼 페이지는

이번에 만들 페이지는 웹 사이트의 시작 문서인 index.html입니다. 페이지 상단에 이미지 슬라이 드 쇼를 표시할 예정인데, 슬라이드 쇼에서는 자동으로 이미지가 넘어가지만 사용자가 내비게이 션을 이용해 이미지를 넘길 수도 있어야 합니다. 그리고 이미지를 클릭하거나 공지사항 아래의 〈 노크하세요〉 버튼을 클릭하면 앞에서 만들었던 intro.html 페이지로 연결됩니다.

: : jQuery 플러그인이란?

플러그인이라고 했을 때 가장 먼저 떠오르는 것은 웹 브라우저에서 멀티미디어를 재생하기 위해 설치하는 윈도우 미디어 플레이어나 퀵타임 플레이어, 또는 플래시 플레이어를 떠올릴 것입니다. 여기에서 플러그인 프로그램이란 브라우저가 가지고 있지 않은 기능을 구현하기 위해 추가 설치 하는 프로그램을 말합니다.

jQuery 플러그인 역시 jquery 자체에는 없는 특정 기능을 하는 js 파일을 추가해서 사용하는 것을 말합니다. 예를 들어, 자바스크립트나 jQuery로 직접 작성하려면 복잡해지는 드롭다운 메뉴를 플 러그인으로 만들어 놓으면 다른 사람들은 그 플러그인을 가져다 메뉴 이름과 링크만 복사해서 바로 사용할 수 있습니다.

jQuery 플러그인은 jQuery 공식 사이트에서도 찾을 수 있고, 검색 사이트에서 검색할 수도 있습니다. jQuery 플러그인은 계속해서 새로운 것들이 등장하기 때문에 인터넷을 서핑하다가 괜찮은 플러그인을 보게 된다면 바로 북마크해 두는 것이 좋습니다. 플러그인은 주로 압축 파일로 제공되며 플러그인 제작 사이트에서 사용법도 알려주므로 사용법을 잘 확인하고 사용해야 합니다. 플러그인 중에는 무료 플러그인도 있지만 유료 플러그인도 있습니다. 플러그인 소스를 다운로드하기 전에 유료인지 무료인지를 먼저 확인하세요.

아래 그림은 plugins.jquery.com 사이트와 jQuery 플러그인을 소개하고 있는 사이트 중 하나입니다.

jQuery 플러그인에서 가장 중요한 파일은 기능을 담당하고 있는 js 파일과 디자인을 담당하는 css 파일입니다. jQuery 플러그인을 다운로드했을 때 다른 파일은 몰라도 js 파일과 css 파일이 있는지 꼭 확인해야 합니다.

:: 필요한 플러그인 다운로드하기

이미지 슬라이드 쇼를 위한 jQuery 플러그인도 여러 가지가 있습니다. 제목이나 설명만 보고는 플러그인의 동작 형태를 짐작할 수 없기 때문에 'Demo'를 실행해 보고 가장 마음에 드는 플러그인을 선택하면 됩니다.

여기에서는 Coin-Slider라는 플러그인을 사용해 볼 것입니다. 플러그인 제공 사이트인 http://workshop.rs/projects/coin-slider/로 접속한 후 〈Download & Support〉를 클릭하면 해당 플러그인에 대한 설명 페이지로 연결됩니다. 〈Demo Page〉를 눌러 어떻게 동작하는지 확인할 수 있습니다. 여기에서는 바로 〈Download〉를 눌러 다운로드 페이지로 연결되면 zip 파일을 다운로드하세요. 그리고 압축을 풀어 그 안에 있는 css 파일과 js 파일을 '실습\ch13\Sources\Site2' 폴더로 옮겨놓으세요. 이것으로 준비가 되었습니다.

coin—slider 파일의 압축을 풀면 그 안에 다시 coin—slider 폴더가 생깁니다. 폴더째 '실습\ch13\Sources\' 폴더로 옮겼다면 나중에 css 파일과 js 파일을 링크할 때 폴더 이름까지 같이 지정해야 합니다.

그리고 이미지 슬라이드 쇼에 사용할 이미지들은 미리 준비해 두어야 하는데, coin-slider의 경우 기본 크기가 너비 565px입니다. 여기에서는 이미지 파일을 제공하지 않으므로 가지고 있는 이미지 파일의 크기를 조절해서 사용하도록 하세요. 이미지 파일의 개수는 상관이 없습니다.

: : 전체 레이아웃 만들기

편집기는 어떤 것을 사용해도 무방합니다. 웹 페이지를 만들기 위한 기본 소스를 다음과 같이 입력한 후 '실습\ch13\Sources2\' 폴더에 index.html로 저장합니다.

```html
<!DOCTYPE html>
<html>
<head>
    <meta charset="utf-8">
    <title>String 클래식 동아리</title>
</head>
<body>


</body>
</html>
```

〈body〉 태그와 〈/body〉 태그 사이에 다음과 같이 실제 콘텐츠가 들어갈 부분을 작성합니다.

```
<body>
    <div id="wrapper">
        <header>
            <h1>String</h1>
        </header>
        <section>
            <div id="notice">
                <h3>신입생을 모집합니다.</h3>
                <p>String은 신입생들뿐만 아니라 재학생들에게도 활짝 열려 있습니다. 기타를
못 치셔도 동아리의 강습을 통해 기초부터 배울 수 있습니다. 또한 선배들로부터 대학생활에 대한 많은 조
언도 들을 수 있을 것입니다. 언제나 환영합니다.</p>
                <form>
                    <input type="button" value="노크하세요"id="entrance"
onclick="location.href = 'intro.html'">
                </form>
            </div>
        </section>
    </div>
</body>
```

이어서 〈/head〉 태그 앞에 미리 만들어 둔 style.css 파일을 연결하는 소스를 추가합니다. 이 파일
을 만드는 과정은 앞에서 intro.html 문서를 만들면서 미리 다루었습니다.

```
<link href="style.css" rel="stylesheet" type="text/css">
```

여기까지 완성하고 나면 index.html 브라우저 화면에도 배경 이미지가 가득 채워질 것입니다.
index.html 페이지에는 슬라이드 쇼가 들어갈 것이기 때문에 배경 이미지를 빼보겠습니다. 그리
고, 화면에 있는 버튼에도 스타일을 적용해서 좀 더 보기 좋게 만들어 보겠습니다. 위에서 입력한
소스 아래에 다음과 같은 스타일 시트를 작성합니다.

```
<style>
    body {
        background:none                 /* 배경 없애기 */
    }
    form {
        text-align:center               /* 버튼을 화면 중앙에 배치 */
    }
    #entrance {
        border-radius:8px               /* 모서리를 둥글게 */
        padding:15px                    /* 버튼 안쪽에 패딩 추가 */
        background-color:#2e73c7         /* 버튼의 색상 */
        color:white                     /* 글자색 */
    }
</style>
```

여기까지 완성한 화면에서 〈노크하세요〉 버튼을 클릭하면 미리 만들어 두었던 intro.html 문서로 연결됩니다.

그리고 버튼 위로 마우스 포인터를 가져갔을 때 포인터가 손 모양으로 바뀌도록 다음과 같은 스타일 소스를 〈/style〉 태그 앞에 추가합니다.

```
#entrance:hover {
    cursor:pointer;    /* 커서를 손 모양으로 */
}
```

:: coin-slider 플러그인 사용하기

coin-slider 플러그인 압축 파일을 다운로드해서 압축을 풀어보면 두 개의 js 파일과 하나의 css 파일이 들어있습니다. js 파일은 일반 버전(coin-slider.js)과 최소화 버전(coin-slider.min.js)으로 나뉘어 있으므로 소스를 분석해 보고 싶다면 일반 버전을 열어보면 되고 실제로 웹 페이지에 사용할 때는 최소화 버전을 사용하면 됩니다.

우선 〈head〉 태그에서 〈title〉 태그 다음에 다음과 같이 jQuery 소스 파일과 플러그인 소스 파일, 그리고 플러그인 css 파일을 링크하는 소스를 추가합니다. 명심할 것은 jQuery 소스 파일을 링크하는 소스가 다른 스크립트 소스보다 먼저 와야 한다는 것입니다.

```
<script src="jquery-1.9.1.js"></script>
<script src="coin-slider.min.js"></script>
<link rel="stylesheet" href="coin-slider-styles.css" type="text/css">
```

그리고 〈section〉 태그 바로 다음에 이미지 슬라이드 쇼가 표시될 영역을 추가합니다. 이미지 슬라이드 쇼에 있는 이미지를 클릭했을 때 바로 intro.html 페이지로 연결되도록 했고, 필요하다면 각 이미지에 캡션을 표시할 수도 있습니다. 캡션이 필요하다면 〈img〉 태그 다음에 〈span〉 태그를 사용하여 원하는 캡션을 넣을 수 있습니다.

photo1.jpg을 비롯해, photo2.jpg, photo3.jpg은 여러분이 직접 이미지 파일을 준비해서 사용하세요. 너비는 565px로 하고 이름은 원하는 어떤 이름을 사용해도 됩니다.

```
<div id="coin-slider">
    <a href="intro.html">
        <img src="photo1.jpg">
        <span>첫번째 그림의 캡션</span>
    </a>
    <a href="intro.html">
        <img src="photo2.jpg">
    </a>
    <a href="intro.html">
        <img src="photo3.jpg">
    </a>
</div>
```

이제 이미지 슬라이드 쇼를 실행하는 명령을 추가해야겠죠? 〈style〉 태그 앞부분에 다음과 같이 플러그인을 실행하는 소스를 추가합니다.

```
<script>
    $(document).ready(function () {
        $("#coin-slider").coinslider();
    });
</script>
```

coinslider() 메서드는 coin-slider 플러그인에서 만든 것으로, 이 메서드 안에서 여러 가지 옵션을 지정할 수도 있는데 사용할 수 있는 옵션에 대한 설명은 플러그인 홈페이지에서 확인할 수 있으므로 참고하세요.

여기까지 만든 문서를 브라우저에서 확인하면 다음과 같습니다. 하지만 이미지 슬라이드 쇼나 공지사항이 왼쪽으로 쏠려 있군요. 공지사항의 너비를 슬라이드 쇼 너비로 맞추고 슬라이드 쇼와 공지사항을 화면 중앙으로 옮기기 위해 스타일 시트에 다음과 같은 스타일 소스를 추가합니다. 추가 위치는 어디여도 상관없지만 나중에 읽기 쉽도록 body 스타일 다음에 추가해 보겠습니다.

```
#coin-slider {
    margin: 0 auto;
}
#notice {
    width:565px;          /* 공지사항의 너비 */
    margin:10px auto;     /* 화면 중앙에 배치 */
}
```

다시 한 번 브라우저로 확인해 보겠습니다. 슬라이드 쇼는 자동으로 이미지를 넘겨주지만 이미지 위로 마우스 포인터를 올리면 왼쪽과 오른쪽에 클릭할 수 있는 'prev'와 'next' 링크가 나타나므로 이 링크를 클릭해서 이미지를 이동할 수도 있고, 이미지 아래 부분에 있는 작은 사각형으로 된 내비게이션을 이용할 수도 있습니다.

그리고 이미지를 클릭하면 연결해 놓은 intro.
html로 연결할 수 있습니다.

INDEX

ㄱ — ㄷ

고급 셀렉터	343
내부 스크립트	221
다음팟 인코더	83
대입 연산자	239
대화 상자	253
데이터 유형	228

ㄹ — ㅁ

라디오 버튼	110
로딩(loading)	10
링크 관련 속성	159
매개변수	275
메서드	293
문자열	232

ㅂ — ㅅ

박스 모델	171
반복문	267
변수	224
변형(transform)	194
브라우저 prefix	190
비교 연산자	240
비디오 코덱	82
산술 연산자	236
서버 프로그래밍 언어	12
스타일시트	139
스택	427
슬라이드 효과	419

ㅇ

알림 창	253
애니메이션	423
언더스코어	225
업로드(upload)	10
연결 연산자	238
연산자	236
연산자 우선순위	244
외부 스크립트	222
웹 서버	12
웹 접근성	72
위지위그(WYSIWYG)	8
유니버설 셀렉터	343
이미지 삽입하기	69
이벤트	278
이벤트 핸들러	278
인스턴스	294

ㅈ — ㅋ

자동 완성 제어	129
자바스크립트(JavaScript)	12
조건문	258
체크 박스	109
큐	427
큐(queue)	427
크로스브라우저 스크립트	326

ㅌ

태그 셀렉터	342
텍스트 편집기	7
트랜지션	194

ㅍ	
파일질라	19
폼(form)	97
프로퍼티	293
프롬프트 창	255
플러그인	78, 326
필수 입력 필드 체크	132

ㅎ	
하이퍼링크(hyperlink)	5
함수	274
확인 창	254
힌트 표시하기	131

A	
ActiveX	93
addClass() 메서드	372
adjacent 셀렉터	348
after()	392
Ajax	327
alt	72
append()	388
appendChild	311
appendChild()	313
ASP	213
attribute 셀렉터	351
attr() 메서드	365
autocomplete	129
autofocus	129

B	
before()	392

border—color	174
border—radius	190
border—style	173
border—width	174
box—shadow	192
break 문	272

C	
callback	407
child 셀렉터	346
class 셀렉터	341
Class 속성 편집	372
class 스타일 제거	397
clearQueue	429
clearQueue()	432
color 속성	148
colspan 속성	61
continue 문	273
createAttribute()	313
createElement()	310
createTextNode	311
css() 메서드	380

D – E	
dequeue()	428
descendant 셀렉터	344
Document Object Model	291
DOM	291
do—while 문	270
easing	407

F – G	
fadeIn() 메서드	415

fadeOut()	415		list 속성	130
finish()	430, 432			
font-family	154			
font-size	154		**M – Q**	
font-style	155			
font-variant	156		margin	179
font-weight	156		Markup	5
for 문	267		MP3(MPEG-1 AUDIO Layer3)	82
for 문의 중첩	269		padding	178
FTP	14		PHP	213
GIF(Graphic Interchange Form)	69		placeholder	131
			PNG(Portable Network Graphics)	69
			prepend()	388
			queue()	428

H – I			**R – S**	
height	172		removeClass() 메서드	375
hide()	405		required	132
HTML4	23		return 문	276
HTML DOM	291		rgba 값	147
HTML DOM 노드 리스트	300		rgb 값	147
HTML(Hyper Text Markup Language)	6		rowspan 속성	62
html() 메서드	361		setAttributeNode()	313
HTML 콘텐츠 수정	359		SGML(Standard Generalized Markup Language)	6
HyperText	5		show()	405
id 셀렉터	339		sibling 셀렉터	347
if 문	258		speed	405
insertAfter ()	392		stop()	430, 432
insertBefore()	392		switch 문	264

J – L			**T**	
JavaScript	211		text-align	157
JPG/JPEG(Joint Photographic Experts Group)	69		text-decoration	158
jQuery	12, 325		text-indent	157
jQuery 관련 CDN	330			
JSP	213			
letter-spacing	157			
line-height	156			

text() 메서드	359
toggleClass() 메서드	377
transition	198
type="color"	121
type="date"	122
type="datetime"	122
type="email"	118
type="number"	121
type="range"	121
type="search"	120
type="url"	119

U ~ X

URL(Uniform Resource Locator)	11
UTF-8	15
val() 메서드	363
W3C	6
while 문	270
width	172
word-spacing	157
XML(eXtensible Markup Language)	6

기호 ~ 숫자

⟨audio⟩ 태그	86
⟨blockquote⟩ 태그	46
⟨br⟩ 태그	42
⟨caption⟩ 태그	57
⟨datalist⟩ 태그	130
⟨dd⟩	54
⟨div⟩ 태그	38
⟨dl⟩	54
⟨dt⟩	54
⟨embed⟩ 태그	76
⟨fieldset⟩ 태그	103
⟨figcaption⟩	74

⟨figure⟩ 태그	74
⟨form⟩ 태그	100
⟨/head⟩ 태그	24
⟨head⟩ 태그	24
⟨hn⟩ 태그	41
⟨hr⟩ 태그	43
⟨/html⟩ 태그	24
⟨html⟩ 태그	24
⟨input⟩ 태그	105
⟨label⟩ 태그	101
⟨legend⟩ 태그	103
⟨li⟩	49
⟨meta⟩ 태그	24
⟨object⟩ 태그	76
⟨ol⟩	49
⟨option⟩ 태그	124
⟨pre⟩ 태그	44
⟨p⟩ 태그	42
⟨select⟩ 태그	124
⟨style⟩ 태그	140
⟨table⟩ 태그	56
⟨td⟩	57
⟨textarea⟩ 태그	125
⟨th⟩	57
⟨tr⟩	57
⟨video⟩ 태그	86
[속성]	351
[속성^=값]	353
[속성=값]	352
2D-transform	194
16진수	147

LOGIN HTML5
웹프로그래밍

| 인 쇄 | 2014년 1월 22일 초판 1쇄 |
| 발 행 | 2014년 1월 29일 초판 1쇄 |

저 자	고경희
발 행 인	채희만
출판기획	안성일
영 업	김우연
편집진행	우지연
관 리	최은정
발 행 처	INFINITYBOOKS
주 소	경기도 고양시 일산동구 하늘마을로 158
	대방트리플라온 C동 209호

| 대표전화 | 02)302-8441 |
| 팩 스 | 02)6085-0777 |

도서 문의 및 A/S 지원
홈페이지	www.infinitybooks.co.kr
이 메 일	helloworld@infinitybooks.co.kr
I S B N	978-89-92649-99-5

| 등록번호 | 제 396-2006-26호 |
| 판매정가 | 25,000원 |